Liebe Leserin, lieber Leser,

wir freuen uns, dass Sie sich für ein Buch der Reihe Galileo Design entschieden haben.

Galileo Design ist die Reihe für professionelle Screen-, Web- und Grafik-Designer und Experten im Prepress-Bereich. Unsere Bücher zeigen, wie man es macht – strikt aufgabenbezogen und mit Beispielmaterial professioneller Designer erschließen sie die Anwendung aller relevanten Tools und Techniken. Sie vermitteln das technische Know-how, und sie sind Ideengeber und überraschen mit originellen und inspirierenden Lösungen. wissen teilt sich nicht nur sprachlich, sondern auch visuell mit. Satz und Layout tragen dem Rechnung. Und wo immer es dienlich ist, ist ein Buch vierfarbig gestaltet. Unsere Bücher sind eine Augenschule: indem sie gefallen, setzen sie Kreativität frei. Denn Designer lesen anders.

Jedes unserer Bücher will Sie überzeugen. Damit uns das immer wieder neu gelingt, sind wir auf Ihre Rückmeldung angewiesen. Bitte teilen Sie uns Ihre Meinung zu diesem Buch mit. Ihre kritischen und freundlichen Anregungen, Ihre Wünsche und Ideen werden uns weiterhelfen.

Wir freuen uns auf den Dialog mit Ihnen.

Ihr Rudolf Krahm
Lektorat Galileo Design

Galileo Press
Gartenstraße 24
53229 Bonn

rudolf.krahm@galileo-press.de
www. galileodesign.de

Tomas Caspers
Frank Kastenholz

Dreamweaver 4

Vom statischen zum
dynamischen Webpublishing

Galileo Design

Vorwort

Als wir mit den Arbeiten für unser Buch zu Dreamweaver 3 begannen, nahmen wir uns vor, kein Software begleitendes Buch der üblichen Art zu schreiben, das die Leser mit einem Wust technischer Details erschlägt und mehr oder weniger stark kaschiert einen Handbuchersatz darstellt. Statt dessen bemühten wir uns um den umgekehrten Ansatz, nämlich zu zeigen, wie bestimmte gestalterische Zielvorgaben und Arbeitsprozesse mithilfe von Dreamweaver schneller bzw. einfacher als beim Einsatz klassischer Texteditoren erreicht werden können. Daher unterließen wir ganz bewusst die erschöpfende Beschreibung sämtlicher Funktionen, Verhaltensweisen, Objekte usw. Die überwiegend positive Resonanz der Leser hat uns die Richtigkeit dieses Ansatzes bestätigt. Vor allem hat uns die zum Teil sehr konstruktive Kritik einiger Leser gezeigt, dass sie sich intensiv mit den Inhalten auseinander setzten.

Nun ist Dreamweaver in die vierte Versionsrunde gegangen und wir stehen vor der Aufgabe, nicht nur die neuen Funktionen des Programms zu erläutern, sondern auch, Ihnen – den Lesern – einen Mehrwert in Form von zusätzlichen Tipps, Tricks und über Dreamweaver hinausgehenden Informationen zu bieten. Daher haben wir die verwendeten Beispiel anhand eines neuen Projektes, der Western Imprints-Photogalerie, aufgebaut. Sollten Sie bereits unser Buch zu Dreamweaver 3 gelesen haben, werden Sie also einige vertraute Passagen finden, jedoch auch zahlreiche neue Beispiele, wie Sie interessante und (vor allem!) funktionierende Websites mit Dreamweaver gestalten können.

Die Kapitelfolge ist weiterhin so gestaltet, dass wir nach einer Einführung in die grundlegenden Funktionen von Dreamweaver mit statischem HTML beginnen, übergehen zum Arbeiten mit Frames und uns schließlich mit den Möglichkeiten von HTML4 bzw. DHTML beschäftigen.

Wir gehen dabei nicht nur auf die Features von Dreamweaver ein, sondern zeigen auch Fallstricke in der Umsetzung der Webbrowser auf und ihre Vermeidung. Zu guter Letzt werden wir uns mit den neuesten Trends im World Wide Web beschäftigen. Jedem Kapitel geht ein theoretischer Teil voran, in dem die zum besseren Verständnis nötigen Hintergrundinformationen beleuchtet werden. Im Anschluss daran folgen Übungen, die diese graue Theorie mit Dreamweaver in bunte Websites verwandeln.

Bedanken möchten wir uns für die exzellente Zusammenarbeit bei unserem Lektor, Herrn Rudolf Krahm, und der Korrektorin Christel Metke; außerdem bei Claudia Caspers und Susanna Engelmann für die Mithilfe und Unterstützung während der Manuskriptphase. Unser Dank gilt ebenso dem gesamten Team von Galileo Press für die tatkräftige Unterstützung bei der Produktion des Buches. Wir danken Macromedia, dass sie uns leihweise eine Presseversion zur Verfügung gestellt haben – leider hatten wir uns bereits eine Version gekauft, um mit dem Schreiben des Buches voranzukommen.

Die im Buch erwähnten Beispielsites finden Sie unter www.westernimprints.de, weitere Informationen und Neuigkeiten zu diesem Buch unter www.galileo-press.de. Für Kritik und Anregungen sind wir jederzeit offen und werden versuchen, diese in der nächsten Auflage einfließen zu lassen. Eine Mail an buch@westernimprints.de genügt.

Um Ihnen beim Lesen die Orientierung zu erleichtern und ein besonderes Lesevergnügen zu ermöglichen, haben wir für unsere Reihe Galileo Design ein spezielles Layout entwickelt.

Durch visuelle Hilfen wurde der Text in Funktionseinheiten gegliedert:

Durch das farbige Registersystem ist es Ihnen ein Leichtes, auf die einzelnen Kapitel und Teile des Buchs zuzugreifen.

In Blau gehaltene Texte beinhalten Zusatzinformationen, Denkanstöße oder besondere Hinweise.

Texte mit roten Überschriften kennzeichnen Beispiele bzw. Schritt-für-Schritt-Anleitungen.

Spezielle Symbole in der Marginalspalte machen auf besonders wichtige Textstellen aufmerksam:

Achtung-Icon
Diese Abschnitte sprechen eine Warnung aus oder weisen auf Bugs hin.

Tipp-Icon
Hier verraten wir Tipps und Tricks zur Erleichterung Ihrer Arbeit.

Hinweis-Icon
Weiterführende Hinweise werden Ihnen so nahe gebracht.

Step-Icon
Step-by-Step können Sie unsere Beispiele nachvollziehen.

Benennungskonventionen

Um Verwirrungen zu vermeiden, sprechen wir im Buch immer von Tags, auch wenn Elemente der korrektere Begriff wäre.

Zur Erklärung:

```
<p align="left">
```

Hierbei wäre nach offizieller W3C-Lesart `p` das Element, `align` das Attribut und `left` der Wert des Attributes.

Tag ist aber mittlerweile im Sprachgebrauch allgemein bekannt und stellt damit außerdem sicher, dass hier keine Verwechslung mit sonstigen Elementen einer Seite wie Bildern, Texten oder Ähnlichem auftritt.

Die CD-ROM zum Buch

Auf der zum Buch gehörenden CD-ROM finden Sie neben Demoversionen der Software die kompletten Beispielsites und QuickTime-Filme, in denen einzelne Arbeitsschritte vorgeführt werden. Sie können parallel zur Lektüre des Buches die Beispielübungen benutzen, um das Gelernte nachzuvollziehen. In diesem Fall sollten Sie die verschiedenen Websites von der CD auf Ihre Festplatte kopieren und in Dreamweaver laden. Für weitere Instruktionen lesen Sie bitte die Datei index.html im obersten Verzeichnis der CD-ROM.

Systemvoraussetzungen für Dreamweaver

Windows	Mac
Intel Pentium oder Äquivalent >= 166 MHz	Power Mac
Windows 95, 98, 00, ME oder NT 4 (Service Pack 3)	Mac OS 8.6 oder 9.x (nicht Mac OS X!)
32 MB RAM	32 MB RAM
110 MB freier Platz auf der Festplatte	135 MB freier Platz auf der Festplatte
256 Farben, 800 x 600-Bildschirm	256 Farben, 800 x 600-Bildschirm
CD-ROM-Laufwerk	CD-ROM-Laufwerk
	QuickTime 3.0 oder neuer
	MRJ 2.2 (für die Flash-Buttons und Flash-Texte)

Hierbei handelt es sich um die von Macromedia empfohlenen Minimalanforderungen. Wie bei allen derart mächtigen Programmen macht die Arbeit aber erst auf einem halbwegs aktuellen Rechner Spaß. Konkret heißt dies, dass Sie schon über einen 200-MHz-Rechner mit mindestens 128 MB Arbeitsspeicher und einer Monitorauflösung von 1024 x 786 verfügen sollten, um mit Dreamweaver 4 produktiv zu arbeiten.

Inhalt

134 Erstellung einer dynamischen Site mit Dreamweaver und HTML4

212 Effektive Arbeitstechniken

Einleitung

Kurze Historie der Webbrowser und Authoring Tools

Als sich das zuvor überwiegend von institutionellen Anwendern genutzte Internet vor wenigen Jahren durch die globale Etablierung von E-Mail und World Wide Web (ab 1994) zum führenden Kommunikationsmedium mauserte, war nicht absehbar, wie massiv sich die Entwicklung in Richtung professionell gestalteter Websites wenden würde. Ursprünglich von Physikern unter der Leitung des britischen Informatikers Dr. Tim Berners-Lee für den leichteren Austausch wissenschaftlicher Daten am Europäischen Institut für Teilchenphysik CERN (Conseil Européen pour la Recherche Nucléaire) in Genf entwickelt, waren HTML und das dazugehörige Übertragungsprotokoll HTTP zunächst nur für die Strukturierung und den Transfer logisch gegliederter Texte und die Möglichkeit des Einfügens von Querverweisen konzipiert. Berners-Lee entwickelte neben dem ersten Webserver (einem Next Cube) auch gleich noch den ersten Webbrowser, der passenderweise World Wide Web hieß.

Diesem Urkonzept einer reinen Strukturierungssprache begegnet auch heute noch jeder Surfer in der Abkürzung http:// im Locationfeld des Webbrowsers, die für **H**yper**t**ext **T**ransfer **P**rotocol steht. Das Konzept der reinen Textauszeichnung mit begrenzten Möglichkeiten änderte sich 1994, als der spätere Netscape-Gründer Marc Andreessen am National Center for Supercomputing Applications (NCSA) in Urbana, Illinois, den Browser Mosaic entwickelte, der das Einbinden von Bildern erlaubte. An Gestaltung im heutigen Sinne war zu diesem Zeitpunkt allerdings noch nicht zu denken. Abbildungen konnten entweder links, rechts oder mitten im Text stehen, der Text selbst ließ sich linksbündig oder zentriert, normal oder fett, im vom User fest eingestellten Zeichensatz (meist Times) oder dicktengleich (meist Courier) setzen.

Das waren im Wesentlichen die gestalterischen Möglichkeiten. Im März desselben Jahres (1994) erkannte die Leitung des CERN das WWW übrigens erst als offizielles Projekt an, und Ende Juli 1994 kam es zur Gründung des World Wide Web Consortiums (http://www.w3.org/), das für die Standardisierung und weitere Entwicklung des WWW verantwortlich zeichnet.

Eine historische Fußnote

» … Mosaic wurde als Browser für das WWW konzipiert – und vermutlich ist er der attraktivste, den es gibt. Mosaic ist sozusagen das Schweizer Armeemesser des Internet: Alle Werkzeuge, die Sie brauchen, in einem einzigen Paket. Es gibt Situationen, in denen spezialisierte Tools die Arbeit besser erledigen können – aber wenn Sie nur eine einzige Software auf Ihrem System installieren können, ist Mosaic die erste Wahl.« (Ed Krol, »The Whole Internet«, O'Reilly 1995)

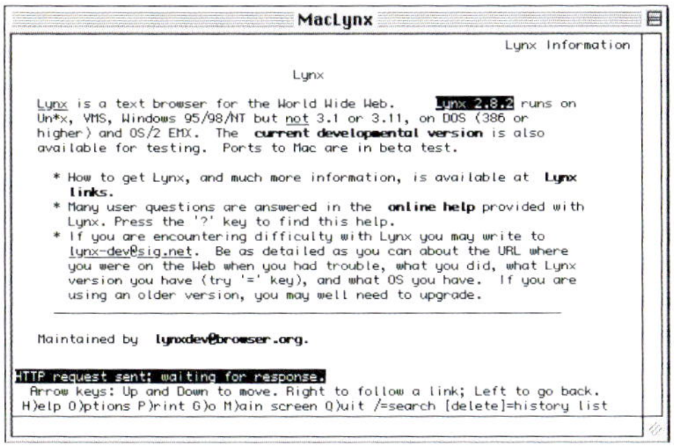

▲ Abbildung 1
Textbrowser Lynx – so sah noch vor wenigen Jahren das Web für die meisten Benutzer aus.

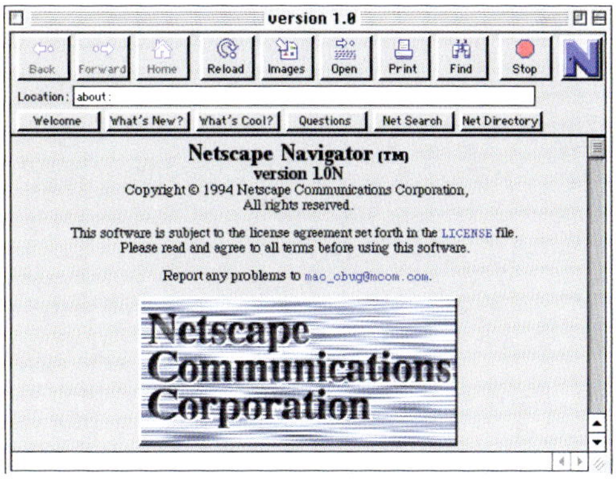

▲ Abbildung 2
Netscape 1

Noch Mitte 1995 ließen sich mit den damals gängigen Browsern (zu jener Zeit in Netscape 1, Abb. 2, und Mosaic 1) lediglich relative Textgrößen einstellen und Abbildungen ebenfalls nur relativ zum Text positionieren. Einzig mithilfe der Tabellen-Tags (ab Netscape 1.1) und durch den Einsatz transparenter GIFs konnte in engen Grenzen anspruchsvolleres Screendesign mit einer gewissen Kontrolle des Outputs auf den verschiedenen Plattformen betrieben werden. Dies ist eine Technik, die einige Webdesigner bis in die Gegenwart mit großer Kunstfertigkeit betreiben und die wir im Kapitel »Erstellung einer statischen Site mit Dreamweaver und HTML 3.2« ebenfalls zeigen werden. Der HTML-Code war überschaubar, Webseiten waren einfach zu setzen und die Sites in der Regel leicht zu verwalten. Für die Programmierung genügte damals noch ein einfacher Texteditor wie Notepad oder SimpleText.

Dieser Zustand hielt nicht lange an. Denn die rasche Entwicklung des World Wide Web sorgte dafür, dass es bald Schlag auf Schlag ging: Frames, Java und JavaScript erhöhten ab den Browserversionen 2 und 3 die Komplexität des Codes. Zahlreiche PlugIns verbesserten die multimedialen und interaktiven Möglichkeiten, schraubten allerdings auch den technischen Anspruch in die Höhe. Von der reinen Inhaltsorientierung und -strukturierung verlagerte sich der Schwerpunkt zur Gestaltung.

Aus den Release-Notes von Netscape 1.0 für den Macintosh

This is the release 1.0N of Netscape Navigator. Netscape Navigator requires:

- System 7 or later
- A 68020, 68030, 68040 or later processor
- 4 MB of memory
- Screen size of at least 640 x 400 is strongly recommended.
- To install, simply drag the Netscape application from the floppy to your hard disk, double click and go!

Zu dieser ansteigenden Komplexität gesellte sich der Ende 1995/Anfang 1996 ausgebrochene Browserkrieg zwischen Netscape (das aus der Mosaic-Entwicklergruppe hervorgegangene Unternehmen) und Microsoft (das den von der Firma Spyglass eingekauften Webbrowser Internet Explorer, der ebenfalls seine Wurzeln in Mosaic hatte, umsonst an die User verteilte). Dies führte zu einem Schwindel erregenden Versionszyklus der Browser mit jeweils neuen Eigenschaften und unterschiedlichen Interpretationsverhalten bezüglich des HTML-Codes. Beide Faktoren machten die Erstellung und Verwaltung von Websites mit simplen Texteditoren zunehmend schwieriger, sodass der Bedarf an integrierten Werkzeugen zur Webseitengestaltung, -programmierung und -verwaltung wuchs.

▸ Eine Idee aus dem Desktop-Publishing, die für das Web nicht unbedingt zu gebrauchen ist.

WYSIWYG – What you see is what you get

Die ersten dieser WYSIWYG-Webeditoren wie Adobe PageMill waren nur wenig flexibel. Meist unterstützten sie nur Webseiten bis zu einer bestimmten Browsergeneration – löste eine neue Generation die alte ab (was in diesem denkwürdigen Kriegsjahr 1996 fast ein monatliches Ereignis war), so musste man auf ein Update des Editors warten oder auf ein moderneres Konkurrenzprodukt umsteigen. Andere Webseiteneditoren wie z. B. FrontPage von Microsoft erzeugten nicht ganz uneigennützig einen proprietären Code, der gewährleistete, dass die Dokumente ausschließlich vom Ursprungseditor weiter bearbeitet werden konnten und auch vorzugsweise nur auf einem ganz bestimmten Browser funktionierten.

Mit Dreamweaver 1 brachte Macromedia 1997 ein Produkt auf den Markt, das mit diesen Missständen aufräumte, da es sich fast beliebig an die sich laufend ändernden Bedingungen des Webs anpassen konnte. Diese Flexibilität wurde dadurch erreicht, dass alle Befehle einzeln aktualisierbar waren und so neue Funktionen leicht in das Programm integriert werden konnten. Diese modulare Erweiterbarkeit ist in Dreamweaver konsequent fortentwickelt worden. Es war nun möglich, eigene Befehle und Funktionserweiterungen in JavaScript und/oder C zu programmieren. Und diese umfassende Flexibilität wird gebraucht, denn mittlerweile sind die Browser bei der Versionsnummer 6 angekommen, zum »klassischen« HTML haben sich DHTML, XML, WML und XHTML gesellt. Flash, Shockwave, QuickTime und zahllose weitere Technologien erweitern zwar die Gestaltungs- und Multimedia-Möglichkeiten des Webs, verlangen aber auch zunehmend komplexeren Code.

Grundlagen

Wenn Sie bereits mit Dreamweaver gearbeitet haben, dann finden Sie in diesem Kapitel Informationen dazu, was in Dreamweaver 4 an neuen Funktionen verfügbar ist. Aber auch für den Anwender, der nun das erste Mal mit Dreamweaver arbeitet, ist dieses Kapitel interessant, denn hier wird außerdem die Einrichtung der Arbeitsumgebung behandelt.

Vorgänger-Versionen von Dreamweaver 4

An dieser Stelle lohnt sich ein kurzer Rückblick auf die Eigenschaften der vorangegangenen Dreamweaver-Versionen.

Dreamweaver 1/1.2

Die bedeutende Neuerung von Dreamweaver 1 gegenüber den damaligen Konkurrenzprodukten (von denen mittlerweile nicht allzu viele übrig geblieben sind) war die Offenheit des gesamten Programms, sowohl nach innen als auch nach außen. Dreamweaver erzeugte Code ohne proprietäre Elemente, der ohne Schwierigkeiten in anderen Editoren weiter bearbeitet werden konnte. Unter dem Begriff **Roundtrip HTML** führte Macromedia die Möglichkeit ein, zwischen der grafischen Benutzeroberfläche und einem Texteditor nach Belieben hin und her zu springen. Dies gewährleistete eine für Webdesign-Tools dieser Art bis zu diesem Zeitpunkt nicht da gewesene Kontrolle über den HTML-Code. Obwohl Dreamweaver über einen eigenen Editor (Abb. 1) verfügt (der seit Version 3 auch tatsächlich brauchbar ist und ab Version 4 nun endlich einen gewissen Komfort bietet), wird mit dieser Funktion ein nahtloser Übergang zwischen Dreamweaver und dem jeweiligen externen Editor geschaffen.

Als Bonbon wurde (und wird) Dreamweaver in der Windows-Version mit dem sehr verbreiteten und exzellenten Editor HomeSite und in der Macintosh-Version mit dem bei Mac-Usern sehr beliebten BBEdit ausgeliefert. Beide Editoren haben ihrerseits ab Werk einen Button, der Dreamweaver startet bzw. dorthin umschaltet. Nicht ganz ohne Grund besitzt BBEdit zusätzlich auch noch eine Aufräum-Funktion für den leider nur grenzwertigen Output von Adobe Golive, Claris HomePage und Adobe PageMill. Mac-User müssen seit der Version 3 von Dreamweaver leider die Kröte schlucken, dass BBEdit, welches nunmehr in Version 6.01 vorliegt, nicht mehr in der Vollversion, sondern lediglich als Demo mitgeliefert wird.

Uns scheint es allerdings fast, als wäre BBEdit ohnehin ein Auslaufmodell, da andere Editoren auf anderen Plattformen diesem Klassiker mittlerweile um Jahre voraus sind. Man denke hier nur an den genialen Freeware-Editor PhaseV von Uli Meybohm, welcher der ebenfalls kostenlosen Light-Variante von BBEdit vorhält, was freie Software heutzutage leisten kann. Auch aus Richtung von Macromedia bläst mittlerweile ein harscher Wind in Richtung des BBEdit-Herstellers BareBones: Im Januar 2001 gaben Macromedia und der HomeSite-Hersteller Allaire ihre Fusion bekannt. Es bleibt also abzuwarten, ob der 6er-Version von Dreamweaver dann nicht vielleicht sogar eine MacOS X-Portierung von HomeSite beiliegt.

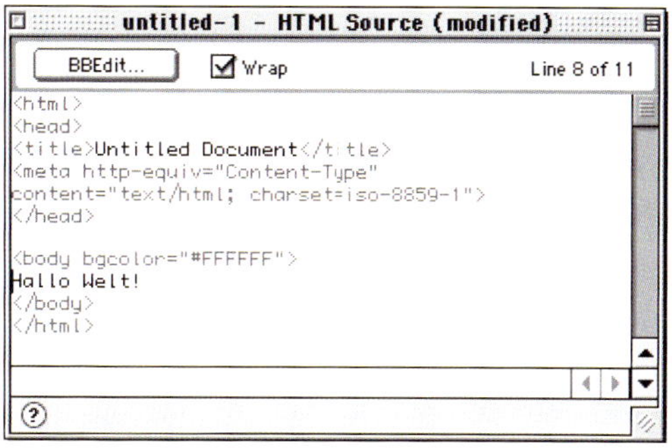

◀ Abbildung 1
Der Texteditor von Dreamweaver 2 mit BBEdit-Startknopf

▲ Abbildung 2
Der Dreamweaver-Startknopf von BBEdit

Dreamweaver 2

Neben zahlreichen Detailverbesserungen und höherer Stabilität des 1998 erschienenen Dreamweaver 2 sind in dieser Version vor allem die Erleichterungen in Bezug auf das Management von Websites hervorzuheben. Durch das Generieren eines Flussdiagramms der gerade bearbeiteten Site wird Übersichtlichkeit geschaffen (Abb. 3).

Vorlagen sorgen für eine beschleunigte Bearbeitung umfangreicher Sites insofern, als dass Elemente, die auf allen Seiten konstant bleiben, als nicht editierbare Regionen »eingefroren« werden können. Änderungen an diesen Elementen können dann auf alle Seiten der Site angewendet werden.

Ein besonderes Feature für den gestalterischen Part der Website-Erstellung war in Dreamweaver 2 die Konvertierung von Ebenen zu Tabellen. So lassen sich Seiten zunächst ohne Einschränkungen in HTML-Code durch pixelgenaue Positionierung (HTML 3.2) mit

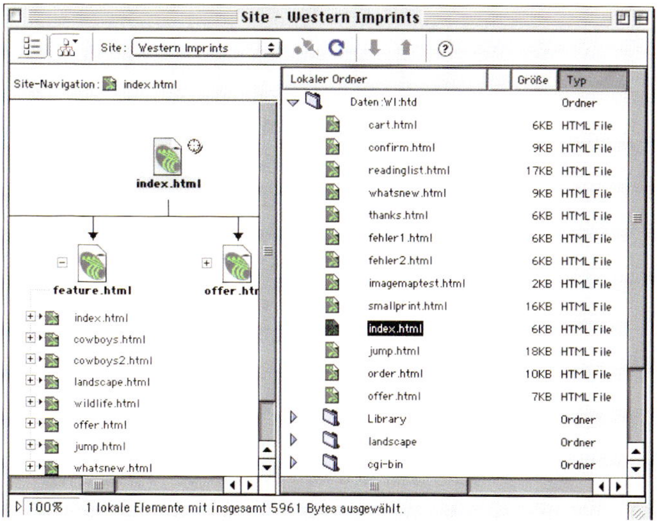

▲ Abbildung 3
Statische Sitemap

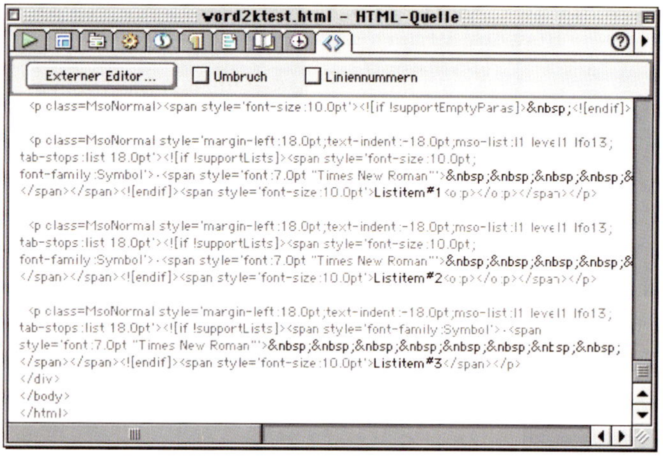

▲ Abb. 11
Aus Word übernommener Code

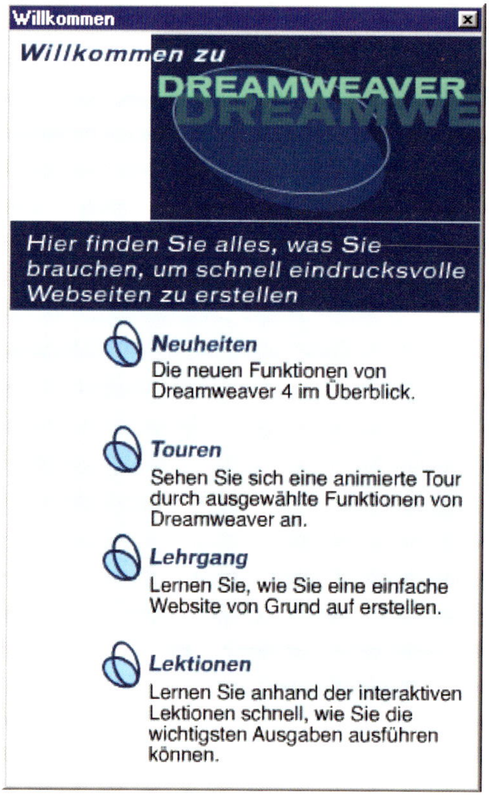

▲ Abbildung 12
Die neue Begrüßung in Dreamweaver nach der Erstinstallation

Andererseits bietet Dreamweaver 3 die Möglichkeit, den von anderen mit proprietärem HTML arbeitenden Anwendungen verursachten Code aufzuräumen und in halbwegs sauberes Standard-HTML zu wandeln. Hier sei besonders der Aufräumbefehl für Word-HTML hervorgehoben. Der Code (den man z.B. bei Materialübernahme von Kundenseite erhält, Abb. 11) wird durch einen Mausklick von proprietären Tags und falscher Syntax befreit und neu formatiert. Leider fehlt bis heute die Funktion, diesen Befehl auf eine komplette Site oder eine Vielzahl frei zu wählender Dateien anzuwenden. Nach wie vor funktioniert dieser Befehl auch bei Dreamweaver 4 immer nur im aktuell geöffneten Dokument – vielleicht wäre die Behebung dieses Missstandes ja eine anspruchsvolle Aufgabe für einen der mittlerweile zahlreichen Entwickler von Dreamweaver-Erweiterungen.

Neue Funktionen in Dreamweaver 4

Nachdem nun wieder ein Jahr vergangen ist, werden die Anwender wieder vor die Wahl gestellt, ob sich das Upgrade um eine volle Versionsnummer lohnt. Man kann sicher darüber streiten, ob diese scheibchenweise Upgrade-Politik, die sich mittlerweile auf dem Markt durchgesetzt hat, im Sinne der Kunden und Anwender ist. Im Falle von Dreamweaver 4 sind jedoch einige Funktionen hinzu gekommen, die nicht nur für fortgeschrittene DW-Nutzer interessant sind, sondern die auch speziell Anfängern in Sachen HTML und Webdesign zugute kommen.

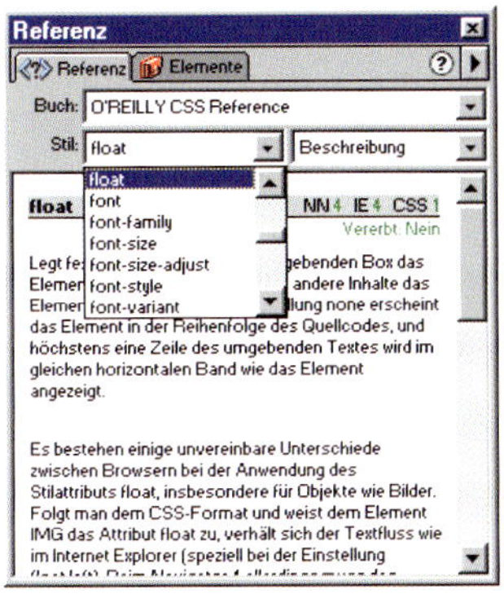

◀ Abbildung 13
Die komplette CSS-Referenz in Dreamweaver 4

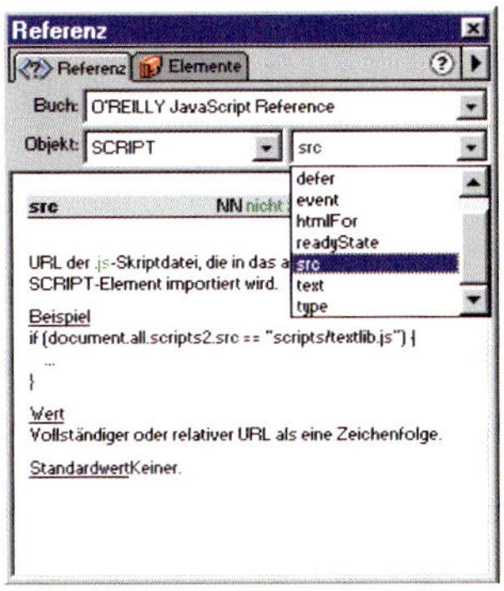

Abbildung 14 ▶
Die JavaScript-Referenz für Selbstscripter

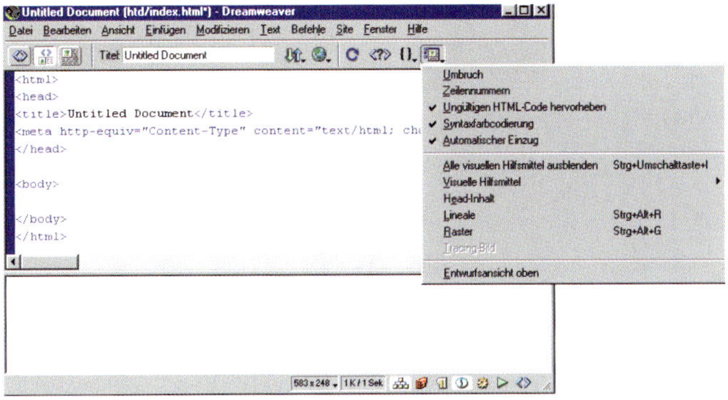

Abbildung 15 ▶
Das neue teilbare Dokumentenfenster

Referenzen zu HTML, CSS und JavaScript

Gerade diese Zielgruppe dürfte sich über die Integration der kompletten HTML-, CSS- und Javascript-Referenzen aus den entsprechenden Tierbüchern von O'Reilly freuen, die – etwas Engagement vorausgesetzt – Dreamweaver zur perfekten Lernumgebung für HTML machen (Abb. 13 und 14). Falls Ihnen die Bedienung der Referenz-Palette (Strg + ⇧ + F1) zu umständlich erscheint, finden Sie die kompletten Referenzen auch als HTML-Dateien im Programmordner unter MACROMEDIA DREAMWEAVER 4/CONFIGURATION/REFERENCE/, die Sie in jedem handelsüblichen Webbrowser nutzen und natürlich auch ausdrucken können.

Neues teilbares Dokumentenfenster

Der integrierte Texteditor ist endlich zu einem brauchbaren Werkzeug geworden. Optional im Dokumentfenster als Split- oder gar Vollbild zu öffnen (Wechsel per Alt + ⇆), bietet er mit automatischen Einrückungen und Einfärbungen schon während der Eingabe jenen Komfort, der schon in Dreamweaver 2 hätte selbstverständlich sein sollen (Abb. 15).

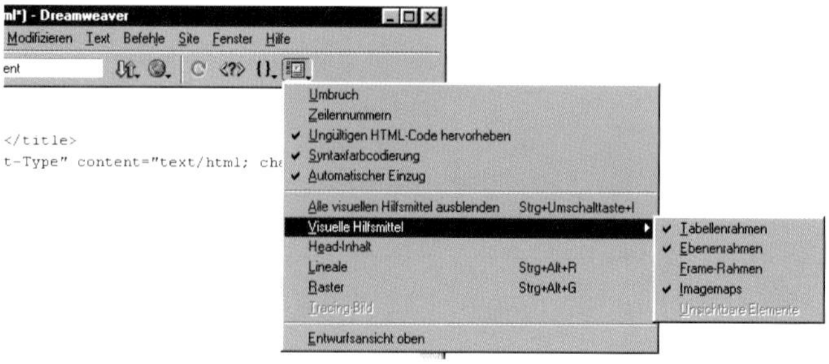

▲ **Abbildung 16**
Neue Funktionen in der Kopfzeile des Dokumentenfensters

Neu hinzugekommen ist eine Symbolleiste (Strg + ⇧ + T) im Dokumentenfenster, über die sehr schnell und komfortabel die wichtigsten Hilfsmittel zur Erstellung und Verwaltung von Webseiten erreichbar sind (Abb. 16):

- Der Button mit den zwei Pfeilen enthält die wichtigsten Funktionen, die von der Siteverwaltung auf Dateiebene geboten werden.
- Die Weltkugel verbirgt die Browservorschau, wie sie auch über F12 bzw. Strg + F12 ausgelöst wird. Die Liste der hier aufgeführten Browser können Sie über BEARBEITEN • VOREINSTELLUNGEN • VORSCHAU im Browser beliebig erweitern.
- Ein Klick auf den gedrehten Pfeil bewirkt, dass manuell geänderter Code in die Entwurfsansicht übernommen und (sofern korrekt) dargestellt wird. Dasselbe bewirkt im Übrigen auch die Funktionstaste F5.
- Hinter der Referenz-Schaltfläche verbirgt sich nicht nur ein einfacher Shortcut zum Öffnen der entsprechenden Palette. Wenn Sie in der Code- bzw. Designansicht oder auch in der Statuszeile einzelne Tags, deren Attribute und Werte aktivieren und dann per Schaltfläche die Referenz aufrufen, wird kontextsensitv die passende Erläuterung inklusive Codebeispielen und DOM-Referenz (praktisch beim JavaScripten) dargestellt.
- Zu den erweiterten Editiermöglichkeiten gehört nunmehr auch ein Javascript-Debugger, der das Aufspüren fehlender Semikolons und geschweifter Klammern deutlich vereinfacht.
- Als Letztes finden wir die Darstellungsoptionen, über die das Aussehen und Verhalten des Dokumentenfensters gesteuert wird. Erfreulich ist, dass die Funktion zum Ein- und Ausblenden der visuellen Hilfsmittel nun etwas zuverlässiger funktioniert als in der Vorgängerversion, bei der man schon mal öfters eine Kaffeepause einlegen durfte, bis DW3 die Hilfsmittel auch tatsächlich vollständig einblendete.

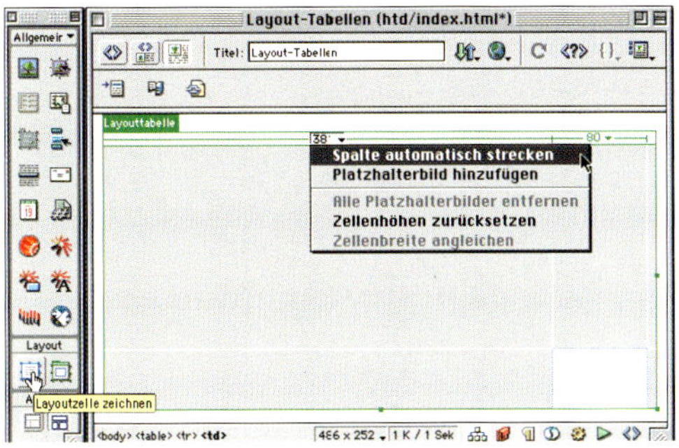

▲ Abbildung 17
Ein Segen fürs Rapid Prototyping: Layouttabellen

Layouttabellen – das Beste seit geschnittenem Toast

Nicht nur zur spürbaren Vereinfachung des Rapid Prototyping (also dem flotten Basteln von Anschauungsmaterial für Team und Kunden), sondern auch zum Austüfteln neuer Seitendesigns ist der neu ins Programm eingeführte und sehr gelungen umgesetzte Layout-Modus (Abb. 17) geradezu ideal. Er erlaubt das intuitive Platzieren komplizierter Tabellen ähnlich dem Setzen von Ebenen. Da alle Tabelleneinträge optional in relativen Weiten gesetzt werden können (also z.B. width="30%") oder mit automatischen Spacer-GIFs zum Strecken der Zellen versehen werden, lassen sich so in kürzester Zeit mehrspaltige und komplex verschachtelte Layouts, wie sie bei vielen Online-Zeitungen beliebt sind, realisieren.

Hiermit ist den Entwicklern bei Macromedia endlich ein großer Wurf gelungen: Bisher musste man, wenn man Elemente an einer bestimmten Stelle einer Seite platzieren wollte, ein mehr oder weniger komplexes Tabellenkonstrukt ausgehend von der oberen linken Ecke des Dokumentenfensters aufbauen, um dann irgendwann die untere rechte Ecke der Seite zu erreichen. Diese Arbeitsweise entsprach der Hierarchie der Tags, die eine Tabelle ausmachen, nämlich <table> <tr><td>. Die Arbeitsweise im Layoutmodus kehrt diese Reihenfolge nun um: Man zeichnet eine Tabellenzelle an eine beliebige Stelle, also auch in bereits vorhandene Tabellen, und Dreamweaver kümmert sich um den Rest (also die Platzierung der restlichen nötigen Tags: <table><tr> und eventueller weiterer nötiger <td>'s).

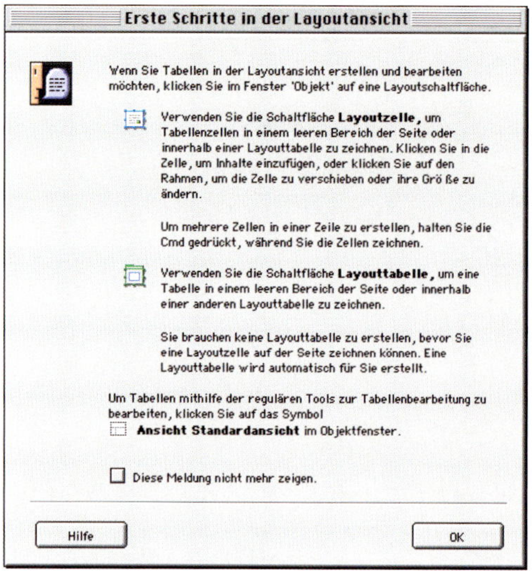

▲ Abbildung 18
Warnhinweis bei Layouttabellen

Diese Arbeitsweise ist allerdings selbst für erfahrene Dreamweaver-Anwender so gewöhnungsbedürftig, dass Macromedia eigens einen speziellen Warnhinweis bei der Anwahl der Funktion eingebaut hat (Abb. 18), der das Prinzip und die Arbeitsweise erklärt.

Neu und in diesem Zusammenhang erwähnenswert die Option, Tabellen-Layouts in Ebenen-Layouts zu wandeln (wobei jedoch die zahlreichen Besonderheiten der Ebenen nicht außer Acht gelassen werden dürfen – siehe hierzu auch das Kapitel über DHTML). Ebenso wie bei dem in Version 3 eingeführten umgekehrten Weg von Ebenen zu Tabellen ist das Resultat aber eher suboptimal, sodass uns doch der Weg der kompletten Neuproduktion als der sinnvollere erscheint.

Verwaltung der Elemente einer Site

Vor allem die Profis unter den Dreamweaver-Anwendern werden sich bei der Verwaltung komplexer Sites über den neu hinzugekommenen Asset-Manager (Palette Elemente, F11) freuen, der die Verwaltung sämtlicher Bilder, Skripten, Movies, Vorlagen und Bibliotheken einer Site erlaubt und das Anwenden dieser Elemente auf andere Sites unterstützt, was z.B. im Re-Design größerer Sites massive Produktivitätssteigerungen bringt.

Lobenswert in diesem Zusammenhang ist die Neuerung, dass sich Dreamweaver nun endlich auf Farben jenseits der websicheren Palette einlässt. Die 3er-Variante bog zu vielen Gelegenheiten Farben, die ihr nicht genehm erschienen, auf die nächstliegende websichere

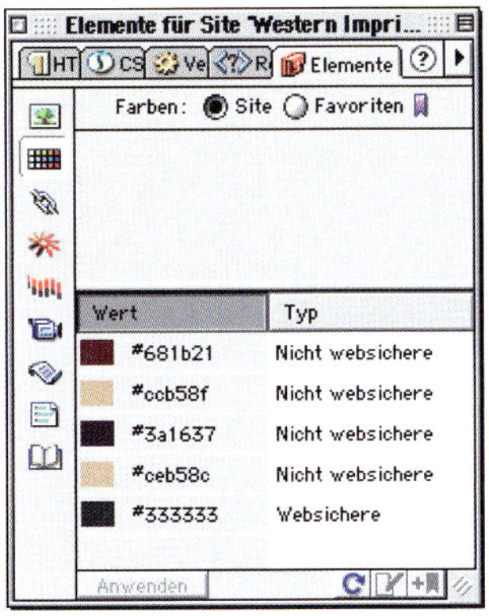

▲ **Abbildung 19**
Der »Merkzettel« für alle Farben einer Site

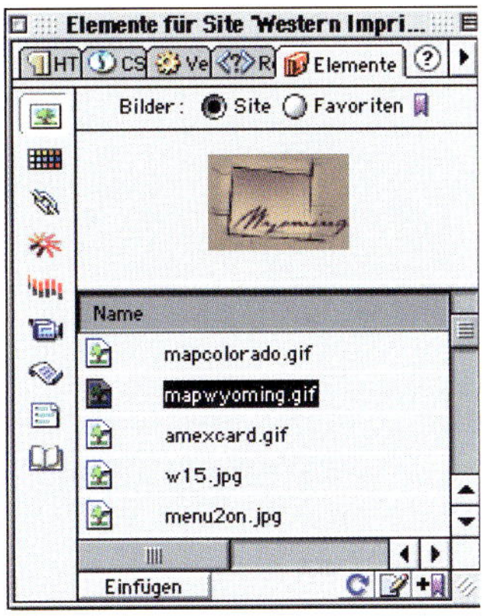

▲ **Abbildung 20**
Hilft die Übersicht zu bewahren: Alle Images, Flash-Dateien, Movies, Bibliotheken und Vorlagen auf einen Blick

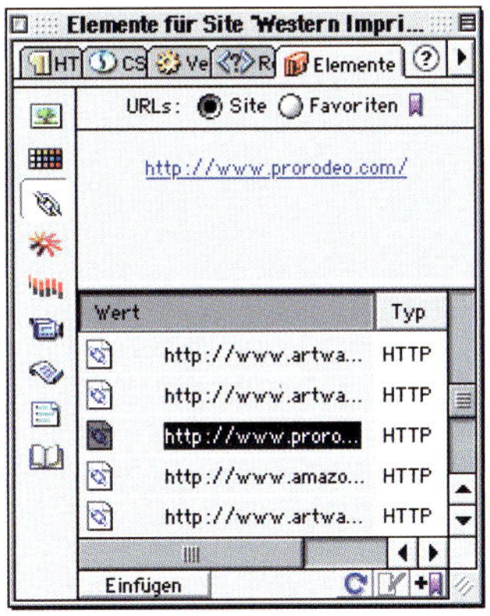

▲ **Abbildung 21**
Was vorher mit viel Handarbeit verbunden war, geht nun per Drag-and-Drop: Alle externen Links zur Wiederverwendung

um, aber nun trägt Macromedia der Tatsache Rechnung, dass seit dem Erscheinen von Dreamweaver 2 wahrscheinlich kein einziger Rechner mit einer maximalen Farbtiefe von 8 Bit ausgeliefert wurde.

Damit die Übersicht aber ob der neuen Vielfalt nicht verloren geht (Dreamweaver listet alle Zutaten einer Site ohne Unterteilung alphabetisch auf), gibt es auch die Möglichkeit, häufig benutzte Elemente als Favoriten abzulegen. Diese erscheinen dann in einer eigenen (hoffentlich kürzeren) Liste.

Bug im Farb-Manager

Leider ist Macromedia hier ein dicker Fehler untergekommen. Der Farb-Manager (Abb. 19) erlaubt lediglich das Einfärben von Text per Drag-and-Drop, nicht aber von anderen Elementen wie Tabellenzellen, Ebenen und Seitenhintergründen (im body-Tag). Wir finden das sehr bedauerlich, da gerade das Texteinfärben bei dieser Funktion im Hintergrund steht.

Einen kleinen Workaround können wir jedoch anbieten: Wenn Sie die Color-Asset-Palette strategisch günstig auf dem Bildschirm platzieren, können Sie die Farben mit dem Color-Picker des jeweils ausgewählten Elements (also z. B. einer Tabellenzelle) abgreifen. Das ist zwar nicht im Sinne der Erfinder, erfüllt aber in etwa den Zweck, den man von dieser Funktion erwarten darf.

Endlich möglich: Unterstützung von Tools zur Versionskontrolle

Viele der Neuerungen in Dreamweaver 4 spielen sich jedoch unter der Oberfläche ab, die man beim gelegentlichen Arbeiten mit einem derart komplexen Programm nur ankratzen kann. So wurden das Sitemanagement und die Zusammenarbeit in Arbeitsgruppen massiv überarbeitet und erweitert. Neu hinzugekommen ist die Unterstützung der Versionskontrollen von WebDAV (Web-based Distributed Authoring and Versioning) und MS Visual SourceSafe. Bei Ersterem handelt es sich im Prinzip um eine Erweiterung des HTTP-Protokolls um die Möglichkeit, nicht nur Lesezugriffe, sondern auch Schreibzugriffe zu kontrollieren. Dieses Protokoll wird serverseitig vom verbreiteten Apache (mod_dav) und dem MS IIS, clientseitig von Windows seit der Ausgabe 95 (Webfolder als lokaler Ordner) unterstützt, sodass eigentlich nichts für den Einsatz der zweiten Variante, der Visual SourceSafe-Datenbank von Microsoft, spricht.

Die Änderungen in der bordeigenen Siteverwaltung beziehen sich auf eine bessere Kontrolle der Arbeitsabläufe inklusive einer nun möglichen E-Mail-Benachrichtigung, die bei Änderungen seitens eines Team-Mitglieds an die weiteren Mitarbeiter erfolgt.

Nice to have

Neben diesen unmittelbar mehrwertigen Neuerungen finden sich allerdings auch einige, die man eher der Rubrik »nett, aber nicht notwendig« zuordnen könnte. Dazu zählen die Objekte Flash-Buttons und Flash-Text. Jedoch sollten sich die Anwender stets vor Augen halten, dass eben nicht jeder Web-Surfer sämtliche verfügbaren PlugIns aktiviert hat, sodass z.B. Flash-Inhalte mitunter nicht dargestellt werden. Gerade im sensiblen Bereich der Navigation sollten auch Flash-begeisterte Webgestalter Vorsicht walten lassen.

Last but not least wurden die aus den Vorgängerversionen bekannten Verhaltensweisen (z.B. die Zeitleisten) neu programmiert, damit Kompatibilität mit dem neu erschienen Netscape 6 gewährleistet wird. Dieser Browser macht nun endlich das, was man ihm sagt, leider heißt das aber auch, dass die gesamten Workarounds für Bugs der Vorgängerversionen nun nicht mehr funktionieren. Aber dazu später mehr im Kapitel über DHTML.

WebDAV in 2 Minuten

Weitere Informationen zu WebDAV hierzu finden Sie unter http://www.fileangel.org/docs/DAV_2min.html

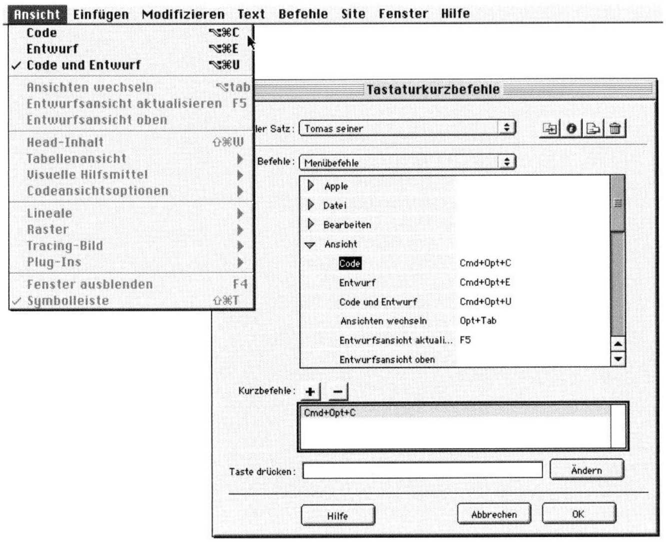

◄ Abbildung 22
Selbst definierte Tastatur-Shortcuts

Einrichten der Arbeitsumgebung

Anpassung an alte Gewohnheiten

Mit der Dreamweaver-Version 4 ist es auf unkomplizierte Weise möglich, sämtliche Tastaturkürzel nach eigenem Geschmack selbst zu definieren (Bearbeiten • Tastaturkürzel). Dreamweaver wird sogar mit vier frei wählbaren Voreinstellungen ausgeliefert: BBEdit, HomeSite, Dreamweaver 3 und Macromedia Standard. Letzterer ist die Standard-Einstellung der Lieferversion und aller anderen Programme aus dem Hause wie Flash, Freehand, UltraDev oder Director und wird daher in diesem Buch verwendet.

Darüber hinaus lassen sich auch, vergleichbar mit Hilfsprogrammen wie QuickKeys, komplett neue Sätze von Tastatur-Shortcuts anlegen oder bereits bestehende verändern und erweitern (Abb. 22). Dreamweaver wäre nicht Dreamweaver, wenn diese Sätze nicht in externen Textdateien abgelegt würden und somit in Arbeitsgruppen von allen Usern ausgetauscht werden könnten. Sie finden diese Datei im Programmordner unter Macromedia Dreamweaver 4/Configuration/Menus/Custom Sets/. Eine komplette Übersicht der Tastatur-Shortcuts finden Sie im Kapitel »Jenseits von Dreamweaver« und auf der beiliegenden CD-ROM.

Voreinstellungen

Die Voreinstellungen, die Dreamweaver nach einer Standardinstallation bietet, sind schon weitestgehend so, dass auch ein unerfahrener Anwender sofort mit dem Programm loslegen kann, ohne noch zeitraubende Anpassungen vornehmen zu müssen. Trotzdem gibt es einige Einstellungen, die das Programm nicht von vornherein hat, wo also noch Anpassungen vom Anwender vorgenommen werden sollten. Im Folgenden wird nur auf die Fälle detailliert eingegangen, bei denen es Fallstricke zu beachten gibt oder wo Abweichungen von den Voreinstellungen einen besseren Arbeitsfluss erlauben.

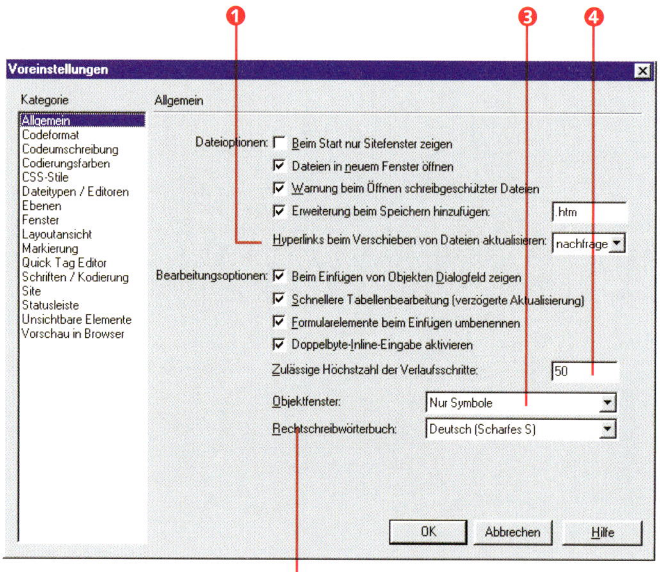

Abbildung 23 ▲
Allgemeine Voreinstellungen

1. Allgemein

Die Option Hyperlinks beim Verschieben von Dateien aktualisieren ❶ *sollte immer auf »nachfragen« eingestellt werden, um sicherzustellen, dass Änderungen auch wirklich gewünscht sind und erst nach Bestätigung übernommen werden.*

Seit der Version 3 unterstützt Dreamweaver auch die 1999 eingeführte neue Rechtschreibung. Leider lässt sich diese Einstellung nur global für das ganze Programm setzen ❷*, obwohl es in der Übergangszeit denkbar ist, dass man als Webentwickler verschiedene Sites mit unterschiedlichen Konventionen zur Rechtschreibung betreut.*

Wenn Sie den Platz haben, sollten Sie die Anzeige der Objektepalette auf »Symbole und Text« setzen ❸*, weil die Funktion der Buttons aus den Icons nicht unbedingt direkt ersichtlich ist.*

Die werkseitig eingestellte Höchstzahl der Verlaufschritte ❹ *von 50 ist gerade auf langsamen Rechnern oder bei ausgelastetem Arbeitsspeicher etwas zu hoch.*

Insbesondere wenn man mehrere Fenster geöffnet hat, leidet die Performance doch erheblich, da die Verlaufsfunktion alle Bearbeitungsschritte in allen Fenstern vorhalten muss. Wenn Sie also während Ihrer Arbeit den Eindruck haben, dass Dreamweaver immer langsamer wird, sollten Sie zunächst den Verlauf leeren. Dazu öffnen Sie das Verlaufsfenster (F9) und wählen aus dem Popup oben rechts VERLAUF LEEREN.

2. Codeformat

Dieser Teil der Voreinstellungen beeinflusst das Aussehen des Sourcecodes – ein wichtiger Aspekt insbesondere, wenn die HTML-Seiten nachträglich mit einem Texteditor bearbeitet werden sollen oder in einem Produktionsteam Konventionen zur Formatierung festgelegt wurden. Wenn Sie bisher noch keine anderen Regeln festgelegt haben, sollten Sie auf jeden Fall Einzüge für Tabellen und Framesets ❺ verwenden, um den Sourcecode übersichtlicher zu gestalten. Tabulatoren als Einzüge verbrauchen übrigens weniger Speicherplatz als eine Vielzahl von Leerschritten. Wie weit die verschiedenen Tags eingerückt werden, ist letztendlich Geschmacksache. Es sollte aber nicht zu weit nach rechts gehen, um bei der Arbeit mit einem Texteditor nicht allzu viel horizontal scrollen zu müssen. Dies ließe sich zwar mit einem automatischen Umbruch nach einer bestimmten Zeichenzahl verhindern, dann umbricht Dreamweaver aber alles, was darüber hinausgeht, radikal, wodurch der Code je nach Geschmack nicht unbedingt lesbarer wird.

Wenn Ihnen diese Optionen noch nicht reichen, können Sie auch die Steuerdatei, welche die Formatierung des Codes festlegt, editieren. Sie finden diese als Textdatei unter dem Namen SourceFormat.txt im Verzeichnis DREAMWEAVER/CONFIGURATION/. Genauere Hinweise, wie diese

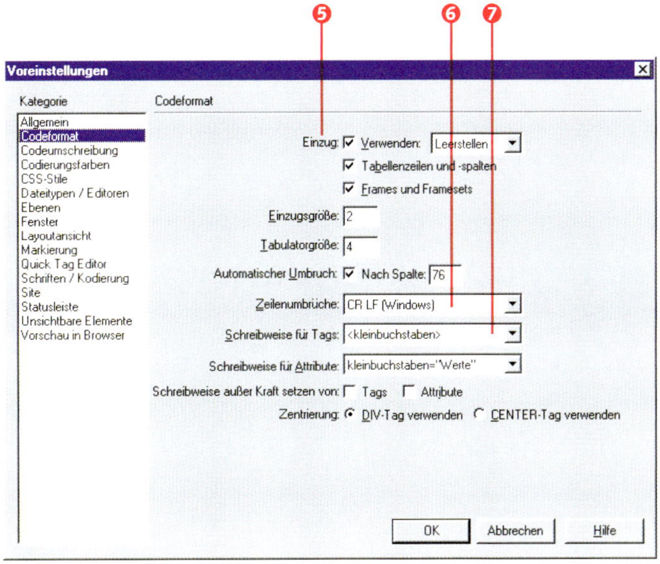

▲ **Abbildung 24**
Voreinstellungen Codeformat

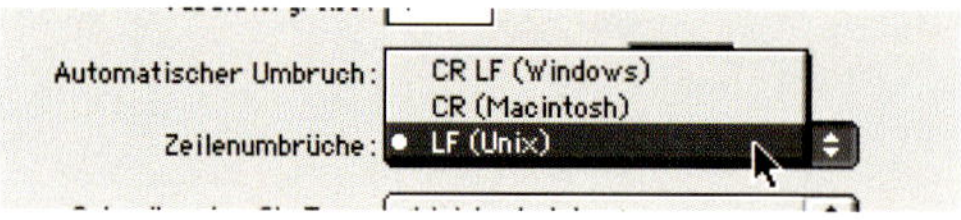

Abbildung 25 ▲
Zeilenumbrüche je nach Servertyp korrekt setzen!

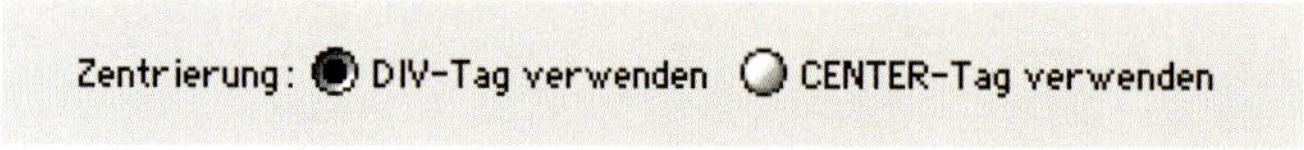

Abbildung 26 ▲
<div align="center"> zum Zentrieren

Steuerdatei funktioniert und wie Sie diese auf Ihre Bedürfnisse anpassen können, finden Sie im Kapitel »Effektive Arbeitstechniken«.

Die Zuweisung der Art der Zeilenumbrüche (Abb. 24 ❻) wurde von Macromedia alles andere als optimal gelöst und unterstützt zum Beispiel nicht den Umzug einer Site auf einen anderen Server. Je nach Servertyp (Unix, Mac oder NT) benötigt das System andere Steuerzeichen für Zeilenumbrüche (CR, LF, CR&LF). Diese Funktion hätte also eigentlich enger mit dem Site-Management gekoppelt und nicht global für das ganze Programm festgelegt werden sollen. Vermutlich ist es nach wie vor der einfachste Weg, die Art des Zeilenumbruchs Ihrer Site mit einem der mitgelieferten Editoren per Batch zu ändern.

Auch wenn Sie bisher Tags und Attribute immer groß geschrieben haben, sollten Sie aus Gründen der Aufwärtskompatibilität zu Kleinbuchstaben wechseln (Abb. 24 ❼), da die aktuelle XHTML-Spezifikation dies verbindlich vorschreibt. XHTML gilt als Nachfolger von HTML und wird dieses nach dem Willen des World Wide Web Consortium (W3C) langfristig ablösen (mehr zum W3C und zu dieser neuen Sprache finden Sie am Ende des Buches im Kapitel »Jenseits von Dreamweaver«).

Auch die Festlegung, ob zum Zentrieren `<center>` oder `<div align="center">` benutzt werden soll (Abb. 26), hätte eigentlich eher zum Site-Management als in die globalen Voreinstellungen gehört. `<center>` ist ein Tag aus älteren HTML-Versionen, das in HTML 4 und XHTML 1 nicht mehr vorgesehen ist und nur noch eingesetzt werden sollte, wenn man Besucher mit Uralt-Browsern der ersten Generation erwartet, die das neuere `<div align="center">` nicht verstehen.

3. Codeumschreibung

Diese Optionen betreffen eigentlich nur HTML-Dokumente, die Sie aus anderen Editoren übernehmen und die eventuell fehlerhaften Code enthalten, da Dreamweaver grundsätzlich syntaktisch sauberen Code produziert. Dreamweaver korrigiert aber bei eingeschalteten Optionen ❶ *bis* ❹ *auch in seinen Augen fehlerhaften Code, den Sie per Direkteingabe über den Quick Tag Editor (Menü* Ändern • Quick Tag Editor *bzw.* ⌘ + T / Strg + T*) eingeben, ohne Nachfrage. Daher sollten Sie* Beim Reparieren oder Entfernen von Tags Warnmeldung zeigen ❺ *unbedingt einschalten. So haben Sie immer die Möglichkeit, eventuelle Änderungen von Dreamweaver rückgängig zu machen, wenn diese nicht in Ihrem Sinne waren. Dreamweaver zeichnet sich zwar gerade dadurch aus, dass es fremden Code weitestgehend in Ruhe lässt (sofern dieser nicht offensichtlich fehlerhaft ist), aber manchmal werden solche Fehler auch ganz bewusst eingesetzt, um bestimmte Effekte zu erreichen. Zum besseren Auffinden der betroffenen Passagen im Code gibt Dreamweaver auch die Zeilennummer und Zeichenposition des Fehlers in der Meldung mit aus.*

Falls Sie weitere Sprachen wie PHP, ColdFusion oder Active Server Pages einsetzen, so sollten Sie unbedingt die Option aktiviert lassen, die den proprietären Code dieser Systeme nicht umschreibt oder löscht ❻. *Ansonsten könnten Fehler in deren Ausführung entstehen.*

Manche Systeme wie Application Server oder Datenbanken benötigen unter Umständen Sonderzeichen in URLs, die nicht den festgelegten Konventionen entsprechen. In diesem Fall versucht Dreamweaver bei eingeschalteter Option (Abb. 29) diese zu korrigieren. Hier sollten Sie das Handbuch zu der entsprechenden Fremd-

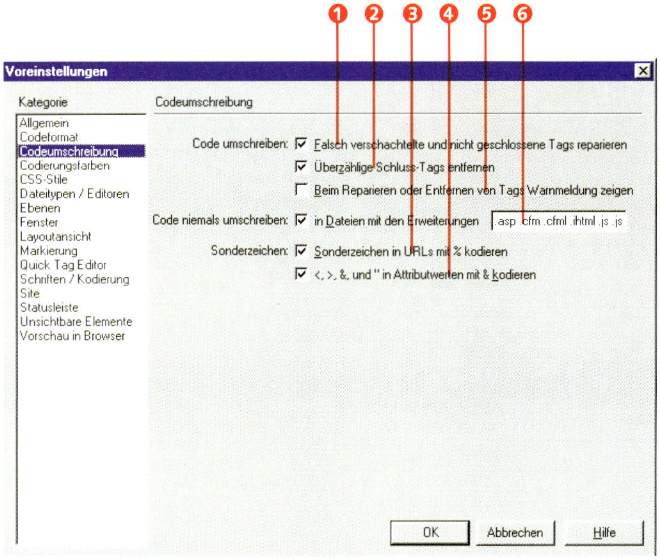

▲ Abbildung 27
Voreinstellungen Codeumschreibung

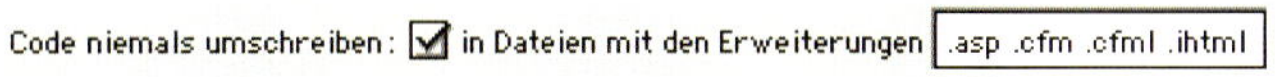

▲ Abbildung 28
Spezialcode für Application Server u.ä. nicht ändern

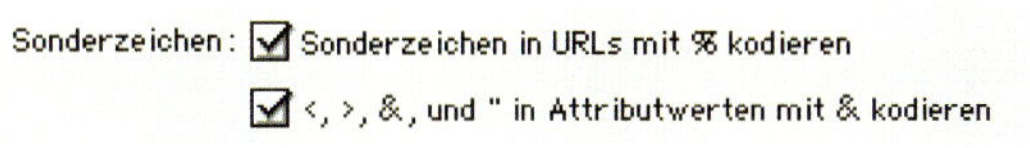

▲ Abbildung 29
Sonderzeichen in URLs nicht ändern

software konsultieren, ob sie dieses Verhalten besser unterdrücken sollten oder zulassen dürfen.

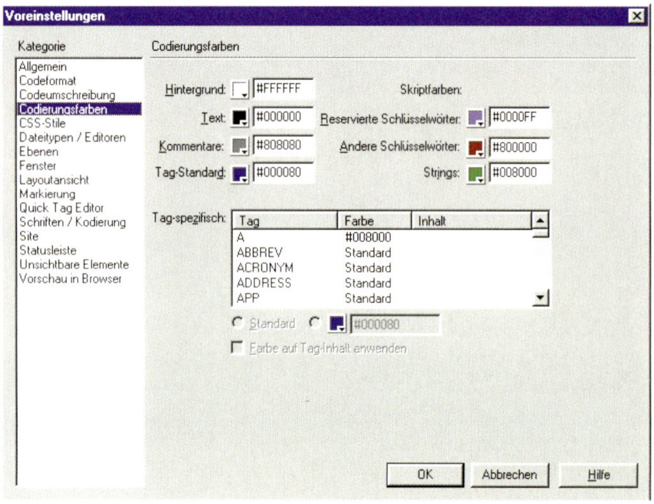

Abbildung 30 ▲
Voreinstellungen HTML-Tag-Farben

4. Codierungsfarben

Das Syntax-Coloring (VOREINSTELLUNGEN • CODIERUNGSFARBEN) von Dreamweaver geht weit über das hinaus, was zum Beispiel BBEdit auf dem Mac bietet, und ist eher mit den umfassenden Einstellungsmöglichkeiten von HomeSite für Windows zu vergleichen. Letztendlich ist es reine Geschmacksache, ob und wie Sie die verschiedenen Tags eingefärbt haben möchten. Aber es sollte wegen des Wiedererkennungswertes in etwa mit dem übereinstimmen, was Ihr externer Editor darstellt.

In der täglichen Arbeit hat sich bewährt, bestimmte Gruppen von Elementen zu einer Farbe zusammenzufassen, also z.B. eine Farbe für alles, was mit Tabellen zu tun hat, eine Farbe für Textauszeichnungen usw.

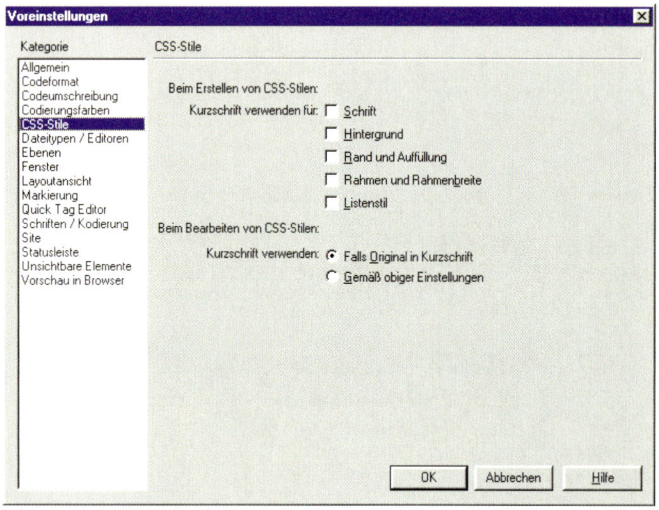

Abbildung 31 ▲
Voreinstellungen CSS-Stile

5. CSS-Stile

Die CSS-Spezifikationen erlauben für Stylesheets, diese auch in Kurzschrift zu verfassen (Abb. 31). Das Ergebnis im Browser ist identisch, nur die Menge des Codes unterscheidet sich unter Umständen gewaltig. Die beiden folgenden Style-Deklarationen bewirken das Gleiche, nur ist die Variante in Kurzschrift (s. Listing) besser geeignet, um Styles im <body> des Dokuments direkt zu definieren, also wie in diesem Fall nur auf einen bestimmten Absatz anzuwenden. Die Version in Langschrift (s. Listing) ist hingegen geeigneter, im <head> des Dokuments oder in einem externen Stylesheet zu erscheinen, da sie lesbarer ist und so besser von Hand nachträglich editiert werden kann. Einem geübten Typografen sollte aber auch die Deklaration in der Form italic bold 18pt/14pt Arial, Helvetica, sans-serif verständlich sein.

Langschrift:

```
<style type="text/css">
<!–
p { font-style: italic;
    font-weight: bold;
    font-size: 18pt;
    line-height: 14pt;
    font-family: Arial, Helvetica, sans-serif;
    color: #333333}
–>
</style>
```

Kurzschrift (sozusagen CSS in Steno):

```
<p style="font: italic bold 18pt/14pt Arial,
Helvetica, sans-serif; color: #333333">
```

6. Dateitypen / Editoren

Eine der Stärken von Dreamweaver war schon immer die nahtlose Integration von externen Editoren, von Macromedia ***Roundtrip HTML*** *genannt, da reine ASCII-Editoren wie BBEdit oder HomeSite in manchen Bereichen einfach unschlagbar sind. Obgleich der Texteditor von Dreamweaver 4 nun endlich ein flüssigeres Arbeiten am Code direkt erlaubt, gibt es doch Aufgaben, die besser von einem spezialisierten Tool erledigt werden können. Daher sollte ein solcher Editor immer zu den Bordmitteln eines professionellen Webdesigners gehören und folgerichtig per Voreinstellung aktiviert sein.*

Der Mac-Version liegt der mächtige Editor BBEdit von Barebones bei, der seinerseits auch einige Funktionen bietet, die auf Dreamweaver aufsetzen. So können Sie zum Beispiel Elemente in Dreamweaver auswählen und zu BBEdit wechseln, wo der dazugehörige Code automatisch ausgewählt ist; der umgekehrte Weg funktioniert natürlich genauso. Je mehr Sie mit den Funktionen der Version 4, insbesondere der umfangreichen Suchfunktion des HTML-Fensters und dem ausgefeilten Site-Management, ver-

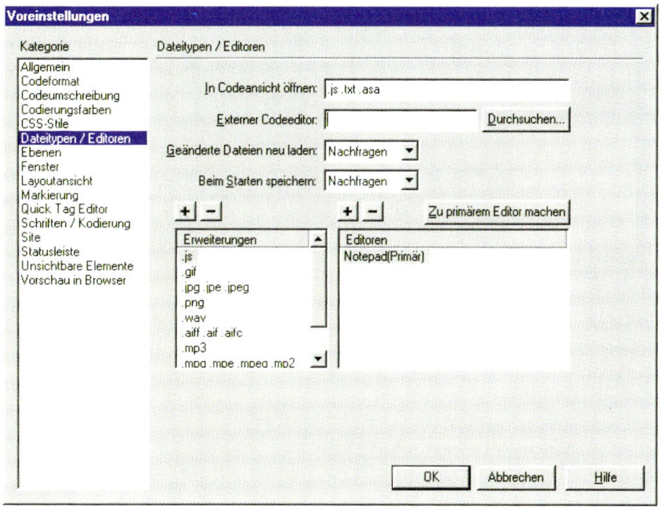

▲ Abbildung 32
Voreinstellungen der externen Editoren

hervor – nicht in der Lage, ein komplexes Tabellenlayout darzustellen, obwohl rein rechnerisch alle zugewiesenen Breiten korrekt sind.

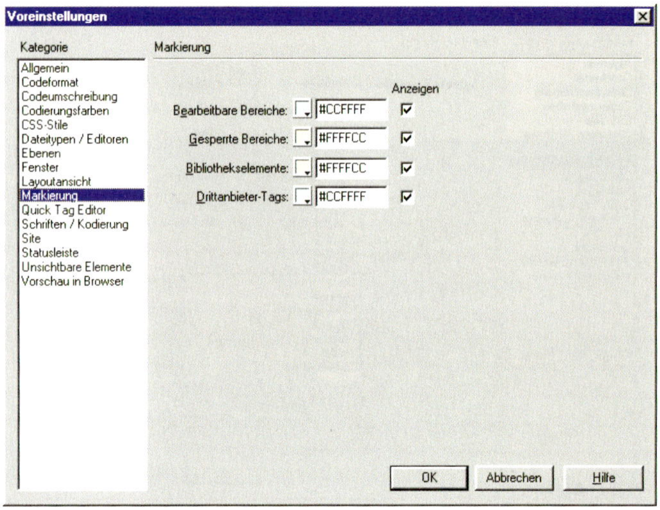

Abbildung 36 ▲
Voreinstellungen Markierung

10. Markierung

Es empfiehlt sich, die Farben für die editierbaren bzw. gesperrten Bereiche so zu wählen, dass sie gut innerhalb der von Ihnen entworfenen Seiten erkennbar sind – bei gleichzeitiger guter Lesbarkeit der Inhalte. Daher hängen diese Einstellungen stets von den vom Gestalter eingesetzten Text- und Hintergrundfarben ab. Auch diese Werte sind nur global für das ganze Programm einstellbar. Für eine spätere Version wäre es sicher wünschenswert, wenn diese für jede Site individuell festgelegt werden könnten.

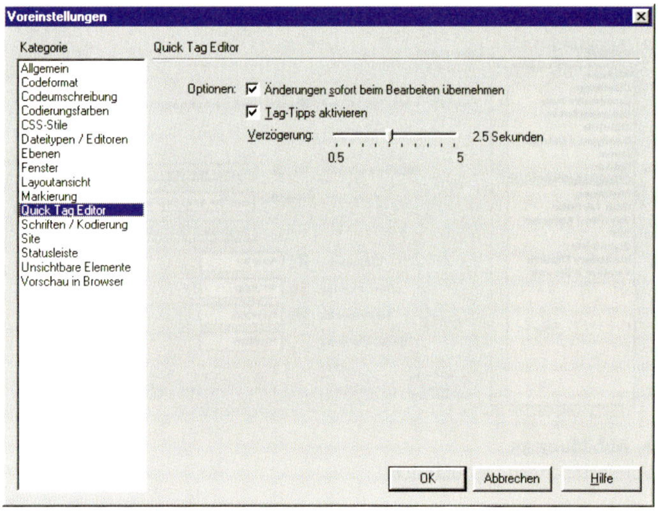

Abbildung 37 ▲
Voreinstellungen Quick Tag Editor

11. Quick Tag Editor

Wenn Sie rein grafisch arbeiten möchten und keinen Wert auf eine hohe Kontrolle des HTML-Codes legen, sollten Sie eine lange Verzögerung einstellen bzw. das Feld Tag-Tipps aktivieren ausschalten, da Ihnen diese Funktion sonst sicherlich nur lästig erscheinen wird. Sollten Sie jedoch Wert auf eine weitreichende Einflussnahme auf den HTML-Code legen, um z.B. pixelgenaue Feinkorrekturen vorzunehmen oder um Tags aus strategischen Gründen in anderer Reihenfolge anzuordnen, dann sollten Sie zur Erhöhung Ihrer Produktivität die Zeitverzögerung auf das Minimum einstellen.

12. Schriften/Kodierung

Bei diesen Voreinstellungen weicht Dreamweaver leider von dem ab, was die verbreiteten Browser üblicherweise voreingestellt haben. Als feste (dicktengleiche) Schriftart legt das Programm hier in der Mac-Version Monaco 12 Punkt fest, sowohl Netscape als auch Internet Explorer arbeiten aber hier seit Urzeiten mit Courier 10 Punkt. Wenn Sie also die Ausgabe der Seiten beim Benutzer simulieren wollen (und das ist immer eine gute Idee), so sollten Sie diese Einstellungen der Realität anpassen (Abb. 38).

Auch für das HTML-Fenster gibt es sicher eine bessere Wahl als die auf dem Mac voreingestellte Schrift Monaco 9 Punkt. Eine Alternative wäre hier der Zeichensatz ProFont, welcher der BBEdit-Distribution beiliegt, da dieser um einiges besser lesbar ist als das Original (Abb. 39).

Der Vollständigkeit halber hier auch noch einige Schriften unter Windows (Abb. 40). Wenn Sie viel im Quelltextmodus arbeiten, kann eine geschickte Auswahl der Zeichensätze Ihrer Produktivität dienen. Je nach installierter Betriebssystem-Version kann jedoch die zur Verfügung stehende Auswahl an Schriften von dieser hier variieren.

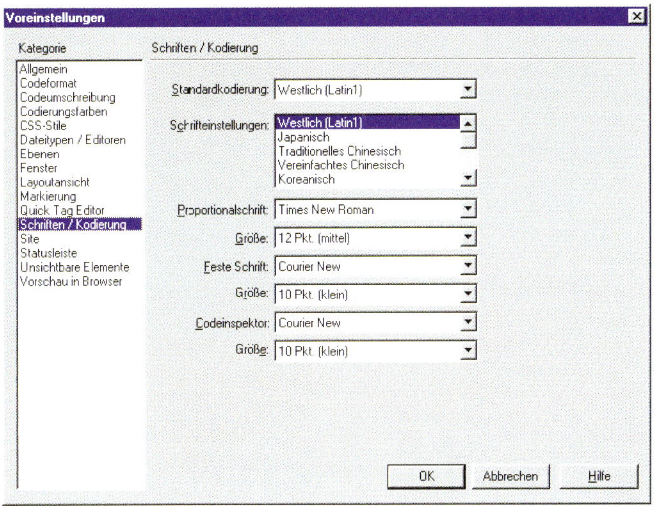

▲ Abbildung 38
Voreinstellungen Schriftarten / Kodierung

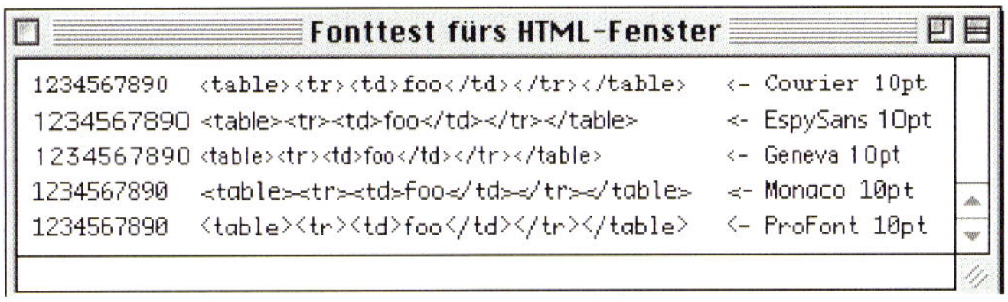

▲ Abbildung 39
Fontbeispiele Mac für den HTML-Inspektor

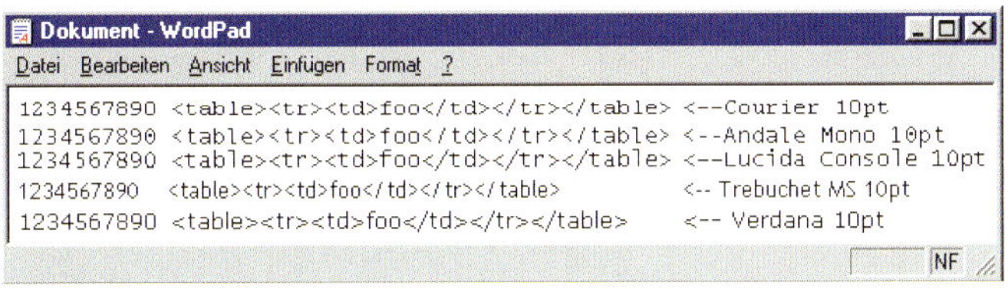

▲ Abbildung 40
Fontbeispiele Windows für den HTML-Inspektor

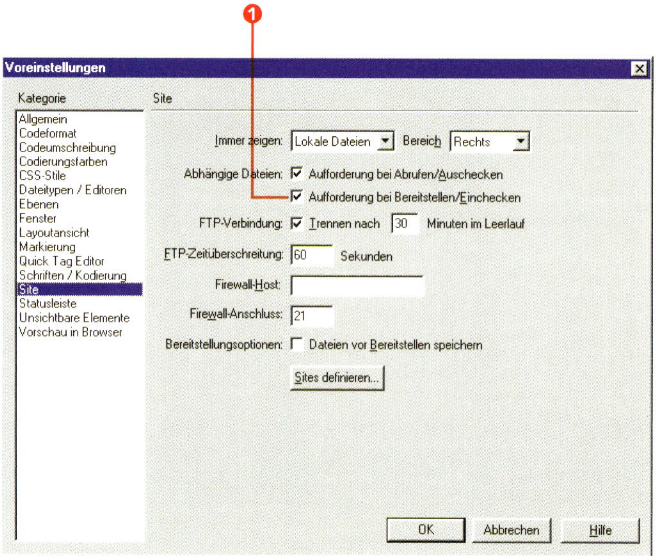

Abbildung 41 ▲
Voreinstellungen Site-FTP

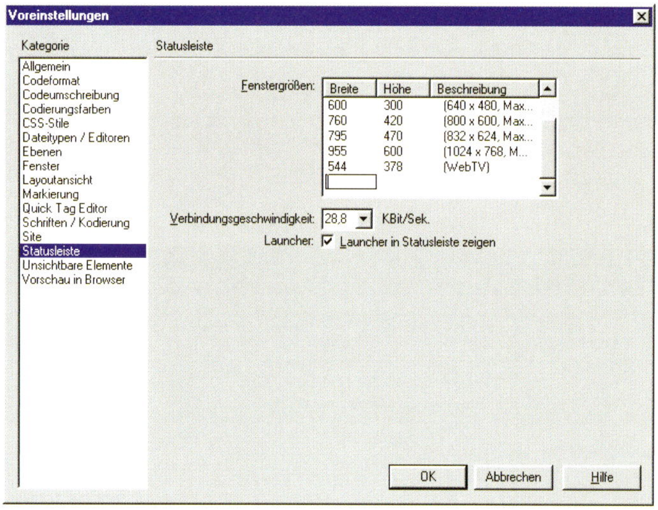

Abbildung 42 ▲
Voreinstellungen Statusleiste

13. Site

Schon die Vorgängerversion von Dreamweaver zeichnete sich durch ein integriertes mächtiges FTP-Tool aus, das Sie nutzen konnten, um lokale Dateien mit einem entfernten Server zu synchronisieren. Eines der Alleinstellungsmerkmale von Dreamweaver ist in diesem Bereich, dass Sie auch bestimmen können, ob abhängige Dateien (also eingebettete Formate wie Grafiken und PlugIn-Formate wie Flash) mit der dazugehörigen HTML-Datei zusammen auf den Server übertragen werden sollen ❶*. Das ist eine häufige Fehlerquelle bei der Arbeit mit klassischen FTP-Clients, da diese schon mal gerne vergessen werden.*

Die restlichen Daten, die eventuell in die Felder Firewall-Host *und* -Anschluss *eingetragen werden müssen, erfragen Sie bitte bei Ihrem freundlichen Systemadministrator.*

Bei den Bereitstellungsoptionen die Checkbox Dateien vor dem Bereitstellen speichern *zu aktivieren, ist sicher auch eine gute Idee. Ansonsten kann es vorkommen, dass Sie zwei unterschiedliche Versionen eines Dokumentes lokal und auf dem Server haben.*

14. Statusleiste

Über die Angabe der Verbindungsgeschwindigkeit errechnet Dreamweaver die wahrscheinliche Download-Zeit der aktuellen HTML-Datei, d.h. die Zeit, die die Seite inklusive aller eingebetteten Elemente wie Grafiken usw. zum Benutzer braucht. Sie sind höchstwahrscheinlich auf der sicheren Seite, wenn Sie hier 56 KBit/Sek. einstellen – die werkseitig eingestellten 28.8 KBit/Sek. erscheinen uns dann doch etwas veraltet.

Ein wertvolles Feature von Dreamweaver ist die Möglichkeit, mit nur einem Mausklick verschiedene Fenstergrößen zu simulieren. Die voreingestellten Maße sind aber nicht ohne weiteres brauchbar, da diese zwischen den verschiedenen Plattformen und Browsern erheblich variieren können. Daher finden Sie in der Tabelle eine Übersicht der gängigsten Größen.

Diese Maßangaben sind natürlich nur Annäherungswerte. Tatsächliche Größen können je nach verwendeter Betriebssystemversion und Rechnerkonfiguration noch weiter variieren. So besteht zwischen Mac OS 7 und Mac OS 8 ein Unterschied in der Breite der Fensterrahmen und Scrollbalken. Unter Windows installiert MS Office zusätzlich noch eine Office-Taskbar, die zusätzlichen Platz in der Höhe oder Breite beansprucht.

Einen Sonderfall stellt Netscape 6 dar. Seine Oberfläche ist frei konfigurierbar mittels so genannter Skins (Häute). Dies hat zur Folge, dass die Fenstergrößen von der aktuellen Konfiguration abhängig sind. Der positive Nebeneffekt: Die Designer sind gezwungen, flexiblere, dem Medium HTML gerechter werdende Layouts zu konzipieren.

Tatsächliche Fenstergrößen in den verschiedenen Browsern

Browser	Tatsächliche Fenstergröße bei einer Auflösung von:	
	640 x 480	800 x 600
NN 4.5+ (Mac)	592 x 309	752 x 429
NN 4.0x (Mac)	582 x 315	742 x 435
NN 3.x (Mac)	582 x 306	742 x 426
IE 5 (Mac)	606 x 347	767 x 465
IE 4.5x (Mac)	563 x 318	723 x 438
IE 4.0x (Mac)	574 x 321	734 x 441
IE 3.x (Mac)	598 x 317	758 x 437
NN 4.x (Win)	604 x 294	764 x 414
IE 4 / 5 (Win)	600 x 275	760 x 395
IE 3.x (Win)	613 x 276	763 x 396
NN 3.x (Win)	600 x 270	760 x 390

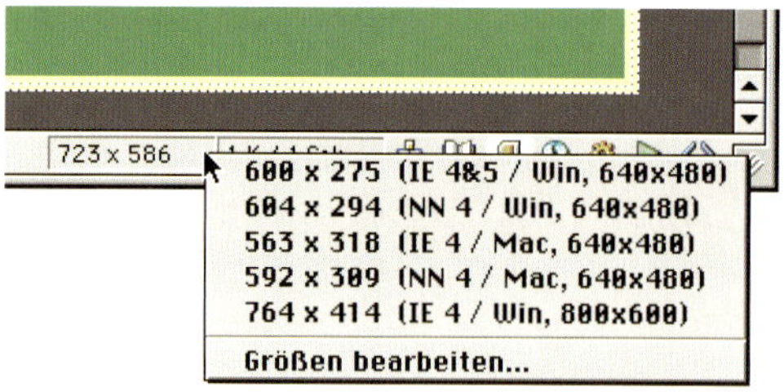

Abbildung 43 ▲
Browsergrößen ansehen und bearbeiten

Diese Fenstergrößen können Sie über ein Popup in der unteren Statuszeile des Dokumentenfensters auswählen. Dreamweaver skaliert das Fenster dann automatisch auf die von Ihnen gewünschte Größe. Die in der Tabelle genannten Werte für weitere Fenstergrößen können Sie in die Liste einfügen, indem Sie GRÖSSEN BEARBEITEN... *wählen.*

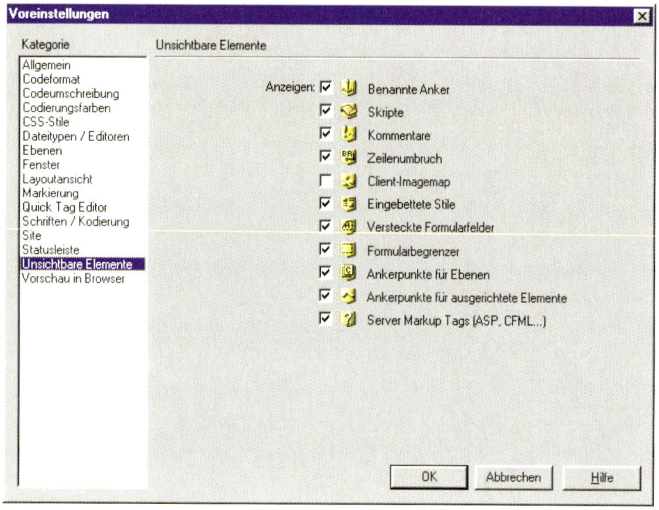

Abbildung 44 ▲
Voreinstellungen der unsichtbaren Elemente

15. Unsichtbare Elemente

*Grafisch orientierte Anwender finden diese unsichtbaren Elemente eher störend. Solange an der Site schwerpunktmäßig grafisch gearbeitet wird und nicht auf richtigen Browsern auf Funktionalität getestet wird, empfiehlt es sich daher, diese Elemente auszuschalten. Beim Feintuning der Site kann es jedoch nützlich sein, einige zu reaktivieren. Beispielsweise lässt sich durch Verschieben dieser gelben Marker die Reihenfolge von Ebenen im HTML-Code oder die Position von Kommentaren verändern, ohne dass ein Öffnen des HTML-Editors notwendig wird. Die Darstellung der unsichtbaren Elemente lässt sich auch per Tastatur (*Strg *+* ⇧ *+* I*) oder über das Popup in der Entwurfsansicht des Dokumentfensters an- und ausschalten.*

16. Vorschau in Browser

Stellen Sie hier den Browser, für den Sie schwerpunktmäßig entwickeln (z.B. für ein Intranet), als Primärbrowser ein. Der so ausgewählte Browser ist übrigens auch der Browser, mit dem Dreamweaver die HTML-basierten Hilfedateien anzeigt. Da die Suche in diesen Hilfedateien auf einem Java-Applet basiert, sollte man hier besser einen Browser mit einer stabilen Java Virtual Machine auswählen, also z.B. den Internet Explorer 5. Mit Netscape macht diese Suche schon alleine aus Gründen der Performance nicht allzu viel Spaß.

Windows-User haben hier die Möglichkeit, für die Vorschau einen lokalen Webserver zu definieren (was natürlich heißt, dass ein solcher auch lokal installiert sein muss). In diesem Fall leitet Dreamweaver die Vorschau nicht sofort an einen der eingestellten Browser, sondern an ebendiesen Webserver weiter. Der Vorteil dieser Methode ist, dass Links, die relativ zum Root-Verzeichnis der Site angelegt sind (also /css/my.css statt ../../css/my.css), korrekt ausgeführt werden. Dass allerdings nur Windows-User in diesen Genuss kommen, hat die Autoren dann doch hart getroffen. (Hinweis an Macromedia: Für den Mac gibt es auch eine gute Handvoll Webserver, die zudem den Vorteil mit sich bringen, von außen unknackbar zu sein.)

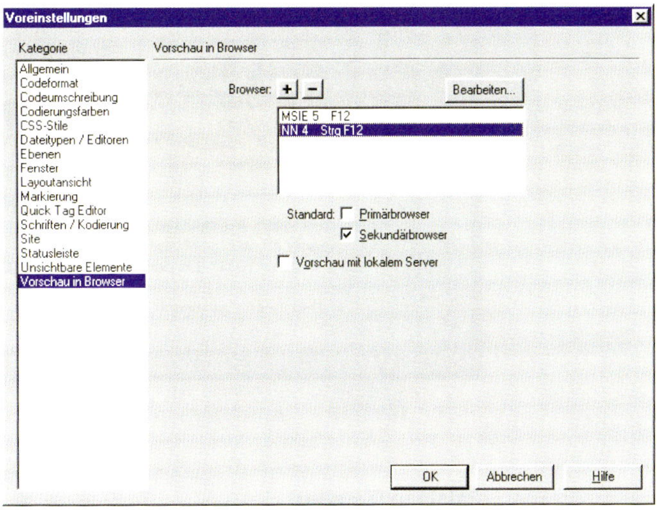

▲ Abbildung 45
Voreinstellungen der Vorschau im Browser

Abbildung 49 ▶
Die verschiedenen Kategorien der Objektepalette nach einer Neusortierung

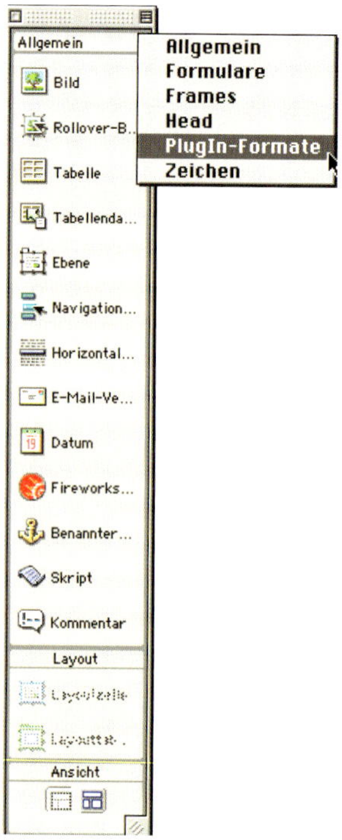

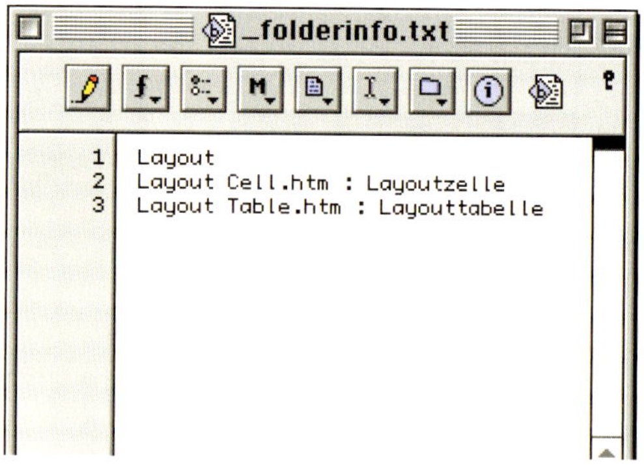

▲ Abbildung 50
Benennungen der Objekte-Kategorien

Empfehlenswert ist sicher eine Neusortierung der Kategorie Unsichtbare Elemente zu Allgemein, da diese wahrscheinlich häufiger benutzt wird und deswegen an prominenterer Stelle erscheinen sollte. Dafür können selten benutzte Objekte wie PlugIns aus Allgemein in eine eigene, neu zu erstellende Kategorie PlugIns verschoben werden. In diese Ordnerhierarchie werden auch Objekte von Drittanbietern abgelegt, die mittlerweile in großer Zahl erschienen sind und einen Teil der Faszination von Dreamweaver als beliebig erweiterbare Anwendung ausmachen. Sie können sich diese zusätzlichen Funktionen downloaden, indem Sie aus dem Menü Einfügen • Mehr Objekte wählen. Dreamweaver startet dann den primären Browser mit der Adresse der Dreamweaver-Exchange bei Macromedia. Die Objekte bzw. Befehle werden anschließend mittels des Extension Managers in Dreamweaver importiert und verwaltet. Weitere URLs mit freien Objekten und Befehlen von Drittanbietern finden Sie im Appendix im Kapitel »Jenseits von Dreamweaver« oder bei www.dreamworker.de.

Wenn Sie weitere eigene Gruppierungen anlegen wollen, brauchen Sie nur im Verzeichnis Configuration/Objects/ ein weiteres Unterverzeichnis anzulegen und dort Ihre neuen Objekte abzulegen. Der Name, wie er im Popup erscheinen soll, wird in einer externen Steuerdatei definiert, die im jeweiligen Unterverzeichnis liegen und _folderinfo.txt heißen muss (Abb. 50).

Codeinspektor

Eine der großen Schwächen reiner WYSIWYG-Editoren war lange Zeit, dass man mit ihnen zwar schnell Websites erstellen konnte, die Wartung bereits bestehender Sites aber fast unmöglich war. Viele Eigenschaften von Dreamweaver zielen genau in diese Richtung, sind aber nicht unbedingt auf den ersten Blick zu erkennen.

So bietet die aktuelle Version ein stark verbessertes HTML-Fenster als optionale Ansicht des Dokumentenfensters, das nicht nur Zeilennummern anzeigt, den Code automatisch einfärbt und Einrückungen vornimmt – sich also im Gegensatz zu den Vorgängerversionen insgesamt so verhält, wie man es von einem Texteditor erwartet –, sondern auch mit dem Tastaturkürzel [Alt]-[⇆] ein flottes Umschalten zwischen der Code- und der Layout-Ansicht erlaubt.

Der eigentliche Texteditor, Codeinspektor genannt, aus den älteren Versionen ist nach wie vor über [F10] erreichbar, hat aber mittlerweile rein dekorativen Charakter, wie sie feststellen werden, wenn sie die neue Zweiteilung des Dokumentenfensters schätzen gelernt haben.

Suchen und Ersetzen

Der im Kontextmenü des Codeinspektors zu findende bzw. über die Tastaturkombinationen [⌘] + [F] / [Strg] + [F] aufrufbare Befehl zum Suchen und Ersetzen ist ein überaus mächtiges, aber trotzdem komfortables Tool. Hiermit können Sie entweder im aktuellen Dokument, in einer der Sites aus der Sites-Verwaltung oder einem beliebigen Ordner frei definierbare Suchen durchführen und ganze Text- oder Codepassagen ersetzen. Dabei besteht die Wahl, entweder nur im eigentlichen Text der Seiten, nach Strings im HTML-Code oder nach bestimmten Tags zu suchen. Die ganze Eleganz dieses Dialogs zeigt sich erst, wenn man für die Suche mehr als einen Parameter setzt, also zum Beispiel nur nach bestimmten Tags sucht, die wiederum bestimmte Attribute oder Werte enthalten sollen. Theoretisch sind hier unendlich viele Parameter wählbar, aber selbst auf einem schnellen Rechner geht diese Funktion ab spätestens fünf bis zehn Parametern und einem Dutzend zu durchsuchender Seiten in die Knie.

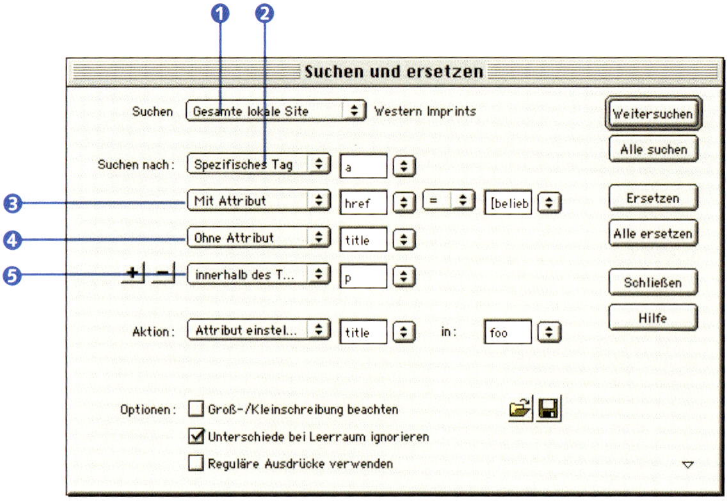

◀ Abbildung 51
Fenster »Suchen und Ersetzen«

Eine konkrete Anwendung wäre zum Beispiel die Aufgabe, in einer vorhandenen Site in verschiedene Tags ein title-Attribut einzufügen. Um alle Links einer Site mit dem title-Attribut zu versehen, können Sie in Dreamweaver zunächst diese Site auswählen (Abb. 51 ❶) und dann nach dem Tag <a> suchen lassen ❷. Um auszuschließen, dass auch benannte Anker (<a name="">) gefunden werden, können Sie nun die Suche weiter einkreisen, indem nur <a>-Elemente mit dem Attribut href und einem beliebigen Wert (also irgendeinem URL) zugelassen werden ❸. Weitere Möglichkeiten wären, nur nach solchen <a> zu suchen, die noch kein title-Attribut haben ❹ und die innerhalb eines Textblocks <p> </p> stehen ❺.

Navigationshilfe mit dem title-Attribut

Diese TITLE-Attribute sind eine Neuerung von HTML4 und dort als Mechanismus gedacht, bestimmten Elementen einer Seite weitere Informationen über ihre Funktion mitzugeben. Wie diese dann von den Browsern ausgewertet und dargestellt werden, hat das W3C ganz bewusst offen gelassen, da es eine Vielzahl von möglichen Anwendungen gibt.

So geben aktuelle Versionen des MSIE die Werte des title als Sprechblase beim Überfahren mit der Maus aus, andere Browser schreiben den Text in die Statuszeile.

Reguläre Ausdrücke

Wem diese Möglichkeiten noch nicht ausreichen, der kann auch auf die bewährten regulären Ausdrücke (Regular Expression, RegEx) zurückgreifen. RegEx definiert eine Reihe von Operatoren, mit denen sich Muster von bestimmten Zeichenfolgen definieren lassen. Einfache Operatoren sind zum Beispiel `\r` für einen Zeilenumbruch oder `\t` für einen Tabulator, `\w` findet beliebige alphanumerische Zeichen (0–9, A–Z, a–z), `\b` beschreibt einen Zwischenraum zwischen zwei Worten, also ein Leerzeichen oder einen Zeilenumbruch. Bei aktivierten regulären Ausdrücken findet z.B. die Anfrage »das `g\w*\b` Pferd« sowohl »das gelbe Pferd« als auch »das graue Pferd«. Eine Auflistung aller Operatoren und einige weitere Beispiele finden Sie im Kapitel »Jenseits von Dreamweaver«.

Ein nettes Bonbon ist hier, dass sich diese Vorgänge auch speichern und so später erneut ausführen lassen. Dreamweaver schreibt diese als externe XML-Dateien in CONFIGURATION/QUERIES/, sodass diese auch mit anderen Benutzern geteilt werden können. Das Suffix für Suchen ist *.dwq (Dreamweaver Queries), Ersetzen endet auf *. dwr (Dreamweaver Replace). Der Vorteil dieser Methode ist, dass sich – im Gegensatz zu Funktionen der Objektepalette – ganze Inhalte global über eine komplette Site hinweg einfügen, löschen oder manipulieren lassen. Auf der CD-ROM zum Buch finden Sie einige Dateien, mit denen sich zum Beispiel in alle Seiten einer Website die Document Type Definition (DTD) oder ein leeres ALT-Attribut für Bilder einfügen lässt.

Erstellung einer statischen Site mit Dreamweaver und HTML 3.2

In diesem Kapitel erfahren Sie etwas über die historischen Hintergründe von HTML 3.2 und den Aufbau und die Gestaltung von statischen HTML-Seiten alter Art. Damit erhalten Sie die Grundlagen für die Brot-und-Butter-Jobs eines Webdesigners, äquivalent zu den »Schweinebauch-Jobs« im Print-Bereich.

HTML 3.2 – Ein kurzer historischer Überblick

In den Jahren 95/96 arbeitete die IETF (Internet Engineering Task Force) am HTML 3-Standard als Ersatz für die überholte Spezifikation HTML 2. Währenddessen brachte Netscape mit jedem neuen Release seines damals überwältigend populären Browsers Navigator in schneller Folge neue proprietäre Erweiterungen des HTML 2-Standards unter die Surfer und machte so den Webentwicklern das Leben schwer. Daher beschloss man auf Seiten der Standardisierungsgremien, den HTML 3-Standard zu Gunsten der Version 3.2 aufzugeben, einer Spezifikation, die damals festschrieb, was die zu dieser Zeit überwiegend benutzten Browser bereits an eigenen Erweiterungen mitbrachten.

Damit wurde zunächst die Entwicklung von Webseiten wieder auf eine gemeinsame verlässliche Plattform gestellt. Das hielt aber die Browserentwickler, insbesondere Microsoft und Netscape, nicht davon ab, weiterhin ihre Browser mit eigenen Funktionalitäten zu versehen. Die sollten helfen, den jeweiligen Marktanteil auszubauen.

HTML 3.2 brachte einiges an Elementen mit, die es Webautoren zum ersten Mal ermöglichten, das Aussehen einer Webseite scheinbar pixelgenau festzulegen. Leider wurden damals nicht schon die später mit HTML 4 eingeführten Formatvorlagen (CSS – Cascading Style Sheets) zwingend vorgeschrieben, sondern es wurde z.B. die MSIE-Erweiterung FONT mit den Attributen SIZE und FACE bevorzugt. Dummerweise führten diese »hartverdrahteten« Layoutmechanismen dazu, dass der eigentliche Grundgedanke von HTML verlassen wurde, nämlich lediglich die Struktur eines Dokuments zu beschreiben und die Präsentation der verwendeten Client-Software zu überlassen. So waren – historisch gesehen – Tabellen nie dazu gedacht, das Layout einer Seite zu bestimmen, sondern lediglich dazu, tabellarische Daten zu formatieren.

Dieser Standard führte also erneut zu einem höheren Entwicklungsaufwand, um gestaltete Seiten wenigstens auf den wichtigsten Browsern und Plattformen annähernd gleich aussehen zu lassen.

HTML 3.2 – Wofür?

Auch heute noch hat dieser mittlerweile obsolete Standard durchaus seine Berechtigung. Wenn in der Designphase einer Site mehr Wert auf die schnelle Erstellung eines Prototypen gelegt wird, bieten starre Formatierungen gegenüber logischem Markup gewiss einen Zeitvorteil, weil nicht in die Entwicklung von aufwendigen Stylesheets investiert werden muss. Der neue tabellenorientierte Layout-Modus beschleunigt dies zusätzlich. In wenigen Minuten lassen sich so verschiedene Layout-Modelle erzeugen und in den diversen Browsern testen. Auch wenn das Corporate Design eines Kunden zwingend bestimmte Schriften oder eine bestimmte Platzierung von Elementen vorschreibt, so können diese bis zu einem bestimmten Grad mit den Bordmitteln von HTML 3.2 erzwungen werden.

Seitenstruktur einer HTML 3.2-Seite

Wie jede ordentliche HTML-Seite fängt auch ein Dokument der Version 3.2 mit einer so genannten Document Type Definition an, in der ebendiese Versionsnummer aufgeführt wird. Leider unterstützen die meisten Browser diese DTDs nicht, sondern kommen mit ihrer eigenen Vorstellung einer DTD, in der das Aussehen und das Benehmen der einzelnen HTML-Elemente einer Seite bestimmt werden. Dies ist sicher einer der Gründe, warum es auch in Dreamweaver 4 immer noch keine Möglichkeit gibt, diese Deklaration automatisch einzufügen. Autoren, die auch Wert auf sauberes Markup legen und ihren Dokumenten eine DTD voranstellen wollen, haben die Möglichkeit, diese manuell einzufügen:

```
<!DOCTYPE HTML PUBLIC "-//W3C//DTD HTML 3.2
Final//EN"
"http://www.w3.org/MarkUp/Wilbur/HTML32.dtd">
```

Als Nächstes in der Hierarchie des Quellcodes folgen die Elemente, die den Beginn und den Titel eines HTML-Dokuments definieren (ÄNDERN • SEITENEIGENSCHAFTEN oder [Strg] bzw. [⌘] + [J]), und die Attribute, die HTML 3.2 bietet, um für eine Seite global die Farben für Text, Hintergrund, Links usw. zu setzen (Abb. 1).

Das Vermögen und Unvermögen der verschiedenen Browser

Falls Sie schon immer mal wissen wollten, welche Browser denn nun welche Tags unterstützen, schauen Sie doch einfach in Ihrem Dreamweaver-Programmverzeichnis unter /Configuration/BrowserProfiles/ nach. Hier legt Dreamweaver sein Wissen um das Können der verschiedensten Browser als Textdateien ab. Sie können hiermit auch die Debugging-Fähigkeiten von Dreamweaver erweitern, indem Sie weitere Browserprofile installieren. Links zu netten Mitmenschen, die solche Erweiterungen zur Verfügung stellen, finden Sie auf der Site zum Buch unter www.westernimprints.de.

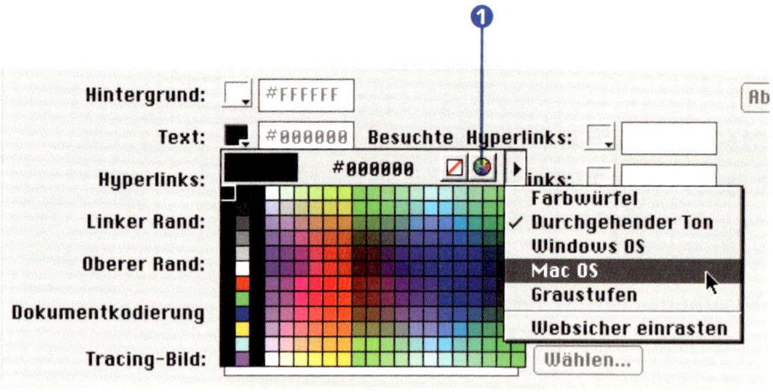

Abbildung 3 ▲
Farbpalette

Abbildung 4 ▲
Die wenigen Grautöne der Web-sicheren Palette

der abgeschaltet haben) oder ob dieser in älteren Browsern noch lesbar ist, die keine farbigen Tabellenhintergründe unterstützen.

Hier finden Sie nun die überarbeitete Farbauswahl-Palette (Abb. 3), die Ihnen beim weiteren Arbeiten mit Dreamweaver noch häufiger begegnen wird. Um eine Farbe auszuwählen, klicken Sie auf die grauen Kästchen neben HINTERGRUND, TEXT, HYPERLINKS usw. In dem nun geöffneten Popup finden Sie zunächst die so genannte Webpalette, also die 216 Farben, die von Netscape auf einem Monitor mit 216 Farben nicht gedithert (siehe Tipps **Webpalette** und **Dithering**) dargestellt werden. Hier können Sie mit dem Cursor, der sich über der Palette in eine Pipette ändert, eine Farbe auswählen. Wenn diese Farben nicht ausreichen sollten, können Sie durch Klick auf das Farbrad-Icon oben rechts ❶ den Farbwähler Ihres jeweiligen Betriebssystems aufrufen. Die Palette selber lässt sich über das Popup neben dem Farbrad auch noch auf weitere Farbräume umschalten.

Die Webpalette

Netscape hat in den Urzeiten des Webs mit seinem Browser Navigator die so genannte Webpalette eingeführt. Es ist ein System von 216 Farben, die auf Systemen mit 8 Bit Farbtiefe (256 Farben) unverändert dargestellt werden können, egal auf welcher Plattform. Die Farben wurden nicht nach ästhetischen Gesichtspunkten ausgewählt, sondern hier stand die pure Mathematik Pate: Es handelt sich dabei um einen RGB-Farbraum, dessen Werte jeweils ein Vielfaches von 51 sind, also 0, 51, 102, 153, 204 und 255. Daraus ergeben sich leider eine Menge Farben, die für eine praktische Anwendung ungeeignet sind. Dafür fehlen Farben zum Beispiel zur Darstellung von Hauttönen komplett und die Grautöne sind mit vier Abstufungen plus Schwarz und Weiß hoffnungslos unterbesetzt (Abb. 4). Am besten vorstellbar ist dieser Farbraum als Würfel mit einer Kantenlänge von jeweils sechs Feldern. Die Schnittpunkte dieser Felder symbolisieren jeweils einen bestimmten Farbwert in diesem Farbraum.

Abbildung 5 ▶
Dithering

Wie viel Sinn heutzutage noch eine Gestaltung mit dieser eingeschränkten Palette macht, sei dahingestellt. Die überwiegende Mehrheit der Internet-Surfer dürfte entweder ihre PCs auf eine höhere Farbtiefe eingestellt haben, oder sie wissen noch nicht einmal, was Farbtiefe ist, geschweige denn, wie man diese einstellt.

Glücklicherweise unterstützt Dreamweaver aber auch die so genannten Named Colors, eine Farbpalette, die eigentlich aus der Unix-Welt (X11) stammt, trotzdem aber gewissen gestalterischen Ansprüchen genügt. Diese 140 Named Colors sollten ursprünglich Bestandteil des CSS-Standards werden, sind aber dann aus unerfindlichen Gründen doch nicht in die endgültigen W3C-Empfehlungen aufgenommen worden. Trotzdem werden sie von den aktuellen Versionen der großen Browser vollständig unterstützt und korrekt dargestellt. Eine Liste dieser Farben und ihrer Bezeichnungen finden Sie im Anhang im Abschnitt »Named Colors nach Farbton«. Um diese Farben in Dreamweaver zu verwenden, geben Sie einfach den Namen der gewünschten Farbe (ohne Leerschritte und ohne die führende Raute der hexadezimalen Werte) in die Textfelder der Farbauswahl ein. Bitte beachten Sie, dass diese Farben größtenteils nicht in der Webpalette enthalten sind, auf bestimmten Systemen unter Umständen also gedithert dargestellt werden können.

Dithering

Wenn eine Seite, die Farben jenseits der Webpalette beinhaltet, auf einem Monitor mit 8 Bit Farbtiefe dargestellt werden soll, so kann z. B. Netscape dieser Palette keine eigenen Farben hinzufügen, da die verbliebenen freien Plätze bis 256 je nach Betriebssystem von diesem reserviert werden. So benutzt Windows von diesen restlichen 40 Farben 20 für Interface-Elemente (die 16 VGA-Farben und vier aus SVGA), die restlichen 20 bleiben frei.

Um auf Monitoren mit geringer Farbtiefe trotzdem eine Annäherung an die definierten Farben darzustellen, mischen Webbrowser diese aus den Tönen der Webpalette, indem einfach verschiedene ähnliche Töne in einem zufälligen Muster dargestellt werden. Das Ergebnis nennt sich Dithering und kann unter Umständen zu unschönen Ergebnissen führen, wie Abbildung 5 zeigt. Auch auf Systemen mit ausgelastetem Arbeitsspeicher ist derselbe Effekt zu beobachten, wenn Browser trotz höherer Farbtiefe auf die Webpalette zurückgreifen, um Speicher für die Seitendarstellung zu erhalten.

Seitenränder

Die Werte für Linker Rand und Oberer Rand (<leftmargin>, <topmargin>) werden nur von Netscape interpretiert, Randbreite und Randhöhe (<marginwidth>, <marginheight>) sind proprietäre Erweiterungen des Internet Explorers. Die Netscape-Variante bezieht sich allerdings nur auf den linken bzw. oberen Rand, während Internet Explorer diese Angaben sowohl auf den linken als auch den rechten bzw. oberen und unteren Rand anwendet. Leider werden diese Angaben erst von Browsern ab der Version 3 überhaupt verwertet, ältere stellen immer alles mit ihren eigenen Werten dar, sie ignorieren also diese Angaben. Wenn bei diesen Attributen keine Werte eingetragen werden, stellen Browser immer ihren Standardrand dar, den Sie nebenstehender Tabelle entnehmen können.

Seitenränder der häufigsten Browser

Browser	Vertikaler Abstand	Horizontaler Abstand
Netscape 6 (Win)	10	10
Netscape 6 (Mac)	10	10
IE 5 (Win)	15	10
IE 5 (Mac)	15	10
NN 4.x (Win)	8	8
NN 4.x (Mac)	8	8
IE 4.x (Win)	15	10
IE 4.x (Mac)	8	8
NN 3.x (Win)	15	10
NN 3.x (Mac)	8	8
IE 3.x (Win)	16	10
IE 3.x (Mac)	8	8

Dokumentkodierung

Mit der Dokumentkodierung legen Sie fest, in welchem Schriftsystem Sie Ihr Dokument verfassen. Für die auf dem lateinischen Alphabet basierenden westeuropäischen Sprachen, und dazu gehören Deutsch und Englisch, sollten Sie hier »Westlich (Latin 1)« auswählen (<meta http-equiv="Content-Type" content="text/html; charset=iso-8859-1">). Auch für kyrillische, griechische oder asiatische Schriftsysteme lässt sich in Dreamweaver die entsprechende Kodierung festlegen. Falls Sie in Dreamweaver einmal asiatischen Text eigeben müssen, denken Sie bitte daran, dass in Voreinstellungen • Allgemein • Doppel-Byte-Inline-Eingabe aktiviert ist, da diese Schriftsysteme zur Beschreibung eines Schriftzeichens 2 Bytes benötigen.

Bug bei der Dokumentkodierung

Webdesign wäre nur halb so interessant, wenn es nicht hier auch wieder einen passenden Bug in Netscape gäbe: Stößt Netscape Navigator 3.x auf eine Seite mit der Deklaration <meta http-equiv="Content-Type" content="text/html; charset=iso-8859-1">, lädt er diese Seite nicht nur einmal, sondern, nachdem er sie zum ersten Mal vollständig geladen hat, noch ein zweites Mal im selben Fenster und unter Umständen noch ein drittes Mal. Ohne diese Angabe verhält sich der Browser dann wieder ganz normal. Wenn Sie also auf Ihrer Site eine höhere Anzahl von Besuchern mit Navigator 3 erwarten (wie in der kontrollierbaren Umgebung eines Intranets), sollten Sie auf die Angabe der Dokumentkodierung verzichten. Statt dessen sollten Sie darauf achten, dass alle Sonderzeichen wie Umlaute usw. korrekt kodiert sind.

◂ Abbildung 6
Tracing-Bild einstellen

Tracing-Bild
In derselben Dialogbox findet sich ein Feature, das bereits in Dreamweaver 2 Einzug gehalten hat, das Tracing Image. Hiermit können Sie eine GIF-, JPEG- oder PNG-Datei als Layoutvorlage definieren, um die vorgesehene Gestaltung möglichst genau nachzubilden. Nachdem Sie diese Vorlage über die Seiteneinstellungen eingebettet haben, können Sie die Position des Tracing-Bilds über ANSICHT • TRACING-BILD • POSITION EINSTELLEN noch verändern (Abb. 6), entweder durch numerische Eingabe in den Dialog oder durch Pfeiltasten (⇧ + Pfeiltaste bewegt das Bild in 5-Pixel-Schritten) bei geöffneter Dialogbox.

Dreamweaver schreibt hierzu zwei proprietäre Attribute `tracingsrc="tracing.png"` und `tracingopacity="wert"` in das <body>-Tag des Dokuments, das von Webbrowsern nicht verstanden und daher nicht angezeigt wird. Diese und andere Dreamweaver-eigene Zusätze im Sourcecode können Sie übrigens bei den fertigen Seiten vor dem Veröffentlichen auf dem Webserver wieder durch das Programm entfernen lassen. Mehr dazu im Kapitel »Effektive Arbeitstechniken«.

Mac OS, Windows und Iso 8859-1 (Latin 1)
Seit der HTML 2-Spezifikation sollten eigentlich alle Browser, egal auf welcher Plattform, die ISO 8859-1-Kodierung unterstützen. Macs kommen aber leider mit ihrer eigenen Kodierung, Mac OS Roman, in der einige Schriftzeichen an anderer Stelle der Schrifttabelle stehen, als durch die ISO-Norm vorgesehen ist. Um eventuellen Darstellungsfehlern vorzubeugen, sollten Sie Sonderzeichen nie mit der Positionsnummer (also z. B. `©`) bezeichnen, sondern ausschließlich die so genannten **Named Entities** (also z. B. `©` für das Copyright-Symbol) benutzen.

Tabellen zur Positionierung und ihre sehr eigenen Eigenheiten

Tabellen (also alles, was innerhalb des <table>-Tags steht) waren historisch gesehen nur zur Darstellung von tabellarischen Daten (also üblicherweise den Daten, die man in Excel statt in Word aufbewahrt) gedacht, wurden aber mit zunehmender Unterstützung durch die bekannten Browser immer mehr zur einzigen Wahl der Webdesigner für Positionierungen, wenn es um die Umsetzung komplexer Layouts ging. Dazu trägt die Möglichkeit bei, Tabellen beliebig zu verschachteln und damit Konstrukte entstehen zu lassen, die es zwar ermöglichen, scheinbar pixelgenau zu positionieren, aber auch einen inflationären Sourcecode bedingen.

Das <table>-Modell von HTML 3.2 bedingt, dass eine Tabelle vom Browser erst dann gerendert wird, wenn diese komplett geladen ist, was gerade bei mehrfach verschachtelten Tabellen je nach Zielrechner zu Performance-Problemen führen kann. Mit HTML 4 soll sich dieses Verhalten ändern, aber leider unterstützen immer noch nicht alle aktuellen Browser diese Hilfen. Auch Dreamweaver 4 ist nicht in der Lage, den benötigten Code zu generieren, der ein schnelleres Rendern von Tabellen bedeuten würde. Zudem wird die Pflege des Codes dadurch komplexer als eigentlich nötig wäre, wenn alle Browser verlässliche Alternativen wie CSS unterstützen würden.

In Ermangelung dieser Alternativen werden Webdesigner trotz all dieser Nachteile noch eine ganze Weile auf Tabellen zur Positionierung von Elementen zurückgreifen müssen. Daher werden Ihnen Tabellen auch noch in den Kapiteln begegnen, wo es eigentlich um Positionierung per CSS geht. In manchen Fällen kann aber auf Grund von Browserinkompatibilitäten nicht auf dieses Hilfskonstrukt verzichtet werden.

Gestaltung mit Tabellen

Aus gestalterischer Sicht liegt eine der größten Gefahren von Tabellen in der Tatsache, dass diese von Natur aus rechteckig sind. Also besteht die Gefahr, dass die Gestaltung hinterher auch »rechteckig« wirkt. Wenn Sie also Tabellen einsetzen (und davon gehen wir der Einfachheit halber aus), überlegen Sie doch beim Design Ihrer Site, ob nicht manche Elemente über Tabellenzellen hinweg gestaltet werden können, um die Site aus einem starren Gestaltungsraster zu lösen.

Layout-Tabellen vs. herkömmliche Methode

Dreamweaver 4 bietet neuerdings zwei Methoden an, mit denen komplexe Tabellenlayouts realisiert werden können: den bereits aus den älteren Dreamweaver-Versionen bekannten Tabelle einfügen-Button und den schon erwähnten Layout-Modus. Mit diesen Layouttabellen kommt man einerseits sehr schnell zum Ziel einer komplett gestalteten Seite, schneller als es mit der herkömmlichen Methode jemals möglich war. Andererseits ist der Code, den gerade unerfahrenen User, die nichts von den eigenen Befindlichkeiten von Tabellen verstehen, teilweise so unbrauchbar, dass nur noch ein kompletter Neuaufbau nach der »alten« Methode Abhilfe schafft. Aus diesem Grund zeigen wir hier zunächst die bereits aus den Vorgängerversionen von Dreamweaver bekannte Art der Tabellenerstellung, die zudem auch näher an der Art ist, wie man Tabellen von Hand schreiben würde.

Tabellen auf die klassische Art

Das Anlegen von Tabellen in Dreamweaver ist denkbar einfach: In der Objektpalette finden Sie einen Button TABELLE EINFÜGEN, durch den sich eine Dialogbox öffnet, in der Sie die groben Parameter für die zu erstellende Tabelle angeben können. Mit ZEILEN geben Sie die Anzahl der horizontalen Zeilen der Tabelle an, mit SPALTEN die Anzahl der vertikalen Spalten; ZELLAUFFÜLLUNG gibt den Abstand des Zelleninhalts vom Rand der Zellen an (`cellpadding`) und ZELLRAUM den Abstand der einzelnen Zellen zueinander (`cellspacing`), jeweils in Pixel. Bei BREITE haben Sie die Wahl zwischen fixen Tabellenbreiten in Pixel oder proportionalen Maßangaben in Prozenten, die sich nach der Breite des Browserfensters oder des umgebenden Elements richten. RAHMEN gibt den Rand der Tabelle an (`border`), den die üblichen grafischen Browser als Pseudo-3D-Schattierung darstellen. Ein Wert von 0 ist der meist gebrauchte, da dieser den Browser veranlasst, die Tabelle rahmenlos darzustellen.

Festlegung der Tabellenstruktur

Um festzulegen, aus wie vielen Spalten und Zeilen eine Seite bestehen muss, um die Vorgaben des Layouts zu erfüllen, ist es gerade für in den Mechanismen von Tabellen unerfahrene Anwender nicht falsch, das Layout zunächst auszudrucken. Auf dieser Seite kann man dann nach Herzenslust mit Bleistift und Lineal die nötigen Zellen einzeichnen und davon das Tabellengerüst ableiten.

Erste Schritte zu einem Grundgerüst mit Tabellen

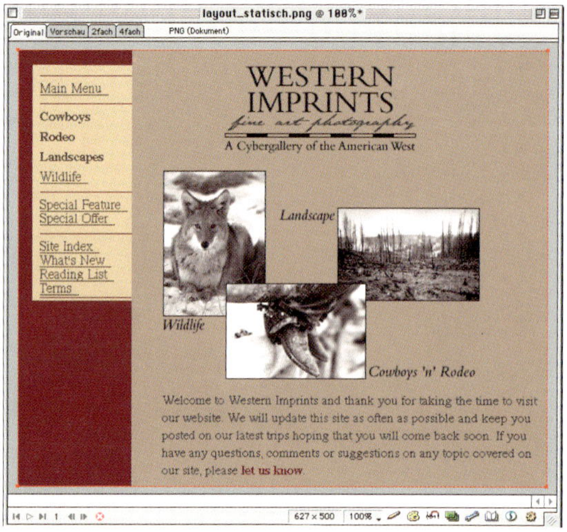

Abbildung 7 ▲
Layout der statischen Site in Fireworks – die Grundlage für das Tracing-Bild

1. *Tracing-Bild als Pausvorlage*

In unserem Fall können wir ein Tracing-Bild in die Seite laden, um das Tabellengerüst »nachzuzeichnen«. Sie finden die Vorlage als Fireworks PNG-Datei layout_statisch.png (Abb. 7) im Verzeichnis Tracing der statischen Site auf der beiliegenden CD-ROM.

Dieses Tracing-Bild wird nun über die Seiteneigenschaften (Strg + J) geladen und auf die Koordinaten 0,0 gesetzt (Ansicht • Tracing-Bild • Position einstellen) (vgl. Abb. 6).

2. *Tabellengerüst definieren*

Nach eingehender Betrachtung stellen wir fest, dass wir zum Nachbau dieses Layouts eine Tabelle mit 4 Zeilen und 3 Spalten benötigen, deren Zellen in manchen Bereichen auch zusammengefasst werden müssen.

Das Layout gibt es her, dass die gesamte Site auch bei einer Monitorauflösung von 640 x 480 Pixel betrachtet werden kann. Um eventuellen Scrollbalken Rechnung zu tragen, und damit es nicht zu gedrängt aussieht (auch Leerraum ist ein Gestaltungsmittel!), wird die Tabelle in ihrer Breite auf 580 Pixel begrenzt.

Das Ergebnis ist eine nackte Tabelle, deren Zellen nun die entsprechenden Weiten zugewiesen bekommen (Abb. 8). Begehen Sie hier bitte nicht den typischen Anfängerfehler und weisen den Tabellenzellen (<td>) auch noch Höhen zu. Die Höhen einer Zelle werden durch deren Inhalt bestimmt, also durch die Bilder ***und die Texte****. Die Höhe der Bilder können Sie als Entwickler natürlich bestimmen, aber bei Texten sind Sie auf das angewiesen, was beim Anwender dargestellt wird. Und hier ist nicht gesagt, dass dieser dieselbe Schriftgröße und dieselben Zeichensätze*

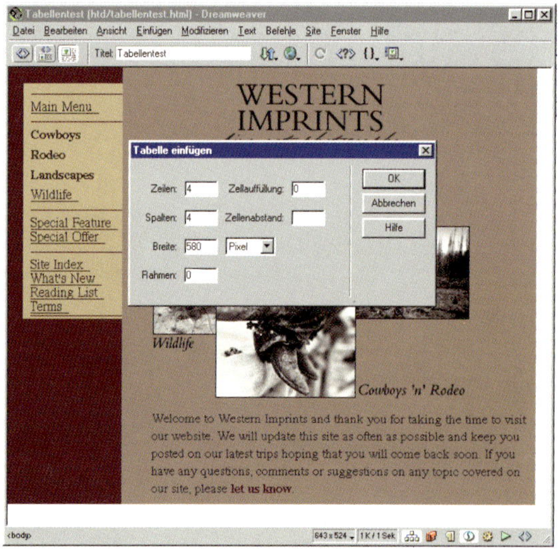

Abbildung 8 ▲
Tabelle einfügen

sieht wie Sie auf Ihrer Entwicklungsumgebung. Ein typisches Szenario ist, dass unter Windows eine Zellenhöhe angegeben wird, in der der Text eine Zelle so gerade ausfüllt. Auf anderen Plattformen wie dem Mac wird Schrift aber grundsätzlich 1/3 kleiner dargestellt. Die kleinere Schriftgröße und die hieraus resultierenden Umbrüche bedeuten aber nun, dass die betreffende Zelle dort nun zu einem Drittel leer ist! Glücklicherweise hat Dreamweaver für den Fall, dass dies doch einmal passieren sollte, einen Button in der Eigenschaftenpalette, mit der man alle Höhenangaben einer Tabelle zurücksetzen kann (Abb. 9).

Das häufig kritisierte Interface der älteren Versionen wurde schon in Dreamweaver 3 an entscheidenden Punkten stark verbessert. Falls Sie sich trotzdem über eine Funktion im Unklaren sein sollten, lassen Sie die Maus einfach kurz über einem Button stehen. Dreamweaver blendet die auch aus anderen Anwendungen bekannten Tooltips mit einem kurzen Text zur Erklärung der Funktion ein.

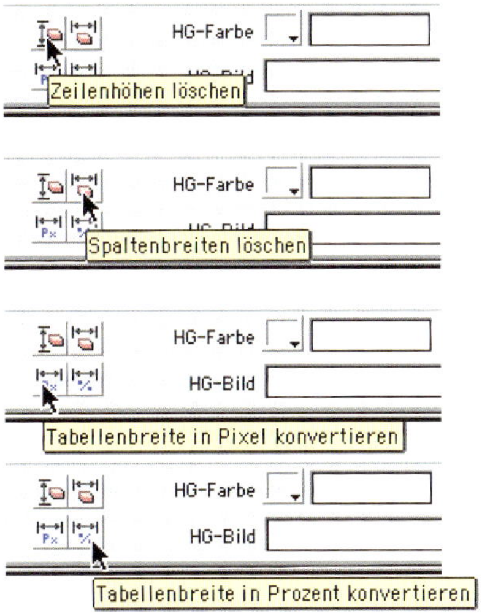

▲ Abbildung 9
Tabellenwerte zurücksetzen per Eigenschaftenpalette

3. Änderungen an Tabellen

Das Layout unserer Beispielsite (Abb. 10) gibt vor, dass im oberen Bereich der Seite zunächst ca. 10-15 Pixel Leerraum entsteht, danach links der Navigationsblock und oben in der Mitte das Logo der Site. Unter diesem folgt dann ein Key Visual, das auf die drei Themenbereiche der Online-Gallerie verweist, und anschließend der Begrüßungstext.

Die Höhe der ersten Zeile ist insofern variabel, da diese Zellen von Dreamweaver mit einem geschützten Leerschritt (– Ableitung aus dem Englischen: non-breaking space) aufgefüllt werden, dessen Größe je nach Plattform und eingestellter Schriftgröße variiert. Hintergrund für dieses Phänomen ist ein Workaround für Netscape **bis Version 4**, der bei Zellen ohne In-

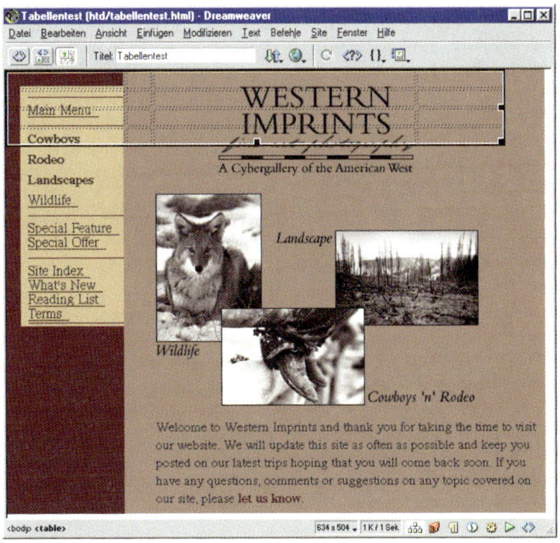

▲ Abbildung 10
Die Basistabelle mit zugewiesenen Breiten der einzelnen Zellen

halte gerne Mal komplette Tabellen-Layouts zusammenbrechen lässt. Der geschützte Leerschritt bewirkt nun, dass für Netscape die Zelle nicht mehr leer erscheint, obwohl nichts angezeigt wird (außer einem Leerschritt natürlich). Diese geschützten Leerschritte werden aber automatisch gelöscht, sobald Sie andere Inhalte in diese Zellen einfügen, sodass Sie sich nicht weiter darum kümmern müssen.

Alternativ kann dieser Workaround auch mit unsichtbaren GIFs erreicht werden, die zudem noch den Vorteil haben, die Masse einer Zelle »festzumeißeln«. Hierzu mehr im nächsten Abschnitt über Layouttabellen, in denen diese Leer-GIFs auch auf Wunsch automatisch eingesetzt werden.

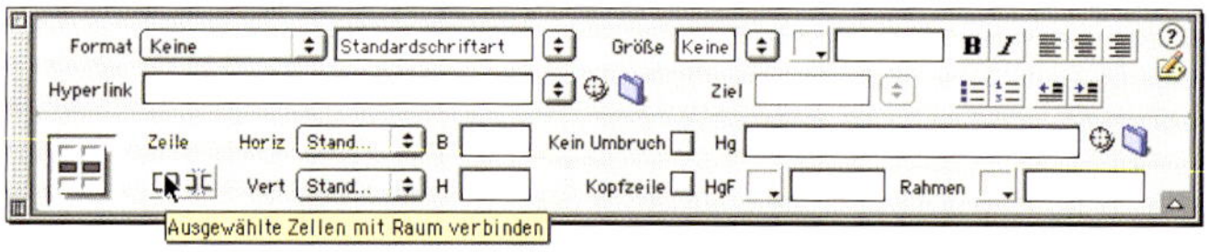

Abbildung 11 ▲
Zellverschmelzung via Eigenschaftenpalette

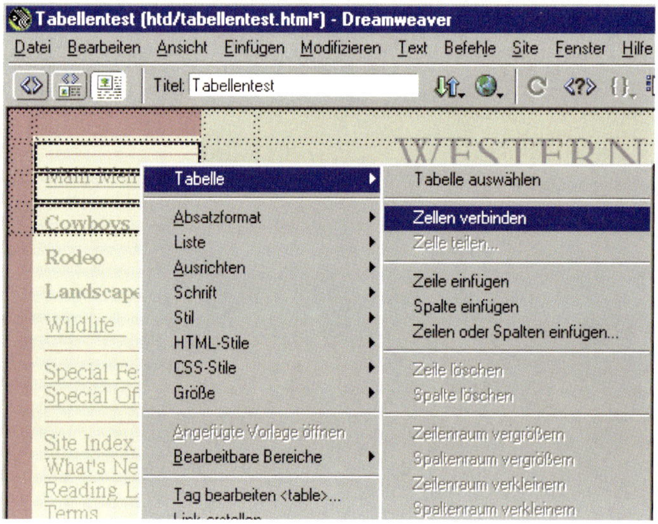

Abbildung 12 ▲
Zellen einer Tabelle verbinden

Damit sich der Navigationsblock vertikal entlang der gesamten Seite erstreckt (und bei Bedarf auch erweitert werden kann), müssen nun die drei unteren Zellen der zweiten Spalte zu einer einzigen verbunden werden. Hierzu brauchen Sie in Dreamweaver nur mit gedrückter [⇧]-Taste in die Zellen zu klicken, die Sie zusammenfassen wollen, und entweder Ändern • Tabellen • Zellen verbinden ([Strg] bzw. [⌘] + [Alt] + [M]) aus dem Menü wählen oder den Button Ausgewählte Zellen mit Raum verbinden (Abb. 11).

Die wohl schnellste Methode ist jedoch, sich einfach der Kontextmenüs zu bedienen, die Dreamweaver für viele Programmfunktionen bereitstellt. Um diese zu erreichen, aktivieren Sie durch [⇧]-Klick die zu verbindenden Zellen. Klicken Sie dann auf dem Macintosh einfach mit gedrückter [Strg]-Taste bzw. unter Windows mit der rechten Maustaste in die Zellen und wählen aus dem Kontextmenü Tabelle • Zellen verbinden (Abb. 12). Bereits nach kurzer Zeit werden Sie diese Kontextmenüs nicht mehr missen wollen, helfen diese doch, viele lange Mauswege zu sparen.

Um trotz des sehr dunklen Tracing-Bildes noch die Tabellenstruktur erkennen zu können, haben wir in unserem Beispiel die Transparenz der Vorlage über die Seiteneigenschaften auf 40 % gestellt (Abb. 13). Wenn diese Vorlage nicht mehr benötigt wird, lässt sie sich auch über dieselbe Dialogbox wieder entfernen, indem Sie einfach den Pfad zum Bild aus dem entsprechenden Textfeld löschen.

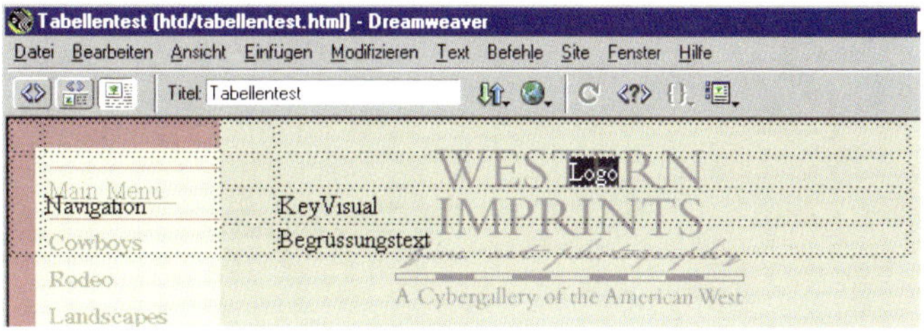

▲ Abbildung 13
Die Basistabelle mit verbundenen Zellen

4. Tabellen erweitern

Um Tabellen durch weitere Spalten oder Zeilen zu erweitern, bietet Dreamweaver mehrere Möglichkeiten: Bei simplen Tabellen ohne aufwändige Zusammenfassungen oder Verschachtelungen ist es wohl die einfachste Möglichkeit, in der Eigenschaftenpalette die entsprechende Anzahl zu ändern (Abb. 14). Wenn Sie also zu einer vierzeiligen Tabelle eine fünfte hinzufügen wollen, tragen Sie einfach bei Zeilen 5 statt 4 ein, und Dreamweaver fügt am Ende der Tabelle eine leere Zeile ein. Der umgekehrte Weg funktioniert natürlich genauso. Beachten Sie hierbei aber, dass Dreamweaver eventuelle bereits eingefügte Inhalte dieser Spalten oder Zeilen radikal und ohne Warnmeldung löscht.

Etwas komplizierter wird das Ganze, wenn Sie an einer Tabelle Änderungen vornehmen wollen, in der bereits Zellen über mehrere Zeilen oder Spalten hinweg zusammengefasst sind. Hier bietet sich eine Arbeitsweise über die Kontextmenüs an (Abb. 12). Wenn Sie zum Beispiel nach einer bestimmten Zelle eine zusätzliche Zeile einfügen möchten, können Sie die Einfügemarke an die betreffende Stelle setzen und aus dem Kontextmenü Zeilen oder Spalten einfügen... wählen. In der dann geöffneten Dialogbox können Sie bestimmen, wie und wo die Tabelle erweitert werden soll (Abb. 15).

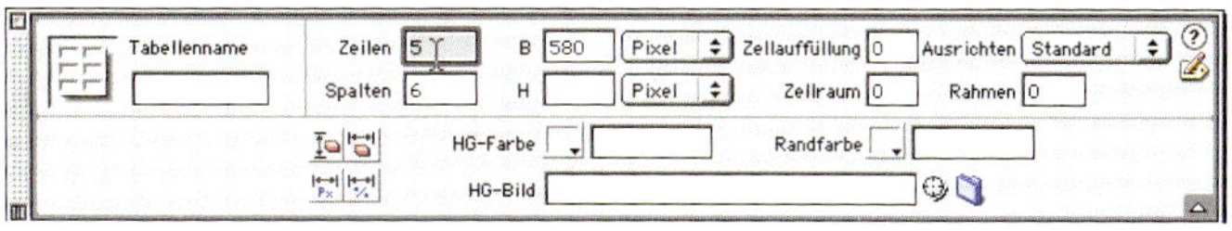

▲ Abbildung 14
Erweiterung von Tabellen über die Eingabe neuer Zeilen oder Spalten

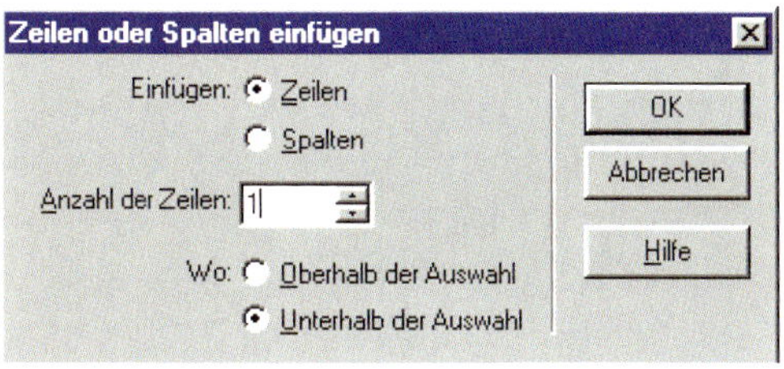

▲ Abbildung 15
Zeilen oder Spalten einfügen

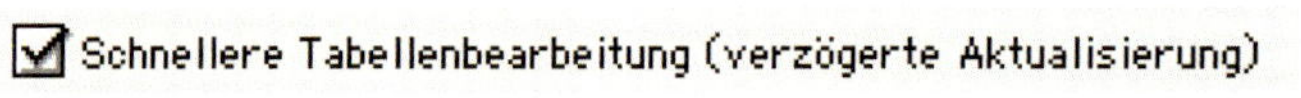

Abbildung 16 ▲
Auswahl der schnelleren Tabellenbearbeitung

Schnellere Designs mit den neuen Layouttabellen

Auch wenn die Bezeichnung zunächst einmal nach etwas vollkommen Neuem klingt, der Output ist nach wie vor eine ganz normale Tabelle. Lediglich der Weg zu dieser Tabelle unterscheidet sich dann doch drastisch. Wie bereits in der Einleitung erwähnt, geht Dreamweaver hier nicht den üblichen Weg in der Hierarchie der Tabellen-Tags von außen nach innen. Hier wird zunächst das innere Element, also die Tabellenzelle, definiert, und das Programm kümmert sich um den Rest, d.h., wie diese Zelle denn nun an diese Stelle kommt und wie der dazu nötige Code aussieht.

Layouts

Die Layouts zu allen Beispielsites finden Sie als Photoshop-Dateien mit intakten Ebenen im Ordner Quellformate der jeweiligen Site. Diese Dateien können Sie mit einem Bildeditor Ihrer Wahl (Fireworks, Photoshop, ImageReady, PaintShop Pro, GIMP) öffnen und als Layoutvorlage für Ihre Übung benutzen.

Schnellere Bearbeitung von Tabellen

Gerade bei komplexen Tabellen glänzt Dreamweaver nicht unbedingt mit Schnelligkeit. Sie können die Arbeitsgeschwindigkeit des Programms erhöhen, wenn Sie in VOREINSTELLUNGEN • ALLGEMEIN die Option SCHNELLERE TABELLENBEARBEITUNG aktivieren (Abb. 16). Dreamweaver übernimmt nun Änderungen an Tabellen nicht unbedingt sofort, wenn dadurch andere Prozesse schneller abgearbeitet werden können. Um bei eingeschalteter Option eine Aktualisierung der Tabellen zu erzwingen, drücken Sie einfach [⌘] bzw. [Strg] + [ ].

Layouttabellen anlegen

1. Umschalten in die Layoutansicht (mental und programmtechnisch)

Zunächst brauchen wir wieder eine Datei mit dem schon bekannten Tracing-Bild im Hintergrund. Als Nächstes können Sie nun in der Objektepalette auf Layoutansicht umschalten ❶*. Sie werden wieder mit der Warnung begrüßt, die schon in der Einleitung bei der Vorstellung der neuen Features in Dreamweaver 4 gezeigt wurde. Nachdem Sie dieses Kapitel durchgearbeitet haben, können sie beruhigt die Checkbox zum Deaktivieren des Warnhinweises betätigen (Abb. 18).*

2. Aufbau der Layouttabelle

Nachdem Sie nun in den Layout-Modus gewechselt sind, können Sie nun mit dem Aufbau der Tabelle beginnen. Hier zeigt sich schon gleich die Eleganz des gesamten Konzeptes der Layoutzellen: Sie brauchen nicht zuerst eine Layouttabelle zu zeichnen ❷*, sondern können unmittelbar eine Zelle, z.B. für die Positionierung des Logos oder des Key Visuals anlegen. Dies erreichen Sie, indem Sie wie in jedem handelsüblichen Grafikprogramm eine Zelle mit dem* LAYOUTZELLE ZEICHNEN*-Tool* ❸ *auf Ihre Arbeitsfläche zeichnen – und zwar exakt an die Stelle, die das Layout vorgibt. Abbildung 19 zeigt die fertige Layouttabelle mit den Zellen für die gesamten Elemente der Seite.*

So ganz ausgereift ist der Layout-Modus noch nicht: Wenn Dreamweaver schon von alleine Zellenhöhen angibt (keine gute Idee, wie wir wissen), hätten wir doch zumindest erwartet, dass es darüber auch ein visuelles Feedback nach Art der horizontalen Breitenangaben ergibt. Der einzige Weg, diese Höhenangaben wieder loszuwerden ist der im vorigen Kapitel beschriebene But-

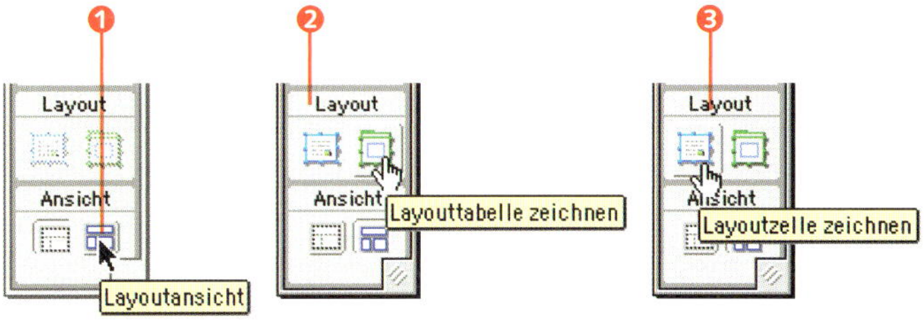

▲ Abbildung 17
Umschalten von herkömmlichen Tabellen zu Layouttabellen

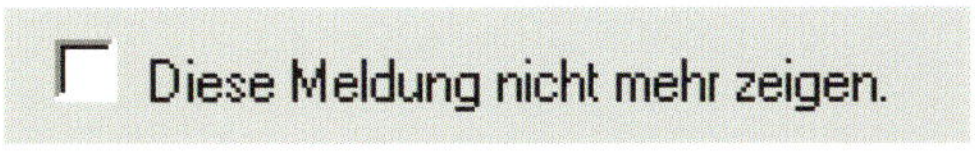

◄ Abb. 18
Warnhinweis deaktivieren

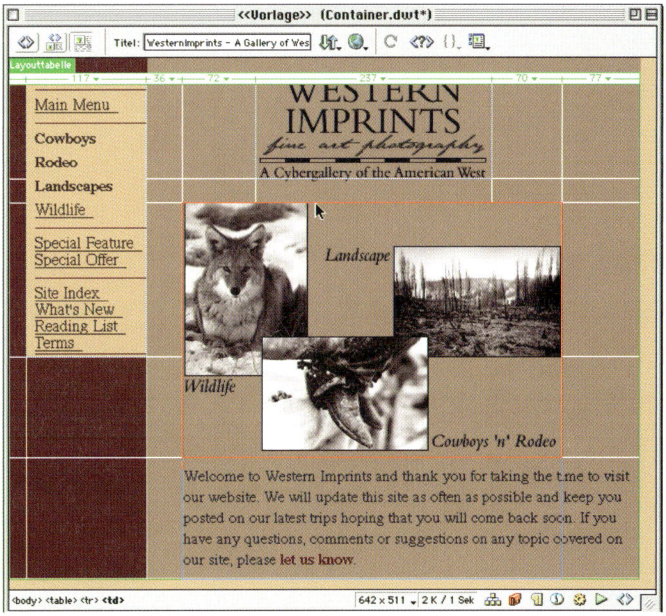

▲ Abbildung 19
Layoutzellen über ein Tracing-Bild gelegt

ton der Eigenschaftenpalette oder die entsprechende Funktion im Kontextmenü der Layouttabellen. Nur muss man beim Debuggen erst mal darauf kommen, dass der Fehler durch eine übrig gebliebene Höhenangabe verursacht wird und diese dann auch noch lokalisieren.

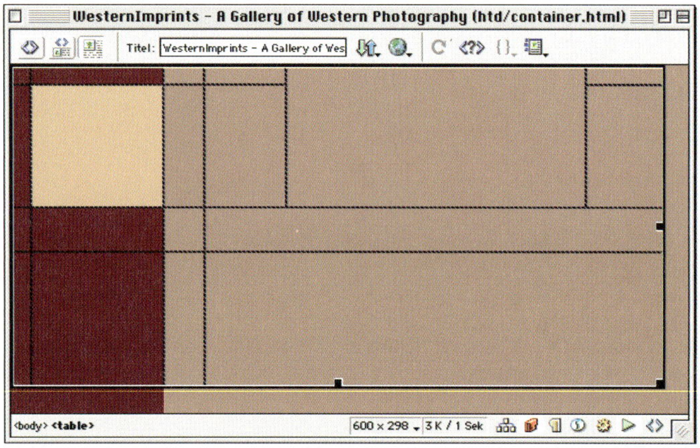

Abbildung 20 ▲
Ergebnis der Layouttabelle in der herkömmlichen Ansicht

3. Kontrolle des Ergebnisses

Zur Kontrolle des Ergebnisses können Sie nun wieder in den Normal-Modus zurückschalten und sehen eine vollkommen normale Tabelle ohne irgendwelche Besonderheiten (Abb. 20) Falls Sie Ihre Arbeit in diesem Stadium schon einmal im Browser betrachten möchten, müssen Sie nun der Tabelle noch einen 1 Pixel breiten Rand zuweisen. Dreamweaver legt die Layouttabellen immer randlos an (`border="0"`), ein Webbrowser würde also Mangels sichtbarer Inhalte im Ernstfall eine leere Seite anzeigen.

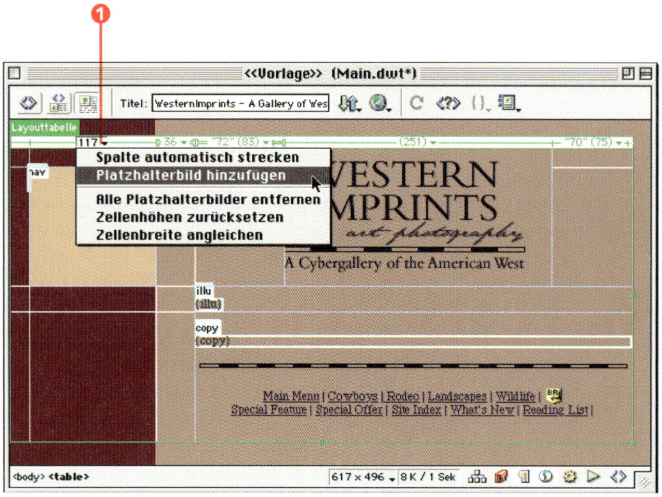

Abbildung 21 ▲
Popup für den Einbau von Leer-GIFs

4. Weitere Aufbereitung der Layouttabelle mit Leer-GIFs

Wegen der bereits erwähnten Problematik von Tabellen in Netscape 1.1, 2, 3 und 4 sollten Sie nun die Funktion zum Einfügen von Leer-GIFs anwenden. Am einfachsten erreichen Sie diese Funktion über ein von Macromedias Interface-Designern sorgfältig verstecktes Popup, das sich in der oberen grünen Leiste hinter dem kleinen Dreieck neben der Angabe der Spaltenbreite verbirgt ❶.

In diesem Popup können Sie nun auswählen, ob Sie eine Zelle erreichen möchten, die sich automatisch dem ihr verbliebenen Platz in der Tabelle anpasst (SPALTE AUTOMATISCH STRECKEN), oder ob diese starr auf eine Breite fixiert sein soll (PLATZHALTERBILD HINZUFÜGEN, Abb. 21).

5. *Erstellung von Leer-GIFs*

Richtig nett ist hier die Funktion von Dreamweaver, selbst ein Leer-GIF zu erstellen, falls man gerade keines zur Hand hat. Im Programm-Jargon werden sie Spacer genannt – wir verzichten hier aber auf diese Bezeichnung, da es sonst zu Verwechslungen mit dem Netscape-eigenen <spacer>-Tag kommen könnte.

Wenn Sie die Funktion zum Einfügen eines Platzhalterbildes zum ersten Mal auswählen, bekommen Sie den in Abb. 22 gezeigten Dialog, in dem Sie global für die ganze Site ein neues Leer-GIF erstelle, oder das Programm auf ein bereits vorhandenes hinweisen können. Wie sie sich auch entscheiden, Sie können ihre Meinung immer noch via BEARBEITEN • VOREISTELLUNGEN • LAYOUTANSICHT *ändern und jeder Site, die Sie bearbeiten, ein eigenes Leer-GIF zuordnen.*

Wenn Sie nun eine GIF-Datei ausgewählt haben, generiert Dreamweaver eine neue Zeile am Ende der Layouttabelle, in die diese Platzhalter eingefügt werden. Sicher ist diese Art der Fixierung von Zellenbreiten über eine separate Tabellenzeile (übrigens mit 1 Pixel Höhe) sinnvoller, als diese lose über die gesamte Tabelle zu verstreuen. In unserem Fall sollten Sie die Breiten der Zellen so wählen, dass die Summe der Breiten der ersten beiden Spalten dem dunkelroten Streifen des Hintergrund-GIFs entspricht, das wir über die Seiteneigenschaften definiert haben.

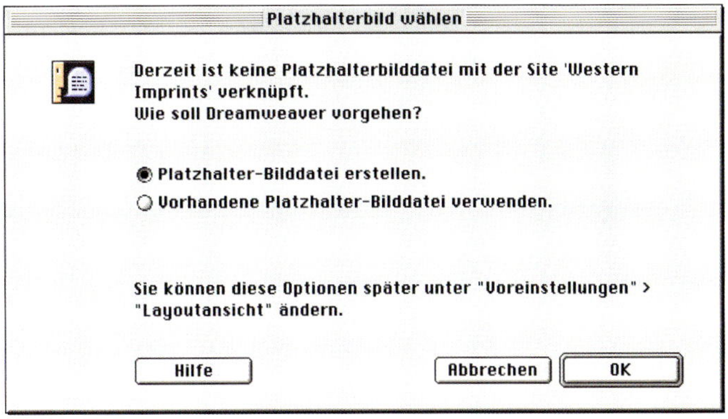

▲ Abbildung 22
Aufforderung zur Benennung oder Erstellung eines Leer-GIFs

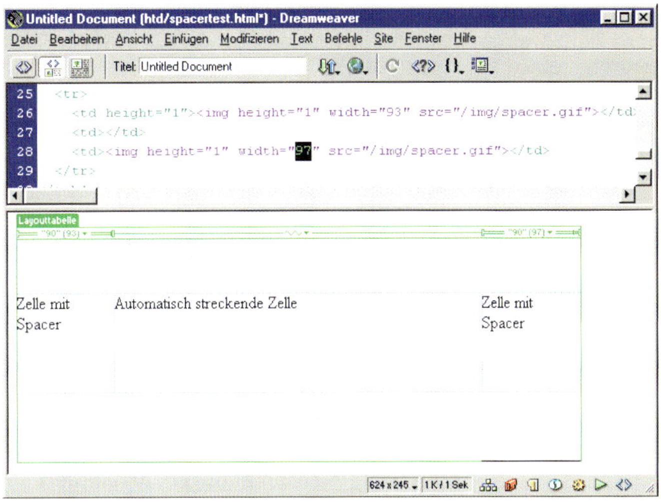

▲ Abbildung 23
Widersprüchliche Werte in Zellen und Leer-GIFs

▲ Abbildung 26
Textauszeichnungen über die Eigenschaften-Palette

Textformatierungen mit Dreamweaver und HTML 3.2

Textauszeichnungen werden bei statischen HTML 3.2-Seiten mit den Attributen des <font>-Elements gesetzt. Hierzu bietet Dreamweaver im Eigenschaftenfenster verschiedene Funktionen, mit denen die gewünschten Zeichensätze für den vorher aktivierten Text ausgewählt, Fontgrößen und -farben bestimmt, eingerückte Listen erzeugt oder Textauszeichnungen wie Fett oder Kursiv bestimmt werden können (Abb. 26). Alle Formatierungen können alternativ über das Menü TEXT oder über Kontextmenüs (Strg + Klick bzw. rechte Maustaste) erzeugt werden. Auch hier stehen alle aus HTML bekannten Elemente zur Verfügung, um zum Beispiel die Textausrichtung per `<p align "left" | "right" | "center">` zu bestimmen oder Einzüge (Dreamweaver benutzt hier `<blockquote>`) vorzunehmen.

HTML-Stile

Bei dieser herkömmlichen »harten« Formatierung ohne den Einsatz von CSS wäre es für den Entwickler überaus mühsam, lange Texte zu formatieren, da jeder Textabschnitt einzeln aktiviert und formatiert werden müsste. Hier bietet Dreamweaver ab Version 3 mit den HTML-Stilen eine gewisse Arbeitserleichterung, indem immer wiederkehrende Formatierungen für Überschriften, Copyblöcke oder einzelne Zeichen als Stilvorlagen gespeichert und mit wenigen Mausklicks angewendet werden können. In unserer Beispielsite sind oftmals die ersten Sätze eines Textabschnitts als

```
<font face="Georgia, Times"
size="3"><b>Erster Satz </b></font>
```

definiert, während der darauf folgende Text immer in

```
<font face="Georgia, Times" size="-
1">Restlicher Text</font>
```

erscheinen soll. Entsprechend gibt es im HTML-Stile-Fenster (FENSTER • HTML-STILE oder ⌘ bzw. Strg + F7) zwei Einträge »copy 1st« und »copy«, die nichts anderes beinhalten als die oben genannten Instruktionen (Abb. 27).

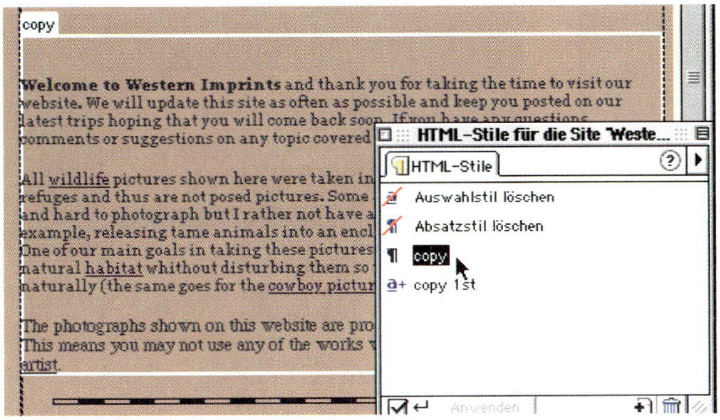

◀ Abbildung 27
Mehrere Formatierungsanweisungen gleichzeitig per HTML-Stile zuweisen

▲ Abbildung 28
HTML-Stile neu erstellen

Wenn Sie also nun einen beliebigen Text aktivieren und auf einen Eintrag im HTML-Stile-Fenster klicken, wird dieser Text entsprechend den vorher angelegten Instruktionen formatiert. Dieser Ansatz ist zwar immer noch aufwändiger als der Einsatz einer globalen Formatvorlage mit CSS, aber er bedeutet trotzdem eine enorme Arbeitserleichterung bei Websites, die auf diese statischen Formatierungen nicht verzichten können.

Um eigene HTML-Stile anzulegen, klicken Sie bitte auf den Neuer Stil-Button in der unteren rechten Ecke des HTML-Stile-Fensters oder wählen Neu... aus dem Menü der Palette. In der dann folgenden Dialogbox finden Sie die bereits aus der Eigenschaftenpalette (siehe Abb. 26) bekannten Möglichkeiten, um Texte zu formatieren. Einige Besonderheiten sind hier zu beachten:

- Die beiden Radiobuttons Anwenden für Auswahl (*a*) und Anwenden für Absatz (¶) unterscheiden einen HTML-Stil dadurch, indem dieser nur auf eine Textauswahl oder auf einen gesamten Absatz (<p> bis </p>) angewendet wird.
- Bei der letzten Möglichkeit wird immer der gesamte Absatz formatiert, in dem sich die Einfügemarke befindet, gleichgültig ob eine Textpassage aktiviert ist oder nicht.
- Bei der ersten Variante (Anwenden für Auswahl) muss vor der Anwendung eine Textauswahl getroffen sein.
- Die nächsten Radiobuttons Vorhandenen Stil hinzufügen (+) und Vorhandenen Stil löschen verursachen, dass ein Stil entweder zusätzlich zu einer bereits vorhandenen Formatierung angewendet werden (sich also z.B. weiche Fontgrößen addieren) oder diese überschreiben soll.

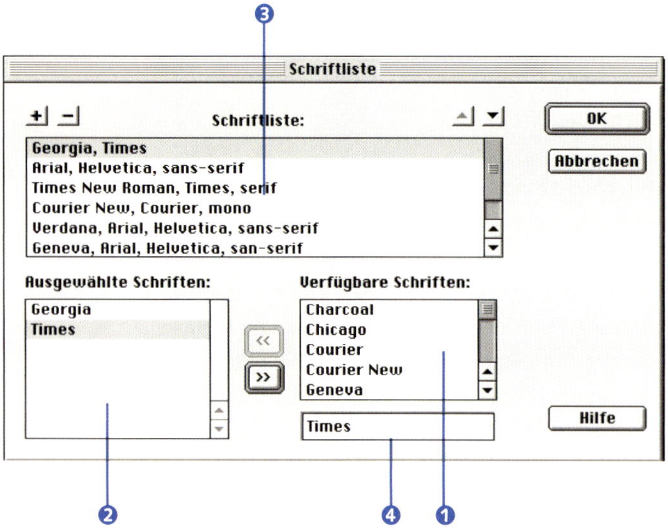

◀ Abbildung 31
Schriftartliste

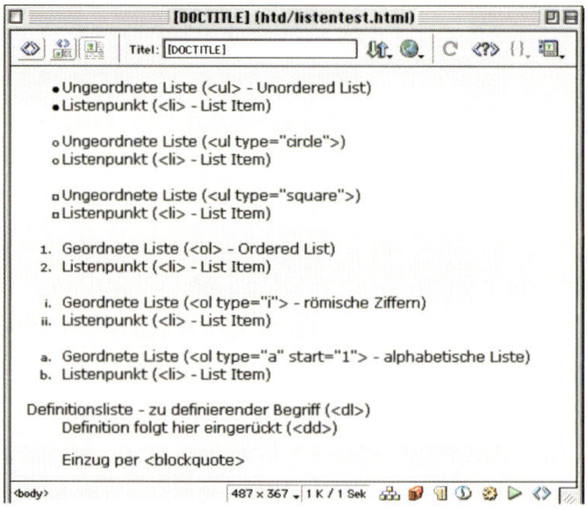

▲ Abb. 32
Verschiedene Arten von Listen zur Strukturierung

erscheint in der Liste ❷ ein neuer Eintrag (»Schriftarten in folgende Liste einfügen«). Nun können Sie neue Fonts zu der Liste hinzufügen, indem Sie diese in ❶ aktivieren und auf den Button << klicken; zum Entfernen gehen Sie genau den umgekehrten Weg (links aktivieren, >> klicken).

Im Textfeld ❹ können Sie auch Zeichensätze manuell eingeben, die nicht auf Ihrem System installiert sind, also z.B. Schriften von anderen Plattformen (Übersicht siehe Kapitel »Jenseits von Dreamweaver«). Denken Sie daran, hier nur Schriften einzutragen, bei denen Sie davon ausgehen können, dass zumindest ein Teil Ihrer Besucher diese installiert haben wird. Wenig sinnvoll ist es, als Schrift hier Frutiger 67 Bold Condensed anzugeben, auch wenn das Corporate Design Manual Ihres Kunden dies verlangt. Höchstwahrscheinlich wird niemand außer Ihnen und dem Kunden die Seite so sehen wie angegeben.

Bug bei Fontauszeichnungen

Dieser Bug ist sicher sehr esoterisch, aber geeignet, um zu illustrieren, was bei der Webentwicklung so alles schief gehen kann: Wenn Sie in Ihren Fontauszeichnungen die Namen der Fonts in Kleinbuchstaben schreiben, benutzt Netscape 3.x auf dem Mac den PostScript-Font zur Monitordarstellung und stellt den Text geglättet dar. Falls nun der Adobe Type Manager installiert ist, aber die definierte Fontgröße nicht als Bitmap vorliegt, wird der Text in Netscape 3 nicht mehr lesbar dargestellt. Komischerweise sieht alles wieder normal aus, wenn die Fontnamen in Großbuchstaben geschrieben werden.

▲ Abbildung 33
Listeneigenschaften

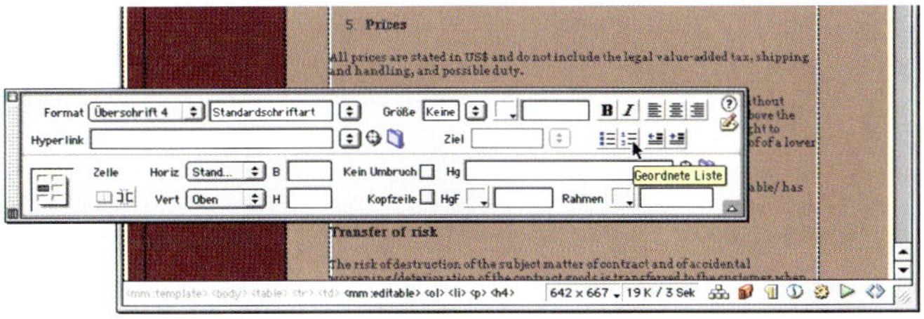

Abbildung 34 ▲
Erstellen einer Ordered List (alphanumerisch sortierte Liste, <ol>)

Listen

Listen sind ein beliebtes Mittel, um kompakte Informationen übersichtlich darzustellen. Die Usability-Forschung hat gezeigt, dass Benutzer Informationen, die in Listenform dargestellt werden, schneller finden und auch besser lesen können als lange Textwüsten. Einer der Gründe hierfür ist sicher, dass der Mensch vom Computermonitor generell ca. 30% langsamer liest als von Papier. Wenn Sie also mit Ihrer Website einige wichtige Punkte kommunizieren oder auch längere Texte zusammenfassen wollen, sollten Sie im Interesse Ihrer Besucher (und natürlich Ihres Erfolges) die Listenfunktionen von HTML benutzen (Abb. 32).

Listen erstellen Sie in Dreamweaver, indem Sie die Absätze, die formatiert werden sollen, aktivieren und festlegen, welcher Listentyp verwendet werden soll. Wie üblich geht dies am einfachsten über das Kontextmenü und dort durch das Untermenü Liste. Nachdem Sie eine Liste angelegt haben, können Sie durch den Befehl Eigenschaften im Liste-Kontextmenü bestimmen, um welche Art von Liste es sich handeln soll (Abb. 33). Eine Übersicht verschiedener Listenformatierungen sehen Sie in Abbildung 31.

Mit Dreamweaver ist es zum Glück möglich, auch komplexe Listengebilde wie juristische Texte (z.B. Allgemeine Geschäftsbedingungen mit durchnummerierten Abschnitten wie in unserer Beispielsite die Datei smallprint.html, Abb. 34) zu verwalten, eine Aufgabe, bei der man mit Texteditoren schnell die Übersicht verliert. In Abbildung 33 sehen Sie die Definitionen für eine Liste, deren Oberpunkte mit großen römischen Ziffern (I, V, X …) dargestellt werden sollen, die einzelnen Listenpunkte (`<li>`) jedoch mit kleinen römischen Ziffern (i, v, x, …) beginnen. Zusätzlich können Sie bestimmen, mit welcher Ziffer eine Auflistung beginnen soll, eine nützliche Option, wenn fortlaufende Nummern aus vorherigen Listen übernommen werden sollen.

Listenformatierung
Beachten Sie, dass in den Textfeldern dieses Dialogs nur Zahlen eingegeben werden können. Das heißt, wenn eine Auflistung mit D beginnen soll, so müssen Sie hier Neuer Stil • Grossbuchstaben wählen und bei Zähler zurücksetzen die Ziffer 4 eingeben, da D der vierte Buchstabe des Alphabets ist.

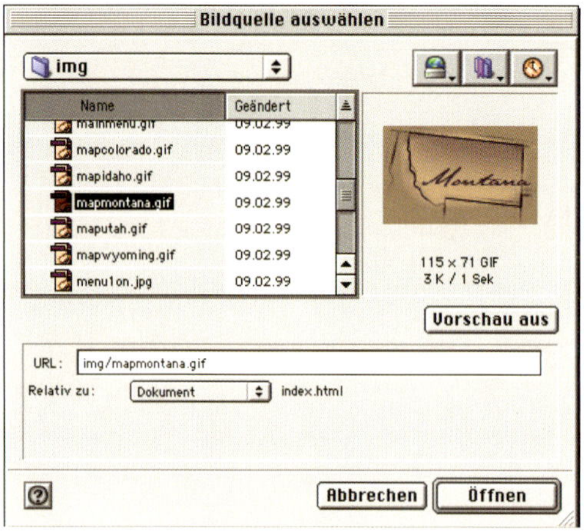

◀ Abbildung 35
Mac OS Navigation Services

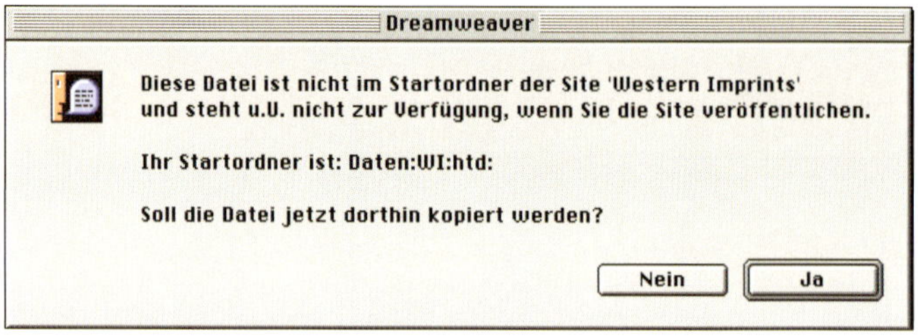

▲ Abbildung 36
Einbindung von Grafiken außerhalb des Site-Verzeichnisses

Einbinden von Bildformaten

Das Einbinden von Bildern gestaltet sich Dreamweaver-typisch denkbar einfach. Sie setzen nur den Cursor an die Stelle, an der ein Bild eingesetzt werden soll, und wählen BILD aus der Objektpalette oder drücken auf der Tastatur [⌘] + [Alt] + [I] (MacOS) bzw. [Strg] + [Alt] + [I] (Windows). Damit nicht genug, Sie können neben den üblichen Menübefehlen (EINFÜGEN • BILD) auch ein Bild aus der Verzeichnisstruktur Ihrer Festplatte (Mac Finder bzw. Windows Explorer) in das aktuelle Dokumentenfenster ziehen und es so einbetten. Beachten Sie, wie dabei der Cursor mit Ihren Mausbewegungen mitgeht – das Bild wird an der Stelle eingesetzt, an der Sie es über dem Dokument loslassen.

Falls Sie den klassischen Weg über die erstgenannten Befehle wählen, erhalten Sie die Dialogbox zur Auswahl des Bildes. Dreamweaver unterstützt in der Mac-Version die mit MacOS 8.5 eingeführten Navigation Services (Abb. 35), d.h., Sie können eine Vorschau der auszuwählenden Dateien sehen, Lesezeichen für Ihre häufig benutzten Verzeichnisse anlegen, zuletzt benutzte Objekte auswählen oder Daten von entfernten Volumes wie Servern aufrufen.

Wenn Sie eine Grafikdatei einbetten wollen, die nicht im Stammverzeichnis der aktuellen Site liegt (also auch auf einem Server), bietet Dreamweaver Ihnen an, diese dorthin zu kopieren (Abb. 36), da die Grafik ansonsten mit ihrem absoluten Pfad auf der Festplatte eingebunden würde. Dieser Pfad wird aber garantiert nicht mit dem Pfad auf dem letztendlichen Webserver übereinstimmen, deswegen scheidet diese Option von vornherein aus. Wenn Sie diesen Alert also sinnvollerweise mit JA bestätigen, bekommen Sie als Nächstes eine weitere Dialogbox ähnlich dem SPEICHERN-Dialog, in dem Sie um einen Speicherort innerhalb der aktuellen Site gebeten werden.

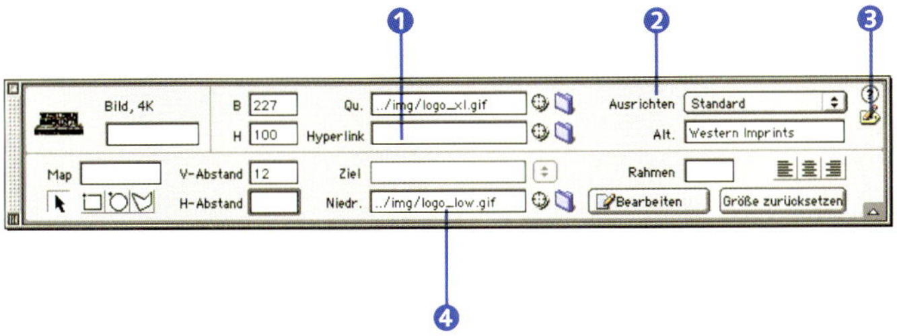

◂ Abbildung 37
Detailangaben zur Einbindung von Grafiken

Sinnvoll ist diese Funktion zum Beispiel in Arbeitsgruppen von mehreren Dreamweaver-Benutzern, in denen die Ausgangsdaten für die Erstellung einer Website zentral auf einem Server bereitgehalten werden.

Nachdem Sie eine Grafikdatei in die HTML-Seite eingebunden haben, müssen unter Umständen noch weitere Angaben zu der Grafik und ihrer Verwendung oder Positionierung gemacht werden. Hierbei hilft wie immer die Eigenschaftenpalette, in der Sie Angaben über vertikale und horizontale Abstände anderer Objekte zum Bild (Abb. 37), Hyperlinks für Klicks auf das Bild ❶ und Rahmenbreiten eingeben können. Beachten Sie bitte, dass manche Browser um ein Bild, das als Hyperlink fungiert, einen mehr oder weniger hässlichen blauen Rahmen legen, wenn der Wert des Rahmens nicht explizit auf 0 gesetzt wurde.

Grafikformate

Dreamweaver unterstützt die beiden meistgenutzten Grafikformate des Webs, JPEG (auch progressive) und GIF (Version 87 und 89a) und zusätzlich noch das PNG-Format (.png, ausgesprochen Ping, für Portable Network Graphics), das aber leider von kaum einem Browser dargestellt werden kann (von Netscape 4 z.B. nur per PlugIn). Das PNG-Format, mit dem Fireworks nativ arbeitet, bietet gegenüber den etablierten Formaten einige entscheidende Vorteile, so ist es im Gegensatz zu GIF lizenzfrei (dies ist ein sehr leidiges Kapitel des weltweiten Webs; mit Englisch-Kenntnissen in aller Ausführlichkeit nachzulesen unter www.cloanto.com/users/mcb/19950127giflzw.html. Es unterstützt auch verschiedene Farbtiefen von 8 bis 24 Bit mit unterschiedlicher Kompression und ist somit sowohl für die Darstellung flächiger Grafiken (einer Domäne des GIF-Formats) als auch für Halbtonbilder (dem Einsatzgebiet von JPEG) geeignet. Die interessanteste Neuerung von PNG ist die Unterstützung von Transparenzen per 8-Bit-Alphakanal, mit dem erstmalig auch Freisteller auf beliebigen Hintergründen im Web möglich sind.

Mehr – viel mehr – zum PNG-Format finden Sie unter der URL www.libpng.org/pub/png/. Dort finden Sie unter anderem auch eine ausführliche Liste der das Format unterstützenden Browser sowie Links zu den diversen Quellen, die PlugIns für PNG anbieten (www.libpng.org/pub/png/pngapbr.html).

Vorbereitung der Bilder auf JavaScript-Verhaltensweisen

Falls das Bild von einem JavaScript angesprochen werden soll, also zum Beispiel ein automatischer Bilderwechsel beim Überfahren mit der Maus (Rollover oder `onMouseOver`) stattfinden soll, muss jedes Bild einen einmaligen Namen bekommen, über den es von JavaScript angesprochen werden kann. Mehr zu diesem Thema finden Sie im Abschnitt »Erstellung eines DropDown-Menüs« im Kapitel »Erstellung einer dynamischen Site mit Dreamweaver und HTML 4«. Leider ist dieses Textfeld ohne Etikett und daher leiht zu übersehen (Abb. 27). Dreamweaver benutzt für diese Benennungen das Attribut `NAME="foo"`, da dieses von mehr Browsern verstanden wird als das syntaktisch korrektere `ID="foo"`. Sie werden also bei der Überprüfung der hiermit erstellten Seiten gegen die HTML4-Syntax eine Fehlermeldung erhalten. Die sollte Sie aber nicht weiter stören, da dies keine Folgen für die Besucher Ihrer Site haben wird.

Sonstige Parameter

Im Interesse der Benutzer, die aus verschiedenen Gründen das Laden von Bildern abgeschaltet haben (Performance-Vorteile durch schnellere Ladezeit) oder auch gar keine Bilder sehen können (User von Textbrowsern wie Lynx, Sehbehinderte), sollten Sie allen Bildern auch noch einen alternativen Text zuweisen (Abb. 27), in dem das Bild und seine Funktion knapp beschrieben werden. Leer-Gifs und Bildern, die rein dekorative Funktion haben, sollten Sie aus demselben Grund mit einem leeren `alt`-Attribut (`alt=""`) versehen, da diese dann in Textbrowsern nicht angezeigt und bei Sprachausgaben nicht vorgelesen werden. Da sich bei automatisch generierten Tabellenlayouts mitunter zahlreiche dieser leeren GIFs auf einer Seite einschleichen können (werden z.B. im Layout-Modus als `spacer.gif` eingefügt), empfiehlt sich hier ein abschließender Suchen/Ersetzen-Befehl. Mehr zu dem Thema, wie Sie Ihre Seiten für diese speziellen Zielgruppen kompatibel gestalten, finden Sie im Anhang »Behindertengerechtes Webdesign?«.

Die Angaben, die über das Popup AUSRICHTEN (Abb. 37, ❷) gesetzt werden, sind mit Vorsicht einzusetzen, da diese von allen bekannten Browsern ziemlich unterschiedlich interpretiert oder teilweise auch einfach ignoriert werden. Rechts neben diesem Popup findet sich der Button für den Quick Tag Editor ❸, mit dem der zu dem Bild gehörige Code direkt bearbeitet werden kann, um zum Beispiel zusätzliche Attribute einzusetzen oder Werte zu ändern.

▲ **Abbildung 38**
JPEG-Image, 500 x 314 Pixel, 60 % Kompression, 45 Kilobyte

▲ **Abbildung 39**
GIF-Image für lowsrc, 500 x 314 Pixel, 1 Bit Farbtiefe, 6,1 Kilobyte

Mit dem Textfeld NIEDR., Abb. 37, ❹, meint der Eigenschaften-Inspektor das LOWSRC-Attribut des <IMG>-Tags. Mit LOWSRC können Sie eine Voransicht des Bildes definieren, die als 1-Bit-Grafik (Abb. 39) vor dem eigentlichen Bild (Abb. 38) dargestellt wird, während dieses im Hintergrund lädt. Der Trick ist hierbei, dass eine hochkomprimierte Kopie des Originals mit geringer Farbtiefe viel schneller lädt als die eigentliche Datei, sodass sich für den Anwender also scheinbar der Seitenaufbau beschleunigt. Tatsächlich dauert der gesamte Ladevorgang nun länger, da ja eine zusätzliche Datei vom Server angefragt und übertragen werden muss. Die Zeitspanne aber, bis etwas auf dem Bildschirm des Anwenders erscheint, hat sich je nach Motiv drastisch verkürzt. Natürlich müssen Sie als LOWSRC nicht nur 1-Bit-GIFs definieren, sondern können auch JPEG-Bilder mit voller Farbtiefe oder sogar animierte GIFs angeben. So lassen sich mitunter ganz interessante Effekte erzielen.

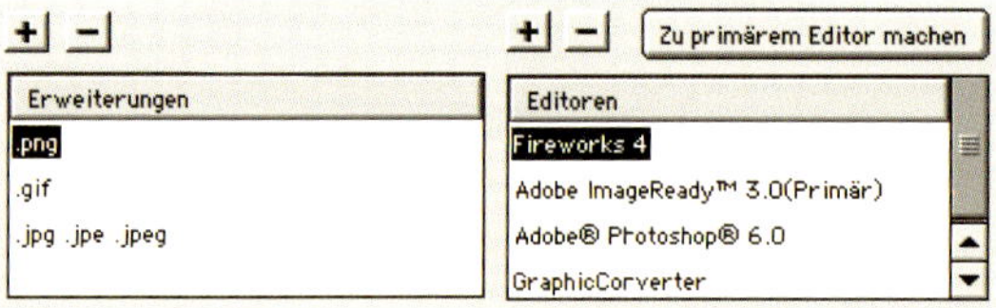

Abbildung 40 ▲
Externe Bildeditoren festlegen

Abbildung 41 ▶
Eigenschaftenpalette

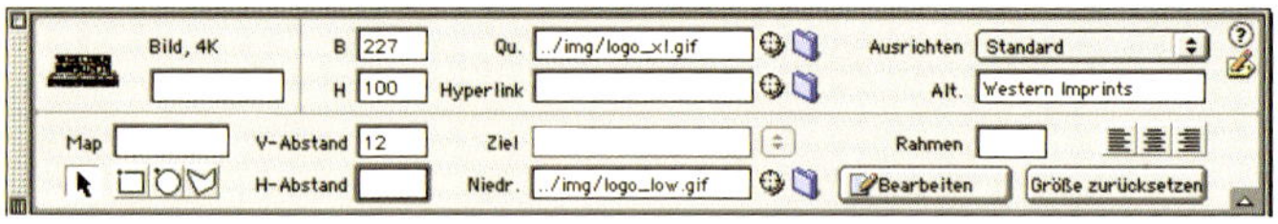

Externe Bildeditoren

Ähnlich wie bei den externen HTML-Editoren bindet Dreamweaver auch Bildbearbeitungsprogramme mit in den Workflow ein. Die beste Integration bietet natürlich das hauseigene Fireworks, das zeitgleich mit Dreamweaver in einer neuen Fassung erschienen ist. Sie können in den Voreinstellungen (Bearbeiten • Voreinstellungen • Externe Editoren) aber auch beliebige andere Programme wie Adobe ImageReady oder Photoshop als Ihren Lieblingsbildeditor definieren (Abb. 40). Jedoch klappt die Zusammenarbeit nur mit Fireworks so nahtlos, dass auch von diesem Programm erzeugter HTML-Code sofort ohne weitere Zwischenschritte in Dreamweaver übernommen werden kann. Dreamweaver kann Bilder auch an alle weiteren Editoren, die Sie hier definieren, zur Weiterverarbeitung senden. Diese werden im Kontextmenü unter Bearbeiten mit... aufgelistet, sodass Sie z. B. ein Bild direkt aus Dreamweaver heraus in Photoshop öffnen können.

Sie können Ihren primären Editor aufrufen, indem Sie das zu bearbeitende Bild auswählen und in der Eigenschaftenpalette auf Bearbeiten (Abb. 41) klicken. Alternativ findet sich diese Funktion auch in den Kontextmenüs wieder (Strg + Klick bzw. rechte Maustaste • Bearbeiten mit Fireworks). Sie können aber auch einfach mit gedrückter Befehlstaste (⌘ bzw. Strg) auf das Bild doppelklicken. Falls Sie die Masse des Bildes im externen Editor verändern, sollten Sie diese Änderungen auch Dreamweaver mitteilen. Hierzu dient der Button Grösse zurücksetzen in der Eigenschaftenpalette (Abb. 41).

Bitte beachten Sie, dass Sie nie bereits als JPEG gespeicherte Dateien bearbeiten und erneut in diesem Format abspeichern. Das JPEG-Format benutzt eine Kompressionsmethode, welche die Dateigröße dadurch verkleinert, dass bestimmte Bildinhalte nicht mit gespeichert werden. Der Grad der verlorenen Informationen richtet sich nach dem Grad der Kompression, die Sie in Ihrem Bildbearbeitungsprogramm beim Speichern als JPEG ein-

▲ Abbildung 42
Vergrößerter Ausschnitt einer Photoshop-Datei

▲ Abbildung 43
»Kaputt komprimiertes« JPEG der dritten Generation

gestellt haben. Beim Dekomprimieren errechnet die Anwendung, die das JPEG darstellen soll, einen Mittelwert aus den verbleibenden Bildinformationen und stellt diesen an Stelle der verlorenen Informationen dar. Dabei kann es je nach Kompressionsgrad zu mehr oder weniger sichtbaren Störungen kommen, so genannten Artefakten. Wenn diese Störungen nun erneut komprimiert werden, so verschlimmert sich das Problem, d.h., mit jeder Generation nimmt die Bildqualität deutlich ab.

In Abbildung 42 sehen Sie einen vergrößerten Ausschnitt einer Photoshop-Datei, Abbildung 43 zeigt ein »kaputt komprimiertes« JPEG der dritten Generation, d.h., dieses Bild wurde mehrfach nacheinander komprimiert und ist so nicht mehr zu gebrauchen. Daher sollten Sie bei Änderungen an Halbtonbildern wenn möglich immer auf die Originaldateien zurückgreifen.

▲ Abbildung 44
Kontextmenü zum Öffnen einer Grafik mit Fireworks

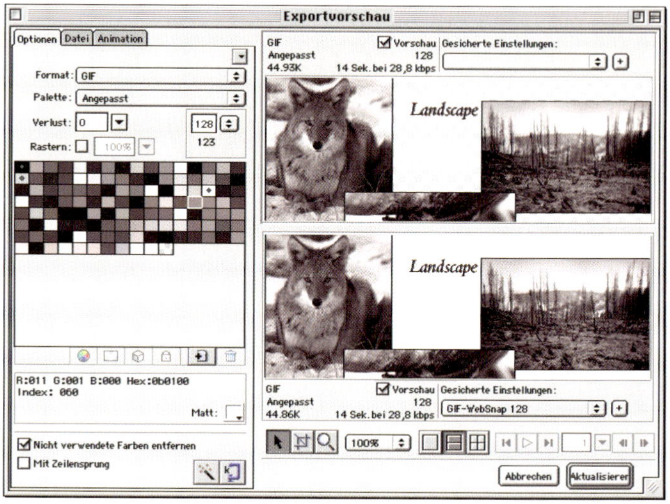

▲ Abbildung 45
Exportvorschau in Fireworks 4

Die Schnittstelle zu Macromedia Fireworks

Von Dreamweaver zu Fireworks

Die oben genannten Probleme mit JPEGs lassen sich umgehen, wenn Sie zusammen mit Dreamweaver auch die Bildbearbeitung Fireworks von Macromedia einsetzen. Fireworks löst seit der Version 3 dieses Problem ganz elegant, indem es sich anhand der aus Dreamweaver bekannten Design Notes den Speicherort der Ursprungsdatei merkt und diese dann zur Bearbeitung heranzieht. Auch mit älteren Versionen von Fireworks klappt diese Zusammenarbeit ganz hervorragend, wenn man sich bei der Dateiablage an bestimmte Konventionen hält: Wenn im selben Verzeichnis wie die zu bearbeitenden Bilder auch eine Datei mit dem gleichen Namen und dem Suffix .png liegt (Fireworks verwendet PNG als natives Dateiformat), so öffnet Fireworks 1 diese automatisch in der Annahme, dass es sich hierbei um die Originaldatei handelt.

In Fireworks 2 hingegen bekommt der Benutzer automatisch einen Dialog für die Suche nach der Originaldatei, wenn ein Bild aus Dreamweaver nachgebessert werden soll. Fireworks ab Version 3 lässt dem Benutzer per Voreinstellung die Wahl, ob immer oder nie die Vorlage benutzt werden soll oder ob er das von Fall zu Fall entscheiden möchte.

Wenn Sie in Dreamweaver Befehle • Bild in Fireworks optimieren wählen, kommen Sie zu dem Exportvorschau genannten Fenster von Fireworks, das eine Vielzahl von Optimierungsmöglichkeiten bietet (Abb. 45). Gerade bei GIF-Bildern kann diese Funktion helfen, die Dateigrößen noch weiter gefahrlos zu minimieren. Fireworks zeichnet sich unter anderem dadurch aus, dass es die GIF-Dateien mit der geringsten Dateigröße unter allen vergleichbaren Tools produziert.

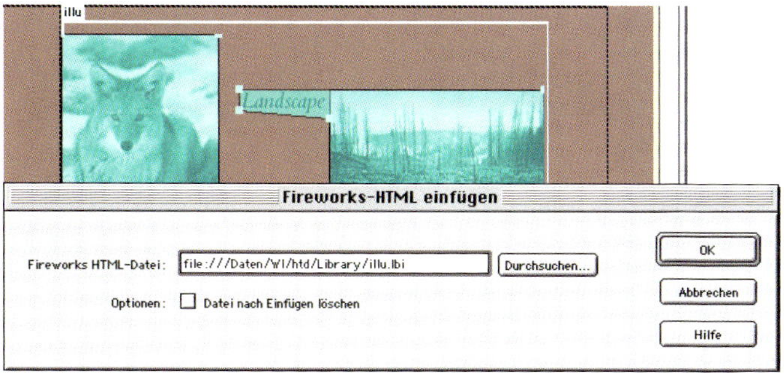

▲ Abbildung 46
Fireworks-HTML in Form einer Bibliothek einfügen

Änderungen an Dateien in Fireworks werden von Dreamweaver ohne Ihr weiteres Zutun automatisch übernommen. Lediglich bei Größenänderungen müssen Sie nochmals den GRÖSSE ZURÜCKSETZEN -Button der Eigenschaftenpalette drücken.

Von Fireworks zu Dreamweaver

Auch der umgekehrte Weg von Fireworks zu Dreamweaver gestaltet sich denkbar einfach: Fireworks bietet eine Vielzahl von Optionen, um zu den erstellten Grafiken auch gleich den dazugehörigen Code zu generieren und in Dreamweaver einzubetten. Dabei beschränkt sich dieser Code nicht nur auf das simple `<img>`-Tag, sondern es können auch komplexe Gebilde von zerschnittenen und in Tabellen positionierten Bildern oder JavaScript-Aktionen (in Dreamweaver Verhalten genannt) erstellt werden. Diese und auch automatisch generierte Bibliotheksobjekte können dann von Dreamweaver übernommen werden.

Exportieren von HTML-Code aus Fireworks – Importieren von HTML-Code in Dreamweaver

Die einfachste Methode des Codeaustauschs zwischen den beiden Programmen ist es, beim Exportieren der Bilder aus Fireworks den dazugehörigen Code in eine eigene HTML-Datei schreiben zu lassen. Diese Datei können Sie dann in Dreamweaver über EINFÜGEN • MEDIEN • FIREWORKS-HTML direkt importieren (Abb. 46), wobei Dreamweaver den HTML-Code in das aktuelle Dokument übernimmt und so das dazugehörige Bild mit einbettet. Bei diesem Import haben Sie auch die Möglichkeit, die von Fireworks generierte HTML-Datei löschen zu lassen, damit nicht zu viele **Leichen** ihre Festplatte bevölkern. Alternativ haben Sie beim Export aus Fireworks auch die Option, den Code in die Zwischenablage zu kopieren, sodass Sie diesen in anderen Editoren wie BBEdit oder HomeSite per Copy and Paste einfügen können. Dieselbe Option funktioniert übrigens auch mit HTML-Code, der vom Konkurrenzprodukt Adobe ImageReady generiert wurde.

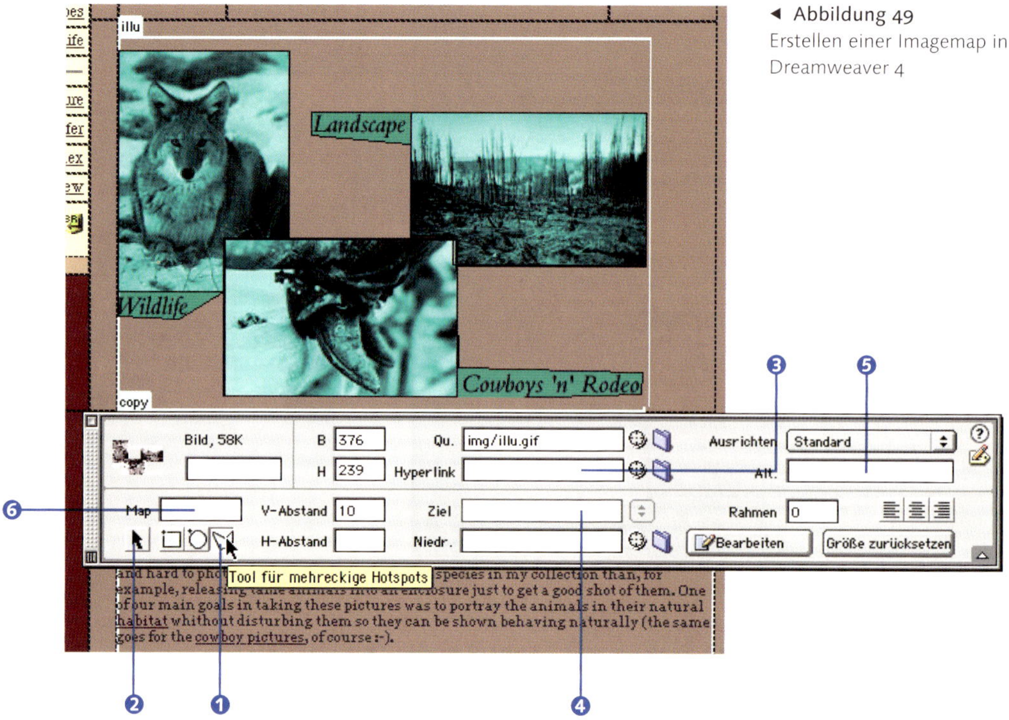

◂ Abbildung 49
Erstellen einer Imagemap in Dreamweaver 4

Erstellen von Client-Side Imagemaps in Dreamweaver

Auch das Generieren von Client-Side Imagemaps ist mit Dreamweaver einfach. Imagemaps sind Instruktionen in einer HTML-Datei, die definieren, welche Bereiche eines Bildes als Hyperlinks anzuklicken sein sollen (sog. Hotspots) und wohin ein Klick auf einen solchen Hotspot verweisen soll. In Dreamweaver 4 können diese unmittelbar im Dokumentenfenster auf das zu bearbeitende Bild gelegt werden. Dazu bietet das Programm drei Werkzeuge, um rechteckige, runde oder polygonale (mehreckige) Bereiche zu zeichnen (Abb. 49, ❶) sowie ein weiteres Werkzeug, um diese nachträglich zu manipulieren ❷.

Nachdem Sie mit diesen Werkzeugen die Hotspots auf das Bild gezeichnet haben, können Sie diese mit dem Tool für Mauszeiger-Hotspots noch beliebig skalieren oder verschieben. Letzteres funktioniert auch über die Pfeiltasten der Tastatur, bei gleichzeitig gedrückter ⇧-Taste auch in 10-Pixel-Schritten. Ein Mangel an der Implementierung von Dreamweaver ist es weiterhin, dass sich mit dem Kreistool nur absolut runde Kreise zeichnen lassen, nicht jedoch Ovale wie in anderen Programmen, obwohl das Tooltip für den Button standhaft das Gegenteil behauptet (Tool für ovale Hotspots).

Diese so erstellten Hotspots können dann über die Eingabefelder der Eigenschaftenpalette mit den notwendigen Angaben wie:

- der Hyperlink-Adresse ❸,
- dem Ziel im Falle eines Framesets ❹, `target=""`),
- dem `alt`-Attribut für Textbrowser und Browser mit abgeschalteten Bildern ❺
- und dem Namen der gesamten Imagemap im Textfeld »Map« ❻

versehen werden. Wenn Sie auf einer Seite mehrere Bilder mit Imagemaps verwenden sollten, beachten Sie bitte, diesen möglichst eindeutige und einmalige Namen zu geben.

Zusätzlich können diese Hotspots auch mit Verhalten versehen werden, JavaScript-Aktionen, die im Kapitel »Erstellung einer dynamischen Site mit Dreamweaver und HTML 4« besprochen werden. Hierdurch ist es zum Beispiel möglich, dass auf einen Klick keine neue Seite erscheint, sondern dass – wenn der Benutzer mit der Maus über einen Hotspot fährt – Ebenen mit weiteren Informationen an- und ausgeschaltet werden. Eine praktische Anwendung dieser Verhalten und wie Sie diese erstellen finden Sie im Kapitel »Erstellung einer dynamischen Site mit Dreamweaver und HTML 4«.

Client-Side Imagemaps werden von allen aktuellen grafischen Browsern unterstützt, sodass auf den Einsatz der früher verwendeten Server-Side Imagemaps getrost verzichtet werden kann. Dreamweaver unterstützt die Erzeugung dieser älteren Variante auch nicht direkt. Falls aber eine Seite auch Instruktionen für diese ältere Technik enthalten sollte, so lässt Dreamweaver diese intakt.

Formulare

Formulare gehören zum täglichen Brot eines Webdesigners, da diese den Besuchern einer Site einen der wenigen Rückkanäle bieten, um mit dem Anbieter der Informationen oder Waren direkt zu kommunizieren. Leider sind die weitaus meisten Formulare, die man heutzutage im Netz findet, im besten Fall lieblos gestaltet, im schlimmsten Fall schlichtweg unbenutzbar. Vielleicht scheuen zu viele Gestalter vor dieser Aufgabe zurück und überlassen sie lieber den Programmierern, die sich um die Backend-Funktionalitäten kümmern. Dabei macht gerade ein gelungen und durchdacht gestaltetes Formular bei E-Commerce-Sites wegen des Vertrauen erweckenden Eindrucks einen großen Teil des Erfolges aus.

Um ein ansprechendes Formular zu gestalten, müssen wir zunächst noch einmal zurück zu Tabellen. Mit herkömmlichem HTML, d.h. ohne CSS, lässt sich eine ansprechende Formatierung der abzufragenden Eingabefelder und deren Beschriftungen (Labels) nur durch verschachtelte Tabellen erreichen.

Verschachtelte Tabellen

Manche komplexe Layouts lassen sich nicht unbedingt mit einer einzigen Tabelle umsetzen, sondern bedingen, dass innerhalb einer Tabelle eine weitere Tabelle eingefügt wird. Manchmal ist diese Technik auch sinnvoll und notwendig, um logische Einheiten in einer eigenen Tabelle vom Rest der Seite zu trennen. Unsere statische Beispielsite hat in whatsnew.html ein Formular, mit dem man eine Mailingliste abonnieren kann. Dieses Formular muss in einer eigenen Tabelle sitzen, damit der Inhalt dieser Tabelle mit dem `<form>`-Tag als Formular definiert werden kann

Abbildung 50 ▶
Fertiges Formular in einer mehrfach verschachtelten Tabelle

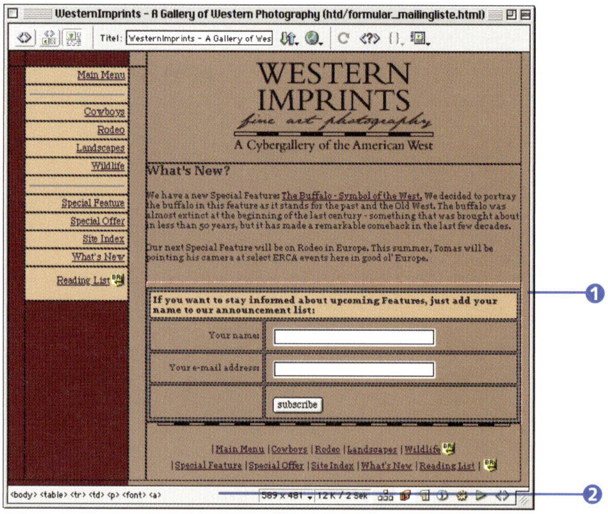

(Abb. 50). Die Alternative wäre gewesen, die äußere Tabelle in weitere Zeilen und Spalten zu unterteilen und diese Gesamtkonstruktion, d.h. die gesamte Seite als Formular zu definieren, was ein Vielfaches des jetzt benötigten Codes bedeutet hätte. Dies würde dann aber auch bedeuten, dass man nur ein einziges Formular pro Seite haben könnte, da jedes Formular sein eigenes `<form>`-Tag benötigt, in dem definiert ist, was mit den Eingaben geschehen soll.

Zur Definition der äußeren Begrenzung des Formulars platzieren Sie nun bitte den Cursor an die Stelle, an der später die Tabelle mit den Formularfeldern erscheinen soll. Wählen Sie nun in der Objektpalette die Kategorie FORMULARE und in dieser dann das Objekt FORMULAR EINFÜGEN. Dreamweaver erzeugt nun das Form-Tag, in das Sie nun die Tabellen einfügen können.

Zum Einfügen einer Tabelle in eine andere, bereits vorhandene gehen Sie genauso vor wie bei herkömmlichen Tabellen: Platzieren Sie die Einfügemarke einfach an die Stelle, an der die verschachtelte Tabelle erscheinen soll, und

Auswahl des Formulars

Falls Sie das Formular selber (also `<form>`... `</form>`) in der Entwurfsansicht nicht aktivieren können, weil keine rote Umrandung zu sehen ist, müssen Sie im Menü ANSICHTSOPTIONEN des Dokumentenfensters die Option ALLE VISUELLEN HILFSMITTEL AUSBLENDEN (Strg bzw. ⌘ + ⇧ + I) deaktivieren. Danach können Sie mit der Einfügemarke auf den roten Rahmen klicken (Abb. 50, ❶), der die Begrenzung eines Formulars kennzeichnet, und können nun über die Eigenschaftenpalette die gewünschten Werte setzen. Das jeweils aktivierte Tag stellt Dreamweaver auch in der Statuszeile des Dokuments fett dar (Abb. 50, ❷).

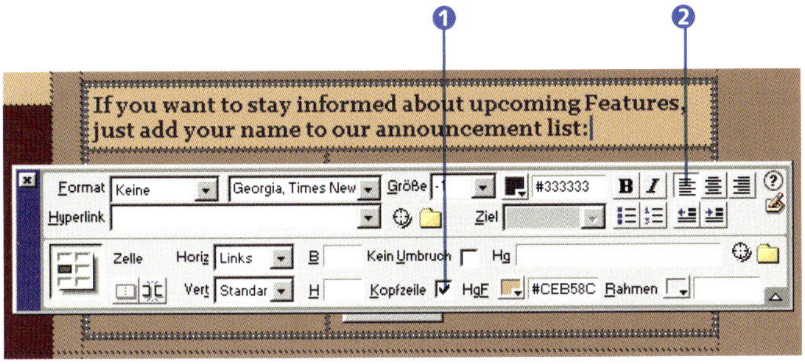

▲ **Abbildung 51**
Zelle als Kopfzeile definieren

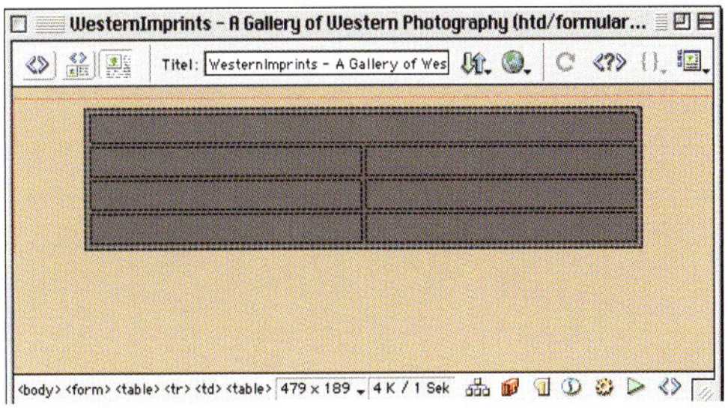

▲ **Abbildung 52**
Das fertige Gerüst – zwei ineinander verschachtelte Tabellen – zu erkennen an der Tag-Hierarchie in der Statuszeile

wählen Einfügen • Tabelle (Alt + Strg bzw. ⌘ + T) oder den Button Tabelle einfügen aus der Objektepalette, alles Weitere kennen Sie ja bereits. Alternativ ließe sich das neuerdings auch mit den Layouttabellen erreichen, die auch beliebig verschachtelbar sind. In diesem Fall haben wir uns aber für den klassischen Weg entschieden, da die Positionierung der Elemente und damit die Anzahl der Zeilen und Spalten schon feststand.

Hintergrundfarben in Tabellen

Erschwerend kommt in unserem Beispiel aber noch hinzu, dass um die Tabelle herum sowie zwischen den Zellen ein 2 Pixel breiter grauer Rand entstehen soll.

Unser Beispiel macht sich die table-Attribute CELLPADDING und CELLSPACING, in den Dreamweaver-Sprachkonventionen Zellauffüllung und Zellraum genannt, zu Nutze, um diesen eingefärbten Rand zwischen den Zellen zu erzeugen. Dazu wird zunächst eine Tabelle eingesetzt, die lediglich aus **einer** Zelle besteht, die wiederum als Hintergrundfarbe dunkelgrau (#666666) zugewiesen bekommt. Diese äußere Tabelle sollte mit einer Zellauffüllung von »2« und einem Zellraum von »0« versehen werden, zudem wird als Breite »100%« definiert, damit diese die gesamte Breite der Zelle, in der sie sitzt, ausfüllt.

In diese äußere Tabelle wird nun eine innere Tabelle eingefügt, die aus vier Zeilen in zwei Spalten besteht. Diese Tabelle erhält einen Zellraum von 2 Pixel und eine Zellauffüllung von 4. Als Nächstes werden beide Zellen der obersten Zeile zu einer verschmolzen (Strg bzw. ⌘ + Alt + M), die wiederum als Kopfzeile der Tabelle deklariert wird. Dreamweaver hat hierfür eine Checkbox in der Eigenschaftenpalette (Abb. 51, ❶). Beachten Sie bitte, dass Kopfzeilen (also <th> statt <td>) generell fett dargestellt werden und von den meisten Browsern zudem noch horizontal zentriert. Sie sollten also hier noch die Ausrichtung der Zelle wieder auf linksbündig setzen ❷.

Die einzelnen Zellen der inneren Tabelle werden nun über die Eigenschaftenpalette in den gewünschten Farbwerten eingefärbt, die aus den umliegenden Tabellen mit der Pipette aufgenommen werden. Der zuvor definierte Zellraum von »2« bewirkt nun, dass zwischen den einzelnen eingefärbten Zellen ein 2 Pixel breiter Abstand entsteht, durch den der dunkelgraue Tabellenhintergrund sichtbar wird (Abb. 52).

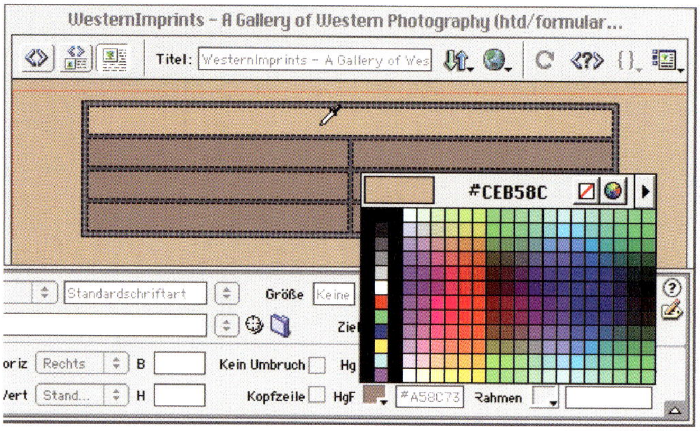

◄ Abbildung 53
Hintergrundfarben in Tabellen

Der aus diesen Aktionen resultierende Code sieht nun wie folgt aus:

```
<form name="foo" method="post" action="foo">
<table width="100%" border="0" cellspacing="0" cellpadding="2">
  <tr>
    <td bgcolor="#666666">
<table width="100%" border="0" cellspacing="2" cellpadding="4">
  <tr align="left" bgcolor="#CEB58C">
    <th colspan="2"> </th>
  </tr>
  <tr bgcolor="#A58C73">
    <td align="right"> </td>
    <td> </td>
  </tr>
<tr bgcolor="#A58C73">
    <td align="right"> </td>
    <td> </td>
  </tr>
  <tr bgcolor="#A58C73">
    <td align="right"> </td>
    <td> </td>
  </tr>
</table></td>
  </tr>
</table>
</form>
```

Die eigentlichen Formularelemente

Nachdem das Gerüst für das Formular steht, können wir nun die eigentlichen Formularelemente einfügen. Dies geschieht sinnvollerweise wieder über die Kategorie FORMULARE der Objektepalette. Wir benötigen ein Textfeld für die Angabe des Namens und eines für die E-Mail-Adresse. Die Arbeitsweise ist wie üblich: Cursor platzieren, einzufügendes Element auswählen, fertig. Zum Abschluss braucht jedes Formular noch einen Button zum Abschicken, der sich in der Objektepalette hinter dem Button SCHALTFLÄCHE EINFÜGEN verbirgt. Ohne eigenes Zutun benennt Dreamweaver den Button immer mit ABSCHICKEN, was für die weitaus meisten Fälle sicher nicht die korrekte Benennung ist. Bei einer Datenbank-Suchanfrage wäre SUCHEN oder noch besser FINDEN sicher passender. Daher sollten Sie den Button noch umbenennen, was nach erfolgter Auswahl des Elementes über das Textfeld BESCHRIFTUNG der Eigenschaftenpalette erfolgt.

Erste Schritte in JavaScript: Clientseitige Plausibilitätsabfrage in einem Formular

Als Anbieter im Netz haben Sie natürlich ein Interesse, dass niemand irgendeinen Unfug in ihre Formulare einträgt und dann abschickt. Aber auch aus Sicht der User ist es sinnvoll, auf falsche oder fehlende Angaben hingewiesen zu werden – idealerweise bevor das Formular sich auf den langen Weg zum Server macht, dieser es dann auswertet und bei eventuellen Falschangaben die Antwort auf den ebenso langen Weg zurück schickt.

Hier naht Rettung in Form der Dreamweaver-eigenen JavaScript-Routinen (Verhalten genannt) zur Überprüfung der Einträge und Auswahlen in den verschiedenen Formularelementen. Im Folgenden finden Sie eine Step-by-Step-Anleitung, mit der Sie nicht nur eine solche sog. Plausibilitätsabfrage einbauen können, sondern sogar noch den Output nach Ihren Wünschen anpassen können.

Darstellung von Tabellen

Wenn </td> im Sourcecode in einer eigenen Zeile steht, dann fügen einige Netscape-Versionen in der Darstellung unten in der Zelle eine Leerzeile ein. Das kann zu unerwünschten Ergebnissen führen, wenn es zum Beispiel um die exakte Positionierung von Bildern geht.

Wie Sie Dreamweaver dazu zwingen können, vor </td> keinen Zeilenumbruch durchzuführen, lesen Sie im Abschnitt »Einrichten des Source Format Profiles« im Unterkapitel »Sauberer Code« des Kapitels »Effektive Arbeitstechniken«.

Verhalten »Formular überprüfen«

1. Vorbereitung des Formulars

Das soeben erstellte Formular ist eigentlich schon soweit von Dreamweaver vorbereitet, dass man nun ein Skript »daraufdeckeln« kann. Damit JavaScript im Browser die einzelnen Formularelemente als Objekte begreift, deren Aktionen ausgewertet werden können, brauchen diese Objekte einen einmaligen, eindeutig identifizierbaren Namen. Dreamweaver erledigt diese Aufgabe bei Formularfeldern schon von alleine, so dass wir zu Schritt 2 gehen können.

2. Einbau des Verhaltens

Wählen Sie im Quellcode, der Entwurfsansicht oder der Tag-Hierarchie in der Statuszeile die Schaltfläche zum Absenden des Formulars aus (`<input type="submit">`) und öffnen die Palette VERHALTEN aus dem Menü FENSTER (Alt + F3). Durch Klick auf das Plus-Symbol öffnet sich ein Popup mit einer Liste der bei diesem Element möglichen Verhaltensweisen (also der JavaScripte, die bei Klick auf den Button irgendwas bewirken). Wählen Sie hier nun den Eintrag FORMULAR ÜBERPRÜFEN.

Im folgenden Dialog sehen Sie nun unter BENANNTE FELDER die beiden Textfelder für Name und E-Mail. Ausgehend von der Annahme, dass beide Felder ausgefüllt sein müssen und dass im zweiten Feld eine komplette E-Mail-Adresse stehen muss, um als korrekte Eingabe akzeptiert zu werden, können Sie nun das erste Feld in der Liste auswählen und für dieses die Checkbox ERFORDERLICH ankreuzen. Selbiges gilt für das zweite Textfeld, die E-Mail-Adresse, nur dass Sie hier noch bei AKZEPTIEREN den Radiobutton E-MAIL-ADRESSE auswählen sollten (Abb. 54).

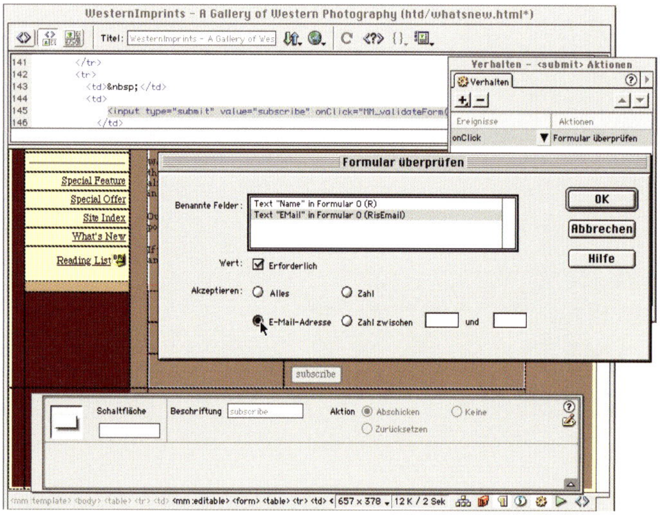

Abbildung 54 ▲
Überprüfung auf bestimmte Eingaben per JavaScript

Eine komplette E-Mail-Adresse besteht üblicherweise immer aus dem Usernamen bzw. dem Account auf dem Mailserver, dem Klammeraffen @, der Domäne, unter welcher der Mailserver zu finden ist, und der Top Level-Domain, also .de, .at oder .ch. Genau nach diesen Regeln durchsucht das soeben eingebaute JavaScript die Eingabe und gibt, wenn nötig, eine Fehlermeldung zurück, dass hier irgendetwas nicht stimmt.

3. Anpassung an mitteleuropäische Verhältnisse

Genau darin liegt aber schon der Grund für einen weiteren Schritt in diesem Tutorial: Die Ausgabe der Fehlermeldung ist leider in Englisch, zudem ist die Benennung der Felder mit »textfield2«, »textfield3« usw. gerade bei größeren Formularen mit vielen solchen Feldern für den Benutzer nicht nachvollziehbar (Abb. 55).

Die Anpassung gestaltet sich aber dann doch relativ einfach: Wechseln Sie in die Code-Ansicht, und scrollen Sie zum Head-Bereich des Dokumentes. Dort finden Sie zwischen den Tags `<script>` und `</script>` zwei JavaScript-Funktionen namens `MM_findObj` und `MM_validateForm`, die für die Überprüfung der Formulareingaben zuständig sind. Alternativ können Sie über den Button Liste aller Funktionen des Dokumentenfensters diese direkt auswählen (Abb. 57, ❶)

Anhand des Präfixes »MM_« merkt Dreamweaver, dass es sich hierbei um eigene Skripte handelt, sodass man diese bei Bedarf wieder über die Verhaltenspalette anpassen kann. Genau dieses ist hier aber unerwünscht, da Dreamweaver hierbei auch die noch zu erstellende Übersetzung überschreiben würde. Suchen Sie daher im Codefenster nach genau diesem MM_ und ersetzen Sie es durch nichts (Abb. 57).

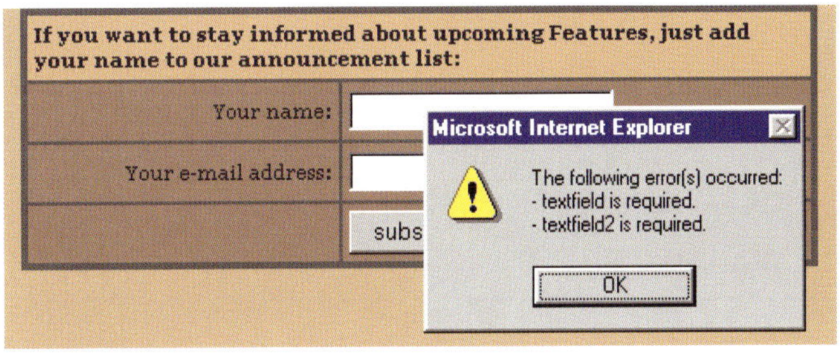

▲ Abbildung 55
Das Ergebnis im Browser – leider auf Englisch

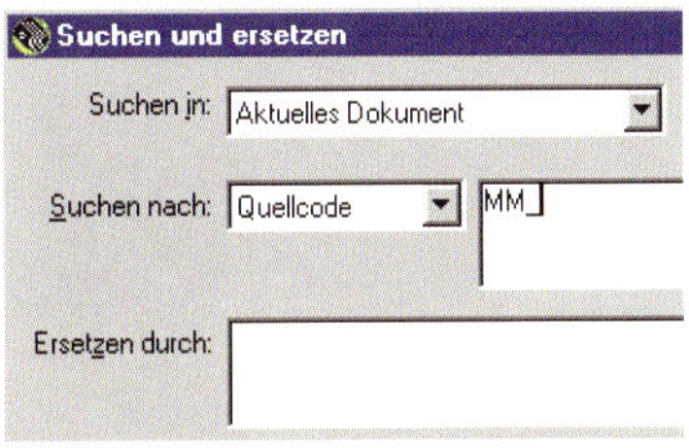

▲ Abbildung 56
Verstecken der Skripte vor Dreamweaver mit Suchen und Ersetzen

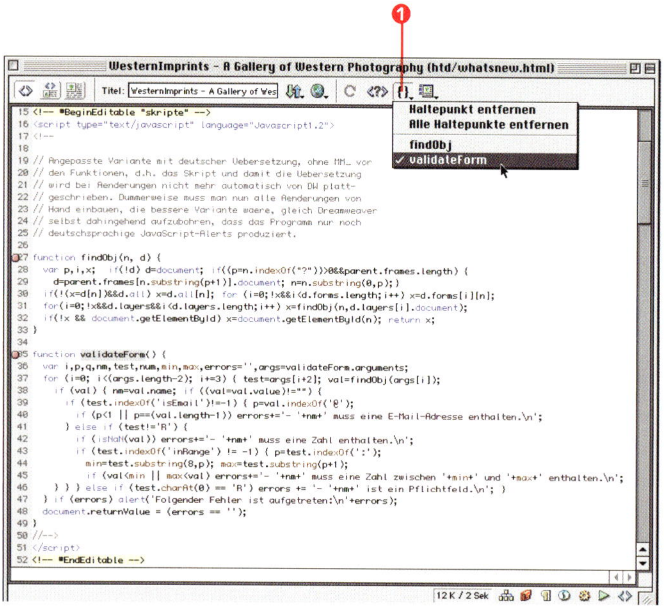

Abbildung 57 ▲
Das angepasste Skript mit der deutschen Übersetzung der Alerts

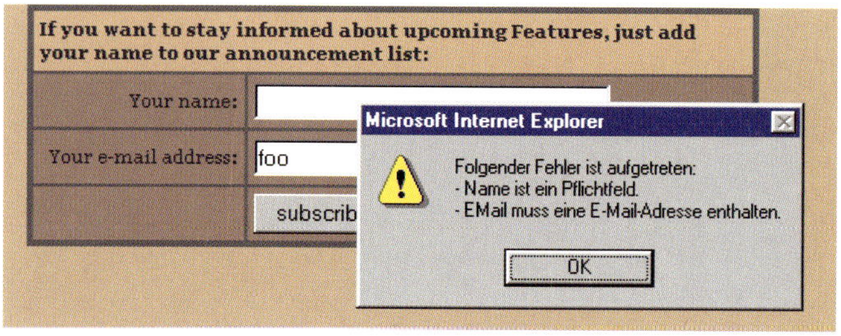

Abbildung 58 ▲
Die eingedeutschte Variante

Nun können Sie sich daran geben, die englischen Textstrings wie z.B.

```
if (p<1 || p==(val.length-1)) errors+='-
'+nm+' must contain an e-mail address.\n';
```

durch die deutschen Übersetzungen

```
if (p<1 || p==(val.length-1)) errors+='-
'+nm+' muss eine E-Mail-Adresse
enthalten.\n';
```

zu ersetzen. Bitte beachten sie, dass die Javascripte keine Sonderzeichen wie Umlaute o.Ä. enthalten dürfen, da diese nicht verlässlich in allen Browsern korrekt dargestellt werden. Auch die Verwendung von Entities (`Ü` statt Ü) oder Escape Characters wie Backslash (\) sind keine Gewähr für korrekte Darstellung.

Als Nächstes muss noch die Benennung der Textfelder geändert werden, da das Script diese aus den Attributen des Textfeldes ausliest. Die im Alert in Abb. 55 gezeigten »textfield« und »textfield2« stammen aus der automatischen Benennung dieser Felder durch Dreamweaver. Aktivieren Sie einfach die Textfelder nacheinander, und nennen Sie diese z.B. »Name« und »E-Mail« und schon tauchen diese als Angaben im Alert auf (Abb 58).

Wir verzichten in diesem Fall ausnahmsweise darauf, das komplette Listing des Skriptes hier abzudrucken, da diesen Code sowieso niemand fehlerfrei abtippen kann. Sie finden das angepasste Skript aber in der entsprechenden HTML-Datei auf der beiliegenden CD-ROM. Die fertige Alertbox sollte nun in etwa so aussehen wie in Abb. 58.

Das Formular ist nun schon fast komplett erstellt. Was noch fehlt ist die Vorbereitung des Servers, damit dieser auch die Eingaben annehmen und verarbeiten kann, also z. B. eine E-Mail mit den Daten an den Webmaster schicken, oder den Input in eine Datenbank schreiben.

Objektbenennungen in Netscape
Dieses Buch sollte eigentlich kein Werk über die gesammelten Bugs in Netscape werden, aber auch hier werden Webentwickler wieder von der versammelten Ignoranz aus Mountain View kalt erwischt. Obwohl nirgendwo steht, dass dies nicht so sein darf, ignoriert die JavaScript-Engine in Netscape alle Objekte einer Seite, deren Name mit einer Ziffer statt mit einem Buchstaben anfängt. Zur Strafe bewegt sich der Marktanteil dieses einstmals führenden Browsers so langsam aber sicher Richtung Süden aus dem messbaren Bereich hinaus.

Formmail – ein bequemes Skript für E-Mails aus Formularen

Die Betriebsvoraussetzungen für **FormMail.pl** sind ein auf dem Server installiertes Perl (was ein Quasi-Standard ist) sowie das Vorhandensein von **sendmail (dito)**, dem Mail-Programm der meisten Unix-Webserver. Deutsche Anleitungen zu Formmail lassen sich im Internet finden, z. B. unter http://www.rrz.uni-hamburg.de/RRZ/W.Wiedl/Skripte/CGI-Perl/FORM/FormMail.html.

Vorbereitungen

1. *FormMail.pl aktivieren*
Öffnen Sie »FormMail.pl« mit einem Texteditor, und ändern bzw. prüfen Sie die Zeilen Nr. 1 ❶ (Stimmt der Pfad auch auf Ihrem Server?), 29 ❷ (Ist sendmail auch auf Ihrem Server vorhanden und an dieser Stelle?) und 35 ❸ (Setzen Sie als Referers Ihre URL und DNS-Nummer ein). Anschließend überspielen Sie FormMail.pl im ASCII-Modus in das cgi-bin-Verzeichnis Ihres Servers und stellen es auf »executable«. Sollten Sie nicht diese Möglichkeiten haben, so kontaktieren Sie Ihre(n) Provider bzw. Systemadministrator(in) und bitten ihn (oder sie) um die Durchführung dieser Einstellungen.

*Die Header von **formmail.pl**, die **fetten** Zeilen, müssen gegebenenfalls angepasst werden. Danach können Sie nun E-Mails über Formulare versenden (wenn Sie die Formulare korrekt konfigurieren).*

```
#!/usr/bin/perl  ❶
##############################################################################
# FormMail                        Version 1.6                                #
# Copyright 1995-1997 Matt Wright mattw@worldwidemart.com                    #
# Created 06/09/95                Last Modified 05/02/97                     #
# Matt's Script Archive, Inc.:    http://www.worldwidemart.com/scripts/      #
##############################################################################
# COPYRIGHT NOTICE                                                           #
# Copyright 1995-1997 Matthew M. Wright  All Rights Reserved.                #
#                                                                            #
# FormMail may be used and modified free of charge by anyone so long as this #
# copyright notice and the comments above remain intact.  By using this      #
# code you agree to indemnify Matthew M. Wright from any liability that      #
# might arise from its use.                                                  #
#                                                                            #
# Selling the code for this program without prior written consent is        #
# expressly forbidden.  In other words, please ask first before you try and  #
# make money off of my program.                                              #
#                                                                            #
# Obtain permission before redistributing this software over the Internet or #
# in any other medium.  In all cases copyright and header must remain intact #
##############################################################################
# Define Variables                                                           #
#      Detailed Information Found In README File.                            #

# $mailprog defines the location of your sendmail program on your unix      #
# system.                                                                    #

$mailprog = '/usr/lib/sendmail';  ❷
# @referers allows forms to be located only on servers which are defined     #
# in this field.  This security fix from the last version which allowed      #
# anyone on any server to use your FormMail script on their web site.        #

@referers = ('westernimprints.de','212.227.91.23');  ❸
# Done                                                                       #
##############################################################################
```

Kurzvorstellung von FormMail

FormMail ist ein erstaunlich vielseitiges Perl-Skript für das Versenden von HTML-Formularen per E-Mail. Es ist als Open Source verfügbar und seine Homepage finden Sie unter http://www.worldwidemart.com/scripts/formmail.shtml. Es bedarf kaum einer Konfiguration – lediglich der auf Perl weisende Pfad (**#!/usr/bin/perl**) muss gegebenenfalls korrigiert und die Ausführbarkeitsrechte müssen nach Aufspielen auf den Server gesetzt werden. Alle weiteren Konfigurationen werden über unsichtbare Felder im Formular vorgenommen. Im Beispiel werden wir allerdings nur auf einige eingehen, die restlichen sind in der Anleitung des Skriptes (Pfad: **/FormMail/README.txt**).

2. Formular einrichten

Nun wollen wir das vorhin angelegte Formular mailtauglich machen.

Wählen Sie das Formular im Dokumentfenster aus -z.B. indem Sie in den rot umrandeten bereich klicken und dann in der Launcherleiste das <form>-Tag anklicken (Abb. 59).

Geben Sie als Aktion des Formulars den Pfad auf Formmail.pl ein. In unserem Beispiel haben wir den absoluten Pfad gewählt. Die Methode ist POST. Ein Formularname ist in diesem beispiel nicht unbedingt notwendig (Abb. 60).

3. Versteckte Felder einfügen

Jetzt geben wir zwei notwendige versteckte Felder ein, die Formmail.pl mit notwendigen Daten für die Arbeit versorgen. Dazu klicken wir unterhalb des <form>-Tags in den Code und wählen dann in der Objektpalette unter Formulare die Aktion »Verstecktes Feld einfügen« aus.

Wir fügen insgesamt zwei versteckte Felder ein; das Feld »subject« erhält als als Wert »Infoanforderung«. Im Arbeitsbetrieb werden Emails, die aus unserem Formular generiert wurden, mit eben jenem Betreff versehen. Das zweite Feld erhält den namen »recipient«. Der Wert sollte diejenige E-Mailadresse sein, an die die Infoanforderung gemailt werden soll; in unserem Beispiel also info@westernimprints.de

Das Formular ist nun »betriebsbereit«. Dank des absoluten Pfades auf das Skript könnten Sie es direkt von Ihrem Testbrowser aus testen.

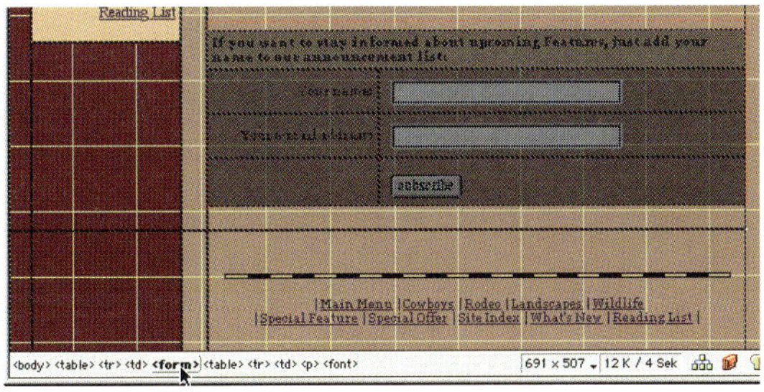

▲ Abbildung 59
Auswahl des Formulars

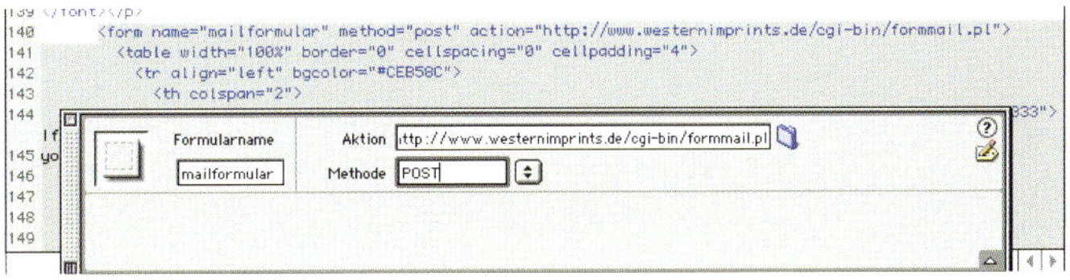

▲ Abbildung 60
Auswahl des Formulars und Eingabe der zu verwendenden Methode (also Formmail.pl)

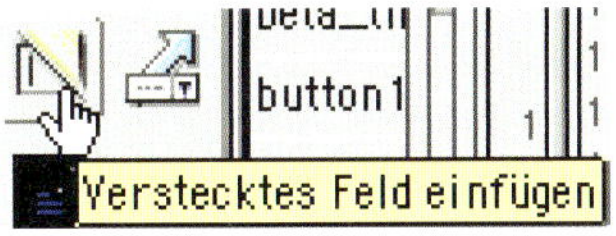

◀ Abbildung 61
Auswahl »Verstecktes« Feld

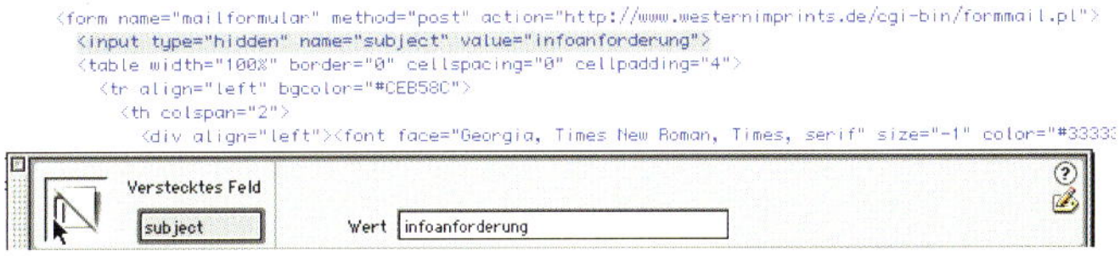

▲ Abbildung 62
Erstes verstecktes Feld: »Subject«

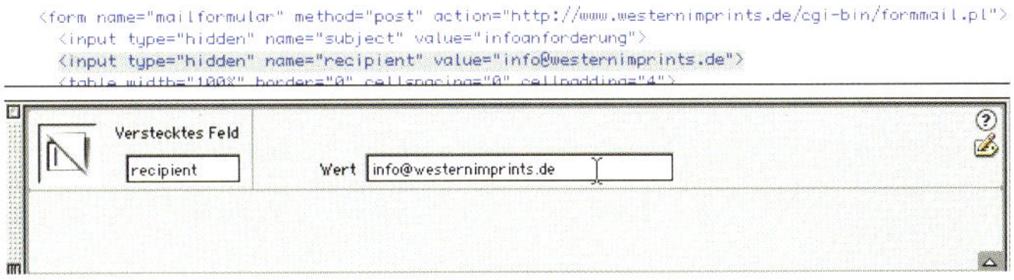

▲ Abbildung 63
Zweites verstecktes Feld: »Recipient«

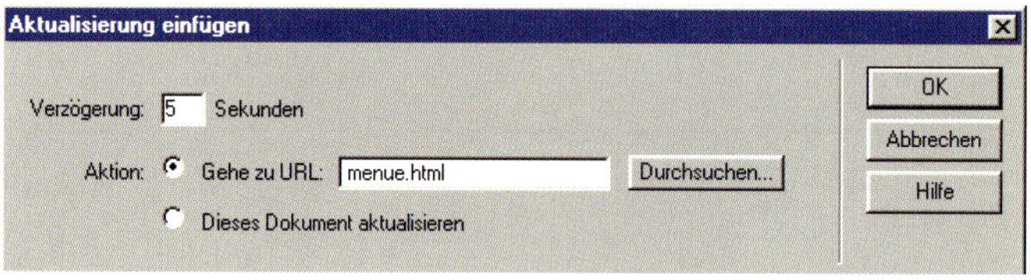

◀ **Abbildung 64**
Eingabe des Meta-Refresh

Automatische Weiterleitung per Meta-Refresh

Webdesigner benutzen oftmals so genannte Splash-Screens, um vor dem eigentlichen Angebot noch eine Vorschaltseite einzufügen, die den Besucher auf das Folgende einstimmen soll. Wir wollen uns jetzt hier nicht über den Nutzen solcher Seiten auslassen, aber nur für den Fall, dass Sie so etwas vorhaben, ist dies mit Dreamweaver natürlich auch einfach zu bewerkstelligen.

Damit niemand auf einer solchen Vorschaltseite hängen bleibt, bietet HTML die Möglichkeit, Seiten automatisch auszutauschen, indem einfach eine Zeit festgelegt wird, nach deren Ablauf ein so genannter Meta-Refresh stattfinden soll. Dadurch wird eine andere Seite automatisch aufgerufen. Dieser Refresh wird wie alle anderen Meta-Tags in den <head> eines Dokuments geschrieben. Er besteht aus der Definition, dass es sich um einen Refresh handelt, sowie der Zeit in Sekunden und dem URL, der statt der ursprünglichen Seite angezeigt werden soll.

```
<meta http-equiv="refresh"
content="10;URL=menue.html">
```

Mit Dreamweaver brauchen Sie diesen Meta-Refresh natürlich nicht von Hand in den Quellcode einzufügen, hierfür gibt es den Befehl Einfügen • Head Tags • Aktualisieren. In der folgenden Dialogbox (Abb. 64) brauchen Sie lediglich die Zeit und die neue Adresse (also den relativen Pfad zum ursprünglichen Dokument) einzugeben. Alternativ kann auch das Dokument selber aktualisiert werden – eine interessante Option, wenn dieses dyna-

Meta-Refresh

Falls Sie den Code von Hand editieren, beachten Sie bitte, dass zwischen der Zeitangabe und der URL kein Leerschritt oder Umbruch stehen darf, sonst funktioniert der Meta-Refresh nicht.

Wenn Sie die Zeit nachträglich ändern wollen, erreichen Sie den dazu nötigen Dialog, indem Sie in Ihrem Dokumentenfenster die Head-Inhalte anzeigen lassen (Strg bzw. ⌘ + ⇧ + W). Klicken Sie dann in der Leiste über dem Dokument auf das Symbol mit dem geschwungenen Pfeil, und tragen Sie die neue Zeit in der Eigenschaftenpalette ein. Eine Auflistung aller Symbole für Head-Inhalte finden Sie im Abschnitt »Meta-Inhalte, Stylesheets und Bibliotheken« des Kapitels »Effektive Arbeitstechniken«.

Sie können diese Meta-Inhalte wieder entfernen, indem Sie diese in der Kopfzeile aktivieren und per Rückschritt-Taste löschen.

mische Inhalte enthält, z.B. von einer Webcam, die alle zehn Sekunden ein neues Bild des Füllstandes Ihrer Kaffeemaschine ins Web schickt (die berühmteste – weil erste – Kaffeemaschine dieser Art dürfte die Trojan Room Coffee Machine der Universität Cambridge sein, die den unermüdlichen Forschern seit 1994 treue Dienste erweist; www.cl.cam.ac.uk/coffee/coffee.html).

Neuerdings benutzen auch Anbieter von Suchmaschinen diese Selbstladefunktion, um nach mehreren Minuten die gerade angezeigte Seite erneut zu laden, diesmal aber mit einem anderen Werbebanner. Der Hintergrund ist klar – mehr verkaufte Werbeplätze, aber ob diese auch wahrgenommen werden, sei dahingestellt.

Scribbles und Reinlayout

Schnelle Erstellung von Prototypen – »Rapid Prototyping«

Professionelle WYSIWYG-Editoren wie Dreamweaver eignen sich ganz hervorragend dazu, schnell und damit kostengünstig Prototypen einer Website z.B. für Präsentationszwecke herzustellen. Gerade in Zeiten von zunehmendem Kostendruck und immer knapperen Deadlines kann hier der geschickte Einsatz der vielen Produktivitätshilfen von Dreamweaver ein entscheidender Wettbewerbsvorteil sein. Oft ist in der ersten Phase einer Produktion keine Zeit, um erst eine aufwendige Datenmodellierung vorzunehmen oder ein strukturiertes Arbeiten durch Anlegen von Bibliotheken und Vorlagen vorzubereiten. Statt dessen gilt es, möglichst schnell Ergebnisse vorzuweisen, um diese mit dem Kunden abzusprechen.

Da bei der Erstellung einer Website noch keine Vorhersagen gemacht werden können, wie diese letztendlich auf allen möglichen Plattformen aussieht und funktioniert, ist es gerade in der ersten Designphase auch enorm

Bug beim Meta-Refresh

Auch hier gibt es mal wieder einen Unterschied in der Interpretation dieses Tags durch die beiden Browser Netscape Navigator und Internet Explorer. Der Netscape Navigator fängt erst dann an, die Sekunden zu zählen, wenn die Seite, die den Meta-Refresh enthält, komplett geladen ist. Beim Internet Explorer beginnt die Zeit zu laufen, sobald die betreffende Seite anfängt zu laden. Gerade bei komplexen Seiten mit vielen grafischen Inhalten kann es daher dazu führen, dass ein Meta-Refresh im Explorer bereits ausgeführt wird, während Netscape noch auf das Laden der Seite warten würde. Testen Sie also die Zeiten mit beiden Browsern.

Hier hilft auch ein kurzer Blick in die untere rechte Ecke des Dokumentenfensters, in der Dreamweaver anzeigt, wie lange das Dokument zum Laden braucht. Leider lassen sich die Werte für die Geschwindigkeitsangabe nicht direkt z.B. zwischen 28.8er-Modem und ISDN umschalten. Hierfür müssen Sie den Umweg über Voreinstellungen • Statusleiste • Verbindungsgeschwindigkeit gehen.

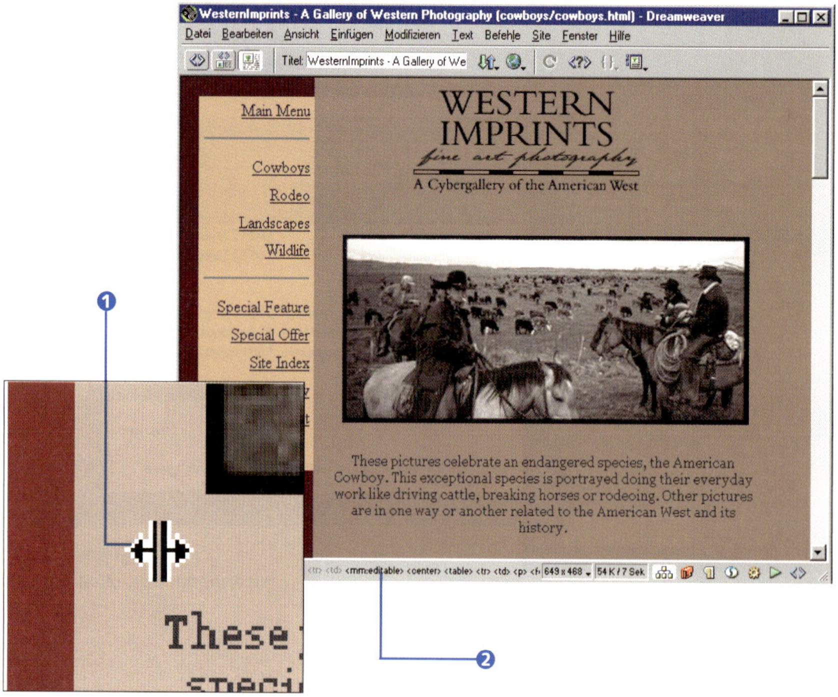

◄ Abbildung 68
Dokumentenfenster ohne die Darstellung unsichtbarer Elemente

Bei der zweiten Variante – ohne unsichtbare Elemente – erhält man eine Ansicht, die einer Browservorschau schon sehr nahe kommt (Abb. 68). Sie eignet sich also besser, eine Darstellung des Endprodukts zu bekommen, ohne dafür extra einen Browser starten zu müssen. Diese Variante ist einer Browservorschau in manchen Dingen sogar überlegen, da immer noch alle Editierfunktionen vorhanden sind. Lediglich die Veränderung von Tabellen- und Zellengrößen gestaltet sich etwas umständlich, da diese nicht mehr angezeigt werden. Als einziger visueller Hinweis bleibt der Cursor, der sich über einem Tabellenrand ändert ❶. Aber auch in dieser Ansicht gibt es zur Direktauswahl der betreffenden Codepassagen noch die Anzeige der aktuellen Position im Code in der Statuszeile des Dokumentenfensters ❷ – in dieser Abbildung grau dargestellt, da es sich um Code aus einer Vorlage handelt, der nicht direkt editierbar ist, sondern nur über den Umweg des Originals.

Wiederholungen sparen mit dem Verlaufswerkzeug

Zu den interessanteren Funktionen von Dreamweaver gehört das Verlaufswerkzeug (Fenster • Verlauf oder ⇧ + F10; Achtung: die Tastaturbelegung wurde gegenüber Dreamweaver 3 (Strg bzw. ⌘ + 9) geändert. Hinter dieser etwas unglücklichen Übersetzung verbirgt sich keine Malfunktion für Farbverläufe, sondern ein mächtiges Werkzeug, das alle Bearbeitungsschritte aufzeichnet und dem Benutzer die Möglichkeit bietet, diese schrittweise rückgängig zu machen. Die maxi-

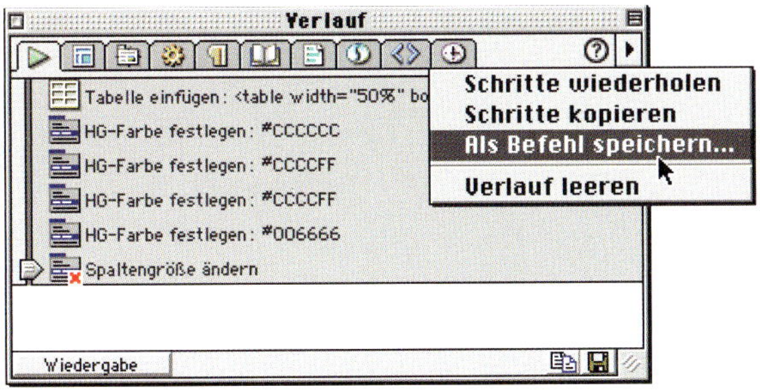

▲ **Abbildung 69**
Aufzeichnen eines Befehls

male Anzahl der gespeicherten Arbeitsschritte ist 99.999, aber aus Performance-Gründen sollten Sie in den Voreinstellungen (Bearbeiten • Einstellungen • Allgemein oder ⌘ bzw. Strg + U) eine Zahl aus dem unteren dreistelligen Bereich wählen. Alle diese Schritte müssen ja irgendwo gespeichert werden, was sich gerade bei langsameren Rechnern oder geringem Arbeitsspeicher mit vielen gleichzeitig geöffneten Fenstern bemerkbar macht.

Zusätzlich lassen sich alle Aktionen auch aufzeichnen und als Makros (Befehle) abspeichern, die dann auf andere Elemente angewandt werden können. Eine Möglichkeit dazu ist es, bereits getätigte Aktionen im Verlaufsfenster auszuwählen und dann über das Popup als Befehl zu speichern (Abb. 69). Dieselbe Funktion erreichen Sie auch, indem Sie auf das Diskettensymbol in der unteren rechten Ecke des Verlaufsfensters klicken.

Eine weitere Variante der Automatisierung ist der Menüpunkt Befehle • Aufzeichnung starten. Hierbei werden alle Aktionen aufgezeichnet, die Sie in Folge ausüben und sich ebenfalls als Befehl abspeichern lassen. Beide Arten von Befehlen werden nach dem Speichern in einem eigenen Fenster verwaltet, das Sie über Befehle • Befehlsliste bearbeiten öffnen können. Die Befehle selber finden sich im selben Menü ganz unten in alphabetischer Reihenfolge. Dreamweaver speichert diese Befehle als HTML-Dateien im Ordner Dreamweaver/Configuration/Commands/ ab, so dass Sie diese Befehle auch mit anderen Benutzern austauschen können. Der Menüpunkt Befehle • Mehr Befehle... öffnet die Dreamweaver Exchange, über die Sie auch via Web mit anderen Benutzern Befehle austauschen können. Hier lohnt sich sicher ein häufiges Vorbeischauen, vielleicht hat ja jemand schon eine Lösung für Ihre Aufgaben parat und stellt diese zur Verfügung.

Reinlayout

Dreamweaver bietet eine Fülle von Optimierungsoptionen, die es zunächst erlauben, »quick and dirty« einen Prototypen des gewünschten Endproduktes zu bauen. Diese Ergebnisse sind aber trotzdem kein Wegwerfprodukt, sondern können durch die Aufräumfunktionen von Dreamweaver durchaus in die endgültige Site und deren Komponenten wie Bibliotheken und Vorlagen oder Befehlsmakros einfließen. Daher brauchen Sie sich am Anfang einer Siteproduktion auch erst mal nicht um sauberen Code und ähnliche Marginalien zu kümmern, sondern können sich darauf konzentrieren, möglichst schnell zu einem vorzeigbaren Ergebnis zu kommen.

In unserem ersten Szenario basieren alle Seiten der Site auf einigen wenigen Grundgerüsten, die allesamt auf dem Prinzip verschachtelter Tabellen beruhen. In den einleitenden Abschnitten in diesem Kapitel zu Tabellen im Layout-Modus und auf herkömmliche Art haben Sie gesehen, wie diese Seiten mitsamt der Tabellen angelegt werden. Hier geht es nun darum, basierend auf diesen Seiten eine komplette Sitestruktur aufzubauen. Der nächstliegende Ansatz wäre, die Dateien mehrfach zu duplizieren, entsprechend zu benennen und mit Inhalten zu füllen. Bei dieser Vorgehensweise müssten Sie aber bei Änderungen am grundlegenden Gerüst (und Kunden wollen immer alles geändert haben) jede einzelne Seite editieren, eine Arbeit, die bei komplexen Sites schnell zu zeitraubend und mühsam wird und außerdem die Wahrscheinlichkeit von Fehlern stark erhöht.

Stressabbau durch Vorlagen
Das Gute am Web ist, dass sich sofort alles ändern lässt. Das Schlechte am Web ist, dass sich sofort alles ändern lässt.

Der bessere Ansatz wäre, das Gerüst, auf dem die Seiten basieren, einmal als Vorlage zu speichern und diese Vorlage dann auf alle folgenden Seiten anzuwenden. Vorlagen bestehen im Gegensatz zu Bibliotheksobjekten **immer aus kompletten HTML-Dateien.** Zusätzlich zu dem ansonsten vollkommen normalen HTML-Code enthält eine Vorlage immer auch **mindestens einen Platzhalter** für einen editierbaren Bereich, in welchen in den auf der Vorlage basierenden Seiten die variablen Inhalte (Texte, Bilder, ...) eingepflegt werden können.

Um eine solche Vorlage zu erstellen, wählen Sie aus dem Menü DATEI die Option ALS VORLAGE SPEICHERN (Abb. 70). Dreamweaver speichert die aktive Datei daraufhin in Ihren Siteordner in ein Verzeichnis /TEMPLATES/ als Dateien mit dem Suffix .dwt, die Sie mit Dreamweaver oder jedem beliebigen Texteditor wieder öffnen können. Sollten Sie versuchen, eine Vorlage ohne editierbaren Bereich abzuspeichern, quittiert Dreamweaver das mit einer Fehlermeldung und der Aufforderung, doch bitte einen solchen einzufügen.

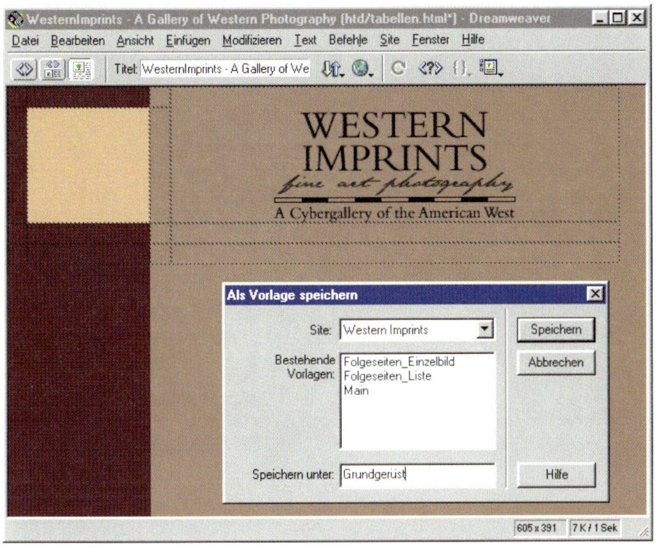

◀ Abbildung 70
Speichern einer Vorlage

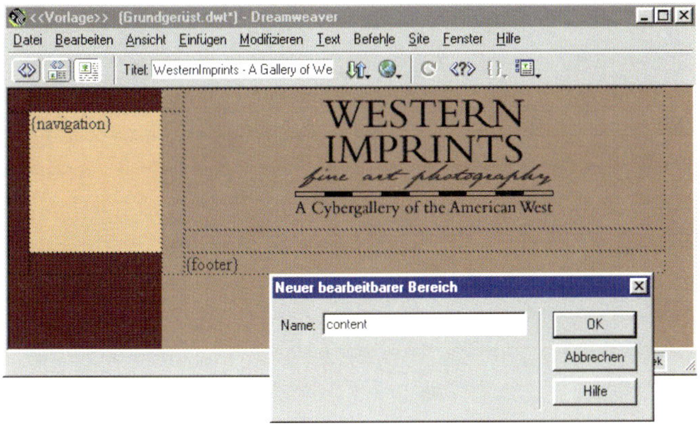

◀ Abbildung 71
Editierbare Bereiche festlegen

Diese Vorlagen selbst bleiben dabei stets editierbar, sodass Sie nach wie vor Änderungen vornehmen können und diese dann auf alle auf der Vorlage basierenden Seiten übertragen können. Immer wiederkehrende Elemente wie das Logo unserer Beispielsite lassen sich in diesen Vorlagen ebenso platzieren wie die Platzhalter für editierbare Bereiche. Diese Bereiche muss man in der Vorlage definieren, um an diesen Stellen in den darauf basierenden Seiten Inhalte einfügen zu können, die sich nicht auf allen anderen Seiten wiederholen sollen (Abb. 71). Der Menübefehl hierzu findet sich unter MODIFIZIEREN • VORLAGEN • NEUER BEARBEITBARER BEREICH oder ⌘ bzw. Strg + Alt + V. In den eigentlichen Seiten tauchen

Abbildung 72 ▶
Vorlage mit eingebettetem Bibliotheksobjekt

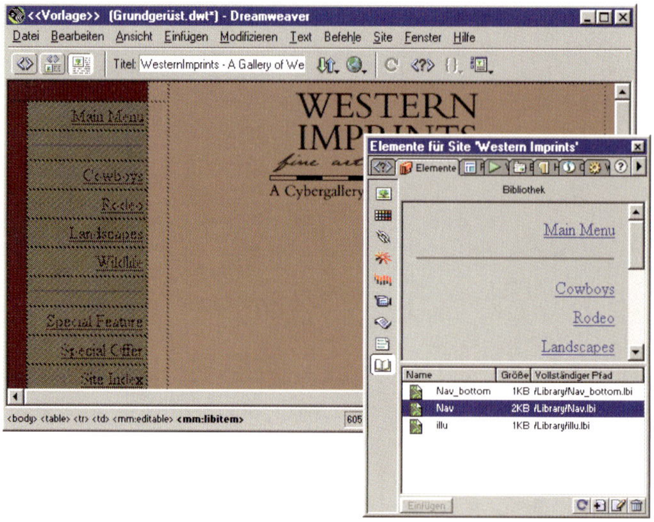

diese editierbaren Bereiche dann als farblich hervorgehobener Text in geschweiften Klammern auf, den Sie löschen und durch Inhalte ersetzen können.

Vorlagen können auch Bibliotheksobjekte enthalten, diese werden dann mit auf die Folgeseiten übernommen (Abb. 72). Dadurch können Sie Inhalte und Gestaltung strikt voneinander trennen (grundsätzlich eine gute Idee) und trotzdem immer wiederkehrende Elemente einer Site – wie in unserem Beispiel die Navigation oder die Fußzeile – zentral in einem Dokument verwalten. Die Arbeit mit diesen Vorlagen unterscheidet sich nicht von der Arbeit mit herkömmlichen Dreamweaver-Dokumenten, da diese letztendlich auch nichts anderes sind als normale HTML-Dokumente. In Vorlagen eingebettete Bibliotheksobjekte unterscheiden sich jedoch von herkömmlichen Bibliotheksobjekten dadurch, dass sich diese nicht mehr aus dem Dokument heraus öffnen und editieren lassen. Hier müssen Sie die Bibliotheksobjekte direkt öffnen statt – wie sonst üblich – über den ÖFFNEN-Button der Eigenschaftenpalette. So können Sie zum Beispiel in Arbeitsgruppen verhindern, dass Vorlagen und Bibliotheksobjekte von nicht berechtigten Personen verändert oder gelöscht werden.

Um die verschiedenen Seiten der Website zu erstellen, brauchen Sie nun nur noch aus dem Menü DATEI • NEU VON VORLAGE zu wählen. In dem folgenden Dialog können Sie die verschiedenen Vorlagen auswählen, die Sie eventuell bereits angelegt haben. Dreamweaver öffnet diese dann in einem neuen Fenster UNTITLED, und Sie können nun beginnen, diese Seite mit Inhalten zu füllen. Falls – wie in unserem Beispiel – in der Vorlage bereits Werte für Hintergrund- und Textfarben oder Ränder gesetzt wurden, so sind diese bei den Folgeseiten **nicht mehr änderbar**. In diesem Fall ist im Dialog ÄNDERN • SEITENEIGENSCHAFTEN (⌘ bzw. Strg + J) lediglich der Dokumententitel noch editierbar. Im Dokument selber finden Sie auch die geschweiften

Klammern wieder, die zusammen mit dem Namen die editierbaren Bereiche kennzeichnen. Diese sollten Sie beim Einfügen der eigentlichen Inhalte entfernen, da sie ansonsten im Browser angezeigt werden, **nicht** aber die Kommentare

```
<!-- #BeginEditable "Name des bearbeitbaren
Bereiches" -->
<!-- #EndEditable -->,
```

da Dreamweaver anhand dieses Namens die Bibliotheksobjekte zuordnet. Ein Löschen dieser Kommentare würde dem Befehl Vom Original trennen in der Eigenschaftenpalette entsprechen.

Übernahme von Fremdformaten wie ASCII, Word, Excel und XML

Nur-Text-Dateien

Die Übernahme von Texten aus Nur-Text-Dateien ist natürlich die einfachste, da HTML-Dateien im Grunde nichts anderes sind als reine Textdateien und so keiner aufwendigen Konvertierung bedürfen. Die schnellste Art, Text aus Nur-Text-Dateien in bestehende Dreamweaver-Dokumente einzufügen, ist per Kopieren und Einfügen.

In der Version 4 wurde der spezielle Einfügebefehl aus Dreamweaver 3 durch eine viel sinnvollere Variante ersetzt. Wenn man in der 3er-Version Text aus einer Textverarbeitung per Copy-and-Paste (⌘ bzw. Strg + C, ⌘ bzw. Strg + V) einsetzte, landeten die enthaltenen Sonderzeichen ohne Codierung als ebensolche im Quelltext. Es gab zwar auch den Befehl, der Zeilenschaltungen übernahm und Umlaute korrekt als Entities einsetzte (Als Text einfügen oder ⌘ bzw. Strg + ⇧ + V), wir haben in unserer täglichen Praxis jedoch genug Praktikanten erlebt, die sich standhaft weigerten, diesen Befehl einzusetzen.

Die neue Variante in Dreamweaver 4 ist nun um einiges intuitiver:

- Per Copy-and-Paste (⌘ bzw. Strg + C, ⌘ bzw. Strg + V) eingesetzter Text wird automatisch in den Quellcode übersetzt.
- Als HTML einfügen (⌘ bzw. Strg + Alt + V) eingesetzter Text landet mit unkodierten Umlauten im Quelltext.3

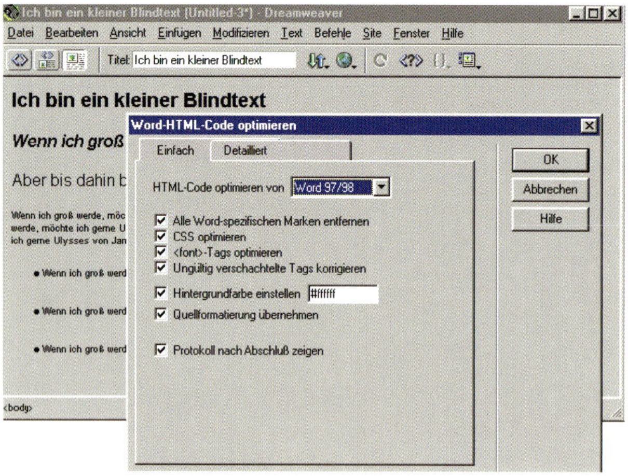

▲ Abbildung 73
Word-HTML-Code optimieren

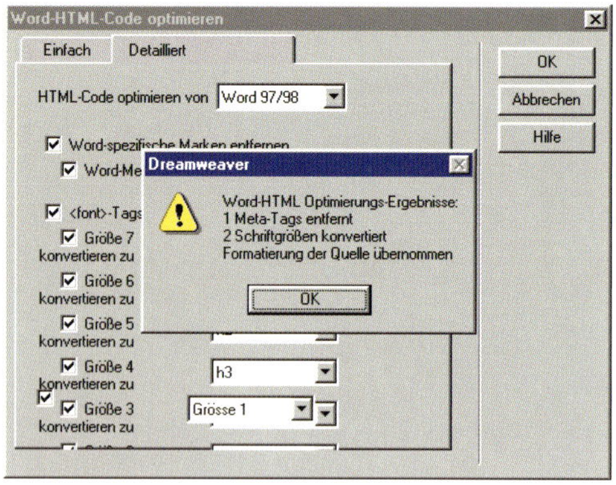

▲ Abbildung 74
Das Ergebnis der Säuberungsaktion

MS Word

Leider liefert aber nicht jeder Kunde die Texte als reine ASCII-Textdateien, daher ist die Übernahme von Daten aus anderen Anwendungen wie MS Word oder MS Excel in Dreamweaver sehr einfach. Von Microsoft-Produkten produzierter HTML-Code zeichnet sich zwar nicht unbedingt durch Korrektheit aus, aber Dreamweaver bietet jetzt über das Menü Datei • Importieren • Word-HTML importieren eine Funktion, die beim Datenimport bereits typische Fehler der verschiedenen Versionen wie Word 97, 98 oder 2000 erkennt und korrigiert (Abb. 73).

Word 97/98

Falls Sie komplette Word-HTML-Dokumente in Dreamweaver direkt öffnen, steht diese Korrekturfunktion auch unter Befehle • Word-HTML optimieren zur Verfügung. Dreamweaver erkennt hierbei die Version der Ursprungsdokumente (Abb. 74) und bietet über den Reiter Detailliert noch weitere Optionen für die jeweils typischen Fehler an.

Diese Option ist besonders interessant, wenn Sie in Ihren Zieldokumenten CSS einsetzen. Hier können Sie die Word 97/98-typischen Formatierungen per `<font size="n">` in strukturell korrektere Überschriften (`<h1>` – `<h6>`) und Absätze (`<p>` – `</p>`) umwandeln lassen. Denen werden dann mit den entsprechend gesetzten Styles automatisch Formate zugewiesen. Zudem verewigt sich Word mit einem Meta-Tag im Head der HTML-Dokumente gerne als deren Urheber. Auch diesen entfernt Dreamweaver auf Wunsch automatisch (Abb. 74), da er keinen funktionalen Nutzen hat außer der Eigenwerbung des Herstellers.

Hier ist Macromedia wieder ein netter Fehler unterlaufen, der die komplette Nutzung dieses Dialogs unmöglich macht. Aber lassen wir den Screenshot doch für sich selbst sprechen (Abb. 74). Der Fehler tritt übrigens sowohl in der Windows-Version als auch bei der Mac-Variante auf.

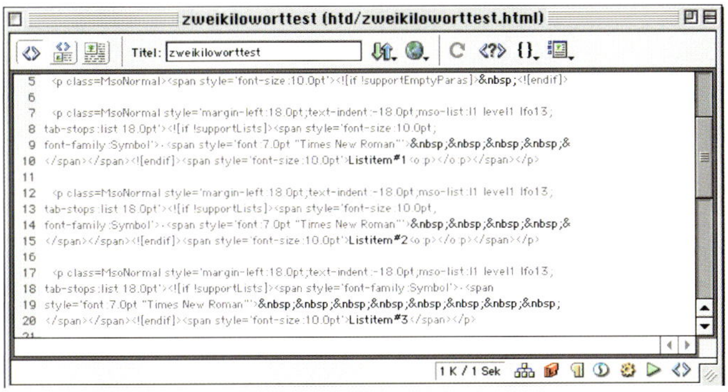

◀ Abbildung 75
XML-Output von Word 2000 – dieses Programm braucht 4 Zeilen Code, um einen geschützten Leerschritt zu beschreiben!

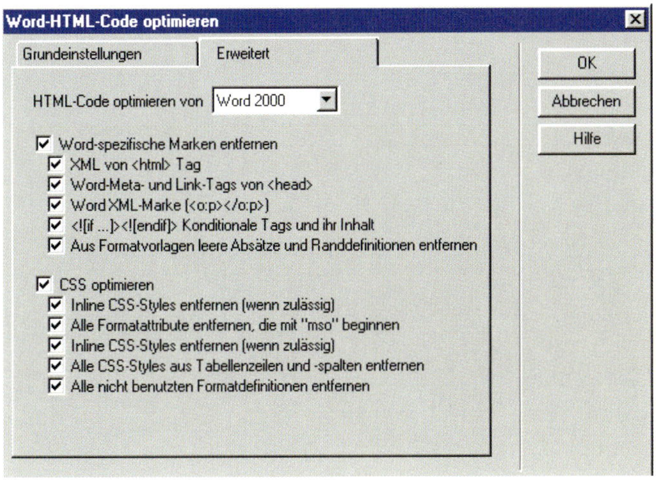

◀ Abbildung 76
Optionen zum Bereinigen des Outputs von Word 2000

Word 2000
Seit Version 2000 (für Windows) unterstützt Word nun auch XML als natives Dateiformat, wobei sich Microsoft nicht unbedingt an die Konventionen dieser Sprache gehalten hat (Abb. 75). Dreamweaver bietet beim Import an, dieses fehlerhafte Format (Abb. 76 und 77) ebenfalls zu korrigieren.

Wenn Ihre Kunden darauf bestehen, Textinhalte im Word-Format zu liefern, sollten Sie die Bereinigungsfunktionen von Dreamweaver unbedingt anwenden, da der Code hierdurch um ein Vielfaches schlanker wird. In unseren Tests konnten wir eine 32 Kilobyte große Datei, die in Word 2000 als HTML gespeichert wurde, auf unter 4 Kilobyte »eindampfen«. Leider ist der Code aus Word so weit aufgebläht und jenseits jeglicher Standards, dass auch die Optimierungsbefehle von Dreamweaver nicht immer alle Fehler finden; der resultierende Code könnte noch um einiges schlanker sein. Daher ist hier oftmals noch Handarbeit im Editor oder mit der Suchen- und Ersetzen-Funktion von Dreamweaver angesagt.

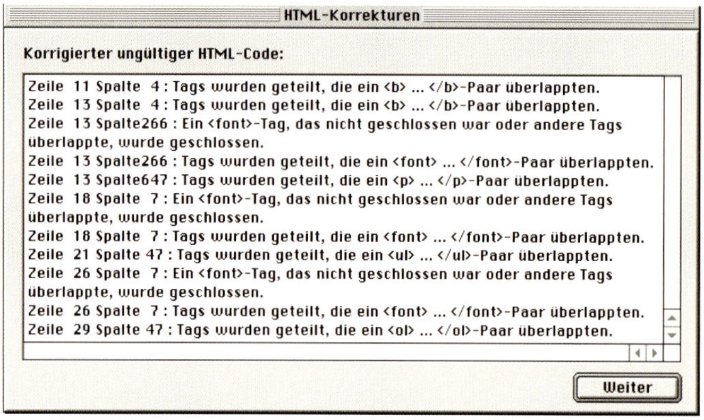

◄ Abbildung 77
Korrektur fehlerhaften Codes aus Word

Glücklicherweise sind diese Fehler aber bei allen so konvertierten Dateien gleich, so dass Sie diese Aufgabe im Batch über ganze Verzeichnisse hinweg erledigen können. Ein häufiger Fehler sind Unmengen an lokalen Ankern, die Word gerne in das Dokument einstreut, ohne dass diese von irgendwo aufgerufen würden. Daneben gibt es auch leere Tags ohne Inhalte und somit ohne Funktion, die also nur Ladezeit kosten. Einen großen Teil dieses Ballastes können Sie mit Dreamweaver entfernen, indem Sie nach dem Import den Befehl HTML OPTIMIEREN aus dem Menü BEFEHLE ausführen.

Konvertierung

Falls im Ursprungsdokument Einrückungen per Tabulatoren gesetzt wurden, konvertiert Word diese beim HTML-Export gerne zu endlos verschachtelten `<dir>`-Tags. Obwohl dies schlechter Stil ist, handelt es sich hierbei doch um halbwegs gültiges HTML. Daher ist Dreamweaver auch nicht in der Lage zu entscheiden, ob diese Einrückungen besser auf eine andere, kompaktere Art geschehen sollten, und lässt den Code in Ruhe. Hier hilft nur noch die manuelle Nachbearbeitung mit den Suchen- und Ersetzen-Funktionen von Dreamweaver-Texteditoren wie BBEdit oder HomeSite.

Tabellen aus Datenbanken oder MS Excel übernehmen

Immer häufiger werden von Firmen ganze Produktkataloge ins Web gestellt, die sie in irgendwelchen Datenbanken oder Spreadsheet-Programmen wie Excel oder Ähnlichem verwalten. Diese Programme bieten üblicherweise die Option, die Daten nicht nur in Ihrem eigenen Format zu speichern, sondern auch als Export nach bestimmten Regeln in Textdateien zu schreiben. Hierbei kann man festlegen, wie die einzelnen Tabellenzellen oder Datenbankfelder voneinander getrennt sind. So bieten die entsprechenden Programme als so genannte Delimiter (also die Steuerzeichen, die den Beginn und das Ende einer Zelle oder eines Felds ankündigen) verschiedene Satzzeichen wie Semikolon, Tabulatoren oder Kommata an, die Dreamweaver auch als solche erkennt.

Um solche CSV-Dateien (Comma Separated Values) in HTML-Dokumente einzufügen, gibt es in Dreamweaver 3 den Menübefehl Datei • Importieren • Tabellendaten importieren. Der folgende Dialog gibt Ihnen die Möglichkeit, den verwendeten Delimiter anzugeben (Abb. 78) und einige grundlegende Einstellungen zu der gewünschten Tabelle wie Breite, Ränder und Abstände zu machen.

Entsprechend diesen Angaben erhalten Sie eine nackte Tabelle mit den Inhalten (Abb. 79), die Sie nun mit dem gewünschten Aussehen dekorieren können (Abb. 80).

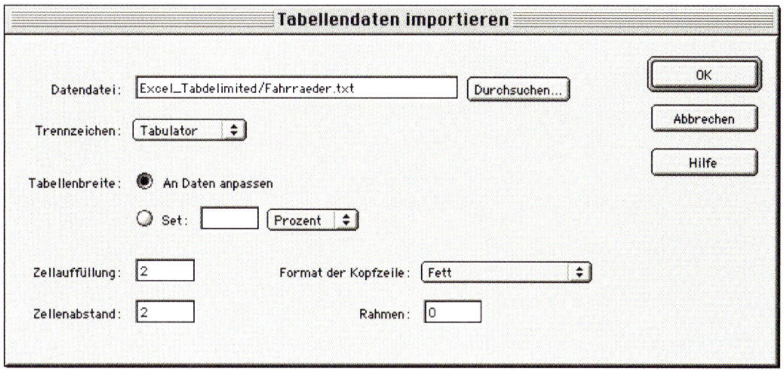

▲ Abbildung 78
Tabellendaten importieren

FULL SUSPENSION BIKE TFX 90 FS	
Rahmen	Suspension Aluminium 7005, auswechselbares Ausfallende
Rahmenhöhen	46/51 cm
Gabel	Suspension Fork RST 381 E, schwarz
Felgen	X-Plorer, schwarz
Bremsen	VR: Pro Max Disc Brakes HR: V.-Brake Pro Max
Schaltung	Shimano Deore XT 27 Gang
Bereifung	Continental Navigator/ Traction, schwarz

▲ Abbildung 79
Tabelle nach Datenimport

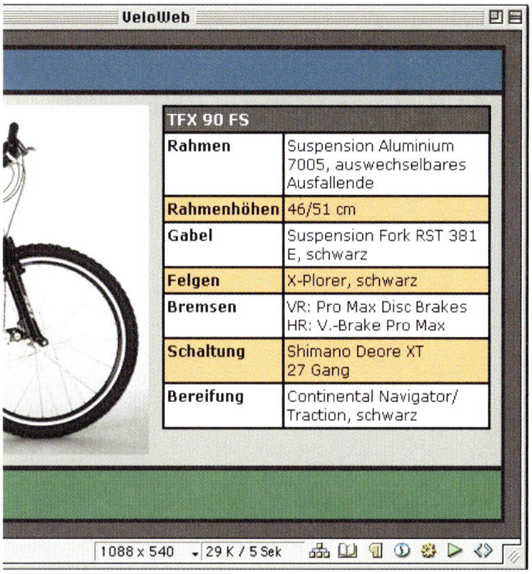

▲ Abbildung 80
Tabelle mit zugewiesenen Formatierungen

▲ Abbildung 81
Der Befehl »Webfotoalbum erstellen......« im Menü »Befehle«. Warum der Befehl mit so vielen Punkten ausklingen muß, wird das ewige Geheimnis der Übersetzer bleiben.

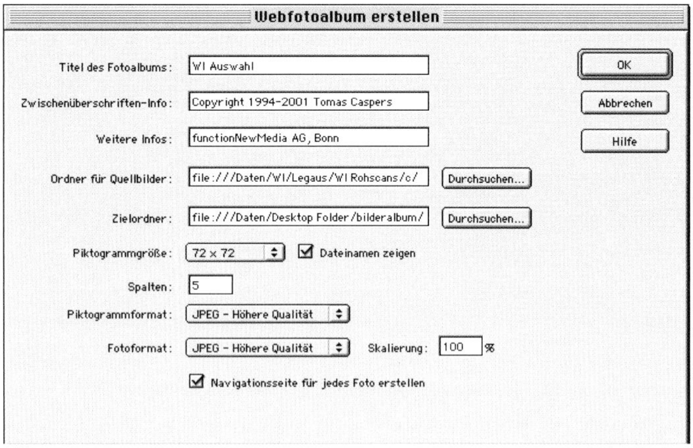

Abbildung 82 ▶
Erstellen eines Web-Fotoalbums

Massenweise Bilder konvertieren und übernehmen

Ein nettes Feature ist die automatische Erstellung von Bildkatalogen in Dreamweaver, vorausgesetzt, Sie besitzen das Dreamweaver-Fireworks Studio. Eine Anwendung für unsere Beispielsite wäre, dass der Kunde alle Bildmaterialien in unterschiedlichsten Formaten und in Druckauflösung auf CD-ROM liefert. Die undankbare Aufgabe des Webentwicklers wäre es nun, alle diese Formate in dem jeweils dazugehörigen Programm zu öffnen und in ein webtaugliches Format zu bringen. Durch den Befehl WEB-FOTOALBUM ERSTELLEN lässt sich diese Arbeit weitgehend automatisieren (Abb. 81). Hier wird zunächst ein Dialog geöffnet, in dem Sie einige wichtige Angaben zu dem gewünschten Fotoalbum machen müssen, wie dem Pfad zu den Originalen, dem Pfad, auf dem das Endprodukt liegen soll, und den gewünschten Maßen der Bilder (Abb. 82). Leider lässt sich hier nur auswählen, ob Sie generell nur das JPEG- oder das GIF-Format als Endprodukt haben möchten.

Wenn Sie sowohl Strich- als auch Halbtonvorlagen haben, müssen Sie diese in zwei getrennten Batches umwandeln. Als Ausgangsdateien kommen alle Formate in Frage, die Fireworks von Hause aus öffnen kann, also PNG, Freehand 7 und 8, GIF, JPEG, Photoshop, TIFF, Targa, BMP und Illustrator.

Die Fotos für die DHTML-Diaschau im Kapitel »Erstellung einer dynamischen Site mit Dreamweaver und HTML 4« sind auf diese Weise entstanden. Auf der CD finden Sie eine Reihe hoch aufgelöster Dateien im Photoshop-Format, die Sie zu Testzwecken einsetzen können.

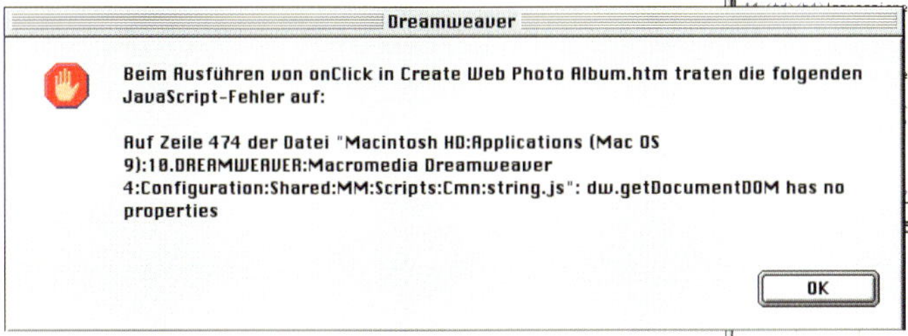

▲ Abbildung 83
Fehler beim Erstellen eines Webfotoalbums

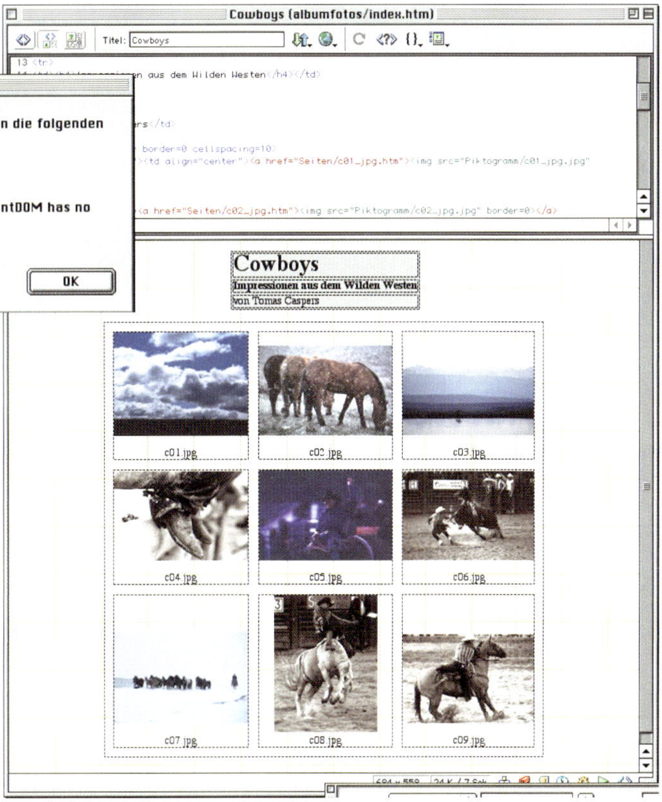

Abbildung 84 ▶
Das fertige Webfotoalbum in Dreamweaver

Aus unerfindlichen Gründen funktioniert die Albumerstellung nur dann, wenn Dreamweaver im Hintergrund ein Dokument geöffnet hat. Dieses Dokument bleibt zwar völlig unverändert, verhindert aber, dass Sie mit einer kryptischen Fehlermeldung konfrontiert werden (siehe Abbildung 83).

Die verschiedenen Einstellmöglichkeiten des Dialogfensters sind weitgehend selbsterklärend. Die Option »Navigationsseite für jedes Foto erstellen« sorgt dafür, dass zu jeder Abbildung eine HTML-Seite mit einem Vor-, Zurück- und Anfang-Link erstellt wird. Ist die Option nicht aktiviert, wird lediglich ein Browserfenster mit dem Foto geöffnet.

Wird nun der Befehl aktiviert, wird automatisch Fireworks gestartet, die Abbildungen entsprechend den Vorgaben formatiert und das Fotoalbum als ein Satz von HTML-Dokumenten und Verzeichnissen erstellt (Abb. 84).

Abbildung 85 ▲
Übersetzungsfehler

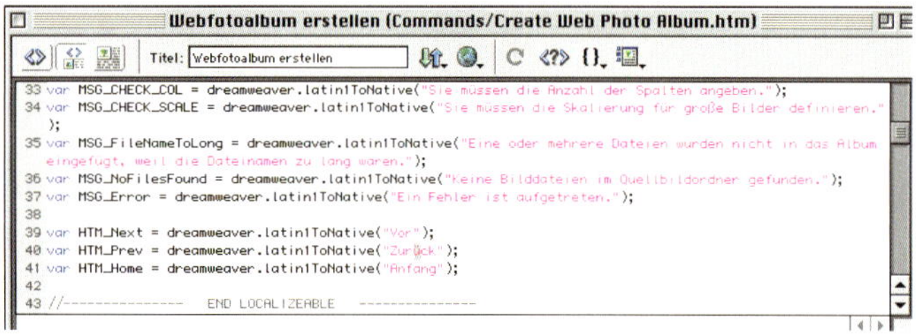

Abbildung 86 ▲
Dieses »ü« muss zum »ü« werden.

Abbildung 87 ▲
Richtiges »Zurück«

Ein kleiner Dreamweaver-Hack

Leider ist den Übersetzern der Software (auch an dieser Stelle) ein kleiner Fehler unterlaufen. Bei der Anpassung der entsprechenden Skripten bedachten sie nicht, dass Umlaute für den ungestörten Gebrauch in HTML-Dokumenten in ihre entsprechenden Entitäten gewandelt werden sollten. Daher steht auf den Fotoeinzelseiten in der Navigation »Zurück« der Navigation nicht ein »ü«, sondern ein verwurschteltes »Y« (Abb. 85).

Wenn Sie vorhaben, des öfteren den Fotoalbumbefehl einzusetzen, lohnt es sich daher, diesen Fehler von Macromedia zu beseitigen:

1. *Öffnen Sie mit einem Editor Ihrer Wahl (z.B. HomeSite, UltraEdit oder BBEdit) das im Dreamweaver-Verzeichnis liegende Dokument Dreamweaver/configuration/commands/ create web photo album.htm und machen Sie zunächst davon eine Sicherheitskopie (man weiß ja nie). Dann öffnen Sie es.*
2. *Wählen Sie in Zeile 40 das »ü« aus und ändern Sie es in ein »ü« (Abb. 86).*
3. *Sichern und schließen Sie das Dokument. Von nun an wird Ihr Album korrekt arbeiten (Abb. 87).*

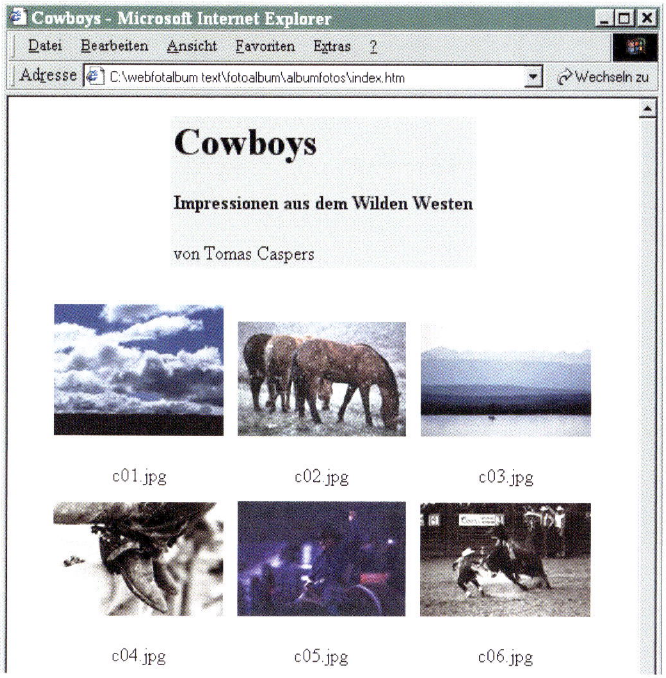

◂ Abbildung 88
Das Album im Browser

Erstellen einer Site mit Framesets

Damit Sie nicht aus dem Rahmen fallen ...

In diesem Kapitel erfahren Sie etwas über die Erstellung einer Site mit Frames, die dabei auftretenden Probleme und die Vor- und Nachteile einer Site mit Frames.

Grundlegende Probleme einer Site mit Frames und warum Sie ihnen machtlos ausgeliefert sind

Mit der Version 4 der Seitenbeschreibungssprache HTML hat das World Wide Web Consortium auch eine Empfehlung zu so genannten Frames veröffentlicht und darin die zu Grunde liegende Syntax festgeschrieben. Leider hat sich das W3C darin am Frame-Modell des Netscape Navigators orientiert, das einige grundlegende technische Mängel und Designfehler enthält.

Dieser einleitende Abschnitt soll kurz einige dieser Mängel darlegen. Aber auch die Folgen, die sich durch eine Entscheidung für die Verwendung von Frames für die Gestaltung und die spätere Benutzbarkeit der Site ergeben, werden angesprochen.

Wäre dieses Buch ein Titel zum Thema Webdesign im Allgemeinen, so wäre dieses Kapitel sicher zu einer Polemik gegen Frames geworden, da die Autoren Frames für die Bankrotterklärung des Navigationsdesigns halten. Da aber Dreamweaver die Funktionen zur Erstellung von Frame-basierten Seiten nun einmal anbietet, wollen wir diese hier auch nicht unterschlagen. Und trotz aller anderen Möglichkeiten lassen sich manche Designaufgaben nach wie vor nur mit Frames lösen.

Und mit dieser harmlosen Aussage sind wir auch schon bei einem der Kritikpunkte an Frame-basierten Layouts: Durch Frames wird der Schwerpunkt einer Site vom Inhalt eines Dokuments auf dessen Präsentation im Web gelenkt. HTML wurde als eine Sprache entwickelt, die nicht das Aussehen, sondern die inhaltliche Struktur eines Dokuments bestimmt, damit ein Browser diese Inhalte so darstellen kann, wie es für seine Plattform adäquat ist. Frames hingegen sind von ihrem Konzept her nur für die Darstellung auf großen Computermonitoren geeignet und vernachlässigen alle anderen möglichen Ausgabemedien. (Frage: Wie lassen sich Frames über das Ausgabemedium Lautsprecher darstellen? Eine für Sehbehinderte relevante Problematik.)

Ein fataler Fehler des Frame-Modells von Netscape ist, dass der Code für ein Frameset eigentlich nur definiert, dass es sich um ein Frameset handelt, aber nichts über die Rolle der einzelnen Frames innerhalb der Struktur, deren Größe und deren Beziehung zueinander aussagt. Besser wäre, wenn die Frames in sich eine Information über ihre Funktion tragen würden, sodass ein entsprechend befähigter

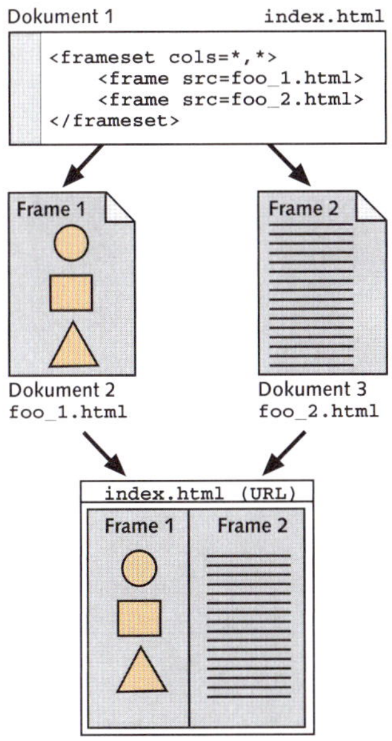

◂ **Abbildung 1**
Schematischer Aufbau einer Frame-Seite

Browser zum Beispiel die Navigation in einem Fenster und die Inhalte in einem weiteren Fenster darstellen könnte.

Ein weiteres Problem von Framesets ist, dass sie keinerlei Informationen über ihren Status an den Browser zurückgeben. Initialfunke der Webs war aber die Erfindung der URL (Uniform Resource Locator) durch Tim Berners-Lee als die Internetadresse, die jedes Dokument im Web identifizierbar und verlinkbar macht.

Wenn ein Benutzer eine Frame-Site über die Startseite betritt, so wird das Frameset zunächst so dargestellt wie vom Designer gewünscht. Wenn sich dieser Besucher aber weiter durch die Site klickt, so ändern sich mit jedem Klick die Inhalte, der Zustand des Framesets (und damit die URL) bleibt aber statisch. Das sehen Sie zum Beispiel daran, dass die Adresse im Webbrowser immer die gleiche bleibt, auch wenn man schon zig Ebenen tief in der Hierarchie einer Site ist.

Dieser Zustand nach einigen Klicks ist selbst auch nicht ansprechbar oder auswertbar, was zur Folge hat, dass sich Framesets in einem bestimmten Zustand (z.B. links Navigation, rechts statt Hauptmenü eine Folgeseite) nicht als Bookmark nutzen lassen. Fairerweise sollte erwähnt werden, dass dieses Versteckthalten der URL unter Umständen auch erwünscht sein kann.

Der schwerwiegendste Fehler in diesem Frame-Konzept ist aber, dass Framesets völlig inkompatibel zu Browsern sind, die diese Syntax nicht verstehen. HTML ist eigentlich so ausgelegt, dass Browser über Tags, die sie nicht verstehen, einfach hinweglesen und versuchen sollten, aus den restlichen Informationen das Beste zu machen. Die HTML-Seite, die ein Frameset definiert, enthält aber nichts anderes außer eben dieser Definition. Also kann ein inkompatibler Browser (und deren Anzahl wird durch die Mobilisierung des Webs in Zukunft wieder steigen) nur eine leere Seite darstellen.

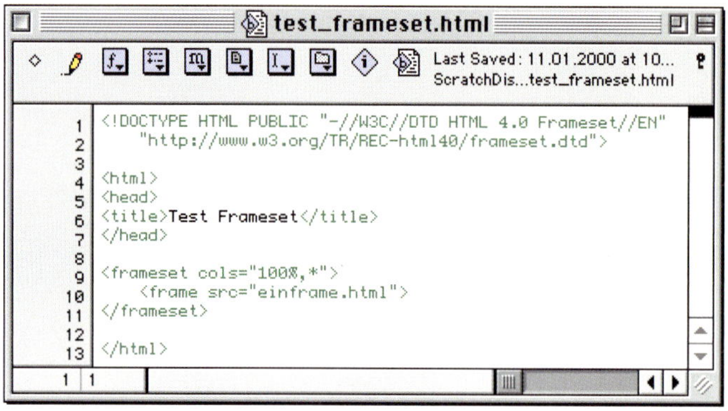

◀ **Abbildung 2**
Code für ein Frameset mit nur einem Frame

Auch haben die verschiedenen Sprachausgabelösungen für Webinhalte große Probleme mit der Wiedergabe von Frame-Sites. Je nachdem, welches Sprachausgabesystem in Gebrauch ist (das reicht vom Browser-PlugIn bis zur Standalone-Lösung, die das fertig gerenderte Browserfenster wiedergibt), werden die Inhalte entweder gar nicht oder verstümmelt wiedergegeben.

Framesets mit nur einem Frame

Es ist durchaus möglich (wenn auch nicht im Sinne der Erfinder), ein Frameset mit nur einem Frame zu definieren. Was auf den ersten Blick sinnlos erscheint, wird tatsächlich zuweilen angewendet, um das Problem der unterschiedlichen Randabstände in den Browsern zu umgehen (siehe Kapitel »Erstellung einer statischen Site mit Dreamweaver und HTML 3.2«, Abschnitt »Seitenstruktur einer HTML 3.2-Seite«). In einem Frameset gelten nämlich die üblichen Abstände nicht, sondern die meisten Browser stellen die Seiteninhalte bis zum Fensterrand dar. Der Code sieht dann aus wie in Abbildung 2.

Um dem vorzubeugen, gibt es zwar das `<noframes>`-Element, das Inhalte für Frame-inkompatible Browser enthalten kann. Aber um diese zu bedienen, müsste man eigentlich dort nochmals die komplette Site ohne Frames hinterlegen – ein Entwicklungsaufwand, den sicher kein Kunde zu zahlen bereit ist.

Dazu kommt der erhöhte Entwicklungsaufwand einer Frame-basierten Seite selber. Ein einziges Frame-Dokument besteht ja immer aus mindestens drei HTML-Dokumenten: dem Frameset selber und mindestens zwei weiteren Dokumenten für die Inhalte (Abb. 1). Diese Dokumente müssen alle zusätzlich verwaltet werden, was Dreamweaver mit seinen Möglichkeiten zum Site-Management auch stark vereinfacht. Aber das Konzept bedingt nach wie vor einen stark erhöhten Aufwand für Erstellung und Pflege einer Frame-basierten Site.

Haben Sie jetzt den Eindruck bekommen, dass wir Ihnen vom Gebrauch von Frames abraten möchten? Nun, vermutlich ist Ihr Verdacht da nicht ganz unbegründet.

Als ehrliche Autoren weisen wir aber auch darauf hin, dass die Arbeit und das Management mit und an Frame-basierten Sites mit Dreamweaver eine überschaubare Sache ist. Als gewissenhafter Webdesigner sollten Sie sich allerdings stets dieser Einschränkungen bewusst sein und auch gegebenenfalls Ihre Kunden darauf hinweisen.

Zusammenfassung

Vorteile von Frames

- Erlauben die Trennung von konstanten Navigations- und Identitätselementen (Logos) vom variablen Inhalt.
- Navigations- und konstante Elemente scrollen nicht mit dem Inhalt.
- Die Notwendigkeit, nur einen kleinen Teil des Browserfensters zu aktualisieren, bedeutet einen geringeren Datentransfer und eine bessere Bandbreitennutzung.
- Die Leser können die Seiteninhalte ohne die Navigationselemente ausdrucken.
- Man kann JavaScript-Elemente in einem konstanten Frame ablegen und sie – ebenfalls mit Bandbreiteneinsparung – von den anderen Frames aus aufrufen.
- Frames erlauben die Übergabe von JavaScript-Variablen von einer Seite auf die nächste. Das ist bei Seiten ohne Frames und ohne die Verwendung von Cookies serverseitig nur mit erhöhtem Aufwand möglich.

Nachteile von Frames

- Ältere Browser können mit Frames nicht umgehen. Dies ist mittlerweile ein vernachlässigbarer Punkt.
- Soll eine alternative `<noframes>`-Version ins Netz gepackt werden, so kostet dies zusätzlich Zeit und Geld.
- Es lässt sich nur die Startseite des Framesets bookmarken, das gilt nicht für individuelle Framesets in fortgeschrittenem Zustand.
- Wenn mehr als nur ein Frame gleichzeitig aktualisiert wird, können die Vorwärts-/Rückwärts-Knöpfe des Browsers aus dem Takt geraten.
- Es ist deutlich mehr Geschick und Techniktkenntnis nötig, eine anspruchsvolle Frame-Site zu gestalten.
- Netscape und Microsoft Internet Explorer behandeln Frames etwas unterschiedlich, sodass bestimmte Frames in den Browsern verschiedene Breiten und Positionen einnehmen. Netscape neigt dazu, in einigen (schmalen) Frames die Ränder abzuschneiden, unabhängig von dem, was für diese Frames spezifiziert worden ist.
- Die alternative Ausgabe von Frame-Sites in anderen Medien als einem grafischen Browser funktioniert in der Regel nicht.

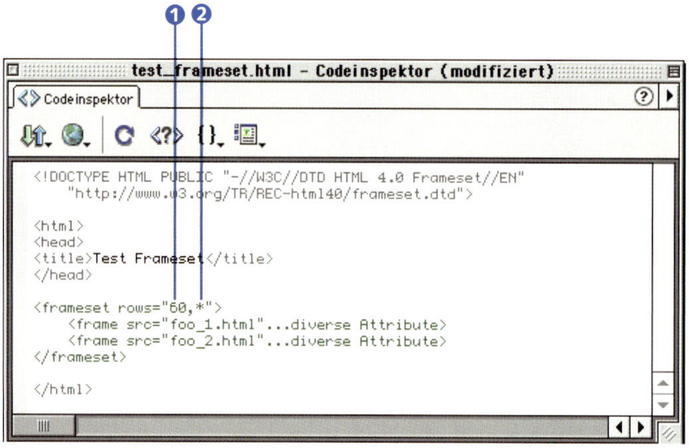

◂ Abbildung 3
Frameset mit horizontaler Ausrichtung

Die Struktur einer Website mit Frames

Gute Gründe für den Einsatz von Frames
Im letzten Kapitel haben wir mit Dreamweaver die statische Site www.westernimprints.de so ungefähr nach den Regeln von HTML 3.2 aufgebaut. Dabei haben wir uns ausführlich mit den Möglichkeiten einer Designumsetzung mit geschickten Tabellenformatierungen beschäftigt.

Zunächst ist die hypothetische Galerie mit dieser ersten Version zufrieden und sieht ihre Erwartungen erfüllt. Mit der steigenden Zahl von E-Mails und Bestellanfragen keimt im Kunden der Gedanke, weitere Produktkategorien aufzunehmen und erweiterte Serviceleistungen anzubieten. Es ist also abzusehen, dass sich mit dem geplanten Update die Zahl der Dokumente deutlich vergrößern wird. Anders ausgedrückt: Eine rigidere bzw. übersichtlichere Strukturierung wäre von Nutzen. Für Sites mit dem Anspruch einer klaren Strukturierung bietet sich der Einsatz von Frames an. Frames wurden ursprünglich von Netscape als proprietäre Elemente im Navigator 2 eingeführt. Als sich ihr Erfolg abzeichnete und ihre Verbreitung rapide zunahm wurden sie auch von Microsoft und schließlich vom W3C in den HTML 4-Standard übernommen.

Der Gebrauch von Frames ist dann eventuell gerechtfertigt, wenn bestimmte Elemente Ihres Layouts wie Logos, Adressen und Navigationsbalken ständig angezeigt werden sollen, auch dann, wenn in den Inhalten gescrollt wird. Das ist der erstrebenswerte Idealfall, leider finden sich immer wieder Sites, die aus zig Framesets gebastelt wurden. Die Folge ist ein so unübersichtliches Laden von Inhalten, dass auch hartgesottene Surfer vergrault werden. Für den Designer eröffnet sich die Möglichkeit, dekorative Elemente in strategisch platzierte Frames zu setzen. Nach dem einmaligen Laden des Layouts bleiben diese Elemente (Zierleisten etc.) erhalten, wodurch Sie die Ladezeiten reduzieren können, da nur noch der Content-Frame (die Inhalte) ausgetauscht wird.

Anlegen von Framesets
Wie bereits in der Einleitung zu diesem Kapitel erwähnt, besteht ein Frameset immer aus mehreren HTML-Dokumenten, die gemeinsam

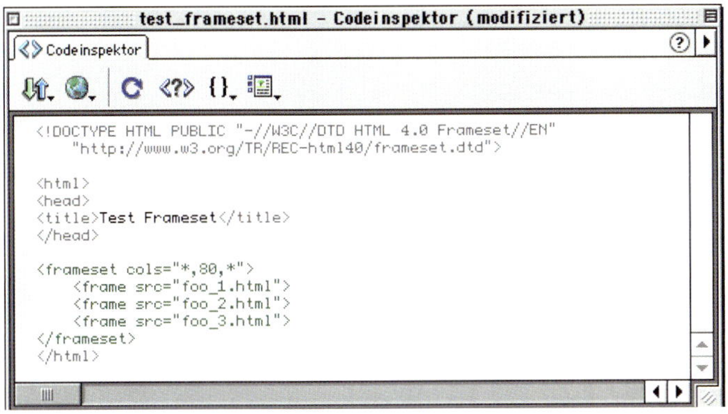

◄ Abbildung 4
Frameset mit vertikaler Ausrichtung

in einem Browserfenster dargestellt werden. Das äußere Dokument, in dem das Frameset aufgerufen wird, definiert lediglich die weiteren anzuzeigenden Elemente und deren Position zueinander. Der dazugehörige minimale HTML-Code sollte in etwa aussehen wie in Abb. 3.

Das erste Frameset zeigt eine horizontale Aufteilung. Der obere Frame wird stets mit einer Höhe von 60 Pixel dargestellt ❶, der untere durch die Angabe * in einer mit der Größe des Browserfensters variierenden Größe ❷. Das nächste Frameset (Abb. 4) erzeugt durch cols="*,80,*« drei senkrecht nebeneinander stehende Frames. Die beiden äußeren variieren in ihrer Größe mit der Breite des Browserfensters, der mittlere wird konstant mit einer Breite von 80 Pixel dargestellt. Bei einer Fensterbreite von 640 Pixel sind die beiden äußeren Frames jeweils (640 – 80) : 2 = 280 Pixel breit.

Zwischen `<frameset>` und `</frameset>` werden entweder mit dem `<frame src="..>`-Tag HTML-Dokumente den einzelnen Frames zugeordnet oder weitere, eingeschachtelte Framesets definiert. Durch die Attribute `cols` (Column = Spalte) und `rows` (Row = Zeile) erfolgt die Verteilung der Frames in vertikale bzw. horizontale Anordnungen. Hinzu kommen etliche weitere Attribute, welche die Kontrolle über die Ränder, Randfarben, die Scroll-Fähigkeit, Skalierbarkeit der einzelnen Frames und mehr ermöglichen. Technisch sind den Verschachtelungsmöglichkeiten kaum Grenzen gesetzt, die dafür durch die Ansprüche an Performance und Übersichtlichkeit (Frames sollen der Strukturierung dienen!) gezogen werden.

Wie man Framesets in Dreamweaver anlegt und mit ihnen umgeht, werden Sie anschließend in der Übung erfahren. Dreamweaver setzt dabei alle Attribute so, dass die Syntax von Internet Explorer und Netscape gleichermaßen interpretiert wird und somit zu halbwegs vergleichbaren Ergebnissen führt.

Andere Aspekte müssen Sie als Gestalter selbst berücksichtigen: Wenn Sie beispielsweise ein Frameset, bestehend aus drei senkrechten Balken, definieren wollen, von denen der linke Balken 80 Pixel, der mittlere eine beliebige und der rechte Streifen 50 Pixel Breite haben soll, so würden Sie das Frameset vermutlich folgendermaßen definieren:

```
<frameset cols="80,*,50">
```

Abbildung 5 ▶
Fehlermeldung bei sich selbst aufrufenden (rekursiven) Frames

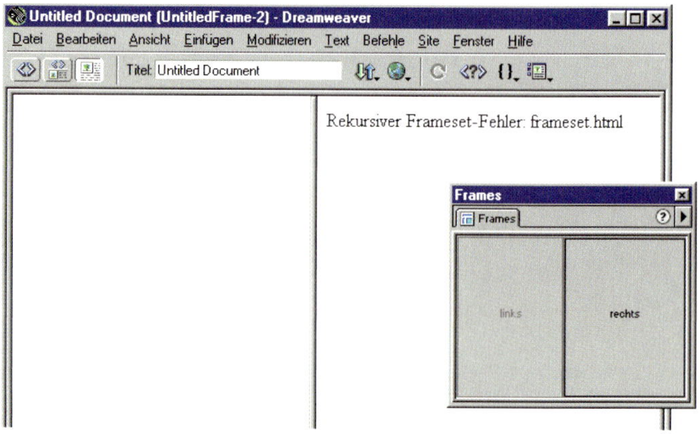

Der Internet Explorer wird das Set auch annähernd Ihren Vorstellungen entsprechend darstellen, Netscape Navigator leider nicht. Das liegt daran, dass Netscape (bis Vers. 4.x) pixelbasierte Frames nicht direkt entsprechend der angegebenen Pixelbreiten und -höhen anzeigt, sondern diese Angaben vor der Darstellung im Browserfenster intern in ganzzahlige Prozentwerte (bezogen auf die aktuelle Größe des Brwoserfensters) umwandelt. Der dadurch entstehende Rundungsfehler, der zu allem Übel von der aktuellen Größe des Browserfensters abhängig ist, führt zu den Unterschieden in der Framedarstellung zwischen Internet Explorer und Netscape. Doch es kommt noch schlimmer: Die durch diese Umwandlung entstandenen Prozent-basierten Framewerte werden intern von Netscape gespeichert. Wenn nun die Größe des Browserfensters nach dem Laden geändert wird, werden die Frames neu dargestellt, basierend auf der neuen Fenstergröße aber mit den Prozentangaben, die sich auf die alte Fenstergröße bezogen. Dank dieses programmiertechnischen Kuddelmuddels können wir nur die Empfehlung geben, Frame-Layouts mit einem gewissen Spielraum zu konzipieren, sodass es eben nicht auf einzelne Pixel ankommt.

Legen Sie also bei der Planung die Proportionen der Frames so fest, dass die Darstellung in beiden Browservarianten annähernd gleich ist. Experimentieren Sie. Erstellen Sie Frame-

Rekursive Frames

Falls Sie Ihren Rechner mal so richtig schön zum Absturz bringen wollen, brauchen Sie hierfür nur ein Frameset zu bauen, das sich selbst in sich aufruft. Der Effekt ist derselbe wie bei einer Fernsehkamera, die ihr eigenes Monitorbild abfilmt, nur dass in unserem Fall irgendwann der Arbeitsspeicher voll ist und der Rechner sich verabschiedet. Glücklicherweise lässt sich die Darstellung solcher Framesets in modernen Browsern wie iCab unterbinden. Dreamweaver meldet einen solchen Fehler übrigens durch den in Abbildung 5 dargestellten Text innerhalb des fehlerhaften Frames.

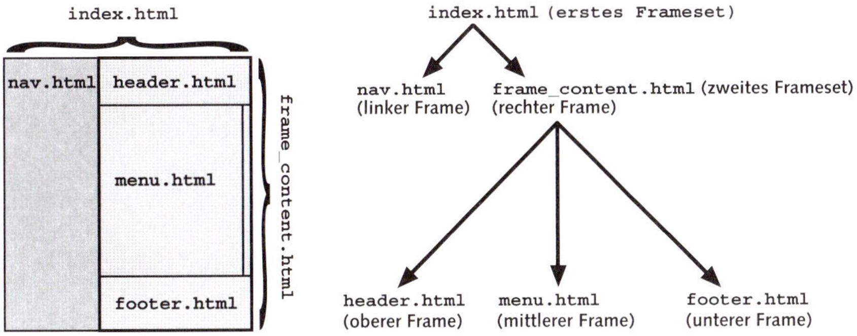

▲ Abbildung 6
Struktur der Frame-Site

sets mit verschiedenen Aufteilungen, und öffnen Sie diese mit verschiedenen Browsern und – wenn möglich – auf verschiedenen Plattformen (Windows, Mac). Machen Sie Screenshots der Browserfenster, und vergleichen Sie diese in einem geeigneten Programm.

Organisation einer Frame-Site

Da die Ansicht einzelner Frames vom Frameset als übergeordnetem Dokument verwaltet wird, gestaltet sich die Organisation einer Frame-Site geringfügig aufwendiger im Vergleich zu einer aus eigenständigen Dokumenten bestehenden Site. Es empfiehlt sich, die Frames, welche die Inhalte Ihrer Site tragen, in eigene Verzeichnisse verpackt von den Frameset-Dokumenten und solchen Frames, die überwiegend gestalterischen Wert haben, zu trennen.

Stellen wir uns eine Site vor, die wir nach der folgenden Struktur (Abb. 6) gestalten möchten, und wie der Zufall es will, ist dies auch noch genau die Site der nächsten Übung.

Zugegebenermaßen ist es bereits ein etwas komplizierter anmutendes Layout, da es aus

Einfügen der DTD

Dreamweaver setzt – wie bereits erwähnt – nicht automatisch den `Doctype` und die DTD-Referenz ein. Solange sich die aktuellen Browser auch nicht darum scheren, ob diese Angabe zu Beginn eines HTML-Dokuments gemacht wird oder nicht, bleibt dies auch ohne weitere Konsequenz. Die Autoren, als Verfechter eines formal möglichst sauberen und damit zukunftssicheren Codes, empfehlen jedoch den Einbau dieser Angaben. Auf der Buch-CD haben wir für Sie ein Objekt abgelegt, mit dem Sie den formal richtigen Doctype-Eintrag für HTML 3.2, HTML 4.0 `transitional`, `loose`, `strict` und `frameset` per Mausklick in Ihre Seite einbauen können. Beachten Sie aber bitte, das die HTML4-Frame-DTD (`html4.01 frameset`) nur in die HTML-Dateien mit den Framesets gehört. Die Dateien, die dann in die einzelnen Frames geladen werden, sind wieder ganz normale HTML-Dateien, z.B. nach `html4.01 transitional` oder `strict`.

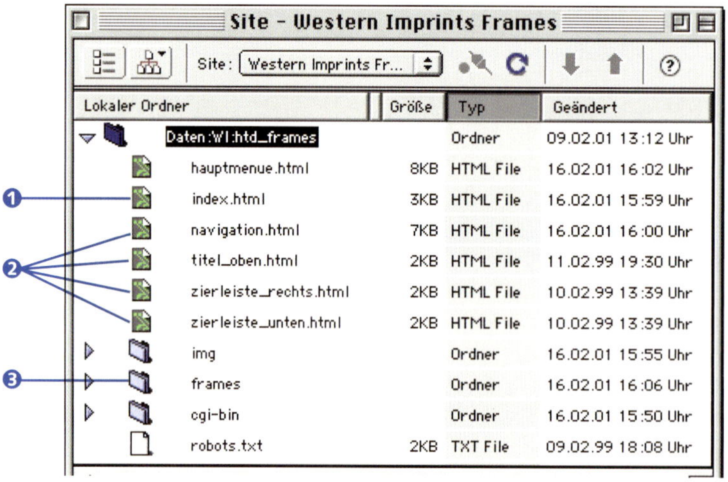

◀ Abbildung 7
Verzeichnisstruktur der Frame-Site

zwei ineinander verschachtelten Framesets besteht. Die Seite index.html ist die Default-Page der Site und definiert das erste Frameset mit horizontaler Ausrichtung, bestehend aus dem oberen Frame für den Titel der Seiten (titel_oben.html), dem unteren Frame für den Abbinder (zierleiste_unten.html) und einem mittleren Frame für den Inhalt. In diesem mittleren Frame befindet sich wiederum ein weiteres Frameset, diesmal mit vertikaler Orientierung, bestehend aus drei weiteren Frames. Der linke Frame ist für die Navigation zuständig (navigation.html), der mittlere ist der eigentliche Inhalts-Frame der Site (hauptmenue.html) und der rechte ist, wie sich das für ein ordentliches Frameset gehört, eine vollkommen sinnfreie Zierleiste (zierleiste_unten.html).

Wir haben also eine Reihe von Dokumenten, die stets angezeigt werden (index.html, titel_oben.html, navigation.html, zierleiste_rechts.html und zierleiste_unten. html), sowie ein Dokument, das ständig gegen Dokumente mit anderen Inhalten ausgetauscht wird (hauptmenue.html). Die konstanten Frames legen wir in unserem Beispiel zusammen mit index.html in das Stammverzeichnis. (Obwohl auch nichts dagegen spricht, sie in ein Verzeichnis »zierde« oder »konstant »zu legen). Alle wechselnden Inhalte legen wir in das Verzeichnis »frames«, sodass unsere resultierende Verzeichnisstruktur so aussieht, wie in Abb. 7 dargestellt.

Die beiden Framesets finden Sie in Abbildung 7 unter ❶, die nicht auszutauschenden Frames unter ❷. ❸ markiert das Verzeichnis, das ausschließlich des im Startscreen enthaltenen hauptmenue.html alle weiteren dagegen auszutauschenden HTML-Dokumente enthält. Innerhalb von »frames« können Sie dann die weitere Site nach Belieben (oder mehr nach Übersichtlichkeit) auf weitere Unterverzeichnisse verteilen. Außer »frames« sehen Sie zudem das omnipräsente »img«-Verzeichnis, in dem wir die Grafiken der oberen Frameset-Ebene ablegen werden.

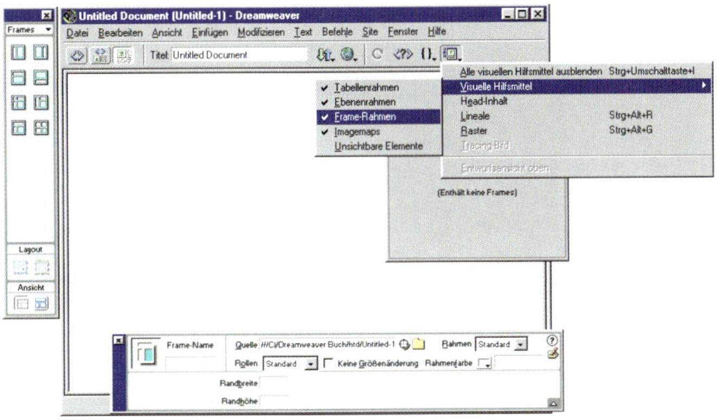

▲ Abbildung 8
Vorbereitungen zum Anlegen eines Framesets – so in etwa sollte Ihre Arbeitsumgebung aussehen.

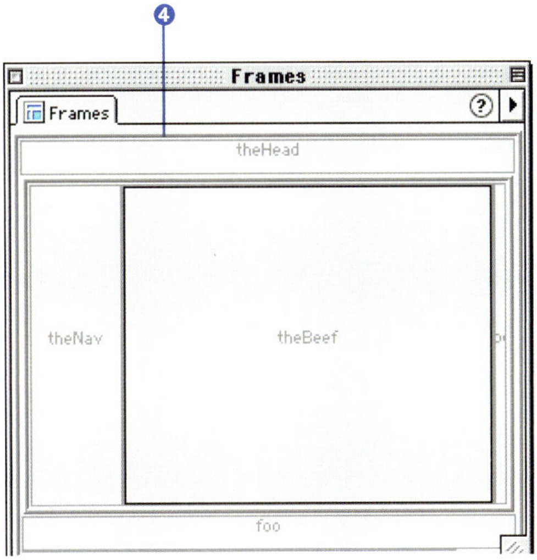

▲ Abbildung 9
Benennung der Frames in der Frame-Palette

Konstruktion einer Website mit Frames

Mit den bereits aufgezeigten Einschränkungen, die in der Natur der Dinge liegen, gestaltet sich das Erstellen einer Site mit Frames dann doch wieder Dreamweaver-typisch einfach. Unserer Erfahrung nach legen Sie am besten die einzelnen Seiten eines Framesets als leere HTML-Dokumente in Dreamweaver an und speichern sie.

Eines dieser Dokumente wird später das äußere Frameset enthalten, daher benennen Sie es am besten gleich als index.html. In dieser index.html sollten Sie nun über Ansicht • Visuelle Hilfsmittel • Frame-Rahmen selbige anzeigen lassen und zusätzlich die Frame-Palette aufrufen (Fenster • Frames oder [⇧] + [F2]). Über Einfügen • Frames oder die Buttons der Frames-Kategorie in der Objektepalette können Sie nun Ihr Dokument in ein Frameset verwandeln. Dreamweaver schreibt den Code so um, dass es sich nicht mehr um eine klassische HTML-Seite handelt, sondern nur noch um das äußere Frameset ❹.

In der Frame-Palette (Abb. 10) sehen Sie nun die Frames, die, je nachdem, welche Art von Frames Sie über das Menü oder die Objektepalette ausgewählt haben, entsprechend benannt sind. (Entweder mit »**top frame**«, »**main frame**« usw. oder aber auch mit »kein Name« – leider sind hier die Programmfunktionen nicht vollständig ins Deutsche übersetzt worden). In unserem Beispiel (Abb. 9) sehen Sie dann, wie die Benennung ist, nachdem Sie einen eigenen Namen zugewiesen haben.

Abbildung 10 ▶
Benennung der Frames in der Eigenschaften-Palette

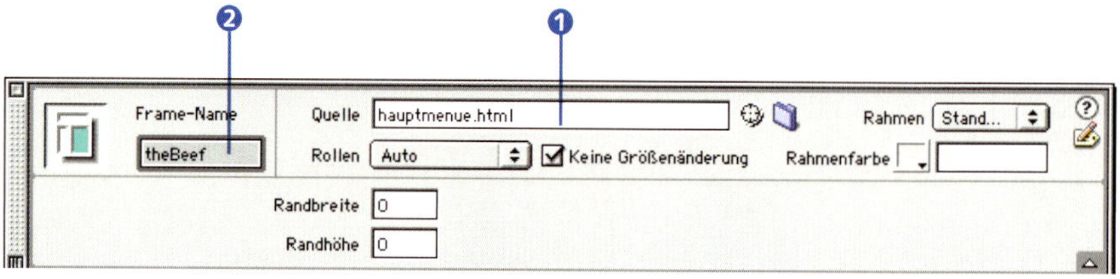

Wenn Sie nun in der Frame-Palette einen Frame durch Klick in seinen Rahmen aktivieren, können Sie über die Eigenschaftenpalette das Dokument definieren, das in diesem Frame angezeigt werden soll (Abb. 10, ❶). Zusätzlich sollten Sie für die jeweiligen Frames auch noch einmalige Namen vergeben ❷, da diese später als Angabe für den Ziel-Frame bei Frame-übergreifenden Links benötigt werden. Diese und nicht die Dateinamen verwendet das Programm auch zur Bezeichnung der Frames in der Frame-Palette.

Zusätzliche Frames können Sie anlegen, indem Sie über das Menü EINFÜGEN • FRAMES festlegen, wie das Frameset weiter unterteilt werden soll (links, rechts, links und oben usw.). Leider gibt es in Dreamweaver keine Möglichkeit, die Orientierung eines Framesets nachträglich zu ändern (z.B. horizontal statt vertikal geteilt). Hierzu müssen Sie das Frameset wieder löschen und neu anlegen oder per Hand im Codeinspektor editieren, z.B. indem Sie `cols` durch `rows` ersetzen. Obwohl es der Arbeit am Computer scheinbar widerspricht, hilft es doch manchmal, den Aufbau eines Framesets auf einem Blatt Papier zu skizzieren, um sich unnötige Fehlversuche zu ersparen.

Nachdem das grobe Gerüst Ihres Framesets nun steht und Sie alle Inhalte in die entsprechenden Frames geladen haben, können Sie nun die Dimensionen der einzelnen Frames ändern (Abb. 11), indem Sie im Dokumentenfenster mit dem Cursor über die Begrenzungsrahmen der einzelnen Frames gehen. Sollten Sie diese Rahmen nicht sehen, müssen Sie diese im Menü ANSICHT • VISUELLE HILFSMITTEL • FRAME-RAHMEN aktivieren – der Cursor ändert sich nun über einem Frame-Rahmen in ein Werkzeug mit Pfeilen nach oben und unten bzw. links und rechts. Mit diesem Werkzeug können Sie auf einen Rahmen klicken und ihn bei gedrückter Maustaste bewegen.

Alternativ geht das Ganze natürlich auch wieder wie gewohnt über die Eigenschaftenpalette. Wählen Sie in der Frame-Palette oder dem Dokumentenfenster die äußerste Begrenzungslinie (entspricht dem Frameset als Container). Die Eigenschaftenpalette zeigt nun die in Abb. 11 gezeigten Einstellungsmöglichkeiten und in der Statuszeile des Dokumentenfensters

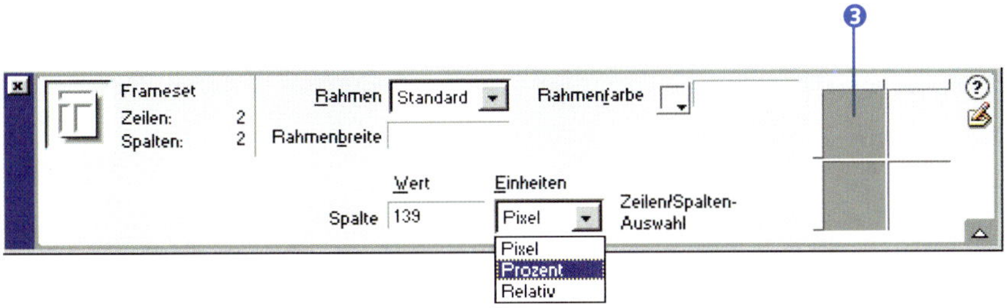

◄ **Abbildung 11**
Änderungen der Dimensionen einzelner Frames

ist nun das Tag `<frameset>` hervorgehoben. In der Eigenschaftenpalette können Sie nun in der schematischen Darstellung Ihres Framesets **3** die einzelnen Frame-Spalten und -Reihen auswählen und die Parameter wie Rahmen, deren Breite und Farbe, Abmessungen des Frames etc. setzen. Um in der Auswahl von Spalten auf Reihen und wieder zurück zu wechseln, klicken Sie einfach auf die grauen Kästchen links neben und oberhalb des Frame-Schemas.

Wenn Sie zwischen der Bearbeitung der in das Frameset geladenen Dokumente und den Rahmenbedingungen der Frames wechseln möchten, benötigen Sie wieder die Frames-Palette, da ein Klick in einen Frame im Dokumentenfenster lediglich die Bearbeitungsmöglichkeiten des darin angezeigten Frame-Inhalts (also der entsprechenden HTML-Seite) ermöglicht. Wählen Sie in der Frames-Palette den entsprechend benannten Frame per Klick aus (dieser wird nun durch einen dunkleren Rahmen hervorgehoben), nun können Sie in der Eigenschaftenpalette wieder die Werte für das Frame-Gerüst ändern.

Frame-Dimensionierung mit relativen Werten

Dreamweaver hat Probleme mit den freien Framegrößen (dargestellt durch *). Stellt man zum Beispiel in einem Frameset den linken Frame auf 100 (Pixel), anschließend den rechten Frame auf * und klickt dann wieder den linken Frame an, so setzt Dreamweaver eine 1 vor das Sternchen, sodass statt `100,*` im resultierenden HTML-Code `100,1*` steht. Das hat zwar keine Auswirkungen auf die Darstellung im Browser, ist aber unsauberer Code – obwohl Macromedia sich ansonsten damit brüstet, dass Dreamweaver besonders sauberen Code generiert (was im Großen und Ganzen auch stimmt). Daher sollten Sie zum Abschluss Ihrer Arbeiten an einem Frameset diesbezüglich ein Finetuning mit dem externen Editor durchführen.

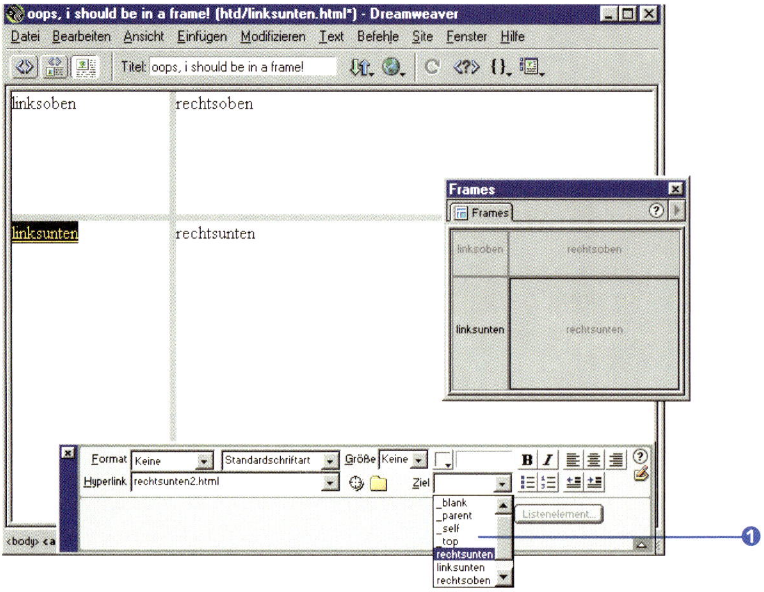

Abbildung 12 ▶
Adressen für Links innerhalb des Framesets festlegen

Als letzten Schritt müssen Sie nun nur noch die Adressen für die Links innerhalb des Framesets setzen (Abb. 12). Dreamweaver verwaltet die Namen der Framesets, die Sie vorhin angegeben haben, in der Eigenschaftenpalette zusammen mit den Standardadressen, die jeder Frame-fähige Browser versteht. Ihre eigenen Benennungen stehen im unteren Bereich des Ziel-Popups ❶. Die darüber stehenden Zieladressen bedeuten im Einzelnen:

- _blank: Öffnet den Link in einem neuen Fenster.
- _parent: Ersetzt das übergeordnete Frameset durch die Zieladresse. Bei verschachtelten Framesets bleiben die äußeren Framesets stehen, und nur das Frameset, in dem der Link aufgerufen wird, wird ersetzt.
- _self: Lädt den Link in den Frame, aus dem dieser aufgerufen wurde.
- _top: Ersetzt alle Framesets, also auch mehrfach verschachtelte, durch die Zieladresse.
- Unterhalb der Adressen zeigt Dreamweaver eine Liste aller benannten Frames, die das Programm im aktiven Frameset gefunden hat (in unserem Beispiel sind dies linksoben, rechtsoben, linksunten und rechtsunten).

Die hohe Schule der Frames

So richtig Spaß macht die Arbeit mit Frames erst, wenn Sie Frames verschachteln, also in einem Frame eines Framesets ein weiteres Frameset aufrufen. Das mag jetzt etwas verwirrend klingen, aber das Prinzip ist eigentlich recht einfach: Sie müssen lediglich ein weiteres Frameset – wie zuvor beschrieben – anlegen und dieses Frameset in der Eigenschaftenpalette als Inhalt eines bereits bestehenden Frames definieren. Je nachdem, wie Sie Ihre

Framesets unterteilen, legt Dreamweaver diese verschachtelten Framesets auch selbsttätig an und kennzeichnet diese in der Frame-Palette durch einen dickeren Rahmen als bei einfachen Frames. Wie die Erstellung einer solchen Site in der Praxis aussieht, sehen Sie in der folgenden Step-by-Step-Anleitung.

Der Aufbau einer Beispielsite mit verschachtelten Framesets
Unsere Beispielsite, die Sie auch auf der CD finden, beinhaltet ein solches verschachteltes Frameset. Um die neue Site möglichst zeitsparend erstellen zu können, sind noch einige Vorarbeiten vonnöten, die verhindern, dass die kompletten Inhalte erneut erstellt werden müssen. Wie eine neue Site angelegt wird, haben Sie ja bereits in den Grundlagen erfahren. Nun geht es darum, die wiederverwertbaren Elemente der statischen Site aus dem vorherigen Kapitel in die neu zu erstellende Site zu importieren.

Vorbereitungen: Elemente sammeln

1. Site öffnen
Öffnen Sie in der Site-Verwaltung zunächst die statische Site (Site • Site öffnen).

2. Elementepalette öffnen
Als Nächstes öffnen Sie bitte die Elementepalette (Fenster • Elemente bzw. F11)

3. Elemente auswählen und kopieren
Nun wählen Sie die Elemente aus, die auch in der Frame-Site erscheinen sollen (also eigentlich alle) und wählen aus dem Popup-Menü der Elementepalette Zur Site kopieren (Abb. 13).

Dreamweaver exportiert nun die ausgewählten Elemente in die neue Site und legt diese in der selben Struktur wie in der Ursprungs-Site ab, d.h. mit allen Ordnern und Unterordnern. Dies betrifft nicht die einzelnen HTML-Dateien, sondern nur die Bildelemente, verwendeten Links, Farben, Skripte, Bibliothekselemente und Vorlagen.

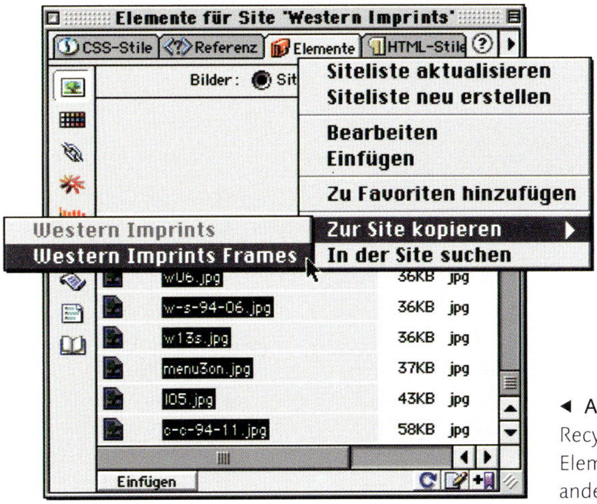

◀ Abb. 13
Recycling von Elementen anderer Sites

Nun können wir daran gehen, die eigentlichen Framesets und Frames anzulegen. Wie bereits besprochen, besteht das äußere Frameset (index.html) aus drei Frames, der Kopfleiste oben, dem Platzhalter für das innere Frameset und der Fußleiste unten. In diesem mittleren Frame befindet sich ein weiteres Frameset, dieses jedoch in vertikaler Unterteilung mit der Navigation links, den Inhalten in der Mitte und dem unnützen Zierrat rechts.

Anlegen der Framesets

1. Neue Datei mit Frame-Rahmen anlegen

Um dieses Framekonstrukt anzulegen, erstellen Sie zunächst eine neue, leere Datei und schalten bei den visuellen Hilfsmitteln die Frame-Rahmen an. Das Dokumentenfenster erhält nun einen doppelten Rahmen, wobei der innere das (noch leere) Frameset darstellt.

2. Horizontale Frames von Hand anlegen

Für die drei zu erstellenden horizontalen Frames werden wir unter den vorgefertigten in der Frame-Kategorie der Objekte-Palette nicht fündig. Daher legen wir nun diese Frames von Hand an, indem wir mit gedrückter Alt*-Taste über den Frame-Rahmen des Dokumentenfensters scrollen. Der Cursor ändert sich zu einem Pfeil mit zwei Spitzen. Mit gedrückter Maustaste kann man nun aus dem Frame-Rahmen einen neuen Frame herausziehen und diesen im Dokument platzieren (Abb. 14)*

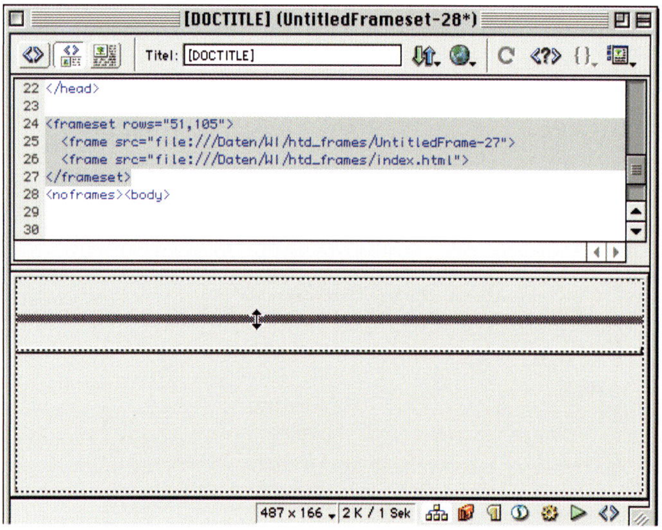

Abbildung 14 ▲
Anlegen neuer Frames per Drag and Drop

3. Vertikale Frames anlegen

Um die vertikalen Frames anzulegen, können wir dieses Verfahren jedoch leider nicht anwenden, da wir sonst ein Frame-Raster von 3 x 3, also 9 Frames statt der benötigten 5 erhalten würden (Frames kennen nicht die aus Tabellen bekannten rowspans und colspans). Hier hilft also nur, ein neues Frameset anzulegen, und dieses in den mittleren Frame zu legen. Wählen Sie hierzu aus der Objektepalette die Kategorie FRAMES *und hier den Button* LINKEN FRAME EINFÜGEN *oder* RECHTEN FRAME EINFÜGEN.

4. Inneres Frameset

Sie erhalten ein inneres Frameset, das aus zwei vertikalen Frames besteht. Sie können nun den Rahmen des Frames mit der Maus nach links verschieben. Mit gedrückter ALT-Taste können sie aus diesem Rahmen auch einen neuen herausziehen und diesen nach rechts verschieben. Das Gerüst des Framesets steht hiermit.

5. Werte festlegen

Nun muss noch eine Reihe Werte für die beiden Framesets, die einzelnen Frames und die darin enthaltenen HTML-Seiten gesetzt werden. Beim Anlegen von Framesets arbeitet Dreamweaver intern mit temporären Dateien (UntitledFrame-1), die Sie baldmöglichst gegen die letztendlichen Dateien austauschen sollten. Klicken Sie hierzu in der Frame-Palette in die entsprechenden Frames und wählen dann in der Eigenschaftenpalette bei QUELLE *die passenden Dateien aus, die Sie in dem betreffenden Frame dargestellt haben möchten. Gleichzeitig sollten Sie den einzelnen Frames auch einmalige Namen geben, damit diese bei Verlinkungen über Frames hinweg identifiziert werden können.*

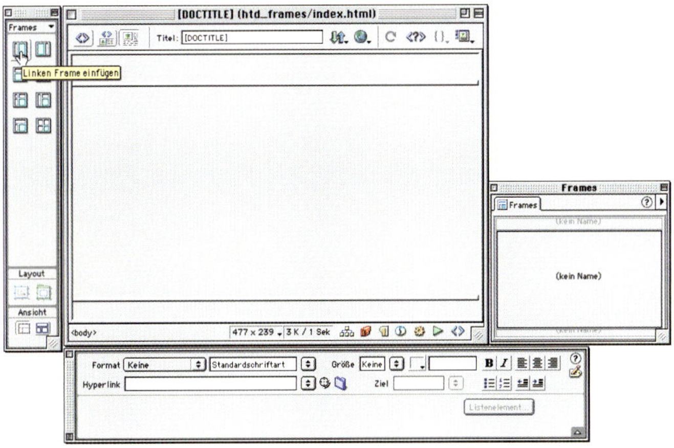

▲ Abbildung 15
Inneres Frameset einfügen

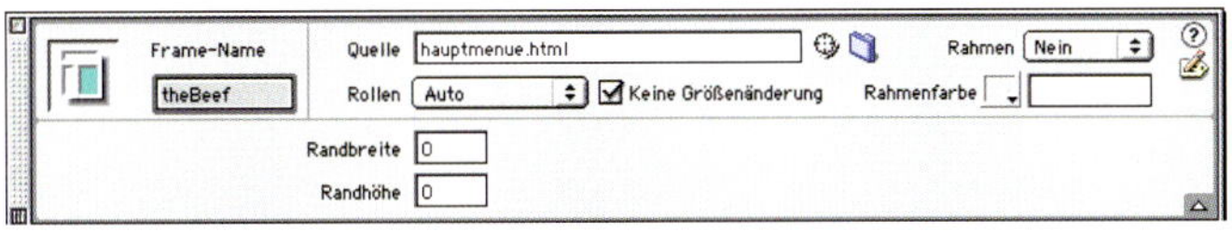

▲ Abbildung 16
Parameter für individuelle Frames

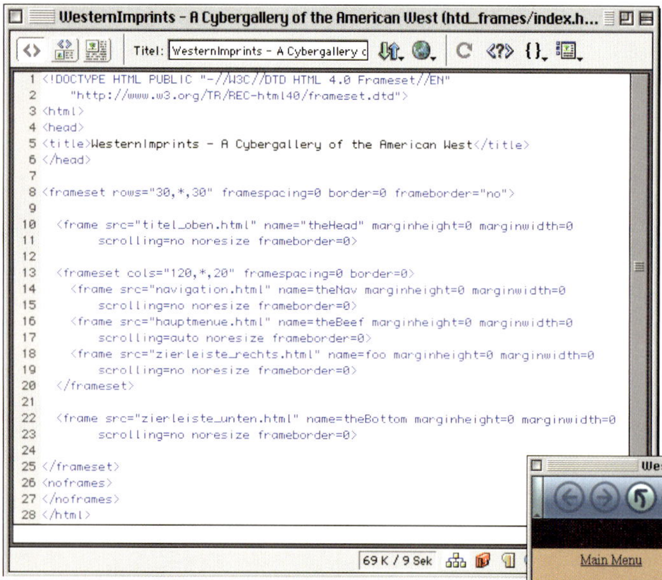

▲ Abbildung 17
Das Resultat im Quelltext

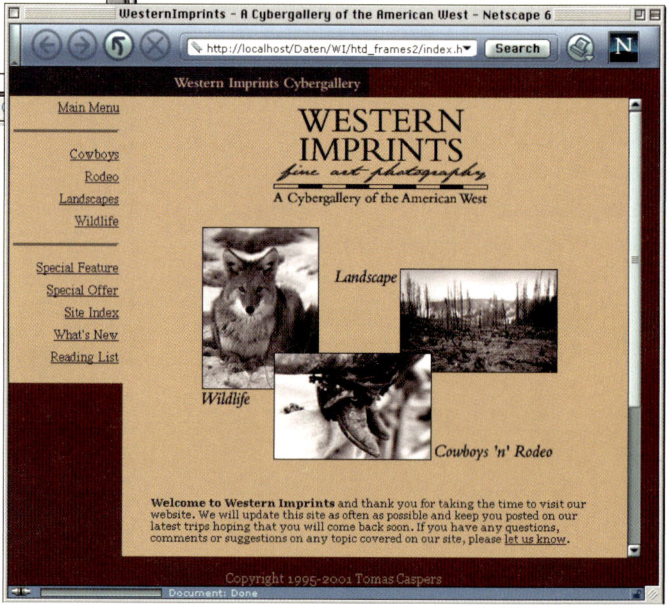

Abbildung 18 ▲
Das Resultat im Browser

Der resultierende Code aus dieser Übung sollte in etwa der Abbildung 17 entsprechen, in Abbildung 18 sehen Sie den ersten Browser aus dem Hause Netscape, der tut, was man ihm sagt.

Erstellung einer dynamischen Site mit Dreamweaver und HTML4

Die hohe Schule des Webdesigns – die Erstellung von dynamischen Inhalten

DHTML – Marketingsprech für HTML4, CSS und JavaScript

Kehren wir kurz zurück zum Kapitel »Erstellung einer statischen Site mit Dreamweaver und HTML 3.2«: Das ursprüngliche Konzept von HTML war nicht das einer Seitenbeschreibungssprache, sondern das einer Strukturierungssprache. Die von HTML zur Verfügung gestellten Sprachelemente sollten der klaren Strukturierung umfangreicher Dokumente dienen. Offenbar produzieren Kernphysiker solche Dokumente in Massen, denn sonst hätten sie sich nicht zusammengesetzt und das World Wide Web aus der Taufe gehoben.

Wie die Daten einer HTML-Seite dargestellt werden, hing ausschließlich vom verwendeten Browser und seinen individuellen Einstellungen ab. Erst die Webdesigner machten sich daran, mit diesen Gegebenheiten und den speziellen Eigenschaften der diversen Browser Tricks zu entwickeln, HTML eben doch für mehr oder weniger präzise festgelegte Layouts zu verwenden. Ein klassischer Trick (den Dreamweaver übrigens auch einsetzt, wenn Layer-Anordnungen in Tabellen gewandelt werden) ist das auch heute noch oft verwendete Leer-GIF, bekannt aus dem Kapitel über statisches HTML. Einige Websites »glänzten« damit, dass sie sich gänzlich von HTML lösten und im Prinzip nichts weiter darstellten als Ansammlungen riesiger Imagemaps, die den ganzen Bildschirm füllten und erheblich zum Anstieg der Bandbreiten beitrugen. Man nannte das dann »dem Würgegriff von HTML entkommen« (David Siegel: »Creating Killer Web Sites«).

Mit dem zunehmenden Rühren der Werbetrommel für das Internet von kommerzieller Seite wurde zudem bei den Usern eine kaum erfüllbare Erwartungshaltung bezüglich Interaktivität und Multimedia geschaffen (erinnern Sie sich an die Werbung für Windows 98!), der man nur durch den extensiven Gebrauch verschiedenster PlugIns teilweise begegnen konnte. Der Markt, die Anwender und ganz bestimmt auch die Designer forderten schlichtweg bessere Möglichkeiten, gestalterische Konzepte und höhere Interaktivität auf der Seite des Anwenders unterzubringen.

Aus dieser unbefriedigenden Situation heraus schufen die beiden großen Browserhersteller das Dynamic HTML, das sie in den 4er-Versionen ihrer Browser einsetzten. Was wie ein Standard klingt, ist keiner, sondern nur ein Marketing-Schlagwort. (»... Natürlich setzen wir Ihre Site in Dynamic HTML um!« – klingt doch professionell und kompetent, oder?)

Während Netscape DHTML als eine Kombination aus Formatvorlagen (Cascading Style Sheets), frei platzierbaren Inhalten (Layer-Technik) und nachladbaren Schriften (Dynamic Fonts) definiert (http://developer.netscape.com/docs/manuals/communicator/dynhtml/index.htm), versteht Microsoft darunter ein über das DOM (Document Object Model, siehe Abschnitt »Arbeiten mit HTML 4«) zur Verfügung gestelltes Programmier-Interface für die Arbeit mit HTML-Elementen und Formatvorlagen (CSS) unter Einbindung von Datenbanken (Data Binding) und Skriptelementen (Scriptlets). Für den Fall, dass Sie diese Adresse wirklich abtippen wollen: http://msdn.microsoft.com/library/officedev/odeopg/deovrunderstanding-dhtmlcascadingstylesheetsscripting.htm.

Diese unterschiedlichen Definitionen haben zur Folge, dass DHTML-Elemente, die im Microsoft Internet Explorer tadellos arbeiten, im Netscape Navigator gerne schon mal den Dienst verweigern und umgekehrt. Ein großes Verdienst von Dreamweaver ist, dass Sie beim Implementieren von DHTML-Elementen mit Dreamweaver stets bestimmen können, wie kompatibel der entstehende Code mit Netscapes Navigator und Microsofts Internet Explorer sein soll.

Das World Wide Web Consortium (W3C) selbst äußert sich zu DHTML überhaupt nicht. Letztendlich ist DHTML ein Modewort für den kombinierten Einsatz von Cascading Style Sheets, HTML und JavaScript (bzw. VBScript und anderen Skriptvarianten) unter Einflussnahme auf die verschiedenen DOMs der Browser.

HTML4 – der »offizielle« Standard

Auch den W3C-Gremien waren die oben genannten Probleme bezüglich fehlender Interaktivität und Gestaltungsmöglichkeiten bekannt. Aus diesem Grunde und vermutlich auch, um dem wilden Treiben von Netscape und Microsoft einen offiziellen Standard entgegenzusetzen, verabschiedete das W3C bereits im Dezember 1997 den HTML 4.0-Standard, dem im Dezember 1999 eine Aktualisierung auf HTML 4.01 folgte (http://www.w3.org/TR/1999/REC-html401-19991224/). Dessen wichtigste Neuerungen lassen sich in den folgenden Kernpunkten zusammenfassen.

Trennung von Struktur und Präsentation

Wie bereits im Kapitel »Erstellung einer statischen Site mit Dreamweaver und HTML 3.2« erwähnt, wurden durch HTML 3.2 viele Elemente eingeführt, die lediglich der Präsentation der Inhalte dienten, aber ungeeignet waren, ein Textdokument mit einer logischen und für Mensch und Maschine nachvollziehbaren Struktur zu versehen. HTML4 geht hier einen Schritt zurück (oder – je nach Perspektive – vor) zu den Ansätzen des nie verabschiedeten HTML 3, nämlich Inhalt und Präsentation wieder streng voneinander zu trennen. Der Sinn dieses Ansatzes ist es, die Ausgabe der Inhalte auf einer Vielzahl verschiedener Geräte zu ermöglichen, seien es Computermonitore, Mobiltelefone, Sprachausgabe für Sehbehinderte oder auch für Anwender ohne die neueste Browser-Technologie.

◄ **Abbildung 1**
Auswahl an Dokumentkodierungen

Internationalisierung

Ältere HTML-Versionen waren auf die Dokumentkodierung nach dem Standard ISO-8859-1 beschränkt, der nur in einigen Ländern der westlichen Welt (nämlich solchen mit mitteleuropäischen Sprachen) gebräuchlich ist (siehe Abschnitt »Dokumentkodierung« im Kapitel »Seitenstruktur einer HTML3.2-Seite«). Diese Beschränkung wurde in HTML4 aufgehoben, sodass nun die freie Wahl des Zeichensatzes möglich ist. Auch Dreamweaver bietet Ihnen diese Wahlmöglichkeit; unter ÄNDERN • SEITENEIGENSCHAFTEN... (⌘ bzw. Strg + J) finden Sie eine Auswahloption mit zahlreichen Kodierungen (Abb. 1). Wenn das Dokument auf ISO-8859-2 eingestellt ist, ist es z. B. nicht mehr notwendig, Umlaute in HTML-Entitäten zu wandeln (also »ä« zu »ä«)

Cascading Style Sheets

Offiziell eingeführt wurden auch die Cascading Style Sheets (CSS), die streng genommen ein Vorschlag des Autors sind, wie seine Seiten in den verschiedenen Ausgabemedien aussehen (oder sich in anderen Ausgabemedien vielleicht auch anhören) sollten. Es gibt zurzeit zwei verschiedene Sorten von CSS: Cascading Style Sheets 1 (CSS1) und Cascading Style Sheets Positioning (CSS-P).

Ein weiterer Standard – CSS2 – ist bereits seit 2 Jahren eine Empfehlung des W3C (http://www.w3.org/TR/REC-CSS2/). Einer der ersten Browser, die diesen Standard hinreichend zuverlässig unterstützten, war Microsofts Internet Explorer 5. Eine nahezu vollständige Unterstützung der CSS1-Sezifikationen sowie der DOM1-Spezifikationen (dazu später mehr) verspricht der im November 2000 fertig gestellte Netscape 6 (Abb. 2). Wann mit einer umfassenden Realisierung der CSS2-Empfehlungen zu rechnen ist, lässt sich momentan nicht vorhersagen.

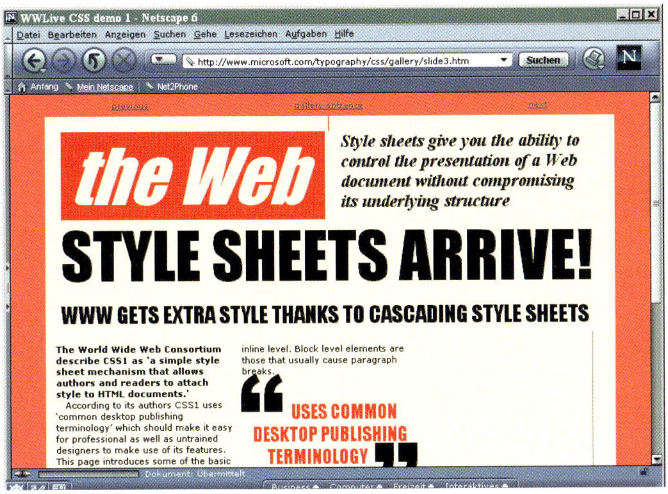

◂ **Abbildung 2**
Netscapes letztes Aufgebot: Mozilla, der mittlerweile zum AOL Navigator 6.0 mutiert ist, zeichnet sich durch ungeahnte Möglichkeiten in der CSS-Unterstützung aus. Die abgebildete Seite ist ausschließlich über Stylesheets und ohne Bilder formatiert worden.

CSS1 definiert im Wesentlichen Möglichkeiten zur Manipulation der Darstellung von Text, also welcher Font wie groß mit welchem Schnitt und welchem Zeilenabstand dargestellt wird (und mehr, siehe Abschnitt »Einführung in Cascading Style Sheets« in diesem Kapitel). CSS-P stellt Mechanismen zum sowohl zeitabhängigen als auch pixelgenauen absoluten Positionieren von Elementen zur Verfügung. Beide Standards sind so ausgelegt, dass sie absolute Abwärtskompatibilität garantieren, d.h. auch Browser, die z.B. keine Stylesheets beherrschen, werden den Inhalt vollständig und interpretierbar für Menschen und Maschinen ausgeben (oder sollten es zumindest). CSS zusammen mit HTML4 gibt dem Autor aber auch zuvor nie da gewesene Möglichkeiten, das Aussehen seiner Seiten zu kontrollieren und bisher nur aus den Druckmedien bekannte typografische Feinheiten einzusetzen. Die wiederum helfen die Lesbarkeit und damit den Erfolg einer Website zu verbessern.

Durch den Einsatz von HTML4 und CSS können Webautoren aber nicht nur den Besuchern ihrer Seiten mehr Komfort bieten; für sie selber erleichtert sich die Arbeit auch dramatisch, wenn Textauszeichnungen nicht mehr für jeden Absatz einzeln per <font> gesetzt werden müssen, sondern einmal global für eine ganze Site in einem externen Stylesheet definiert werden.

Auch das mühsame Jonglieren mit den aus dem Kapitel »Erstellung einer statischen Site mit Dreamweaver und HTML 3.2« bekannten Leer-GIFs entfällt weitgehend, da Seitenelemente per CSS präzise positioniert werden können. Dieser Ansatz bietet auch einen dramatischen Performance-Vorteil für alle Beteiligten, da weniger Leer-GIFs auch weniger Serverlast bedeuten, weniger Daten (hauptsächlich in Form von Abfragen) durch die Telefonleitung zum Anwender geschickt werden müssen und die Seiten im Browser auch schneller gerendert werden. Untersuchungen des W3C sprechen hier von einem Geschwindigkeitszuwachs um den Faktor 2-4 (http://www.w3.org/Protocols/HTTP/Performance/Pipeline.html).

Einschränkend zu den fast zahllosen Gestaltungsmöglichkeiten mit Stylesheets sollte erwähnt werden, dass die Entwicklungszyklen der Browserhersteller nicht unbedingt immer mit denen der Standardisierungsgremien wie dem W3C zusammenpassen. Das hatte unter anderem zur Folge, dass der Netscape Navigator in der Version 4.0 vor der offiziellen Verabschiedung der HTML4- und CSS-Standards auf den Markt kam und so nicht die vollen Spezifikationen umsetzen konnte. Dasselbe Problem hatte auch die 4er-Version des Microsoft Internet Explorers, der deswegen CSS nur teilweise (und anders als andere Browser) unterstützt. Hier hat die aktuelle Version 5.0 viel Boden wettgemacht und unterstützt die Spezifikationen CSS1 und CSS-P nahezu vollständig sowie bereits Teile der CSS2-Spezifikationen. Netscape 6 unterstützt die Spezifikationen eigenen Angaben zufolge gar vollständig (home.netscape.com/browsers/future/standards.html).

Frames

Neben der klassischen Textauszeichnung wurden mit HTML4 auch die einst von Netscape Navigator 2 eingeführten Framesets standardisiert. Leider wurde aber genau das Frame-Modell von Netscape mit allen seinen Fehlern übernommen. (Siehe dazu den Abschnitt »Grundlegende Probleme einer Site mit Frames und warum Sie Ihnen machtlos ausgeliefert sind« im Kapitel »Erstellen einer Site mit Framesets«).

Clientseitiges Scripting

Eines der interessantesten Elemente von HTML4 und eines der Haupteinsatzgebiete von Dreamweaver ist die Unterstützung von clientseitigem Scripting per `<script>`-Element und der damit verbundenen Einbettung von verschiedenen Skriptsprachen zur Erzeugung dynamischer Inhalte. Wie bereits oben erwähnt, haben die Marketingabteilungen der Browserhersteller dafür den Begriff Dynamic HTML geprägt, also die Kombination aus HTML4, CSS1 und 2 und wahlweise – je nach Weltanschauung – JavaScript, JScript oder VBScript. Hier liegt eine der Stärken von Macromedia Dreamweaver, das nicht nur die in den vorigen Kapiteln beschriebenen statischen Seiten generieren kann, sondern insbesondere für die Erstellung komplexer und dynamischer Inhalte geradezu prädestiniert ist.

Die Klippen der Cross-Browser-Kompatibilität umschifft Dreamweaver geschickt, indem zum Beispiel dem Autor beim Erstellen einer Seite mit absolut positionierten Elementen die Wahl zwischen dem Netscape-eigenen `<layer>`-Element und dem kompatibleren Positionieren per `<div>`-Element gelassen wird. Auch die von Dreamweaver erzeugten JavaScripte sind so ausgelegt, dass sie alle Unterschiede zwischen den Browsern abfangen, sodass dem Autor bereits im Vorfeld viel Arbeit beim Programmieren und Testen abgenommen wird.

DTDs

Korrekterweise sollte auch HTML4-Dokumenten eine Dokumententypdefinition voranstehen (siehe Kapitel zu HTML 3.2). HTML 4 kommt mit drei Dokumententypdefinitionen (DTDs) daher: `Strict`, `Transitional` (Loose) und `Frameset`.

`Frameset` sollte einer Frameset-definierenden Seite voranstehen (siehe Kapitel »Erstellung einer Site mit Framesets«), `Strict` ist die exakte Definition für Dokumente nach den W3C-Empfehlungen und Loose enthält Definitionen, die nach Ansicht des W3C nach einer Übergangszeit (`Transitional`) nicht mehr Bestandteile von HTML 4 sein werden (http://www.w3.org/TR/1999/REC-html401-19991224/sgml/dtd.html).

Die DTD-Aufrufe für HTML 4.0:

```
<!DOCTYPE HTML PUBLIC "-//W3C//
DTD HTML 4.01 Transitional//EN" "http://
www.w3.org/TR/html4/loose.dtd">
<!DOCTYPE HTML PUBLIC "-//W3C//
DTD HTML 4.01//EN"
"http://www.w3.org/TR/html4/strict.dtd>
<!DOCTYPE HTML PUBLIC "-//W3C//
DTD HTML 4.01 Frameset//EN"
"http://www.w3.org/TR/html4/frameset.dtd">
```

Arbeiten mit HTML 4

Bevor wir in diesem Kapitel den praktischen Teil erreichen, glauben wir, Sie noch mit einigem theoretischen Ballast versorgen zu müssen. Wenn Sie erst mal wieder vor dem Problem stehen, dass Ihre sorgfältig umgesetzten Entwürfe plötzlich auf dem Browser eines Bekannten oder – noch schlimmer – auf dem Browser des Kunden anders oder gar stilbrüchig aussehen, dann sind einige Hintergrundkenntnisse unter Umständen nützlich – wenn nicht notwendig – für die schnelle Beseitigung des Problems oder gar dessen Vermeidung.

DOM – Document Object Model

Alle Browser arbeiten mit einem DOM. DOM steht als Abkürzung für Document Object Model. Darunter ist die Anleitung zu verstehen, nach der ein Browser den gerade eingelesenen HTML- und Skriptsprachen-Code interpretiert und darstellt. Das DOM eines Browsers legt fest, wie JavaScript in einem HTML-Dokument Objekte des Dokumentes manipulieren darf. Technisch betrachtet ist das DOM eine Anwendungsprogrammierschnittstelle auf und mit der Browseroberfläche (also ein API: Application Programming Interface). Auf der Grundlage eines solchen DOMs wird definiert, wie ein gegebener Browser mit Objekten wie Stylesheets, Ebenen, Skripten, Frames usw. umzugehen hat bzw. welche Elemente einer HTML-Seite als Objekte behandelt werden können.

In den ersten JavaScript-fähigen Browsern erlaubte das DOM den Zugriff auf eine beschränkte Anzahl von Objekten und ihren Attributen, nämlich auf Formulare, Frames und später Abbildungen. In den 4er-Browsern wur-

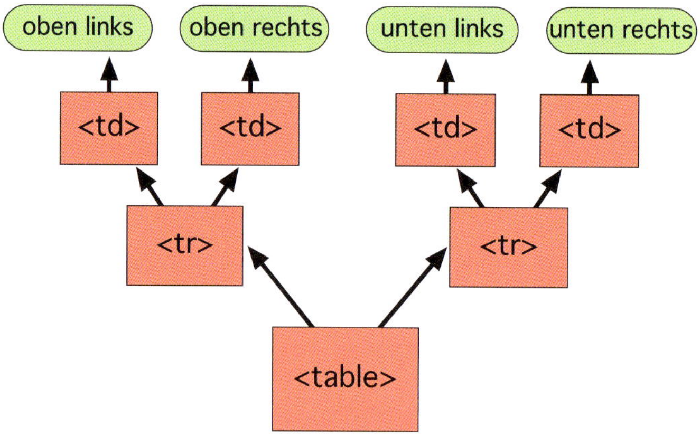

◄ Abbildung 3
DOM-Tree

den diese Zugriffsmöglichkeiten stark erweitert. Das Leben der Webdesigner und -entwickler wäre um vieles einfacher, wenn die beiden größten Browserentwickler ein einheitliches DOM verwendet hätten. Jedoch: Der Microsoft Internet Explorer erlaubt den Zugriff auf jedes Element einer HTML-Seite als Objekt, Netscape Navigator 4.x nur auf eine Auswahl von Objekten einer Seite (was die häufigen Einschränkungen wegen Netscape verursacht). Das vom W3C empfohlene DOM-Level-1 (http://www.w3.org/TR/REC-DOM-Level-1/) ist weder im Internet Explorer noch im Navigator realisiert; erst die Browser ab der 5.x-Generation halten sich größtenteils an diese Vorgaben.

Wie funktionieren nun diese DOMs?

Das zur Klärung oft und gerne vorgeführte Modell ist das eines Baumes mit Ästen (genauer: das eines Waldes mit Bäumen mit Ästen mit Zweigen, Abb. 3). Wird zum Beispiel eine HTML-Tabelle in ihrer DOM-Repräsentation betrachtet, so bildet das <table>-Tag den Stamm, von dem ausgehend die Reihen-Tags (<tr>) als Äste zu den Zelleneinträgen <td> verzweigen, an deren Spitzen die Zelleninhalte und -attribute als Blätter stehen.

```
<table>
    <tr>
        <td>Oben links</td>
        <td>Oben rechts</td>
    </tr>
    <tr>
        <td>unten links</td>
        <td>unten rechts</td>
    </tr>
</table>
```

Nach diesem Prinzip arbeitet das DOM auch mit dem ganzen Dokument. Die Wurzel bildet der Stamm `document`, von dem die diversen Objekte abzweigen. Die verwendete Schreibweise richtet sich nach der so genannten Dot-Syntax, in der Objekte abnehmender Hierarchie hintereinander durch Punkte (Dots) getrennt geschrieben werden. Angenommen, man möchte per Skript über das DOM den Inhalt der Texteingabe in einem Formular aufrufen bzw. manipulieren, dann würde der zugehörige Aufruf lauten:

```
document.form.txt
```

Angelehnt an das Baummodell also:

```
stamm.ast.blatt
```

Welchen Vorteil verschafft dieses Wissen bei der Planung und Gestaltung von Webseiten?

Nun, vor allem erklärt es einige signifikante Unterschiede und Einschränkungen im Verhalten von Navigator und Internet Explorer. Wenn Sie z. B. später mit Dreamweaver Rollover-Bilder setzen, wird Ihnen auffallen, dass Sie diesen Bildern stets eine URL zuweisen sollen – und wenn es sich nur um eine Placebo-URL handelt: Dreamweaver setzt ein Doppelkreuz # (siehe den Abschnitt »Rollovers definieren« im Kapitel »Erstellen einer Site mit Framesets«). Die Erklärung ist einfach. Das Netscape-DOM gestattet skriptweisen Zugriff auf URLs und in sie eingeschlossene Bilder, nicht aber auf Bilder an sich. In dem Moment, da ein Bild in einen Link gepackt wird, wird es zum Bestandteil eines DOM-Objektes und lässt sich per Skript manipulieren (also austauschen).

Ähnliches gilt für Ebenen. Im Internet Explorer-DOM sind Höhe und Breite einer Ebene (siehe den Abschnitt »Eigenheiten von absolut positionierten Elementen« in diesem Kapitel) über das DOM greifbare Objekte, im Navigator nicht. Daher ist es nicht möglich, im Navigator die Größe einer Ebene im Rahmen einer Zeitleistenaktion zu verändern. (Dreamweaver warnt bei solchen Gelegenheiten sogar ausdrücklich.)

Dreamweaver ist von den Macromedia-Entwicklern in weiser Voraussicht so eingerichtet worden, dass viele dieser Browserspezifitäten berücksichtigt werden. Bei der Auswahl von Verhalten (die letztendlich nichts weiter als vorgefertigte JavaScripte sind, die das Browser-DOM manipulieren) lässt sich vorgeben, mit welchen Browsern eine Seite kompatibel sein soll. Entsprechend erweitern oder verkleinern sich die Auswahlmöglichkeiten (siehe den Abschnitt »Verhalten und Objekte«). Dreamweaver bewerkstelligt dies mit der automatisch eingesetzten Funktion `MM_findObj`, die von den verschiedenen Verhalten aufgerufen wird.

Diese Funktion sucht rekursiv nach dem von einem beliebigen Verhalten aufgerufenenen Objekt mit dem Namen und liefert dieses zurück. Das ist zwar vom Rechenaufwand betrachtet eine ziemlich kostspielige Suche, umgeht dabei allerdings elegant jedes DOM, sodass der Code der von Dreamweaver eingesetzten Verhalten weitgehend browserunabhängig ist.

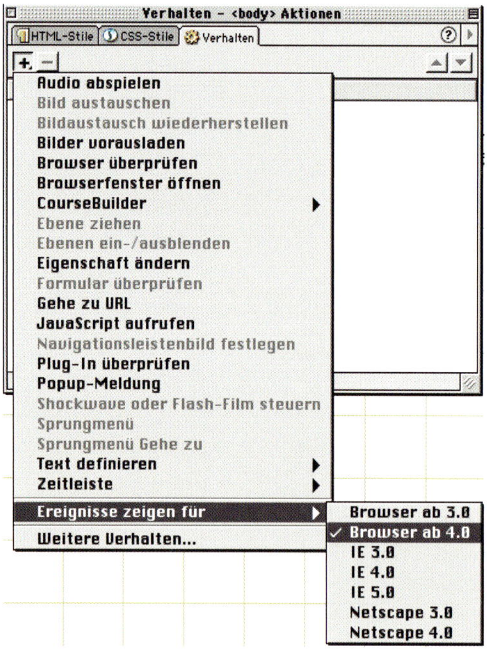

◀ Abbildung 4
Optionen bei der Auswahl von Verhalten. Je nachdem, welche Browser mitbedient werden sollen, schränkt sich die Auswahl ein oder vergrößert sich – eine Folge der unterschiedlichen DOMs.

```
<!--
function MM_findObj(n, d) { //v4.0
var p,i,x; if(!d) d=document;
if((p=n.indexOf("?"))>0&&parent.frames.length)
{
d=parent.frames[n.substring(p+1)].document;
n=n.substring(0,p);}
if(!(x=d[n])&&d.all) x=d.all[n];
for (i=0;!x&&i<d.forms.length;i++)
x=d.forms[i][n];
for(i=0;!x&&d.layers&&i<d.layers.length;i++)
x=MM_findObj(n,d.layers[i].document); if(!x)
x=document.getElementById(n); return x;
}
//-->
```

Übrigens kombiniert das Dreamweaver-DOM ein Teilset des Netscape Navigator 3.0-DOM mit einem Teilset des vom World Wide Web-Konsortium vorgeschlagenen DOM (http://www.w3.org/DOM/).

Die aktuellen Browser (IE 5.x sowie Netscape 6) unterstützen weitgehend die DOM1-Spezifikationen. DOM2, obwohl verabschiedet (seit Mitte November 2000), wird noch von keinem Browser unterstützt. Es ergänzt das DOM1-Modell unter anderem um Manipulationsmöglichkeiten an Stylesheets sowie eine umfassendere Anbindung der XML-Spezifikationen. DOM3 befindet sich seit kurzem in der Entwurfsphase und deckt unter anderem Aspekte des Ladens, Abspeicherns und verschiedener Ansichtsmöglichkeiten von Dokumenten ab. Einen zwar etwas technischen, dafür kompetenten Einstieg in die »aufregende« Welt der DOM-Spezifikationen mit zahlreichen weiterführenden Links bietet folgende URL: www.oasis-open.org/cover/dom.html von Robin Cover.

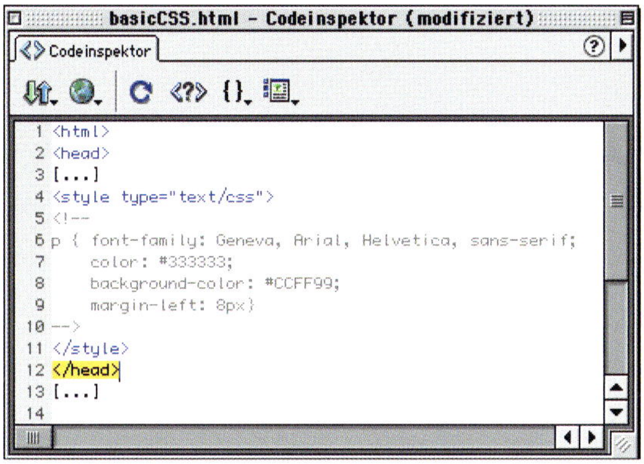

◀ Abbildung 5
Einbettung eines Stylesheets in den Kopf des Dokuments

Einführung in Cascading Style Sheets (CSS)

Cascading Style Sheets wurden oben bereits als mittlerweile schon nicht mehr ganz so neue Ergänzung der HTML 4-Spezifikationen erwähnt. Da die vollständige und korrekte Unterstützung von CSS1 für die meisten aktuellen Browser selbstverständlich geworden ist, stellt diese Sprache ein immer wichtiger werdendes Gestaltungselement für den Webdesigner dar. Daher ist es notwendig – unabhängig von den Möglichkeiten Dreamweavers – ein wenig auf die Hintergründe des CSS-Prinzips einzugehen.

Was sind Cascading Style Sheets?

Stylesheets bestehen aus simplen Instruktionen (Statements), die einem Browser mitteilen, wie er bestimmte Elemente einer HTML-Seite darzustellen hat. Durch das folgende Beispiel

```
p {font-family: Geneva; color: #333333}
```

werden alle Textabschnitte, die mit <p>...</p> ausgezeichnet sind, in der Schrift Geneva in Dunkelgrau dargestellt. Dieses Statement besteht aus zwei Teilen, dem **Selektor** und der **Deklaration**. Der Selektor benennt das HTML-Element, das formatiert werden soll (in diesem Fall p), und die Deklaration (alles zwischen den geschweiften Klammern) teilt dem Browser mit, welche Eigenschaften das Element haben soll. Diese Eigenschaften gehen weit über das aus HTML 3.2 bekannte <font>-Element und seine begrenzten Möglichkeiten hinaus. So können nicht nur der Zeichensatz und dessen Schriftgrad und Farbe bestimmt werden, sondern auch typografische Feinheiten wie Zeilenabstände, Spationierung und Blocksatz.

Syntax von CSS

Stylesheets können sowohl lokal für ein bestimmtes Dokument geschrieben als auch global auf eine ganze Website mit Tausenden von Seiten angewendet werden. Im ersten Fall wird das Stylesheet einfach in den Kopf des Dokuments eingebettet (Abb. 5).

In diesem Beispiel teilt <style> dem Browser mit, dass hier ein Stylesheet beginnt. Das Attribut type= setzt den MIME-Typ der dann folgenden Instruktionen, damit Browser ohne CSS-Unterstützung darüber hinweg lesen können, und die SGML-Kommentarzeichen <!-- & --> verhindern, dass die Deklarationen von nicht CSS-fähigen Browsern als Text dargestellt werden.

Externe Stylesheets

Bei Formaten, die für eine gesamte Website Gültigkeit haben, gibt es auch die Möglichkeit, externe Stylesheets anzulegen, die dann von allen Dokumenten benutzt werden. Auch hier handelt es sich um reine ASCII-Textdateien, die per

```
<link rel="stylesheet" href="css/
main.css" type="text/css">
```

aus dem HTML-Dokument aufgerufen werden. Die Syntax dieser externen Dateien, die auf das Suffix .css enden, unterscheidet sich nicht im Geringsten von denen der eingebetteten Styles. Lediglich die Tags <style></style> und die Kommentarzeichen <!-- --> entfallen, sodass die gesamten Statements in beliebiger Reihenfolge und Formatierung unter- oder nebeneinander stehen können.

In der Benutzung externer Stylesheets liegt eine der Stärken dieses Konzeptes (und in der Trennung von Verpackung und Inhalt im Allgemeinen): Wenn Sie sich später überlegen, dass Sie den Text im ersten Beispiel doch lieber gerne in einer Serifenschrift hätten und vielleicht noch wegen der besseren Lesbarkeit etwas mehr Durchschuss haben wollen, dann brauchen Sie bei konsequentem Einsatz von Stylesheets nur die Deklaration in

```
p {font-family: Georgia, Times, serif;
color: #333333; font-size: 10pt;
line-height: 15pt}
```

zu ändern. Schon werden alle Texte der Website, die mit <p>...</p> eingefasst sind, in einer Serifenschrift in 10 auf 15 Punkt dargestellt, ohne dass Sie – wie zu Zeiten der 2er- und 3er-Browser – Hunderte von <font>-Tags ändern müssten.

Positionierung mit CSS

Aber damit sind Stylesheets noch lange nicht am Ende ihrer Möglichkeiten: Die Sprache bietet auch an, einzelne Elemente oder ganze Seitenabschnitte direkt und ohne Umwege über aufwendige Tabellen zu positionieren. Hierzu wird einfach einzelnen Block-Level-Elementen (also Containern, die eine logische Einheit definieren wie z.B. <div>...</div> oder <p>...</p>) per CSS eine relative oder absolute Position zugewiesen:

```
<div id="foo" style="position:absolute;
left:30px; top:20px">Foo</div>
```

SGML – Was ist das?

SGML ist die Abkürzung für **Standard Generalized Markup Language**, einem System, nach dessen Regeln »Strukturierungsprachen« wie HTML konstruiert werden können. HTML wurde nach den durch SGML definierten Regeln konzipiert. SGML wurde 1986 von der Internationalen Organisation für Standards (ISO) entwickelt und ist in gewissem Sinne die Mutter von HTML (http://www.w3.org/TR/html401/intro/sgmltut.html).

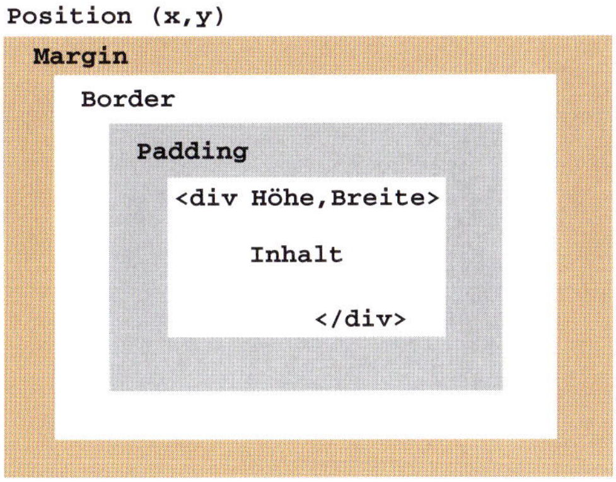

◂ **Abbildung 6**
Das CSS-Box-Model

Diese Container werden dann vom Browser als Ebenen (Layer) behandelt (nicht zu verwechseln mit dem Netscape-eigenen <layer>-Element, das ein ähnliches Konzept verfolgt, aber von keinem anderen Browser verstanden wird). In diesem Beispiel ist der Text »Foo« immer 30 Pixel vom linken und 20 vom oberen Rand des Browserfensters entfernt. Zusätzlich lassen sich solche Ebenen mit den Attributen versehen, die Sie schon aus den vorherigen Kapiteln zu Bildern und Texten kennen.

Jedem dieser Elemente lassen sich nicht nur eine Position, sondern auch Breite, Höhe und Abstände nach innen und außen zuweisen (Abb. 6). Das in der Sprache der CSS-Entwickler Box-Model genannte zugrunde liegende Modell unterscheidet sich aber in der Umsetzung der Browser teilweise erheblich. Auch hier gilt: Solange nicht alle Browser die Spezifikationen korrekt umsetzen, muss man als Webentwickler einen großen Teil der Arbeit mit Testen verbringen. Von dieser Arbeit kann Sie leider auch kein noch so ausgefeilter WYSIWYG-Editor wie Dreamweaver befreien, da auch dieser nicht alle Fehler und Eventualitäten abfangen kann. Da hilft es auch nicht, dass Netscape 6 und Internet Explorer 5 zufriedenstellende Ergebnisse liefern; solange ältere Browser noch einen gewissen Marktanteil halten, werden Sie nicht umhinkommen, Ihre Webseiten auch für diese Browser darstellbar machen zu müssen.

Dreamweaver bietet hier die Möglichkeit, solche Ebenen mit wenigen Mausklicks zu erstellen, zu manipulieren und mit weiteren Effekten zu versehen. Indem Sie in Dreamweaver über die Verhalten bestimmten Ereignissen wie einem `onMouseOver` JavaScript-Aktionen zuweisen, können Sie Ebenen verschieben, austauschen oder unsichtbar machen.

Fazit

Typischerweise hätte ein Webentwickler früher für Kunden, die ein bestimmtes Erscheinungsbild benötigen, viele Elemente einer Site als Grafiken in einem verschachtelten Tabellenkonstrukt abgelegt. Anders wäre das gewünschte Aussehen nicht zu erreichen gewesen. Mit Stylesheets erhalten Sie dieselben Effekte in weitaus kürzerer Entwicklungszeit und bei geringeren Dateigrößen, was sich in reduzierter Serverlast und schnellerem Seitenaufbau für den Besucher bemerkbar macht.

Hoffentlich hat diese kleine Einführung gereicht, um Sie von den Vorzügen von CSS zu überzeugen. Einer der Vorteile von Dreamweaver ist es, dass Sie den nötigen Sourcecode nie mehr zu Gesicht bekommen müssen, wenn Sie es nicht wollen. Das Programm beinhaltet eine komplette Stylesheet-Erzeugung und -Verwaltung, und das Verhalten dieser Elemente lässt sich mit den Verhalten über wenige Mausklicke steuern.

Leider ist die Unterstützung von CSS gerade im leider immer noch verbreiteten Netscape Navigator 4.x alles andere als optimal. Daher wird im Buch an geeigneter Stelle auf mögliche Fallstricke und Unterschiede in der Implementierung in den verschiedenen Browsern hingewiesen und (wenn möglich) Workarounds aufgezeigt.

Textformatierungen mit CSS

Der einfachste, weil von allen aktuellen grafischen Browsern seit Netscape 4 und Internet Explorer 3 verstandene Einsatzzweck von CSS ist die Schriftformatierung. Wegen verschiedener Faktoren – wie der geringeren Auflösung oder dem höheren Kontrast (Monitore strahlen Licht ab, während Papier Licht reflektiert) im Vergleich zu bedrucktem Papier – ist die Lesegeschwindigkeit vom Monitor langsamer als bei den Druckmedien. Also muss sich die Gestaltung von Text in einem hauptsächlich auf dem Bildschirm basierenden Medium wie dem WWW an diese veränderten Voraussetzungen anpassen und für eine optimale Lesbarkeit sorgen. Gerade hier bietet CSS einige einfache Mittel, mit denen teilweise dramatische Verbesserungen erzielt werden können.

Fontgrößen bei Mac und Windows

Dieselben jahrhundertealten Regeln guter Typografie aus den Printmedien gelten auch in den Neuen Medien, insbesondere wegen der oben genannten Problematik.

Leider holt den Entwickler auch hier schnell die Realität der verschiedenen Zielplattformen wie Macintosh, Windows und Unix und der unterschiedlichsten Browser wieder ein. Das, was auf der einen Plattform mit Browser X gut aussieht, kann unter einem anderen Betriebssystem mit Browser Y nicht entzifferbar sein.

Einer der Hauptunterschiede zwischen Windows und Mac ist die unterschiedliche Bildschirmauflösung, mit der beide Systeme arbeiten: Windows arbeitet in der Standardeinstellung (Systemsteuerung • Anzeige • Einstellungen • Kleine Schriftarten) mit 96 ppi (Pixel pro Inch), also circa 38 Pixel pro

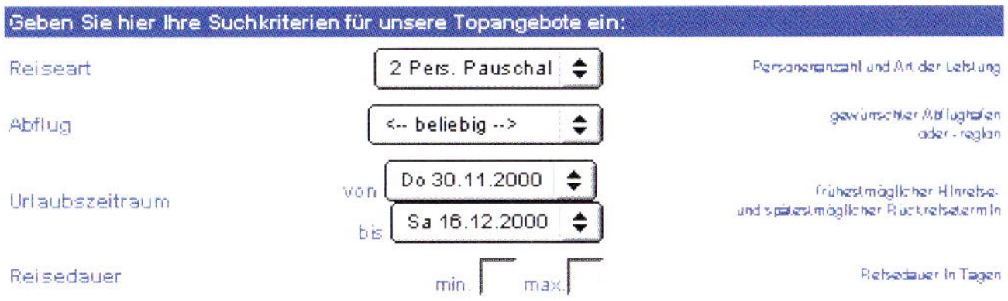

▲ Abbildung 7
Mac-User brauchen für die linke Spalte eine Brille und dürfen raten, was rechts steht.

Zentimeter, bei der Einstellung GROSSE SCHRIFTARTEN sogar mit 130 ppi. Das hat leider zur Folge, dass Text, der auf einem Macintosh bei 72 ppi (entspricht in etwa 28 Pixeln pro Zentimeter) in 12-Punkt-Größe gesetzt wurde, unter Windows ein Drittel größer ist, genauer gesagt 15 pt. Noch schlimmer sind die Folgen des umgekehrten Falles: Unter Windows ist eine 9 Punkt große Schrift durchaus noch lesbar, auf dem Mac wird daraus aber leider eine 6-Punkt-Schrift, eine Größe, die nicht mehr ausreicht, um einen Zeichensatz lesbar darzustellen (Abb. 7, 8 und 9) im Internet Explorer 5.5.

Ein »schön hässliches« Beispiel von einem der großen Reiseportale zeigt die Abbildung 7.

Und so sieht das Stylesheet aus, das diese Form der Darstellung »verbrochen« hat:

```
<link rel=stylesheet type=text/css href=/
lmi/25.css>
<style><!--
.TD { color: #3163CE; font-family: Arial;
font-size: 8pt; font-weight: normal;
text-align: right }
#TD { color: #3163CE; font-family: Arial;
font-size: 8pt; font-weight: bold;
text-align: right }
#TD2 { color: #3163CE; font-family: Arial;
font-size: 8pt; font-weight: bold;
text-align: right }
#TD3 { color: #3163CE; font-family: Arial;
font-size: 8pt; font-weight: bold;
text-align: right }
#A1 { text-decoration: underline; color:
#FFFFFF; }
#BTN { background-color: #3163CE; color:
#FFFFFF; font-family: Arial; font-size: 11;
font-weight: bold }
--></style>
```

Schon allein an der Deklaration von Arial können Sie erkennen, dass sich hier niemand die Mühe gemacht hat, auf anderen Plattformen als seiner eigenen zu testen.

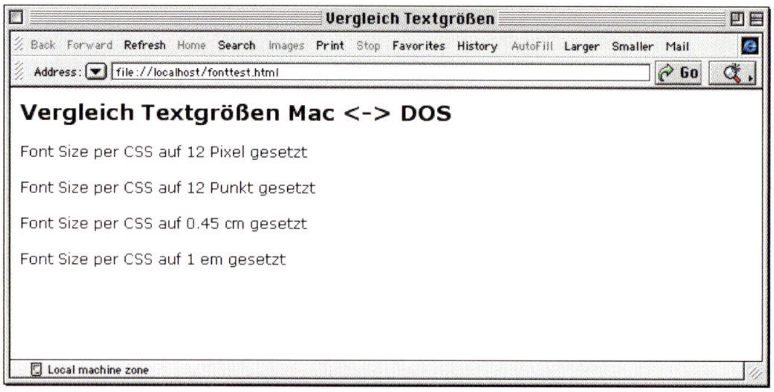

▲ Abbildung 12
Vergleich von Textgrößen in MacOS

```
<style>
   .outer { font-size: 0.9em}
   .inner { font-size: 0.8em}
</style>
[...]
<div class="outer">
   <p>Text in 0.9em</p>
   <p class="inner">Text in 0.7em (ja, kein
Tippfehler!)</p>
</div>
```

In unserem Listing sehen Sie zunächst die Deklarationen für die beiden Klassen outer und inner. Die erste Klasse bewirkt, dass der Text im ersten Absatz in 0.9em dargestellt wird. Im zweiten Absatz kommt nun die Klasse inner hinzu, wobei dieser Absatz vom äußeren Container div mit der Klasse outer eingeschlossen wird. Das Ergebnis für den Text im zweiten Absatz ist in diesem Fall dank der Verwendung von relativen Angaben (relativ zum äußeren Element) also 0,9 x 0,8 = 0,72, abgerundet also 0,7em.

Von den CSS-Gurus lernen
Falls Sie sich für die technischen und typografischen Feinheiten von CSS interessieren, googlen Sie doch einfach mal nach den Namen »Todd Fahrner« oder »Eric Meyer«.

Warum Sie nie relative und absolute Maßangaben mischen sollten

Gesetzt den Fall, Sie haben ein gut strukturiertes und hierarchisch aufgebautes Dokument, in dem die Überschriften mit <h2> bis <h4> ausgezeichnet sind, die Textabschnitte alle in <p> </p> usw. In Ihrem Stylesheet steht zur Gestaltung der Überschriften Folgendes:

```
h2 { font-size: 24px}
h3 { font-size: 1.2em}
```

Für den Fall, dass Ihre Besucher eine übliche Standardkonfiguration benutzen, ist auch alles zum Besten. Falls aber nun ein Besucher seine Standard-Schriftgröße größer eingestellt hat, kann es passieren, das die h3-Überschriften größer dargestellt werden als die h2-Überschriften und Ihre gesamte Struktur ist dahin. Der Grund hierfür ist, dass Pixel (px) eine starre Größe haben und sich höchstens nach

▲ Abbildung 13
Vergleich von Textgrößen in Windows

der Auflösung des Computermonitors richten. Eine als 24 Pixel hoch definierte Schrift bleibt 24 Pixel hoch, egal was der Benutzer auch an seinem Browser verstellen mag. Die relative Fontgröße 1.2em richtet sich aber sehr wohl nach den Voreinstellungen des Browsers und damit des Benutzers – etwas, worüber Sie keinerlei Kontrolle haben.

Umsetzung in den Browsern bis Version 4

Dreamweaver unterstützt alle diese Einheiten auch, nur mit der Umsetzung in den Browsern steht es immer noch nicht zum Besten. Die Unterstützung von Navigator 4 und Internet Explorer 3 und 4 für em und ex ist teilweise so fehlerhaft, dass von einer Verwendung nur abgeraten werden kann. Die verlässlichsten Ergebnisse sind immer noch – auch und gerade wegen der weiten Verbreitung älterer Browser wie des Navigator 4 und Internet Explorer 3 und 4 – mit px und pt zu erreichen. Deswegen werden in diesem Buch vorzugsweise feste statt relative Größenangaben benutzt und relative nur an Stellen eingesetzt, wo die Browser sie auch korrekt darstellen.

Dicker Fehler in Netscape 4

Ein Fehler in Netscape 4.x führt beim Ausdruck der Seiten zu besonders ärgerlichen Resultaten: Wird die Zeilenhöhe in cm, mm, pt oder in auf irgendein Element einer Seite angewendet, so fügt Netscape beim Drucken je einen Seitenumbruch vor und hinter diesem Element ein. Wenn Sie versuchen, eine solche Seite zu drucken, werden Sie feststellen, dass der Drucker eine große Anzahl von Seiten spoolt und ausdruckt, die mitunter nur ein Wort oder Zeichen enthalten. Der Fehler tritt nicht auf, wenn als Einheiten px, em, % oder ex verwendet werden. Außer px sind diese Einheiten jedoch ebenfalls äußerst unpräzise bzw. fehlerhaft umgesetzt, sodass als einziges zuverlässige Maß zum Einstellen der Zeilenhöhe mittels Stylesheet px übrigbleibt.

▲ Abbildung 14
Windows-Simulator auf dem Mac mit Netscape 6

▲ Abbildung 15
Neue Stilvorlage erstellen

Umsetzung in den Browsern ab Version 4

Um die Unterschiede zwischen den Plattformen aufzuheben (siehe auch Abbildung 12 und 13) oder doch zumindest anzunähern, erdachte sich das Entwicklerteam für den Internet Explorer 5 auf dem Macintosh die Option, per Voreinstellung auf die übliche Windows-Bildschirmauflösung von 96ppi umzuschalten. Der Effekt ist, das Schrift nun auf dem Mac in etwa derselben Größe wie unter Windows dargestellt wird (und damit viel zu groß, wie viele Mac-User meinen). Netscape hat mit der Version 6 des Navigators nachgezogen und dem Browser ebenso die entsprechende Funktion mitgegeben (Abb. 14).

Erste praktische Anwendung von CSS

Sie können Stilvorlagen in Dreamweaver anlegen, indem Sie den zu formatierenden Textabschnitt aktivieren und dann aus dem Popup des CSS-Stile-Fensters Neuer Stil wählen (Abb. 15). Im folgenden Dialog (Abb. 16) werden Sie gefragt, ob Sie global für ein bestimmtes HTML-Tag eine Stilvorlage anlegen möchten (HTML-Tag neu definieren), eine eigene Klasse anlegen (Benutzerdefinierten Stil erstellen (Klasse) – mehr dazu im nächsten Abschnitt – oder einen der vier Selektoren für Links, die CSS2 bietet, bearbeiten möchten (CSS-Selektor verwenden).

Benennung von CSS-Klassen

Sie sollten CSS-Klassen nie nach ihrem Aussehen benennen, sondern immer nur nach ihrer Funktion. Sie haben z.B. im oben genannten Beispiel die Klasse »hintengrün« genannt, sich aber dann überleget, Zitate sollten doch besser blau hinterlegt sein. Dann müssten Sie nicht nur die Farbe in der Style-Deklaration ändern, sondern auch alle Aufrufe dieser Klasse, damit der Code auch in einem halben Jahr noch nachvollziehbar bleibt.

Abbildung 16 ▶
Anlegen einer eigenen Klasse

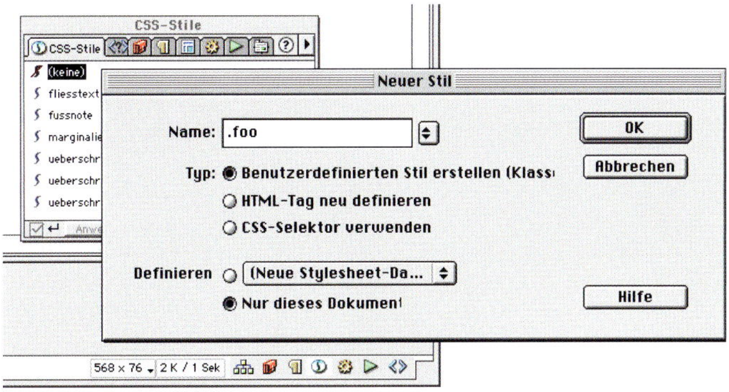

Abbildung 17 ▶
Anwendungsergebnis

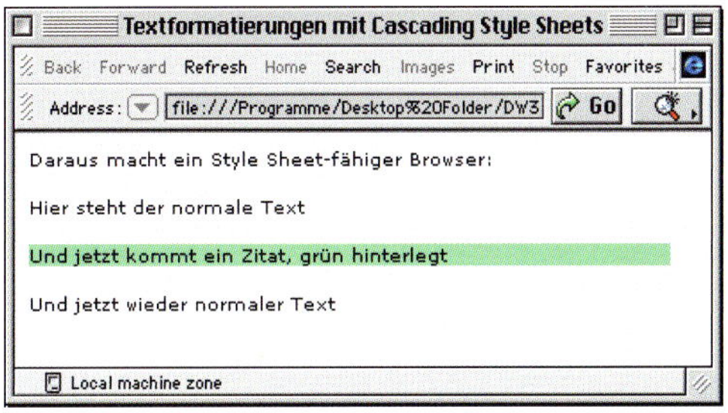

Wenn Sie hier BENUTZERDEFINIERTEN STIL ERSTELLEN auswählen, legt Dreamweaver eine neue Klasse von Deklarationen an, die für alle Elemente gelten, auf die diese Klasse angewendet wird. Diese Klassen erscheinen dann im CSS-Stile-Fenster in Listenform und können einfach auf ausgewählte Elemente oder Textabschnitte angewendet werden, indem Sie diese im Hauptfenster aktivieren und dann auf die entsprechende Klasse in der Liste klicken. Diese benutzerdefinierten Klassen sind für Fälle ideal, wenn z.B. Text grundsätzlich in einem bestimmten Stil dargestellt werden soll, bestimmte Teile des Textes – wie Zitate oder Hervorhebungen – aber in einem anderen Stil erscheinen sollen:

```
<p>Daraus macht ein Stylesheet-fähiger
Browser:</p>
<p>Hier steht der normale Text</p>
<p class="zitat">Und jetzt kommt ein Zitat,
gr&uuml;n hinterlegt</p>
<p>Und jetzt wieder normaler Text</p>
```

Was daraus jeder halbwegs Stylesheet-fähige Browser macht, sehen Sie in Abbildung 17. Diese Stildefinitionen können beliebig verschachtelt sein, d.h., in einem Blockelement wie einem Textparagraf (<p> oder <div>) können beliebig viele Inline-Elemente wie <span> mit eigenen Klassenaufrufen enthalten sein, die wiederum ihrerseits andere <span>-Elemente enthalten können. Dazu brauchen Sie nur die entsprechenden Passagen in Dreamweaver zu markieren und wie oben beschrieben die Stilvorlagen darauf anzuwenden.

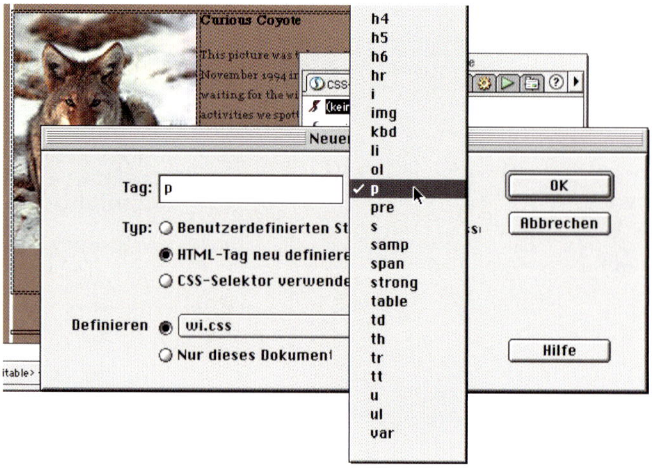

Abbildung 18 ▶
HTML-Tag neu definieren

Beachten Sie aber auch hier wieder, dass relative Werte in diesen Klassen immer relativ zu der Klasse des umgebenden Elementes sind, also z.B. auch bei Werten in Prozenten der aus den beiden Angaben errechnete Wert dargestellt wird.

Stile definieren

Grundsätzlich gibt es drei Möglichkeiten, Elementen Stile zuzuweisen:

- **Inline-Stile** beziehen sich immer nur auf ein bestimmtes Element. Die Stildeklarationen stehen in diesem Fall in dem Container, der das entsprechende Element enthält. Dreamweaver unterstützt die Erstellung von Styles dieser Art nur für bestimmte Elemente und Anwendungsformen (Ebenen per <div>). Inline-Stile für Text oder Ähnliches werden nicht unterstützt, daher wird im Folgenden die Syntax für die Fälle erklärt, wenn Sie diese von Hand einfügen wollen.
- **Embedded Styles** definieren die Stilvorgaben für ein bestimmtes Element, egal wo und wie oft es auf einer Seite auftaucht. Diese Deklarationen stehen daher immer im <head> eines Dokuments.
- **Externe Stylesheets** definieren die Stilvorgaben für alle Dokumente einer Site, die dieses Stylesheet aufrufen. Sie werden daher in einer separaten Datei mit dem Suffix .css gespeichert.

Embedded Stylesheets

Embedded Styles legen Sie an, indem Sie in der CSS-Stilepalette den Button Neuer Stil klicken. Im folgenden Dialog können Sie wählen, ob Sie das Aussehen eines HTML-Elements bestimmen, einen benutzerdefinierten Stil erstellen, oder einen der vier CSS2-Selektoren zum Verhalten von Links benutzen wollen.

Wenn Sie hier bei Definieren die Option Nur dieses Dokument auswählen, dann werden die Style-Deklarationen immer in den <head> des jeweils aktiven Dokuments geschrieben und sind somit **nur für dieses eine Dokument** verfügbar.

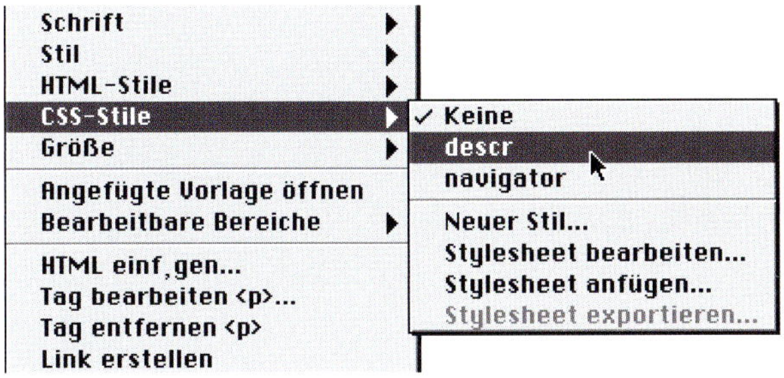

▲ Abbildung 19
CSS-Zuweisung per Kontextmenü

Durch das Neudefinieren eines Elementes (Abb. 18) werden global alle Vorkommen dieses Elementes verändert, d.h., wenn Sie z.B. eine Überschrift der Größe <h2> als Rot deklarieren, werden alle Überschriften dieser Größe auf der aktuellen Seite daraufhin rot dargestellt werden. Falls Sie aber, um bei unserem Beispiel zu bleiben, weitere Überschriften gleicher Größe anders gestalten wollen, bietet sich hier an, für diese Überschriften eine eigene Klasse zu erstellen. Dazu sollten Sie dann BENUTZERDEFINIERTEN STIL ERSTELLEN (KLASSE) auswählen und die Klasse in der Textbox benennen. Diese Klassen haben den Vorteil, dass Sie nicht nur verschiedene von ihnen auf gleichartige HTML-Elemente anwenden können. Sie können auch andersartigen HTML-Elementen diese Klassen zuweisen, also nicht nur <h1 class="foo">, sondern auch <p class="foo">. Jedem Element lässt sich aber immer nur eine Klasse zuweisen, <p class="foo1, foo2"> ist kein korrektes CSS, wird also im günstigsten Fall vom Browser ignoriert.

Die Zuweisung von Styles kann in Dreamweaver über verschiedene Wege erfolgen:

- Wenn Sie nur bestimmte Passagen mit einem Stil versehen wollen, müssen Sie diese zuerst komplett markieren und können dann aus der Palette den Stil wählen. In diesem Fall umgibt Dreamweaver die Passage mit dem <span>-Tag und weist ihm die entsprechende Klasse zu. Alternativ sind alle diese Funktionen auch wieder wie üblich über das hinreichend bekannte Kontextmenü erreichbar (Abb. 19).

Klassen, Tags und Selektoren

- Eigene Klassen beginnen immer mit einem Punkt, also `.foo`
- Die Syntax für Tags entspricht in CSS der von HTML, jedoch ohne die eckigen Klammern, also `p`, `h1`, `h2`, ...
- CSS-Selektoren für Links werden immer mit dem Tag-Namen, einem Doppelpunkt und dem abzufangenden Event geschrieben, also `a:hover`

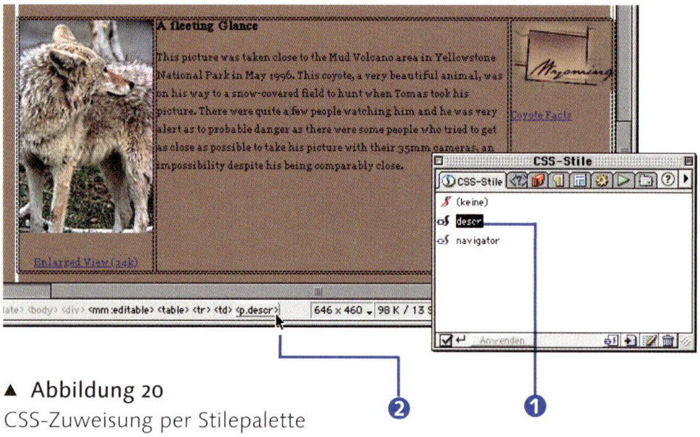

▲ Abbildung 20
CSS-Zuweisung per Stilepalette

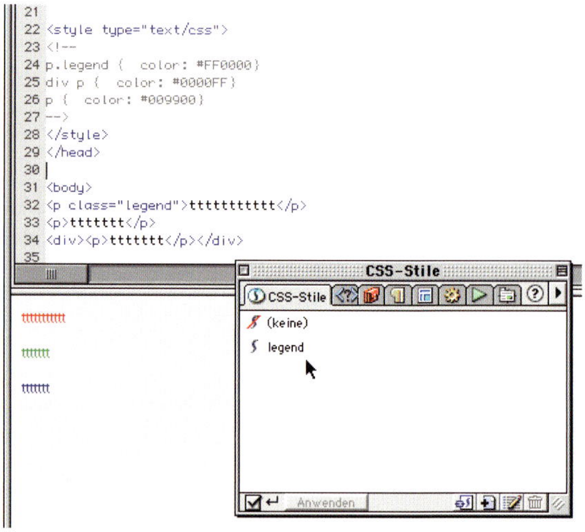

Abbildung 21 ▶
Kontext- und Klassenselektoren in der praktischen Anwendung

- Wenn Sie einen ganzen Absatz formatieren wollen, reicht es, wenn Sie den Cursor irgendwo in diesen Absatz setzen und aus der CSS-Stilepalette den gewünschten Stil auswählen ❶. Dreamweaver wendet daraufhin diesen Stil auf den kompletten Absatz an. Die resultierende Syntax wäre dann zum Beispiel `<p class="descr">`. Seit der 4er-Version zeigt Dreamweaver die zugewiesene Klasse auch direkt in der Code-Hierarchie der Statusleiste an, sodass Sie auch hier schnellen Überblick über bereits vergebene Formatierungen erhalten ❷.

Erweiterung der Möglichkeiten durch Kontext- und Klassenselektoren
Gemäß den Regeln von CSS ist es möglich, Selektoren einen bestimmten Kontext zuzuweisen. Es ist also möglich, über die Erweiterung des Selektors um ein weiteres HTML-Element nur die Elemente anzusprechen, die in dieser Reihenfolge ineinander verschachtelt sind.

Über das Statement

```
div p { color: #0000ff}
```

werden so alle zusätzlich mit <p> ausgezeichneten Texte, die sich innerhalb eines beliebigen <div> befinden, blau dargestellt (Abb. 21).

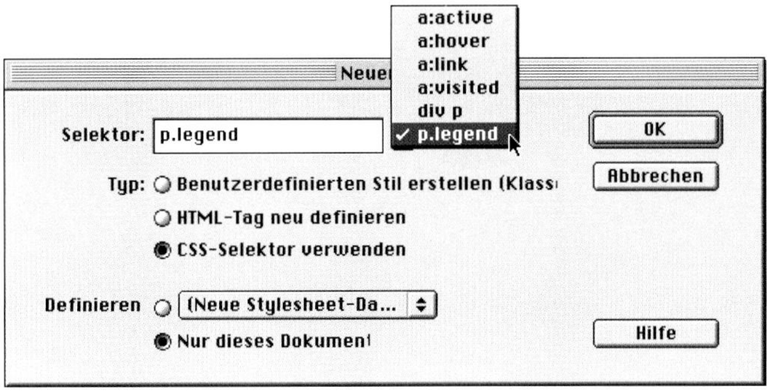

Abbildung 22 ►
Anlegen von Selektoren

Ähnliches gilt bei den Klassenselektoren, die bewirken, dass Klassen nur in Zusammenhang mit einem bestimmten Element gelten. In unserem Beispiel werden alle Texte innerhalb <p> grün dargestellt, alle Texte innerhalb eines <p> mit der Klasse legend jedoch rot. Hieran erkennen Sie auch schon das Prinzip hinter diesen Auszeichnungen und warum diese Technik Cascading (kaskadierend) genannt wir: Es gilt immer das, was am nächsten an dem zu formatierenden Text steht.

Das Aussehen für diese Selektoren wird in Dreamweaver auf dieselbe Art definiert wie bei den Tags und Klassen, nämlich über den Dialog für Stildefinitionen. Lediglich das Anlegen und die Verwaltung gestalten sich etwas anders, da hier Handarbeit angesagt ist. Um beide Arten von Selektoren anzulegen, ist es nötig, diese in das Textfeld SELEKTOR einzutragen. Dreamweaver verwaltet die bereits angelegten Selektoren in dem Popup, wo vor der Bearbeitung nur die Selektoren für das Linkverhalten aufgelistet waren (Abb. 22).

Gruppierungen

Um Style-Deklarationen möglichst kurz zu halten, gibt es auch die Möglichkeit, diese zu Gruppen zusammenzufassen. Nehmen wir an, alle Überschriften einer Site sollen in einer bestimmten Farbe dargestellt werden. In diesem Fall kann das Stylesheet wie folgt aussehen:

```
h1, h2, h3, h4, h5, h6 {color: #999999}
```

Leider haben wir trotz intensiver Suche in Dreamweaver keine Funktion finden können, die Stile zu sinnvollen Gruppen zusammenfassen kann und das Stylesheet entsprechend umformuliert. Hier sind Sie also darauf angewiesen, den Code von Hand zu verschlanken.

Externe Stylesheets

So richtig erleichtern Sie Ihre Arbeit erst dann, wenn Sie Stile nicht nur für ein einzelnes Dokument definieren, sondern mit externen Stildefinitionen arbeiten. Diese Stylesheets in Form von Textdateien mit der Endung .css lassen sich dann mit einer einzigen Zeile Code von allen Dokumenten Ihrer Site aufrufen.

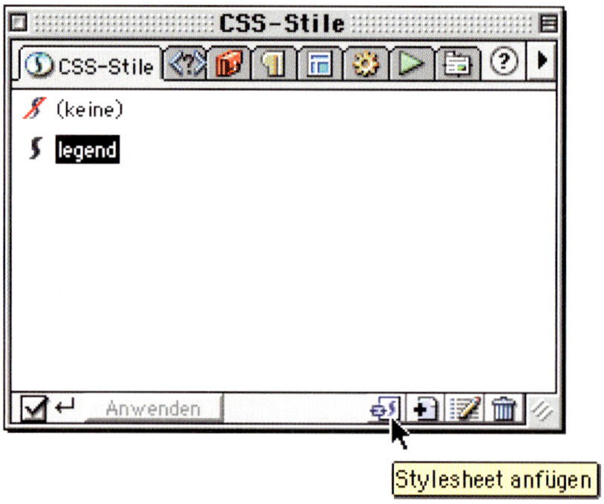

◄ **Abbildung 23**
CSS-Stilepalette – Stylesheet verlinken

Durch den Befehl Datei • Exportieren • CSS-Stile exportieren können Sie ein externes Stylesheet erzeugen, wenn Sie im aktuellen Dokument bereits Styles angelegt haben. Alternativ können Sie auch bereits bei der Definition der Styles für eine Seite angeben, ob diese in einer externen CSS-Datei gespeichert werden sollen. Sie werden dann aufgefordert, den Speicherort und den Namen der Datei anzugeben und brauchen sich nur noch um die Verhübschung Ihrer Site zu kümmern.

Der Aufruf dieser Datei geschieht dann wiederum über einen Button in der CSS-Stilepalette (Abb. 23).

Mit dem folgenden Dialog können Sie nun das Stylesheet mit Ihrer HTML-Seite verknüpfen (Abb. 24). Dazu sollte diese natürlich im selben Verzeichnis wie Ihre Website liegen, nur so kann Dreamweaver relative Pfade zu Ihrem Dokument setzen. Alternativ können Sie auch einen absoluten Pfad angeben, wenn zum Beispiel das Stylesheet auf einem anderen Server liegt. In diesem Fall tragen Sie in das Textfeld die komplette URL des Stylesheets ein, also http://www.westernimprints.de/css/foo.css. Im Gegensatz zu lokalen Stylesheets werden die Verknüpfungen nicht per <style>-Tag gesetzt, sondern mit einem zusätzlichen <link>-Tag im <head> des Dokuments:

```
<link rel="stylesheet" type="text/css"
href="../css/western.css" media="screen"
title="Stilvorlage für Bildschirmausgabe">
```

<link> teilt dem Browser mit, dass hier etwas verknüpft werden soll, `type="text/css"` setzt den `MIME`-Typ der verknüpften Datei, teilt also dem Browser mit, dass es sich bei dem Link um ein Stylesheet handelt. `href=""` gibt den Pfad (absolut oder relativ) zum Stylesheet an, und `media="screen"` bestimmt, dass es sich um ein Stylesheet für die Ausgabe auf einem Computermonitor handelt.

In dieser Dialogbox können Sie außerdem wählen, ob Sie ein externes Stylesheet verknüpfen oder importieren wollen. Die Unterstützung für den Import ist in den bekannten Browsern aber dermaßen fehlerhaft, dass Sie von dieser Option die Finger lassen sollten und wir hier nicht weiter auf dieses Feature eingehen wollen. Auf dem Macintosh unter-

Abbildung 24 ▶
Verknüpfung eines externen Stylesheets mit der entsprechenden Seite

stützt keiner der 4er-Browser den Import von Stylesheets, unter Windows verstehen dies nur Internet Explorer 4 und 5, Netscape ignoriert es im besten Fall.

Stylesheets für unterschiedliche Ausgabemedien definieren

In CSS ist es laut Spezifikation möglich, unterschiedliche Stylesheets für verschiedene Ausgabemedien zu definieren. Neben den üblichen Styles für Computermonitore (`media="screen"`) sieht der Standard auch noch folgende Optionen vor:

- `all` – für alle Ausgabeformen.
- `aural` – für die gerade bei Sehbehinderten verbreiteten Sprachsynthesizer. Hier können Sie Dinge wie Stimmlage, Lautstärke und Betonung definieren.
- `braille` – für die Ausgabe auf Braille-Lesegeräten für Blinde.
- `print` – für den Ausdruck. Sie können zum Beispiel ein separates Stylesheet anlegen, das Text schwarz auf weiß darstellt.
- `projection` – für die Ausgabe z.B. über Video-Beamer, die schon mal ganz gerne Probleme mit feinen Haarlinien haben.
- `tty` – für die Ausgabe auf Geräten wie Handhelds und Mobiltelefonen.
- `tv` – für die Couch-Potatoes unter den Surfern, die Ihre Site per Set-Top-Box ansurfen.

Soweit die Theorie. In der Praxis sind diese Definitionen aber rein akademischer Natur, da es kaum Ausgabegeräte gibt, die diese Technik auch verstehen und nutzen können.

Netscape und alternative Ausgabemedien

Wie bei fast allem rund um Stylesheets gibt es auch hier wieder den passenden Bug im Netscape Navigator 4.x: Theoretisch wäre es möglich, verschiedene Medien zusammenzufassen, also zum Beispiel `media="screen, print"`. Diese doppelte Bestimmung veranlasst den Navigator leider, überhaupt kein Stylesheet aufzurufen, auch durch `media="all"` wird der gesamte Aufruf in diesem Browser komplett ignoriert und konsequenterweise überhaupt kein Style mehr angezeigt.

Welcher Style wird von welchem Browser unterstützt?

Falls Sie schon immer wissen wollten, welcher Style von welchem Browser unterstützt wird und welche Styles Ihren Lieblingsbrowser zum Absturz bringen, können wir Ihnen das CSS Master Grid von Eric Meyer unter www.webreview.com nur wärmstens empfehlen.

Eine ausführliche Liste fast aller CSS-Fehler fast aller verfügbaren Browser, garniert mit nützlichen Tipps und Tools zum Thema, bietet www.richinstyle.com.

Wenn Sie danach Ihren Unmut gegenüber den Browserherstellern äußern wollen, schauen Sie doch mal beim Web Standards Project vorbei: www.webstandards.org.

Liste der möglichen Textauszeichnungen mit CSS

Objekt	Wert (n) bzw. Eigenschaft	Sinn bzw. Übersetzung in Dreamweaver
		Schriftgrad (Größe)
font-size	n px, pt, in, cm, mm, pc, em, ex	in Pixel, Punkt, Zoll, Zentimeter, Millimeter, Pica, em, ex
		Schriftgrad (Größe)
font-size	n %	in Prozent im Verhältnis zum normalen Schriftgrad
		Schriftgrad (Größe)
font-size	xx-small	xx-klein (kleiner als sehr klein)
	x-small	x-klein (sehr klein)
	small	klein
	medium	medium (mittel)
	large	groß
	x-large	x-groß (sehr groß)
	xx-large	xx-groß (riesig)
	smaller	kleiner (einen Grad kleiner als normal)
	larger	größer (einen Grad größer als normal)
		Schriftstil
font-style	normal	normal
	italic	kursiv
	oblique	oblique
		Schriftgewicht
font-weight	normal	normal (Standard)
	bold	fett
	bolder	fetter
	lighter	weniger fett
	100-900	dünn – extrafett
		Zeichensatz
font-family	Geneva, Verdana, sans-serif	
		Schriftfarbe
color	BlueViolet	Named Colors (Liste siehe Appendix)
	#3399ff	Hexadezimalwert

Objekt	Wert (n) bzw. Eigenschaft	Sinn bzw. Übersetzung in Dreamweaver
		Textdekoration
text-decoration	underline	unterstrichen
	overline	Oberlinie
	line-through	durchgestrichen
	blink	blinkend (Netscape)
	none	keine (Links nicht unterstrichen!)
		Textumwandlung
text-transform	capitalize	erster Buchstabe groß
	uppercase	Großbuchstaben
	lowercase	Kleinbuchstaben
	none	keine
		Variante
font-variant	small-caps	Kapitälchen
	normal	normal
		Zeilenabstand
line-height	n px, pt, in, cm, mm, pc, em, ex	in Pixel, Punkt, Zoll, Zentimeter, Millimeter, Pica, em, ex
		Wortabstand
word-spacing	n px, pt, in, cm, mm, pc, em, ex	in Pixel, Punkt, Zoll, Zentimeter, Millimeter, Pica, em, ex
		Zeichenabstand
letter-spacing	n px, pt, in, cm, mm, pc, em, ex	in Pixel, Punkt, Zoll, Zentimeter, Millimeter, Pica, em, ex
		Vertikale Ausrichtung
vertical-align	baseline	Grundlinie
	sub	tiefgestellt
	sup	hochgestellt
	top	oben
	text-top	Textoberkante
	middle	Mitte
	bottom	unten
	text-bottom	Textunterkante
	%	Prozent
		Textausrichtung
text-align	left	links
	right	rechts
	center	Mitte
	justify	Blocksatz
		Texteinzug
text-indent	n px, pt, in, cm, mm, pc, em, ex	in Pixel, Punkt, Zoll, Zentimeter, Millimeter, Pica, em, ex
		Leerzeichen
white-space	normal	Standard
	pre	Pre
	nowrap	Kein Umbruch

Listen

Objekt	Wert (n) bzw. Eigenschaft	Sinn bzw. Übersetzung in Dreamweaver
		Typ
list-item-type	disc	Listenpunkt
	circle	Kreis
	square	Quadrat (siehe Kapitel »Bugs«)
	decimal	dezimal
	lower-roman	klein-römisch (ii,vv,xx)
	upper-roman	groß-römisch (I, V, X)
	lower-alpha	Kleinbuchstaben
	upper-alpha	Großbuchstaben
	none	keine
		Listenpunktbild
list-style-image	URL	URL
		Position
list-style-position	inside	innerhalb
	outside	außerhalb

Eigenheiten von absolut positionierten Elementen

Wie bereits erwähnt, erlauben Cascading Style Sheets neben den zuvor beschriebenen Text- und Absatzformatierungsmöglichkeiten auch das absolute, also pixelgenaue Positionieren nach den CSS-P-Vorgaben (Cascading Style Sheets Positioning). Die Positionierung erfolgt über eine x-Koordinate, die sich auf den linken Rand des Containers des zu positionierenden Objekts bezieht (also entweder der linke Rand des Browserfensters oder der linke Rand der Ebene, in der sich das Objekt befindet), und über eine y-Koordinate, deren Ursprung im oberen Rand des Containers liegt.

Auch Objekten, die keine Ebene sind, wird die Positionierung über die Stildefinitionen zugewiesen (Abb. 25). Die so behandelten Objekte (meist Textblöcke) werden in Dreamweaver wie Ebenen angezeigt und verhalten sich auch fortan wie Ebenen. Dem Prinzip der kaskadierenden Stile folgend, werden die nach der Stilzuweisung geänderten Koordinaten zuerst befolgt. Grundsätzlich ist das Verhalten dieser Objekte analog dem der anschließend beschriebenen Ebenen.

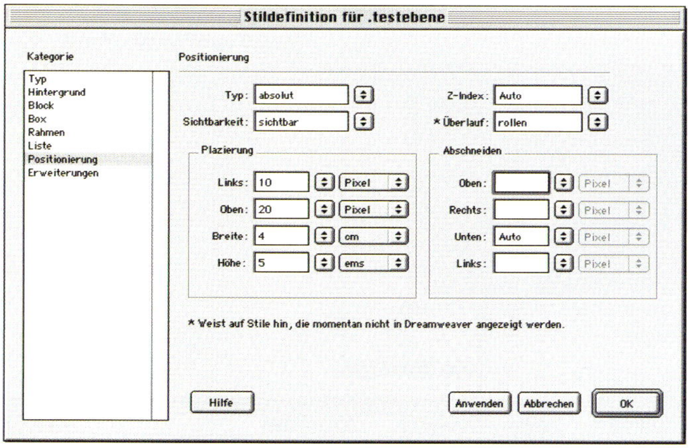

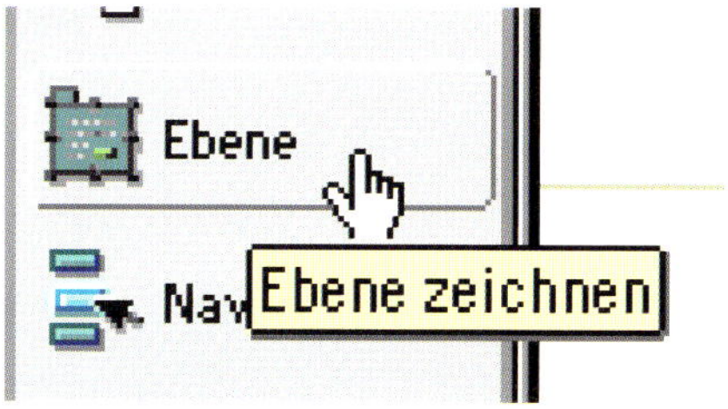

▲ Abbildung 26
Ebenensymbol in der Objektleiste

◀ Abbildung 25
Positionierung über Stildefinitionen

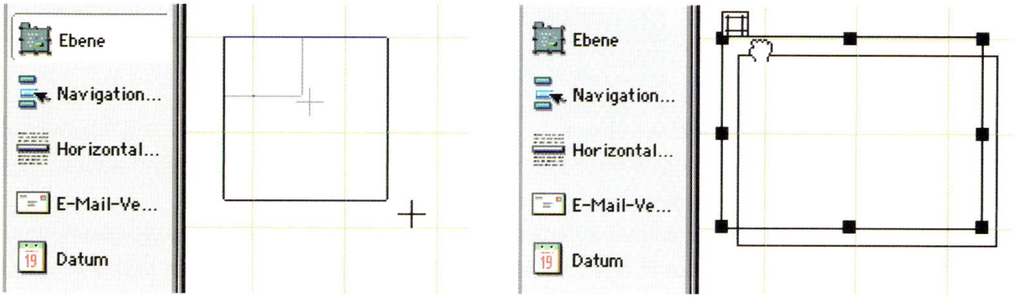

▲ Abbildung 27
Erstellung und Positionierung der Ebene

Ebenen anlegen

Dieses Buch wird sich ausschließlich mit Ebenen befassen, die mit dem <div>- bzw. <span>-Tag definiert werden. Es sei aber erwähnt, dass Dreamweaver auch über die Möglichkeiten verfügt, Netscapes proprietäre <layer>-Syntax einzusetzen. Da Netscape selbst diese Befehle im Navigator 6 hat sterben lassen (<layer> und <ilayer> werden schlicht ignoriert; sites.netscape.net/ekrockhome/standards.html), werden wir dem Beispiel des Herstellers folgen und auch nicht mehr weiter darauf eingehen.

Ebenen werden in Dreamweaver durch Anklicken des Ebenensymbols in der Objektleiste (Abb. 26) und anschließendes Aufziehen im Dokumentenfenster erstellt. Danach kann die Ebene durch Anklicken und Ziehen mit der Maus exakt positioniert und skaliert werden (Abb. 27).

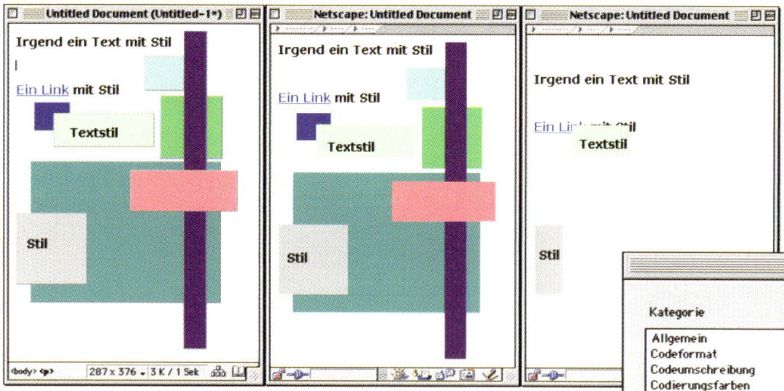

▲ Abbildung 31
Entwurf in Dreamweaver, Anzeige in Communicator 4.7, Anzeige nach Größenänderung

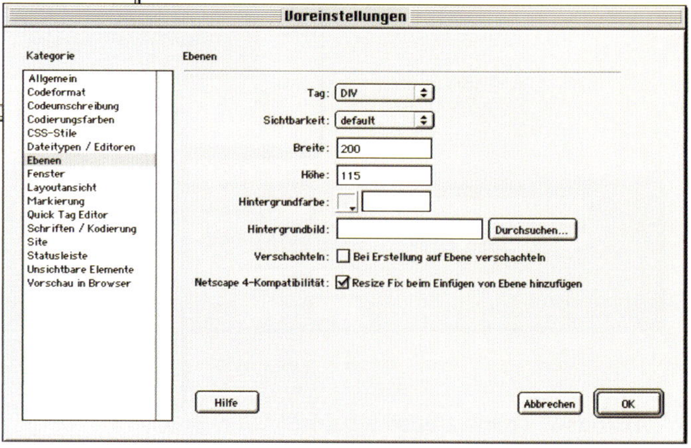

Abbildung 32 ▶
Einstellungen für automatisches Einfügen des Resize-Skriptes

Probleme mit Ebenen

Gegenüber einem Screendesign für HTML 3.2 (für Bowser also, die keine Ebenen und Stylesheets beherrschen) eröffnen Ebenen nahezu unbegrenzte Gestaltungsmöglichkeiten, da mit ihnen in einem kürzeren Zeitraum ungleich komplexere Layouts realisierbar sind. Doch ohne Einschränkungen geht im WWW nichts. Zwischen Netscapes und Microsofts Browsern der 4er-Generation (die 3er-Browser beherrschen die Ebenendarstellung nicht) gibt es signifikante Unterschiede. Zusätzlich treten plattformabhängige Unterschiede zu Tage. Insgesamt ein Wust von Ausnahmen, Bugs und Besonderheiten. Besonders ärgerlich werden solche »Features«, wenn sie zuerst Ihren Kunden auffallen.

Folgende **Besonderheiten** sind im Umgang mit Ebenen zu beachten:

- Netscapes Resize Bug
- Der Ebenenhintergrund wird vom Navigator nur hinter dem Text gezeigt.
- Keine Scrollfunktion in Netscape 4 (Mac und Win) und Internet Explorer 4.x (Mac)
- Das <layer>-Tag funktioniert nur in Netscape.

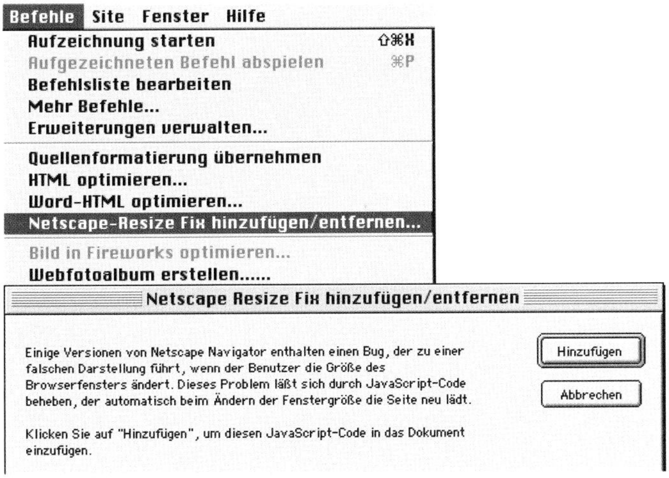

◀ **Abbildung 33**
Einfügen des Skriptes über das Befehle-Menü

Netscapes Resize Bug

Ein berüchtigter Fehler ist der Netscape Resize Bug. Er tritt auf Netscape-Browsern der 4.x-Generation immer dann auf, wenn solche Browserfenster vergrößert oder verkleinert werden, die Seiten mit Stylesheets oder Ebenen beinhalten. Netscape hat die unangenehme Eigenschaft, bei jeder Größenänderung eines Fensters die Seite neu zu laden, nur **»vergisst«** der Browser dabei dummerweise, die dazugehörigen Style-Informationen ebenfalls neu zu laden. Als Folge bricht das Layout mitunter vollständig zusammen (Abb. 31).

Der Fehler wird durch Einführung eines Skripts in den HTML-Code überlistet, das dem Browser die Anweisung gibt, die Seite beim Ereignis einer Größenänderung neu zu laden. Dieser Ladevorgang verläuft sehr schnell, da die Daten aus dem Cache geladen werden. Dreamweaver kann so eingestellt werden, dass dieses Skript automatisch in jeder neu angelegten Seite eingesetzt wird (Menü Bearbeiten • Einstellungen • Ebenen, ⌘ bzw. Strg + U, siehe Abb. 32). Dies empfiehlt sich für alle Websites, die CSS und Ebenen enthalten. Alternativ kann das Skript über das Befehle-Menü mit dem Befehl Netscape-Resize Fix hinzufügen/entfernen nachträglich eingesetzt (und auch wieder entfernt) werden (Abb. 33).

Dreamweavers Netscape Resize Script:

```
<script language="JavaScript">
<!--
function MM_reloadPage(init) {  //reloads the window if Nav4 resized
  if (init==true) with (navigator) {if
  ((appName=="Netscape")&&(parseInt(appVersion)==4)) {
    document.MM_pgW=innerWidth; document.MM_pgH=innerHeight; onresize=MM_reloadPage; }}
  else if (innerWidth!=document.MM_pgW || innerHeight!=document.MM_pgH) location.reload();
}
MM_reloadPage(true);
// -->
</script>
```

Ebenenhintergründe im Navigator
Ein weiteres, nur bei Netscape-Browsern zu beobachtendes Phänomen ist, dass die Darstellung von Ebenen mit einem vorgegebenen Hintergrund und Textinhalten zuweilen nicht dem entspricht, was Dreamweaver beim Aufbau der Seite zeigt und was auch aufgrund der Definition erwartet werden durfte. Trotz vorgegebener Breiten- und Höhenattribute wird oft nur der Abschnitt einer Ebene gezeigt, der Text enthält. Die übrige Ebenenfläche wird nicht dargestellt, obgleich Überlappungen usw. weiterhin entsprechend der vorgegebenen Maße berücksichtigt werden. Da sich dies nicht ändern läßt, empfiehlt sich ein Workaround mit Tabelleneinsatz:

Probleme mit dem Resize-Skript:
Eine ältere Navigator-Version (4.05) hat allerdings mit diesem Skript Probleme: Aufgrund der Fehlleitung eines JavaScript-Befehls wird die Seite immer und immer wieder neu geladen, bis schließlich sämtlicher verfügbarer Speicher verbraucht ist und das System einfriert. Danach hilft nur noch ein Neustart. Hintergrund ist, dass bei diesem Browser beim Erscheinen der Scrollbalken ein neuer Resize-Event ausgelöst wird, der den Script zum erneuten Laden der Seite veranlasst. Sollte Ihnen dieser Effekt einmal unterkommen, wäre eine Aktualisierung des Browsers angebracht.

Workaround mit Tabelleneinsatz

1. Ebene anlegen

Legen Sie eine Ebene in der gewünschten Größe und mit den gewünschten Koordinaten an. Im Beispiel sind dies L = »30«, O = »50«, B = »200« und H = »100« (Abb. 34).

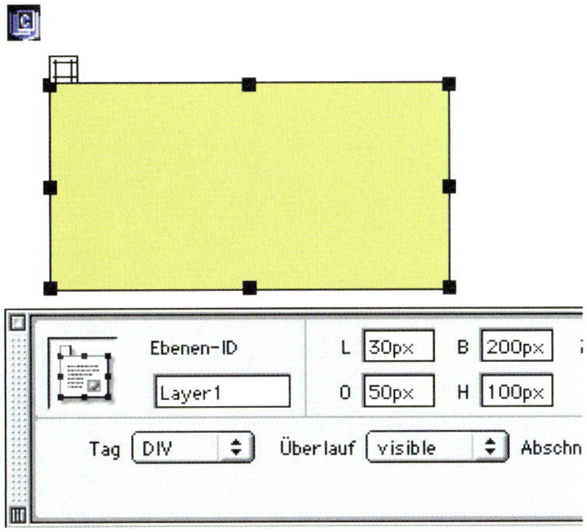

◂ Abb. 34
Anlegen der Ebene

2. Tabelle erstellen

Wenn der Cursor in der Ebene blinkt, klicken Sie im Objektefenster das Tabellenobjekt an. Erstellen Sie eine Tabelle mit einer Reihe, einer Spalte und 200 Pixel Breite (Abb. 35).

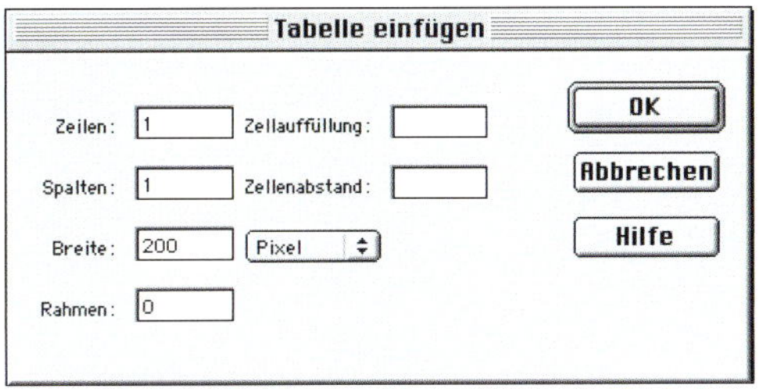

◂ Abb. 35
Erstellung der Tabelle

3. Tabellenhöhe festlegen

Stellen Sie im Eigenschaftenfenster die Höhe der Tabelle auf 100 Pixel (Abb. 36). Die Tabelle hat nun dieselben Maße wie die sie bewirtende Ebene. Fortan wird die Ebene mit ihrer kompletten Fläche angezeigt werden. Dieser Workaround macht also aus der Not eine Tugend. Er nutzt die solide Unterstützung von Tabellen durch Browser, die mit exakten Maßangaben von Ebenen ihre lieben Probleme haben.

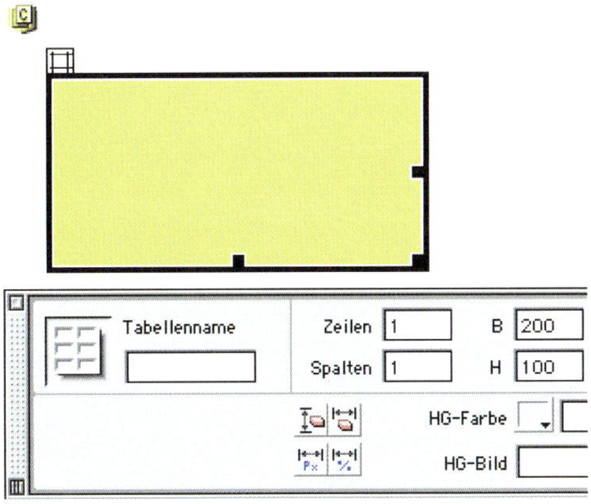

◂ Abb. 36
Höhe der Tabelle festlegen

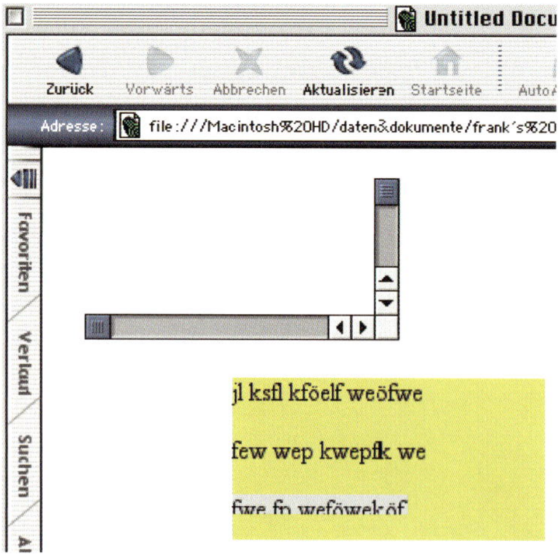

▲ Abbildung 37
So stellen wir uns die Scrolloption für Ebenen im Internet Explorer 5 für den Apple Macintosh nicht vor. Sie eignet sich aber gut, die »Usability« einer Site in den Abgrund zu stürzen...

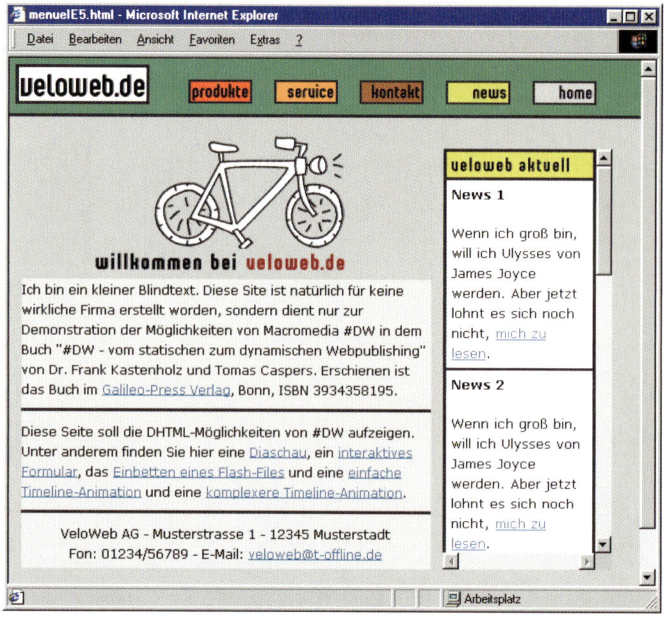

▲ Abbildung 38
Scrollfunktion im Internet Explorer 5 für Windows

Keine Scrollfunktion in Netscape 4 (Mac und Win) und Internet Explorer 4.5 (Mac)

Bei Netscape funktioniert das scroll-Attribut des Überlauf-Verhaltens von Ebenen generell nicht, beim Internet Explorer auf dem Macintosh bis einschließlich Version 4.5 nicht. Die Macintosh-Version des Internet Explorer 5 unterstützt zwar »im Prinzip« die Scrollfunktion, ist dabei aber so fehlerbehaftet, dass vor dem Gebrauch nur gewarnt werden kann (Abb. 37). Im Interesse der Sitebesucher empfiehlt es sich daher, entweder die Option visible einzustellen, womit die Kontrolle über das Erscheinungsbild der Seite aufgegeben wird, oder aber die Inhalte von Ebenen so behutsam zu wählen, dass ein Überlauf vermieden wird. Ein Screenshot aus Internet Explorer 5/Windows zeigt, wie sich mit diesem CSS-Konstrukt Frames nahezu erübrigen lassen könnten (... wenn die Funktion allgemein unterstützt würde) (Abb. 38).

Stilverschachtelungen mit Netscape

Wenn ein positioniertes <div> mit Stileigenschaften angelegt und innerhalb dieser Ebene ein beliebiges anderes Element (z.B. <div>, <span> oder <p>) eingebettet wird, dem wiederum ein weiterer Stil zugewiesen wird, dann können Sie sich nicht unbedingt darauf verlassen, dass dies auch in allen Browsern so angezeigt wird. Netscape zum Beispiel akzeptiert keine verschachtelten Stilelemente innerhalb eines positionierten <div>-Elements.

Browserspezifisches DHTML
Die folgenden **Features** sind Browser-spezifisch. Abgesehen vom `<layer>`-Tag werden sie auch nicht per se von Dreamweaver unterstützt.

- Netscape: `<layer>`-Tag, JavaScript Stylesheets, Bitstream-Zeichensätze
- Microsoft: Direct Animation Controls, Data Binding, VisualBasic Script, Open Type-Zeichensätze

Im Interesse der Webnutzer sollte von diesen Elementen abgesehen werden, da sie die Nutzer des jeweils anderen Browsers (also mindestens einen zweistelligen Prozentsatz) ausschließen.

Verhalten und Objekte

Bisher wurde viel positioniert und formatiert. Mit den Verhalten (und den Zeitleisten) erlaubt Dreamweaver den Einsatz von zahlreichen JavaScript-Skripten, ohne dass man auch nur eine Zeile Code programmieren muss. Mit geringem Einsatz lässt sich eine Seite mit einem Höchstmaß an Interaktivität versehen. Ein Verhalten lässt sich auf einer Seite einrichten, wenn einem Objekt ein Ereignis zugeordnet wird.

Objekt + Ereignis = Verhaltensweise

Was ein Objekt ist, hängt von der erwünschten Browserkompatibilität ab. Das DOM des Internet Explorers erlaubt, fast jedes Element einer Webseite als Objekt zu behandeln, das des Navigators 4.x erlaubt nur eine beschränkte Zahl von Elementen. Ebenso engt die Vorgabe möglichst großer Browserkompatibilität auch die Auswahl der auslösenden Ereignisse ein. Diese Ereignisse (Abb. 39 bis 41), kombiniert mit den von Dreamweaver angebotenen Verhalten, erlauben in den Händen des geschickten Gestalters ein hohes Maß an Interaktivität auf einer Webseite unterzubringen. Eine prima Sache ist, dass die verschiedenen Verhalten kombiniert werden können. Ebenso kann bestimmten Zeitpunkten einer Zeitleiste Verhalten zugewiesen werden. Da sich Dreamweaver um die Browserkompatibilität kümmert, brauchen Sie sich nicht mit irgendwelchen Sonderfällen zu beschäftigen, sondern können Ihrer Fantasie freien Lauf lassen.

Naja, einige Sonderfälle sollten Sie doch bedenken; sie hängen sämtlich mit dem immer noch relativ neuen Netscape 6 zusammen:

- Das EBENEN EIN-/AUSBLENDEN sowie das BILD AUSTAUSCHEN werden nicht zwischen zwei Frames arbeiten.
- Das EBENE ZIEHEN versagt seine Arbeit mit Netscape 6 völlig.
  Ebenso verhält es sich mit dem TEXT DEFINIEREN, und zwar bzgl. EBENETEXT FESTLEGEN und TEXT VON FRAME EINSTELLEN.

▲ Abbildung 39
<body>-Ereignisse für 3er-Browser

▲ Abbildung 40
<body>- Ereignisse für 4er-Browser

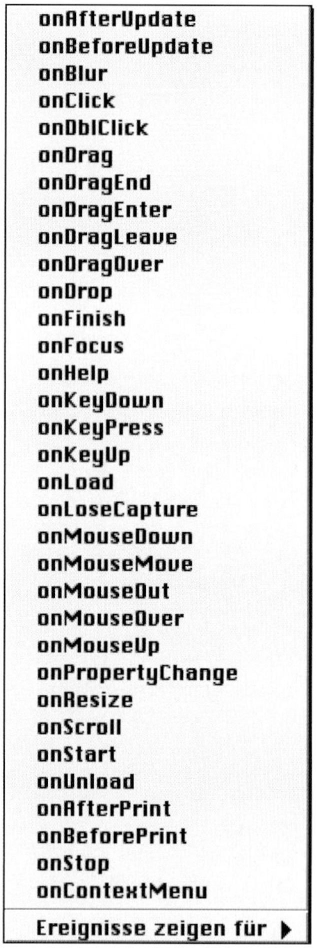

Abbildung 41 ►
<body>-Ereignisse für Internet Explorer 5

Von Dreamweaver in Klammern angezeigte Ereignisse lassen sich nur auswählen, wenn dem Objekt ein Link zugewiesen wird (`<a href="url">`). Dreamweaver zeigt dabei stets die Auswahl an Ereignissen, die auf den vom Anwender eingestellten Zielbrowsern möglich sind (Abb. 42 bis 44). Sofern das ausgewählte Objekt (z.B. ein Bild) noch nicht mit einem Link versehen war, macht dies Dreamweaver automatisch. Dabei wird als URL ein leeres Javascript erzeugt (a `href="javascript:;"`), das einen konsequenzfreies Link darstellt.

Eine ausführliche Liste der von Dreamweaver angebotenen Ereignisse bietet die in Dreamweaver 4 deutlich besser gewordene HTML-Dokumentation im Dokument Macromedia Dreamweaver4/Help/UsingDreamweaver/html/18Behaviors3.html

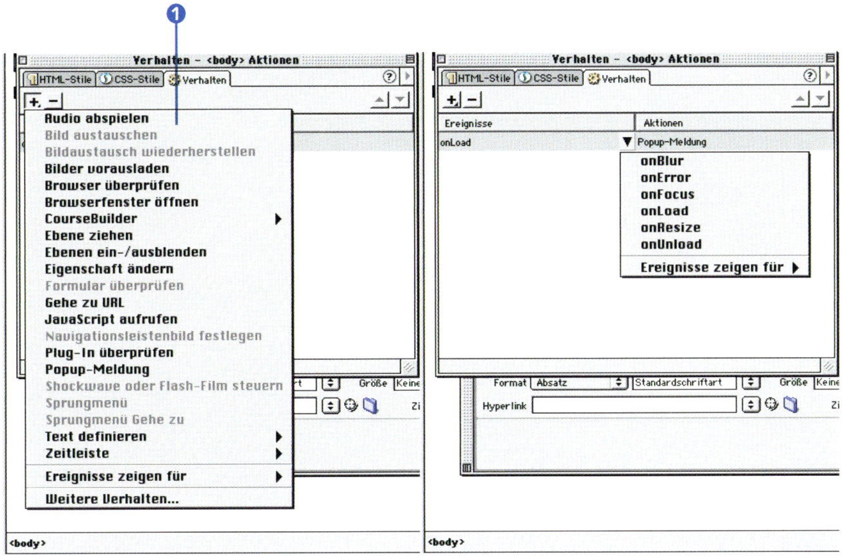

▲ Abbildung 42
Verhalten, die mit Browsern ab Version 4 (Netscape und Internet Explorer) auf das <body>-Tag anwendbar sind und die für diese Konstellation möglichen Ereignisse.

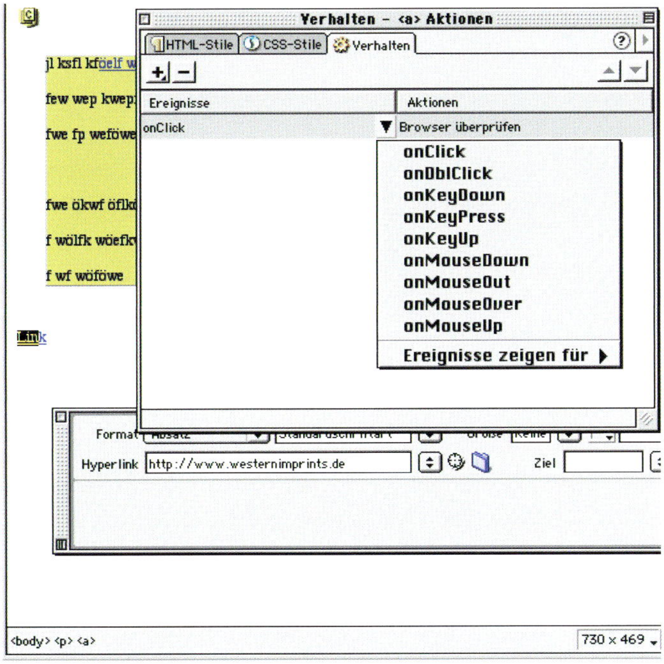

◄ Abbildung 43
Ereignisse für <a href="url">

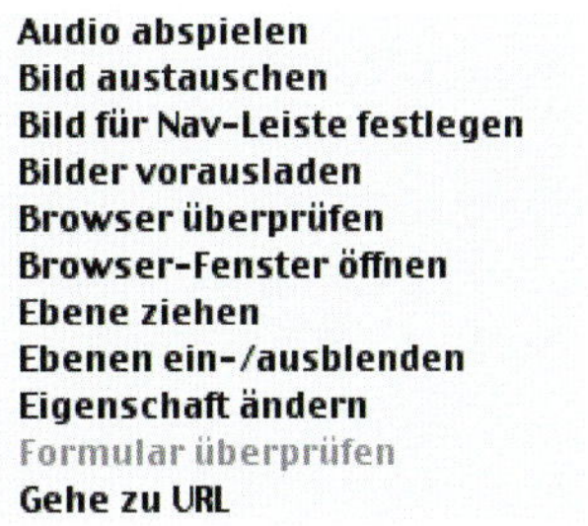

▲ Abbildung 44
Ereignisse für <img> – in Klammern solche, die nur für Images gelten, die in Link (<a href="URL">) verpackt sind

Abb. 45 ▶
Der Extension Manager – angezeigt werden die aktuell zusätzlich installierten Erweiterungen.

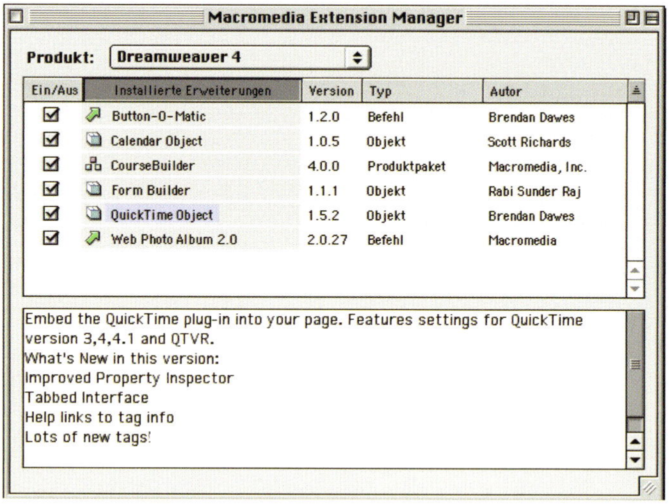

Verhaltensweisen in Dreamweaver

Sie weisen einem Objekt ein Verhalten zu, indem Sie das Objekt zunächst auswählen (das kann ein Bild, ein Link, Formularelement usw. sein) und im Verhaltensfenster (⇧-F3) auf das Plus-Symbol klicken. Alle auf das ausgewählte Objekt nicht anwendbaren Verhalten sind grau abgeschwächt (siehe auch Abb. 42, ❶). Gegebenenfalls sollten Sie prüfen, ob die angezeigten Verhalten das Browserspektrum abdecken, mit dem Ihr Vorhaben kompatibel sein soll.

Wenn Sie eine Verhaltensweise gewählt haben, können Sie anschließend das auslösende Ereignis zuordnen.

Alle in der Lieferfassung von Dreamweaver 4 enthaltenen Verhalten werden in den Dateien zu »Dreamweaver verwenden« (F1) ausführlich beschrieben; alternativ können Sie die Seiten direkt »anspringen«: Im Macromedia-Dreamweaver 4-Verzeichnis Help/UsingDreamweaver/html/18Behaviors11.html.

Darf es ein bisschen mehr sein?

Anzahl und Möglichkeiten der angebotenen Verhalten Über Weitere Verhalten... im Verhaltensfenster (⇧-F3), bzw. Mehr Befehle... im Befehle-Menü werden Sie mit Macromedia Exchange verbunden, einem Service des Softwareherstellers, der zahlreiche Erweiterungen für Dreamweaver zum Download und anschließenden Verwaltung mit dem Extension Manager anbietet (Abb. 45) – vorausgesetzt, Sie melden sich dort ordnungsgemäß an. Das Angebot ist so umfangreich, dass man leicht die Übersicht verlieren kann. Es lohnt sich jedoch, hier Zeit zu investieren. So wird hier u.a. ein neues »stromlinienförmigeres« Webfotoalbum angeboten und – obgleich in Englisch – der noch Mitte 2000 für einige 100 US-Dollar angebotene CourseBuilder. Der

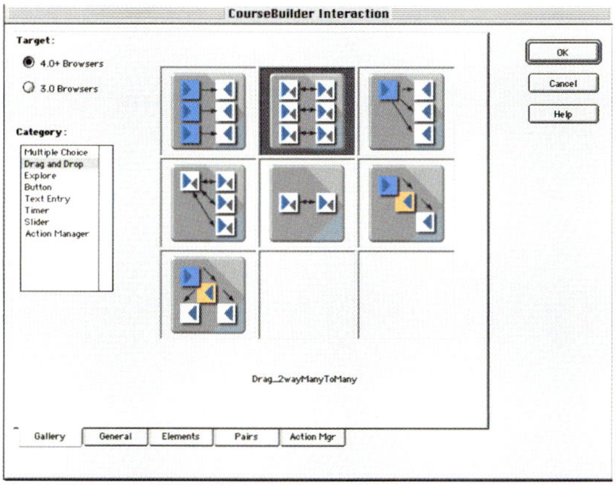

▲ Abbildung 46
Eine Auswahl möglicher Interaktionen von CourseBuilder

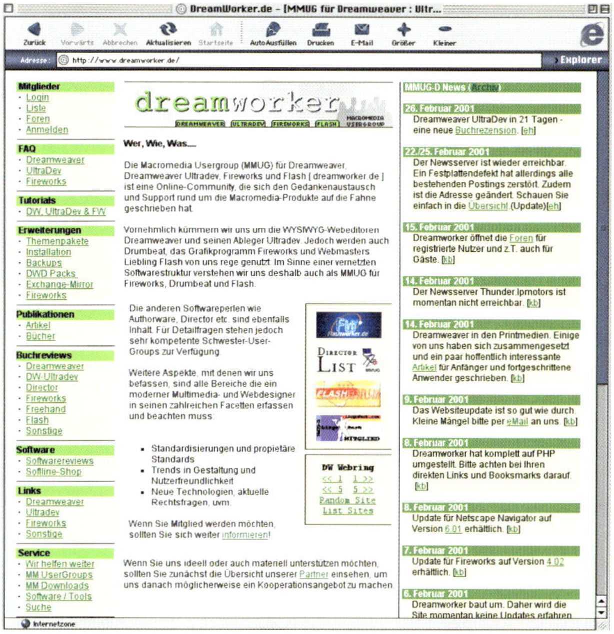

Abbildung 47 ▶
Die Startseite von Dreamworker – ein Muss für den engagierten Dreamweaver-»Arbeiter«.

CourseBuilder ist ein ausgetüfteltes Paket von Erweiterungen, das den Aufbau von interaktiven Tests und Schulungen erlaubt; und zwar mit so vielen Optionen und Möglichkeiten, dass es ein eigenes Büchlein verdient hätte (Abb. 46).

Neben dem Verlust an Übersichtlichkeit durch die schiere Fülle ist sicherlich auch die englische Sprache für manchen Anwender ein Hinderungsgrund für die intensive Auseinandersetzung mit Macromedia Exchange. Eine (nein – **die**) Alternative bietet die deutschsprachige Website www.dreamworker.de (Abb. 47). Dort bieten die rührigen Macher der Site nicht nur zahllose Tipps zum Arbeiten mit Dreamweaver (und Fireworks und UltraDev) an, sondern auch clever zusammengestellte Pakete von Dreamweavererweiterungen, die darüber hinaus auch noch von kompetenter Seite getestet wurden.

Versuchen Sie es z. B. mal mit dem Themenpaket »Layer Pack« (www.dreamworker.de/erweiterungen/layer.php), das, aus insgesamt sechs Erweiterungen bestehend, die Möglichkeiten bezüglich der Arbeit mit Ebenen deutlich erweitert (und nebenbei schon auf Netscape 6-Kompatibilität getestet worden ist).

▶▶ www.dreamworker.de

DHTML für den Webdesigner

Einige Standardelemente einer dynamischen Site werden nun genauer beleuchtet, und es wird gezeigt, wie sie mit Dreamweaver realisiert werden können.

Startanimation mittels Zeitleiste

Mit einer Startanimation als Eyecatcher lässt sich die Aufmerksamkeit des Users fokussieren. Obwohl animierte GIFs bis zu einem gewissen Grad diesen Zweck erfüllen können, mangelt es ihnen an Dramaturgie und Interaktivität. Diese Bedingungen erfüllen Shockwave- und Flash-Animationen, jedoch unter der Voraussetzung, dass ein entsprechendes PlugIn installiert ist. Die größte User-Erreichbarkeit gewährleistet daher eine Zeitleistenanimation auf JavaScript- und CSS-Basis. Das Prinzip der Umsetzung zeigt die folgende Anleitung.

- In diesem Beispiel wird ein Browserfenster mit definierter Größe und Eigenschaften aufgerufen.
- Dieses Fenster enthält als funktionsgebendes Element eine Bildebene, die mit Imagemap-Links auf drei Themenbereiche (Wildlife, Cowboys und Landscape) verweist.
- Durch das Anklicken dieser Links werden Animationen gestartet, an deren Ende eine Ebene mit Textinhalten eingeblendet wird.

Erstellen einer Startanimation

Das Material (alle Abbildungen sowie die fertige HTML-Seite) zu dieser Zwischenübung finden Sie auf der beiliegenden CD-ROM.

1. Einrichten des Startdokuments

Legen Sie in Dreamweaver ein neues Dokument an und speichern Sie es als start.html ab.

Wählen Sie (zum Beispiel über das Tag-Selektor im Dokumentenfenster) den Body-Tag aus und weisen Sie ihm das Verhalten BROWSERFENSTER ÖFFNEN zu. Das auslösende Ereignis soll onLoad sein (Abb. 48)

Geben Sie als zu öffnende URL westimp.html an, spezifizieren Sie als Fensterbreite wie -höhe je 600 Pixel (und aktivieren Sie alle Attribute).

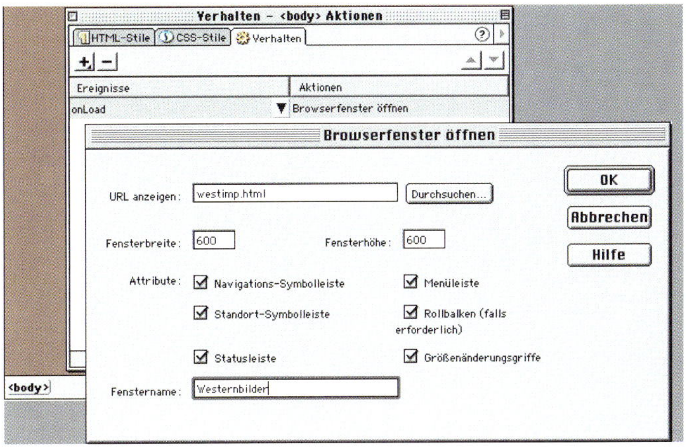

▲ Abbildung 48
Auswahl des <body> und Zuordnung des Browserfenster öffnen-Verhaltens

2. Die Suchen/Ersetzen-Aktion

Drücken Sie Strg + F *bzw.* ⌘ + F *oder wählen Sie SUCHEN UND ERSETZEN… im Bearbeiten-Menü aus. Stellen Sie unter SUCHEN NACH auf QUELLCODE und geben Sie als Suchbegriff »=yes« ein. Bei ERSETZEN DURCH geben Sie »=no« ein. Dann klicken Sie auf ALLE ERSETZEN. Nach erfolgter Aktion schließen Sie das Fenster. Im Code sind nun alle Attribute des zu öffnenden Fensters auf »no« gesetzt (Abb. 49).*

Wichtig – so verhindern Sie, dass Ihre oben gemachten manuellen Änderungen wieder rückgängig gemacht werden:

Ab jetzt nicht mehr das dem <body>-Tag zugeordnete Verhalten (BROWSERFENSTER ÖFFNEN) aktivieren (kann leicht durch Doppelklick im Verhaltenfenster passieren), da die Änderungen sonst wieder zurückgesetzt werden.

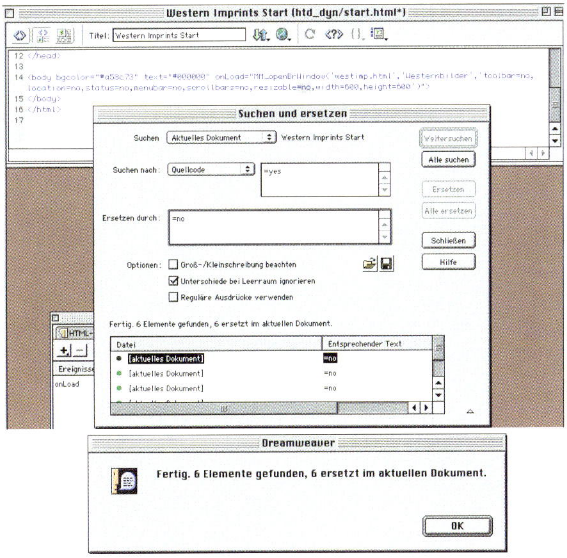

▲ Abbildung 49
Die Suchen/Ersetzen-Aktion

Abbildung 50 ▲
Vorbereiten des Dokumentenfensters

3. Das Zeitleistendokument anlegen

Sichern Sie start.html und legen Sie ein neues Dokument westimp.html an. (Strg + N bzw. ⌘ + N, dann SPEICHERN UNTER.... im Datei-Menü.

Aus optischen Gründen haben wir westimp.html ein Stylesheet zugeordnet, das unter anderem den roten Balken als Hintegrundbild setzt.

*Um die Arbeit zu erleichtern, setzen wir die Entwurfsansicht auf eine Fenstergröße von 600*600 (Abb. 50).*

Handling der Fensterattribute in Dreamweaver

Warum wurde die Suchen/Ersetzen-Aktion vorgenommen? Hier liegt ein weiterer Dreamweaver-Bug (bzw. ein unterlassenes Feature) vor. Lässt man die Attribute ausgeschaltet, wie man es intuitiv machen würde, um z.B. zu verhindern, dass ein neues Browserfenster keine Scrollbalken aufweist, so schreibt Dreamweaver weder »yes« noch »no« in den Code. Der Navigator kann damit umgehen, und das so geöffnete Fenster hat die deklarierte Höhe und Breite und keine Scrollbalken. Der Internet Explorer hingegen benötigt eine eindeutige Deklarationen, also »yes« oder »no«. Das wurde bei der Programmierung dieser Verhaltensweise offensichtlich »vergessen«; daher diese kleine manuelle Korrektur des Codes.

4. Ebenen anlegen

Zunächst werden zwei Ebenen für das Basislayout angelegt. Wir nennen sie menu0 und logo. Die Ebenen werden genauso dimensioniert wie die Abbildungen, die in sie eingefügt werden: in logo der Western Imprints-Titel, in menu0 die später als Imagemap dienende und die Animationen startende Abbildung (Abb. 51).

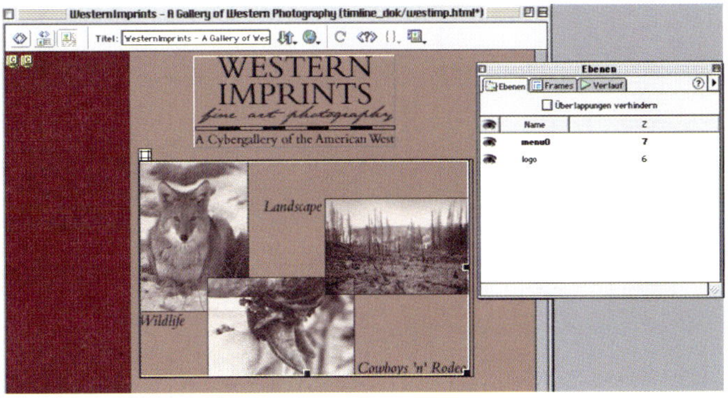

▲ Abbildung 51
Die ersten zwei Ebenen

5. Weitere Ebenen anlegen

Jetzt werden drei weitere Ebenen (wolf, boot und tree) angelegt und mit Abbildungen »gefüllt«. Diese Ebenen sollen gleich im Rahmen der Animation ins Fenster fliegen (Abb. 52).

Schließlich werden noch einmal drei Ebenen angelegt, die als Träger von Textinhalten dienen sollen. Sie werden am Ende einer Zeitleistenanimation erscheinen. Da sie den drei Animationsebenen zugeordnet werden, nennen wir sie texttree, textboots und textwolf (verzeihen Sie die Anglizismen). Sie werden exakt überlappend unter dem Bild platziert und anschließend in der Ebenenpalette auf »nicht sichtbar« gestellt. Die Bühne ist nun bereitet (Abb. 53).

▲ Abbildung 52
Die drei Darsteller der geplanten Animation

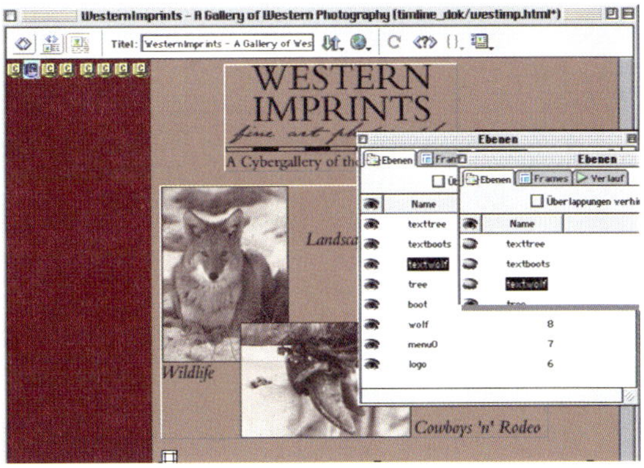

▲ Abbildung 53
Positionieren der drei Textebenen. Nach Abschluss dieses Schrittes sollten alle drei exakt übereinander auf der Position der im Bild ausgewählten textwolf-Ebene liegen.

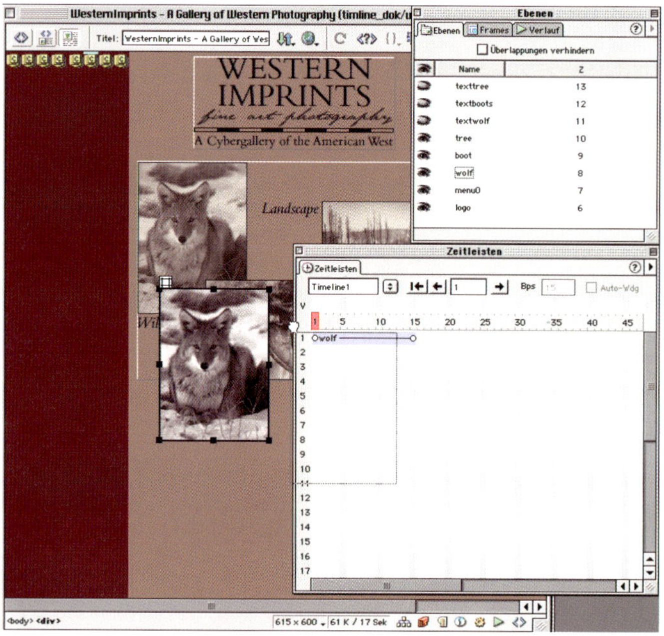

Abbildung 54 ▲
Hinzufügen einer Zeitleiste und Aktivieren des ersten Frames der Zeitleiste

6. Zeitleisten festlegen

Öffnen Sie das Zeitleistenfenster (⇧ + F9) und positionieren Sie es strategisch günstig neben dem Entwurfsfenster. Wählen Sie nun die erste Ebene (wolf), und ziehen Sie sie bei gedrückter Maustaste auf das Zeitleistenfenster. Klicken Sie nun in Frame 1 der Zeitleiste und wechseln Sie in das Eigenschaftenfenster. Dort stellen Sie die Koordinaten der Ebene (L und O) so ein, dass sie sich außerhalb der zuvor eingestellten 600 Pixel-Größe des Fensters befindet. Schließlich soll die Ebene in der Animation von »außen« in das Fenster hinein fahren und auf dem kontrastärmeren Wolfsmotiv zur Ruhe kommen. Die graue Linie deutet den Weg an, den die Ebene wolf bei den aktuellen Einstellungen nehmen würde (Abb. 54 bis 57).

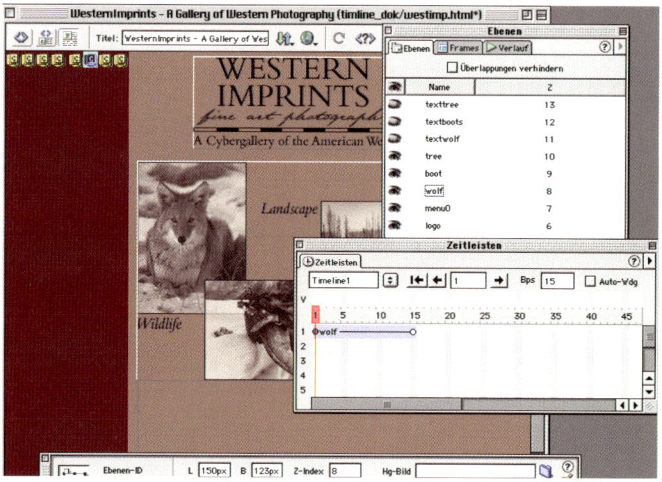

Abbildung 56 ▲
Setzen der Koordinaten für den ersten Frame

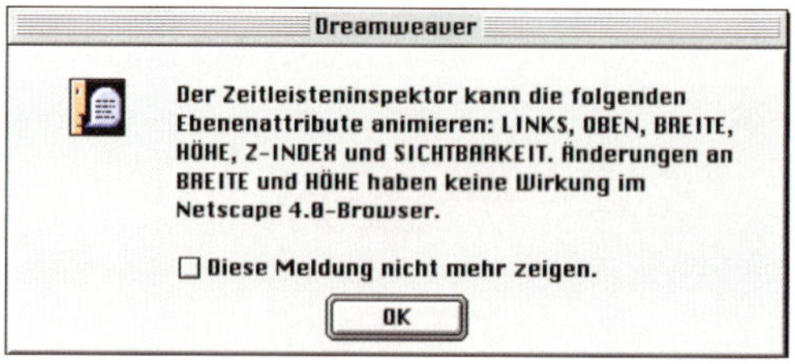

▲ Abbildung 55
Warnmeldung beim Hinzufügen einer Zeitleiste. Wir nehmen die Meldung zur Kenntnis und klicken dann die Checkbox an, um sie nicht mehr sehen zu müssen.

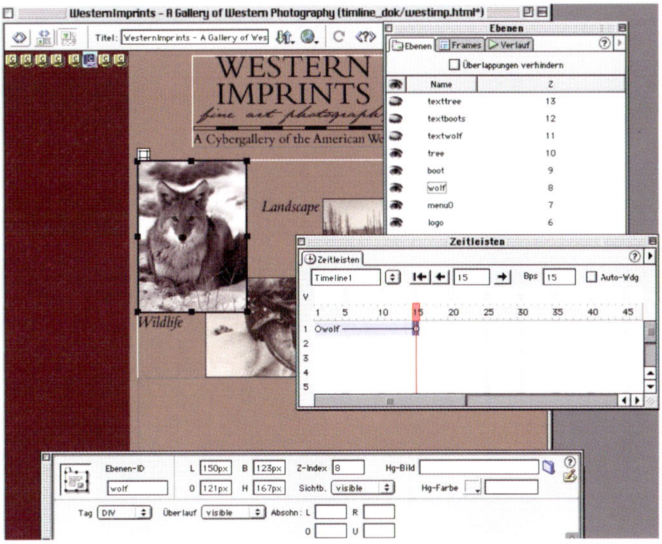

▲ Abbildung 57
Setzen der Koordinaten für den letzten Frame. Das Bild soll exakt deckungsgleich mit dem Hintergrund sein.

7. Verhaltensweisen der Zeitleiste zufügen

Nun fügen Sie der Zeitleiste noch zwei einfache Verhalten hinzu, welche zu Beginn der Animation die wolf-Ebene einblenden und die Textebenen zu Beginn der Animation auf »nicht sichtbar« setzen (falls sie seit einer älteren Aktion noch sichtbar sind). Am Ende der Animation lassen wir die textwolf-Ebene erscheinen (Abb. 58 bis 60).

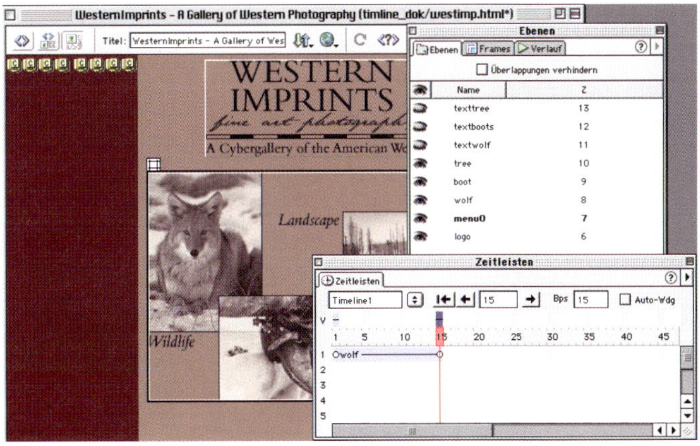

▲ Abbildung 58
Zuordnung von Verhalten über den Verhalten-Kanal des Zeitleistenfensters

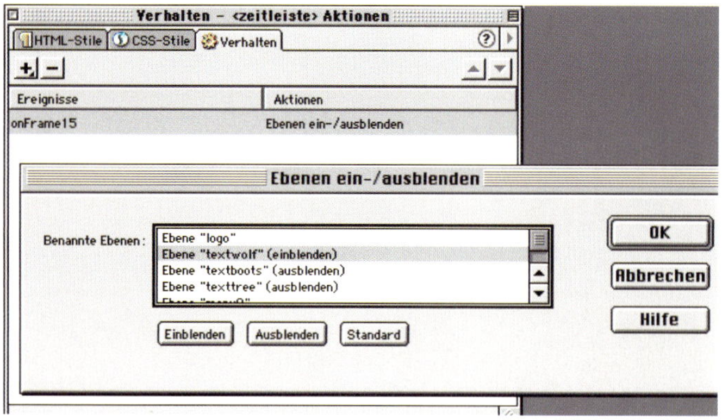

Abbildung 59 ▲
Die ein- bzw. auszublendenden Ebenen am Ende der Zeitleiste

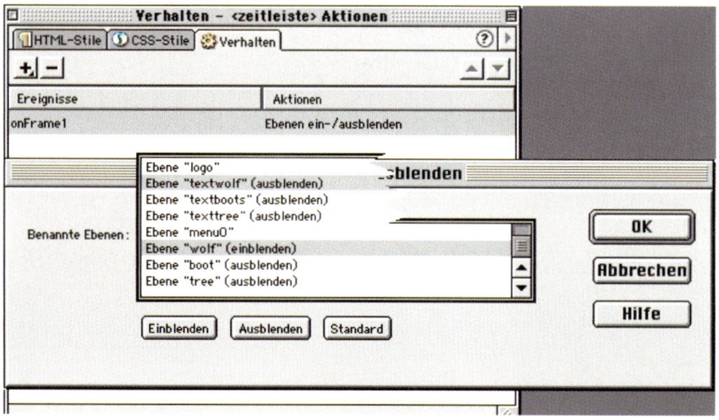

Abbildung 60 ▲
Aus- bzw. einzublendende Ebenen am Anfang der Zeitleiste

Abb. 61 ▶
Weitere Zeitleisten hinzufügen

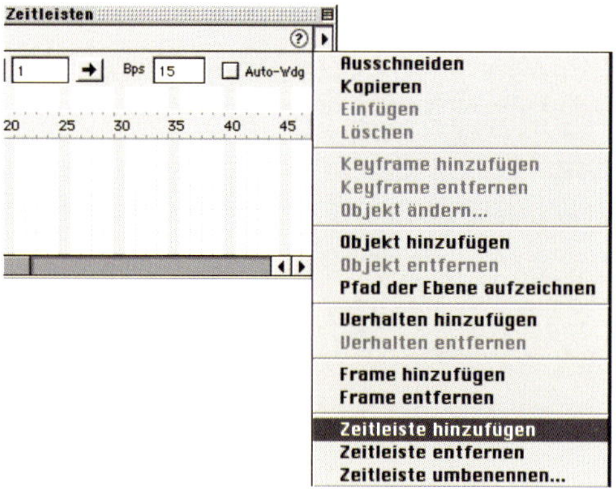

8. Die nächste Zeitleiste anlegen

Nun legen Sie eine neue Zeitleiste an und verfahren analog mit der Ebene boot. Schließlich führen Sie dieselben Arbeitsschritte mit der Ebene tree durch. Stellen Sie die Startkoordinaten der Ebenen so ein, dass sie auch tatsächlich außerhalb des Browserfensters liegen. Dies ist der Grund für die feste Vorgabe der Fenstergröße über start.html. Sollten Sie für die Startseite einer Site eine ähnliche Animation planen, können Sie natürlich nicht die Fenstergröße kennen, die die User eingestellt haben. Daher sind

Sie in einem solchen Fall nur dann auf der sicheren Seite, wenn sie die Animationen von oben bzw. von rechts ins Fenster fahren lassen.

Die Zeitleisten sind nun vorbereitet. Nun müssen sie nur noch von geeigneter Stelle gestartet werden (Abb. 61).

9. Imagemap vorbereiten

In der menu0-Ebene werden nun auf den Schriftzügen »Wildlife«, »Landscape« und »Cowboys 'n' Rodeos« Imagemap-Bereiche mit funktionslosen Links angelegt. Über diese Links werden gleich die Verhalten aktiviert, die die Zeitleisten starten sollen (Abb. 62).

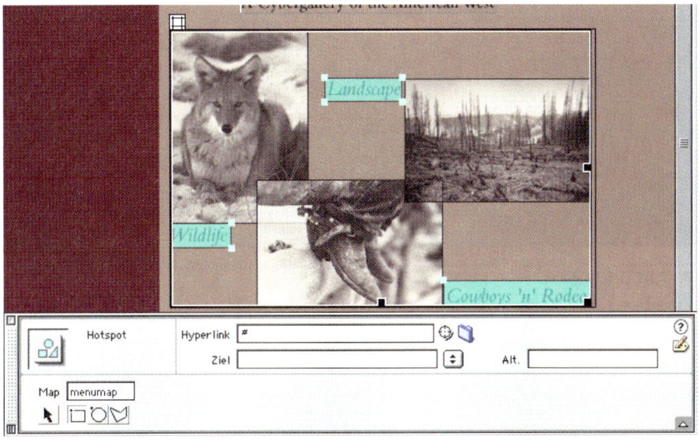

▲ Abbildung 62
Imagemap mit funktionslosen Links anlegen. Alternativ zur Doppelraute ist auch `javascript:;` möglich.

10. Zuordung von Verhalten

Jetzt werden dem ersten Link (Wildlife) vier Verhalten zugeordnet.

Zunächst wird die Sichtbarkeit aller an Zeitleisten beteiligte Ebenen auf »nicht sichtbar« gesetzt. Damit wird sichergestellt, dass Relikte aus vorangegangenen Animationen ausgeblendet werden. Die ins Bild laufende Ebene wird – wir erinnern uns – im ersten Frame auf »sichtbar« gestellt.

Nun werden alle noch möglicherweise laufenden Zeitleisten angehalten.

Danach wird die zu startende Zeitleiste auf Frame 1 gesetzt.

Zuletzt wird die Zeitleiste »offiziell« gestartet (Abbildungen 63 bis 66).

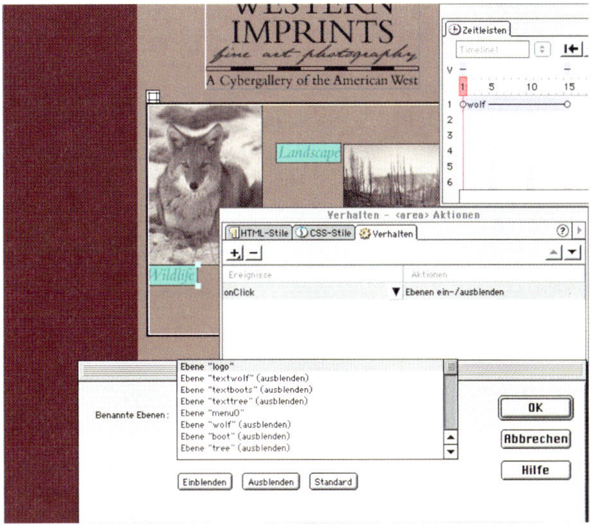

▲ Abbildung 63
Erstens: Alle potenziell sichtbaren Ebenen ausblenden

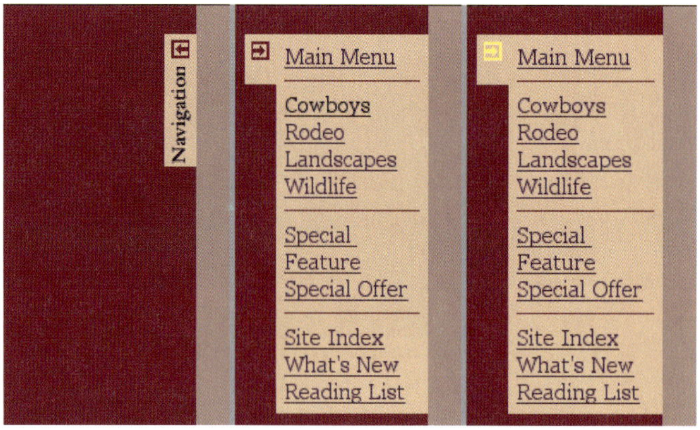

◂ **Abbildung 69**
Die einzelnen Phasen des Aufklappmenüs

◂ **Abbildung 70**
Die vier Gifs des Aufklappmenüs

Erstellung von dynamischen Menüs
Als Anwender von Dreamweaver sind Sie sich vermutlich mit den Problemen und Tücken beim Konzipieren und Erstellen von klar verständlichen und eindeutigen Navigationsmenüs vertraut. Mit Dreamweaver ist es vergleichsweise einfach, solche Menüs mit dynamischen Features auszustatten.

Ein Manko älterer HTML-Varianten war die fehlende Interaktivität der Benutzerführung. Rollover-Effekte waren zwar schon mit früheren Browserversionen möglich, jedoch nicht komplexere Navigationselemente mit grafischen Popup- bzw. Dropdown-Menüs. Durch geschicktes Ebenenmanagement ist dies mit Dreamweaver eine einfache Übung.

Wenn man an diesem Modell weiterbastelt, gibt es beliebige Erweiterungsmöglichkeiten ein. Zur Demonstration werden wir im ersten Beispiel ein »einfaches« Aufklappmenü erstellen, das optisch unserer Beispielsite angepasst ist. Wird der seitlich angebrachte Reiter NAVIGATION angeklickt, klappt die Navigation, die in einer Ebene untergebracht ist, heraus. Durch Anklicken des Rechts-Pfeils wird dies wieder rückgängig gemacht (Abb. 69).

Aufklappmenü
Für den Zusammenbau dieses Menüs benötigen wir zwei Gifs, die wir zusätzlich in einer RollOver-Variante anfertigen (Abb. 70).

Erstellung des Aufklappmenüs

1. Dokument anlegen und Daten vorbereiten

Öffnen Sie ein neues Dreamweaver-Dokument (Strg-N, bzw. ⌘-N), und speichern Sie es als menue.html ab (vorzugsweise in einem eigenen Verzeichnis). Dann legen Sie für diese Übung ein Verzeichnis img an, in das Sie die Gifs geben. Das Beispielverzeichnis auf der CD-ROM enthält zusätzlich das Hintergrundbild, welches von dem Stylesheet verwendet wird, das wir wie in der vorangegangenen Übung mit unserer Seite verknüpfen (Abb. 71)

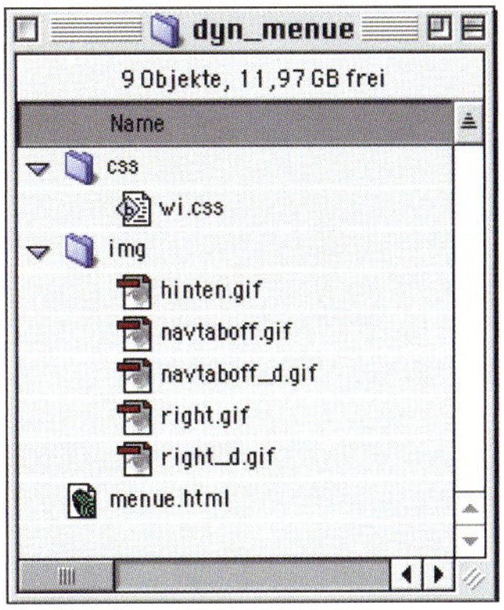

◀ Abb. 71
Verzeichnisstruktur des Beispiels

2. Ebenen anlegen

Nun werden drei Ebenen angelegt (Abb. 72). Wir nennen sie navtaboff, navigator und navtabclose.

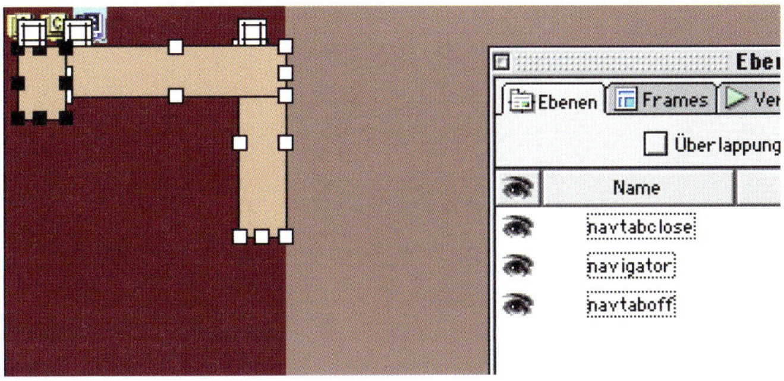

▲ Abbildung 72
Die drei benötigten Ebenen …

3. RollOvers setzen und Ebenen füllen

In die Ebene navtaboff wird der RollOver, bestehend aus navtaboff.gif und navtaboff_d.gif, gesetzt. In die Ebene navtabclose wird ein RollOver aus den Gifs right.gif und right_d.gif gesetzt. Die Ebene navigator füllen wir mit den Navigations-Links (Abb. 73 und 74).

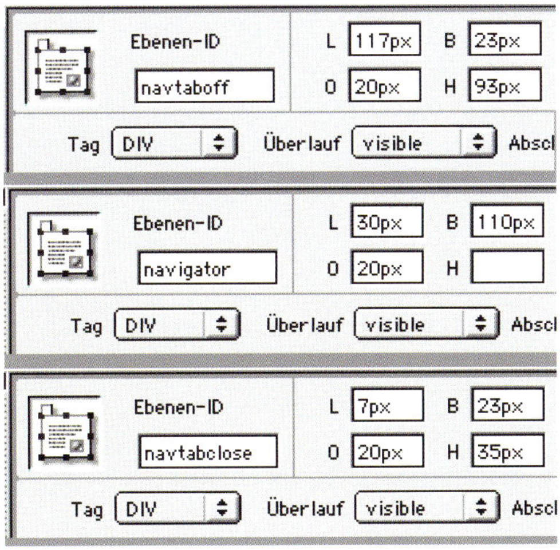

◀ Abb. 73
… und ihre Einstellungen

Abb. 74 ▶
Die Ebenen mit Inhalten. Die Links lassen wir in diesem Demo funktionslos.

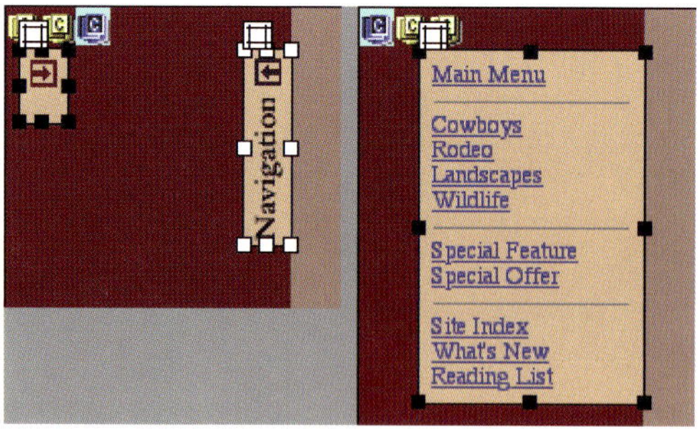

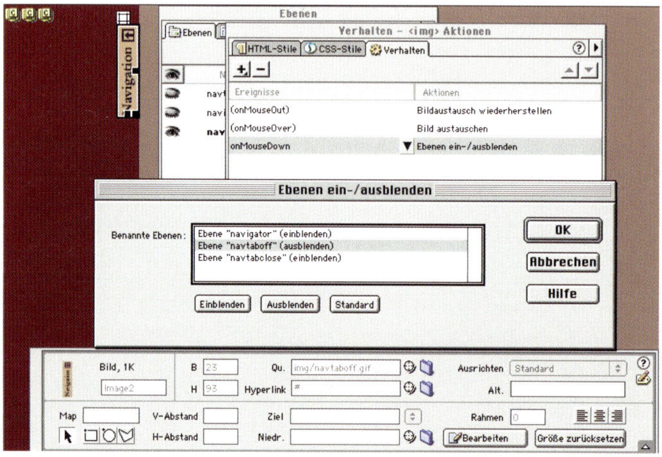

Abbildung 75 ▲
Interaktion für die navtaboff-Ebene

4. Menü ausklappen

Wählen Sie das RollOver-Bild in der navtaboff-Ebene aus und weisen Sie ihm das Verhalten EBENEN EIN-/AUSBLENDEN *zu.*

Stellen Sie es so ein, dass onMouseDown die Ebenen navigator und navtabclose sichtbar und die Ebene navtaboff unsichtbar werden (Abb. 75).

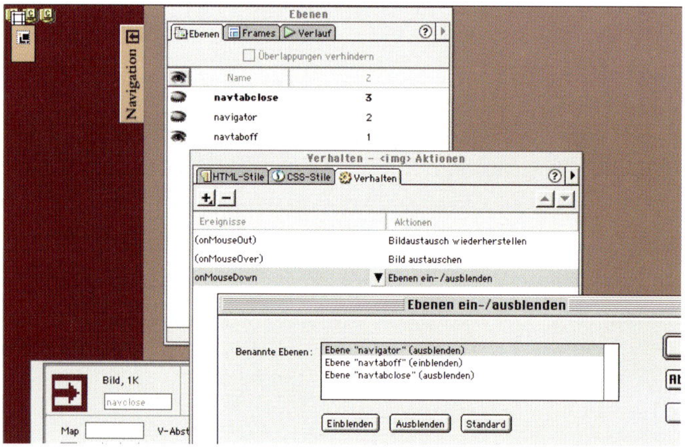

Abbildung 76 ▲
Die Einstellungen zum Rücksetzen des Menüs

5. Menü zurückklappen

Wählen Sie das RollOver-Bild in navtabclose aus, und weisen Sie ihm ebenfalls das Verhalten EBENEN EIN-/AUSBLENDEN *zu.*

Stellen Sie es so ein, dass onMouseDown die Ebenen navigator und navtabclose unsichtbar und die Ebene navtaboff sichtbar werden (also die exakte Umkehrung vom vorangegangenen Schritt) (Abb. 76).

6. Fertig

Sichern Sie menue.html und probieren Sie es im Browser Ihrer Wahl aus.

Erstellung eines einfachen Drop-down-Menüs

Im nächsten Beispiel wird zur Demonstration ein Drop-down-Menü, bestehend aus zwei Hauptpunkten (Menü1 und Menü2) mit jeweils zwei Unterpunkten (sub11 und sub12 sowie sub21 und sub22), programmiert. Die einzelnen Links werden durch Rollover dargestellt. Das Menü blendet sich aus, wenn es verlassen wird (Abb. 77).

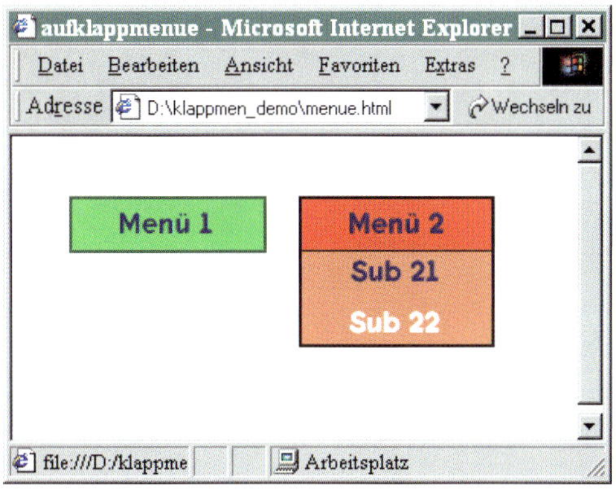

▲ Abbildung 77
Menü im Internet Explorer

1. Vorbereitungen

Um dieses Menü zu erstellen, brauchen Sie zwei Buttons für den Ausgangsstatus des Menüs. Zusätzlich benötigen Sie zum einen jeweils zwei einzelne GIFs für den aufgeklappten Zustand jedes Menüs und dazu noch die GIFs, die beim Rollover über die Aufklappmenüs angezeigt werden sollen (Abb. 78).

Das Material (alle benötigten Abbildungen sowie die fertige HTML-Seite) zu dieser Übung finden Sie auch auf der CD-ROM.

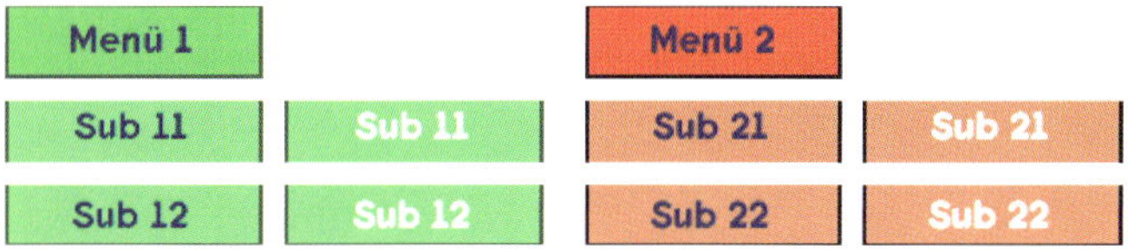

▲ Abbildung 78
Die benötigten GIFs für das Drop-down-Menü

2. Neues Dokument öffnen

Öffnen Sie in Dreamweaver ein neues Dokument, und vergessen Sie nicht, den Resize Fix hinzuzufügen (siehe Abschnitt »Netscapes Resize Bug« in diesem Kapitel). Die Menüs werden sehr »ebenenlastig«.

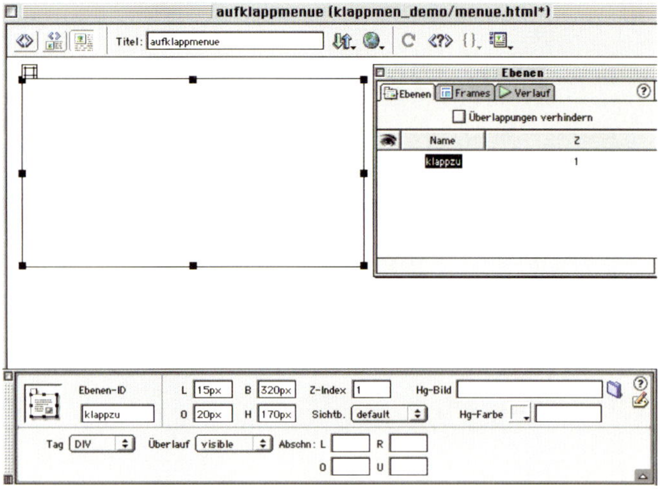

Abbildung 79 ▲
Ebene anlegen

3. Ebenen anlegen

Ungefähr dort, wo das Menü positioniert werden soll, platzieren Sie eine Ebene, die Sie »klappzu« nennen (Abb. 79). Warum, das wird sich gleich zeigen. In die Ebene setzen Sie ein Leer-GIF, dessen Größenattribute exakt auf die Größe der Ebene eingestellt werden.

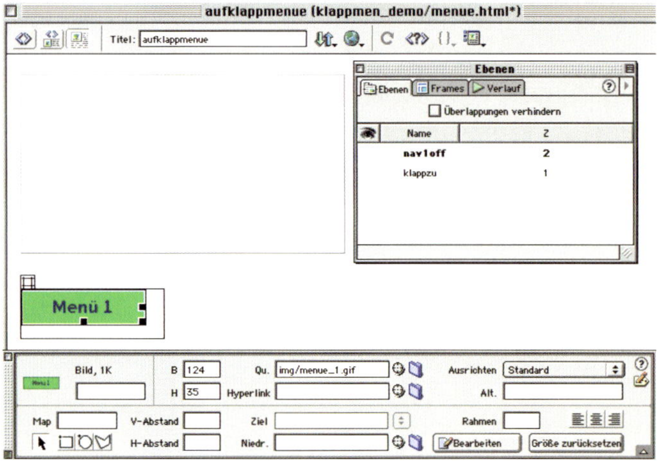

Abbildung 80 ▲
Platzierung der Grafik von Menü 1

4. Grafiken platzieren

Nun erstellen Sie nacheinander zwei Ebenen, die Sie als »nav1off« und »nav2off« bezeichnen. In »nav1off« platzieren Sie die Grafik Menü1 (Abb. 80) und in »nav2off« die Grafik für Menü2. Die Grafiken müssen, um per JavaScript ansprechbar zu sein, noch mit einmaligen Namen versehen werden. Damit die Benennung nachvollziehbar bleibt, können Sie diesen Namen aus der Benennung oder Funktion der jeweiligen Ebene ableiten. In unserem Beispiel sind dies sub11, sub12,

Anschließend setzen Sie die Breite und Höhe der beiden Ebenen auf dieselben Maße wie die in ihnen platzierten Abbildungen (Abb. 81). Die z-Indices beider Ebenen können, müssen aber nicht gleich (hier z=2) gesetzt werden. Anschließend setzen Sie beide Ebenen an ihre Bestimmungsorte, und zwar so, dass sie innerhalb der Fläche der »klappzu«-Ebene liegen (Abb. 82).

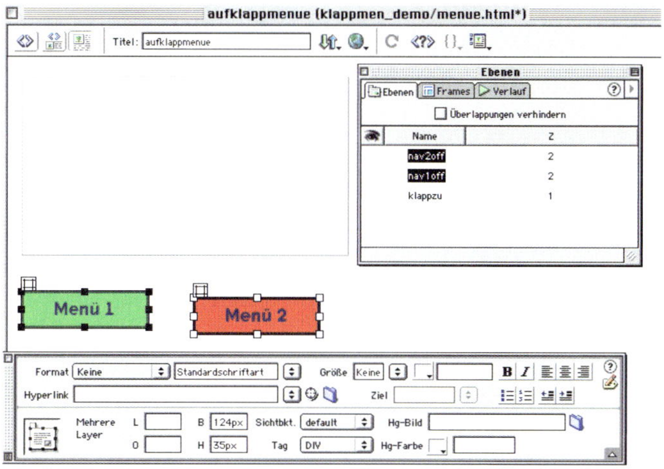

▲ Abbildung 81
Höhe und Breite festlegen

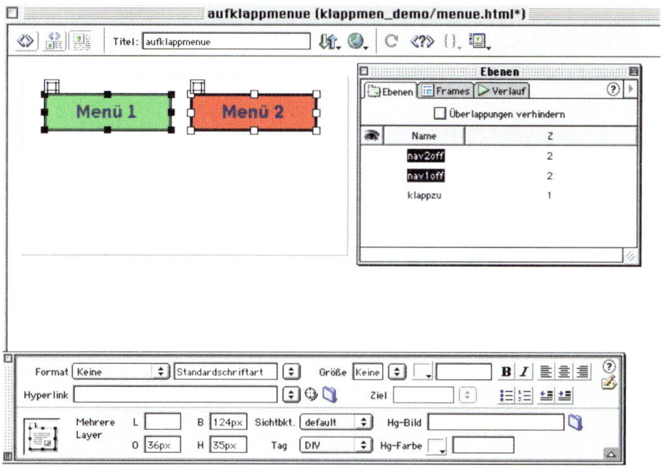

▲ Abbildung 82
Platzierung innerhalb der »Klappzu«-Ebene

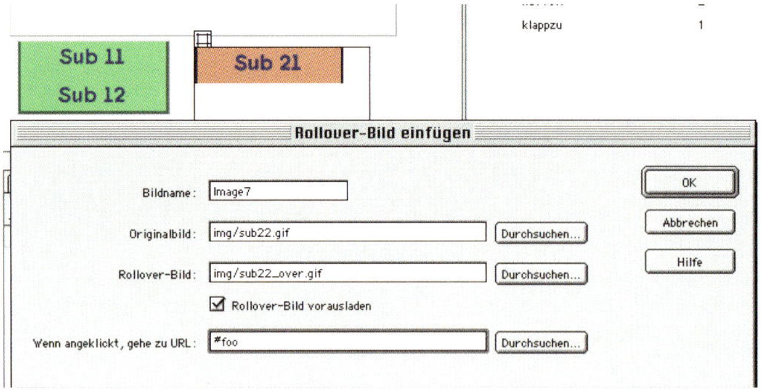

Abbildung 83 ▲
Einfügen der Submenüpunkte als RollOver-Bilder

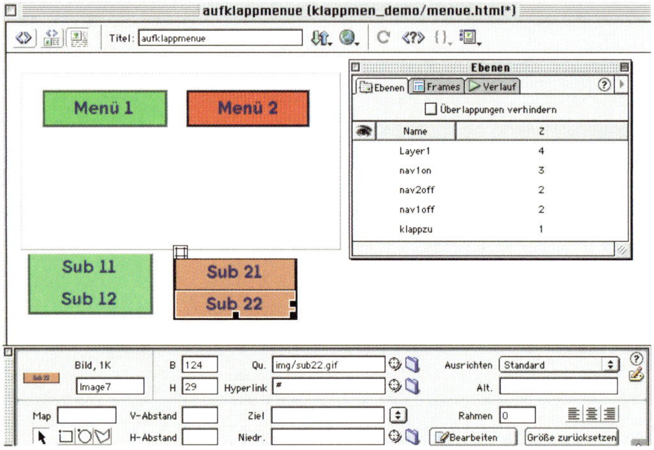

Abbildung 84 ▲
Anlegen und »Befüllen« der Submenüebenen

Abb. 85 ▶
Definition der Sichtbarkeit einer Ebene

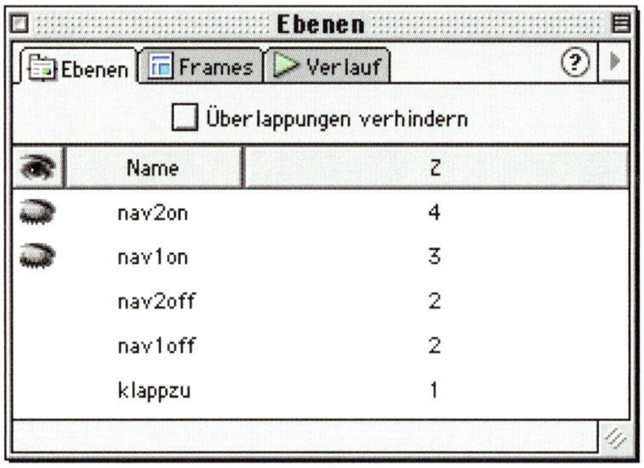

4. Submenüebenen erstellen

Nun erstellen Sie die Ebenen für die Submenüs. Zuerst legen Sie eine neue Ebene an, die Sie mit »nav1on« bezeichnen. In diese Ebene platzieren Sie die Rollover-Elemente des ersten Submenüpunktes (»sub11«). Anschließend positionieren Sie die Grafiken des Submenüpunktes »sub12«. Die Breite der Ebene stellen Sie auf die Breite der Submenü-GIFs, die Höhe der Ebene auf die Summe der Höhen der drei Submenüpunkte. Analog verfahren Sie mit der Ebene »Nav2on« für das zweite Submenü (Abbildungen 83 und 84).

Anschließend setzen Sie die beiden Ebenen so an die »Off«-Ebenen, dass sie rechtsbündig anschließen, jedoch mit ihrem oberen Rand die »Off«-Ebene jeweils um zwei Pixel überlappen. (Dies, damit beim Aufklappen der untere graue Rand des ursprünglichen Buttons überdeckt wird.)

5. Sichtbarkeit der Ebenen definieren

Stellen Sie die Sichtbarkeit von »nav1on« und »nav2on« in der Ebenenpalette auf »aus«. Hierzu klicken Sie bitte in die linke Spalte der Ebenenpalette. Die Abwesenheit eines Icons kennzeichnet den Default-Status, ein geöffnetes Auge symbolisiert eine im Anfangsstatus sichtbare Ebene, das geschlossene Auge setzt die Ebene auf unsichtbar (Abb. 85).

Diese Schritte dienen der Vorbereitung der Darsteller und der Bühne. Abschließend wird dieses Szenario nun mit Interaktivität belebt.

6. Verhaltensweisen aktivieren

Zur Aktivierung der Verhalten klicken Sie das Bild in »nav1off« an und wählen in der Verhaltenspalette durch Klicken (dabei Maus gedrückt halten) auf das +-Symbol die Verhaltensweise EBENEN EIN-/AUSBLENDEN *aus (Abb. 86).*

Nun stellen Sie die Ebene »nav1on« auf EINBLENDEN *und »nav2on« auf* AUSBLENDEN. *Klicken Sie OK an (oder drücken Sie* ↵*) und verfahren analog mit »nav2off«. Hier »nav1on« auf* AUSBLENDEN *und »nav2on« auf* EINBLENDEN *stellen (Abb. 87 und 88).*

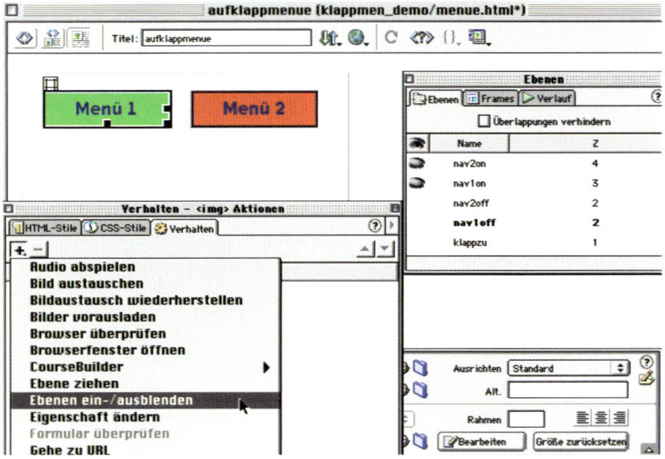

▲ Abbildung 86
Aktivierung der Verhalten

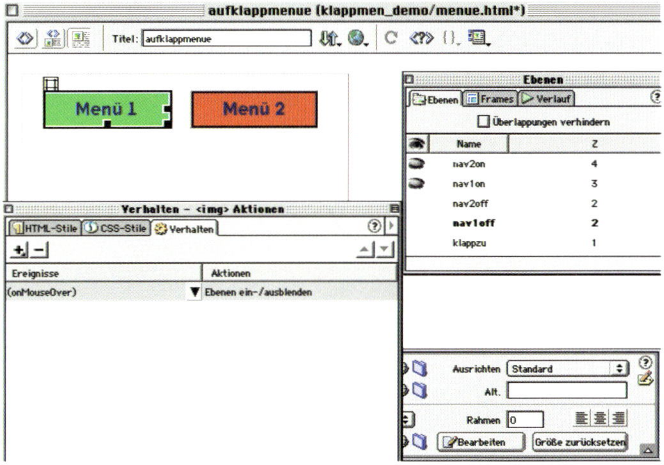

▲ Abbildung 87
Einstellung der Ebenen

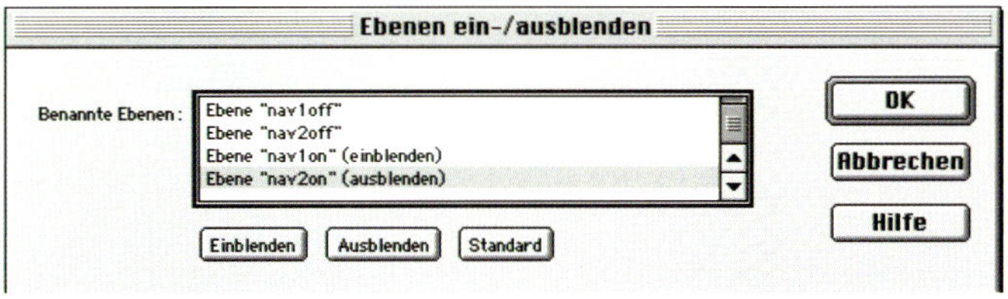

▲ Abbildung 88
Ein- und Ausblenden von Ebenen

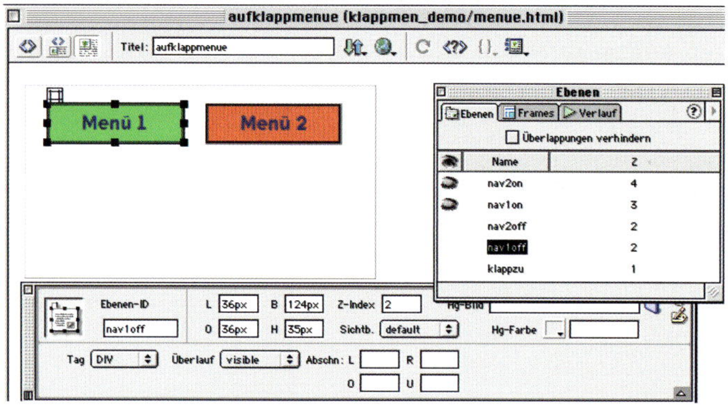

Abbildung 89 ▲
Die fertigen Drop-down-Menüs

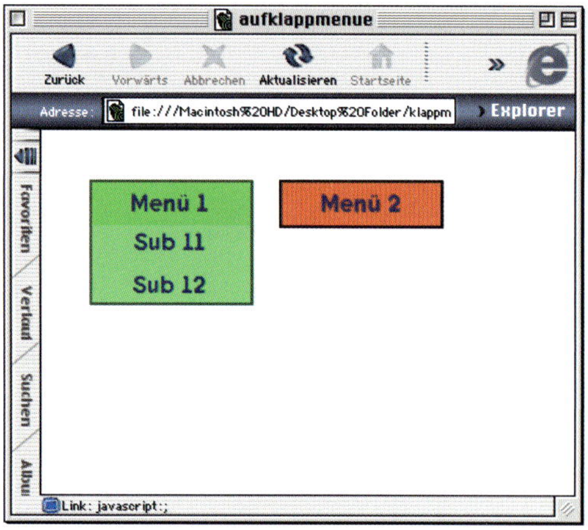

Abbildung 90 ▲
Ansicht im Browser

Nun ist das Drop-down-Menü schon fast fertig (Abb. 89). Daher wollen wir es uns einmal im Browser anschauen und drücken auf F12.

Tatsächlich sind alle Funktionen aktiv. Fährt die Maus über Menü 1, *erscheinen die drei Submenüpunkte, fährt die Maus über* Menü2, *verschwindet das erste Submenü, und das Submenü 2 erscheint (Abb. 90).*

7. Sichtbarkeit der Ebenen auf hide stellen

Das Ganze hat nun noch einen kleinen Schönheitsfehler: Nach dem ersten Erscheinen eines Submenüs ist und bleibt eines der beiden immer so lange sichtbar, bis das jeweils andere mit der Maus »überfahren« wird. Den onMouseOut*-Event können wir aber nicht benutzen, um die Ebenen wieder zurückzusetzen, da dieser auch von einer Mausbewegung nach unten auf die Untermenüs ausgelöst würde. Dadurch würden die Unterme-*

nüs zwar zunächst angezeigt, wären aber nicht mehr navigierbar, da sie beim Überfahren (durch den `mouseOut`*-Event des Obermenüs) wieder auf unsichtbar gesetzt würden.*

Dieses Manko werden wir nun im letzten Schritt beseitigen: Klicken Sie das Leer-GIF in der »klappzu«-Ebene an und wählen Sie im Verhaltenfenster EBENEN EIN-/AUSBLENDEN *aus. Hier stellen Sie die Sichtbarkeit sowohl der Ebenen »nav1on« und »nav2on« auf* `hide`*, und das war's (Abb. 91).*

Die Tatsache, dass die Ebene mit dem Leer-GIF in der Stapelung (`z-index`*) unter den Menüs liegt, können wir uns zunutze machen. Auf dieses Leer-GIF wird eine Verhaltensweise gelegt, die beim Überfahren mit der Maus alle Ebenen wieder auf den ursprünglichen Zustand zurücksetzt. Dem Leer-Gif wird dabei automatisch ein leeres Javascript als Link zugeordnet.*

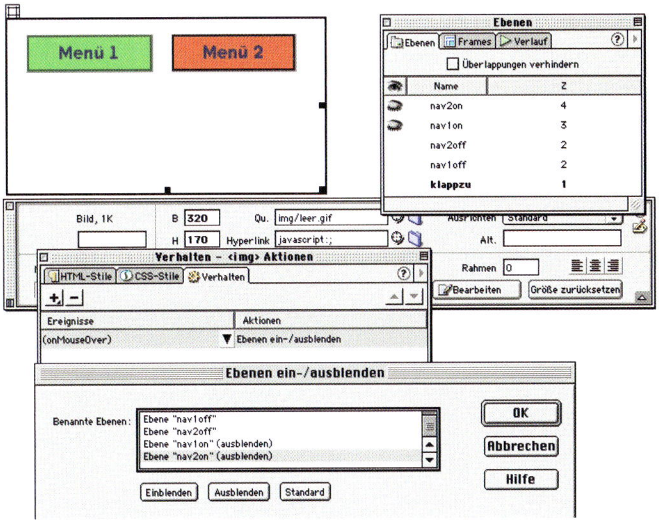

▲ **Abbildung 91**
Sichtbarkeit der Ebenen »nav1on« und »nav2on« auf `hide` stellen

Dynamisches zeitleistengesteuertes Menü

Mit den in den vorangegangenen Beispielen gemachten Erfahrungen können wir nun das Spiel mit den Menüs verträumt weiterspinnen (engl.: to dreamweaver).

Anstatt die Submenüs per EBENEN EIN-/AUSBLENDEN quasi aus dem Nichts erscheinen zu lassen, könnte man versuchen, sie per Zeitleiste ins Bild fahren zu lassen. Das setzt nur ein wenig Umdenken voraus. Die Submenüebenen müssen bis zum Auslösen der Zeitleiste »versteckt« sein. Dies geschieht mit einer Ebene, die einen höheren z-Index als die Submenüebenen hat (also darüber liegt).

Der Rest ist dann (fast) nur noch Routine. Daher werden wir uns nur auf die wesentlichen Schritte beschränken (Abb. 92). Darüber hinaus finden Sie dieses Beispiel – wie alle anderen auch – auf der CD-ROM.

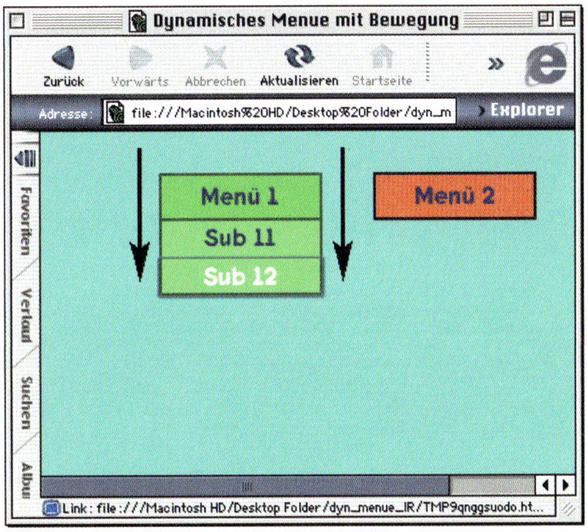

▲ **Abbildung 92**
Dasselbe Menü wie im letzten Beispiel – nur in Grün und zeitleistenanimiert.

Erstellung des Zeitleistenmenüs

1. Vorbereitung des Dokuments

Wir verwenden dieselben Grafikelemente wie im vorangegangenen Beispiel; zusätzlich werden auch die Hauptmenüpunkte mit einem RollOver versehen.

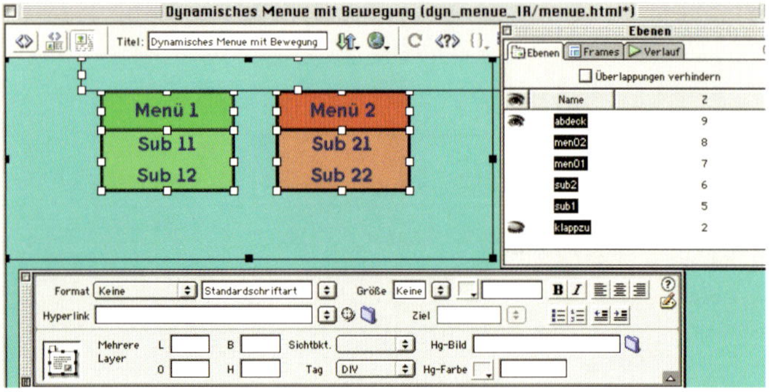

▲ Abbildung 93
Die Ebenen und Bilder des Zeitleistenmenüs

2. Ebenen anlegen

Dann werden die Ebenen nach dem bekannten Schema angelegt. Zusätzlich kommt die Ebene abdeck hinzu. abdeck und klappzu werden wieder mit dem bekannten leeren Gif gefüllt (Abb. 93).

Wichtig ist in dieser Konstruktion die Reihenfolge der z-Indices, da hier Ebenen nicht ausgeblendet, sondern nur unter andere Ebenen geschoben bzw. darunter hervorgezogen werden (Abb. 94).

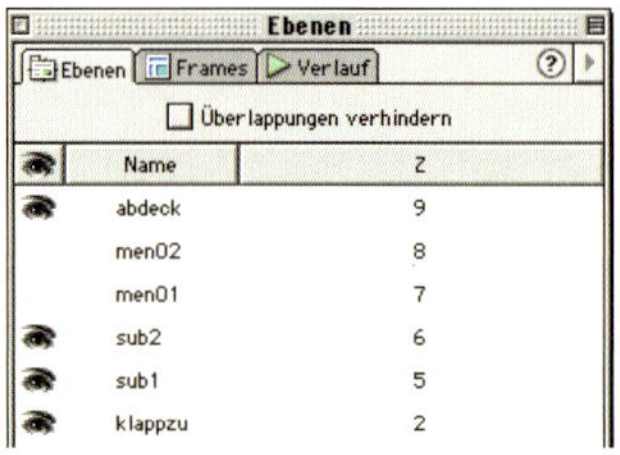

Abbildung 94 ►
Abfolge der Ebenen: abdeck heißt nicht umsonst so

3. Zeitleisten zuordnen

Den Submenüebenen werden nun Zeitleisten zugeordnet. Im 1. Frame sollen sie am oberen Bildrand liegen (und unter der Ebene abdeck); im letzten Frame sollen sie passgenau unterdem jeweiligen Hauptmenüpunkt liegen (Abb. 95).

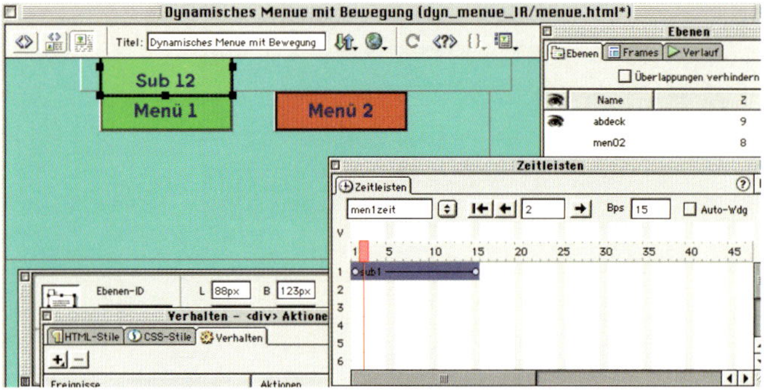

Abbildung 95 ▲
Positionieren der Submenüebenen

4. Verhalten zuweisen

Nun muss die Interaktivität ins Spiel gebracht werden:

Dem RollOver in Menü 1 wird das ZEITLEISTEN ABSPIELEN*-Verhalten zugewiesen (und zwar das zum Submenü 1 gehörige), dem RollOver in Menü 2 analog das Verhalten zum Starten der Zeitleiste, die Submenü 2 zugeordnet wurde. In diesem Fall ist das auslösende Ereignis ein MouseDown (was einem Klick gleich kommt) (Abb. 96).*

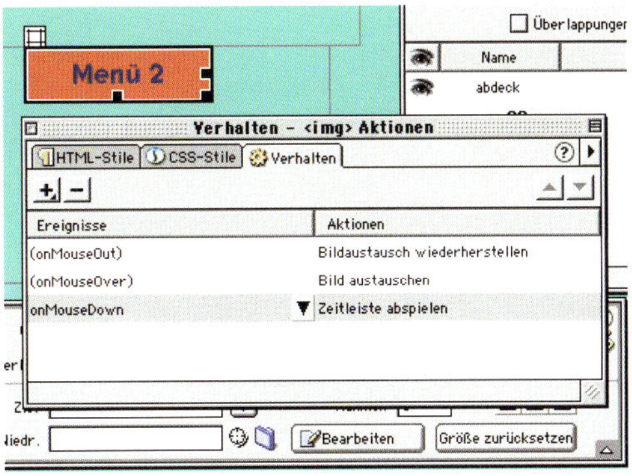

◀ Abb. 96
Die Verhalten der Hauptmenüpunkte

5. Zeitleiste abspielen

Um das Rücksetzen der Zeitleisten zu gewährleisten, müssen nun der klappzu-Ebene (bzw. dem in ihr platzierten Leer.gif) die entsprechenden Anweisungen gegeben werden (Abb. 97). Sie bestehen aus Verhaltensaufrufen:

Je ein Kommando zum Rücksetzen der Submenü-Zeitleisten (Gehe zu Zeitleistenbild 1) und ein ZEITLEISTEN ANHALTEN*-Aufruf, mit dem »**alle Zeitleisten**« gestoppt werden (Abb. 98).*

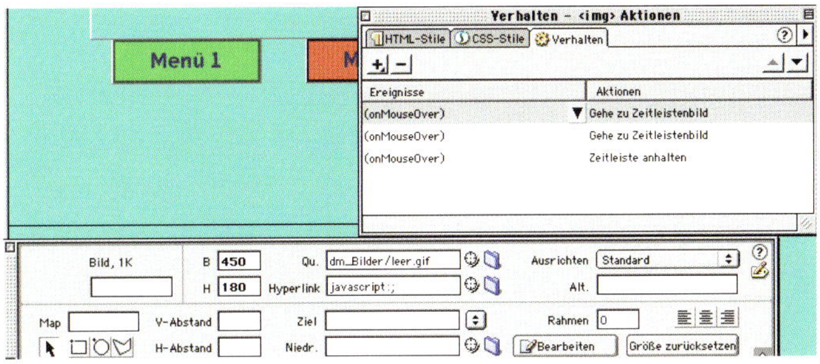

▲ Abbildung 97
Zeitleiste abspielen

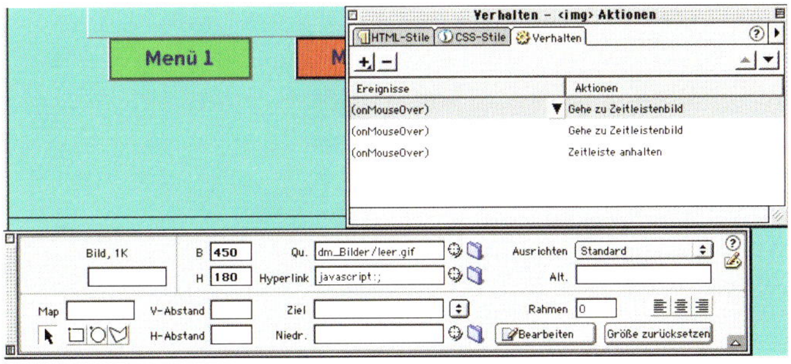

▲ Abbildung 98
Die Verhalten der klappzu-Ebene

6. Ergebnis testen

Das Menü ist nun fertig: Sichern und im Browser testen.

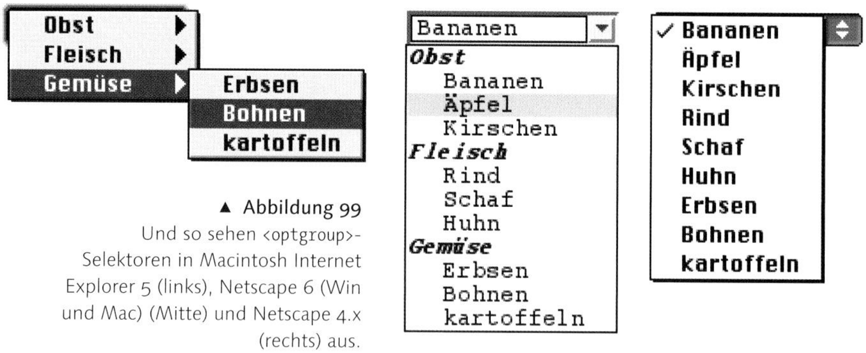

▲ Abbildung 99
Und so sehen <optgroup>-Selektoren in Macintosh Internet Explorer 5 (links), Netscape 6 (Win und Mac) (Mitte) und Netscape 4.x (rechts) aus.

Spielen Sie mit den Möglichkeiten, die Dreamweaver mit seinen Verhaltens-Aktionen zur Steigerung der Interaktivität Ihrer Webseiten bietet. Lassen Sie Ihrer Fantasie freien Lauf – es gibt noch unzählige Möglichkeiten, Navigationsmenüs aufzupeppen.

Überlegungen zu Formularen

Die Darstellung von Formularen ist eine etwas undankbare Übung für den Webdesigner. Die Optik der Formularelemente wird vom jeweiligen Browser vorgegeben und unterscheidet sich in vielen Punkten zwischen den verschiedenen Versionen und Modellen.

Zum Beispiel wäre es schön, wenn sich die Einträge in Auswahllisten nach übergeordneten Gruppen sortieren ließen. Tatsächlich bieten die HTML4-Spezifikationen ein solches Feature mit dem <optgroup>-Tag. Leider wird dieses Tag nur von einer Browserminderheit unterstützt: Netscape 6 (zu dessen Ehrenrettung gesagt werden muss, dass er HTML4 ganz vorbildlich unterstützt) auf Windows und Macintosh und der Internet Explorer 5 in der Macintosh-Variante (Abb. 99). Da <optgroup> von den anderen Browsern schlicht ignoriert wird, schadet es auch nicht, ihn gegebenenfalls mit zu verwenden.

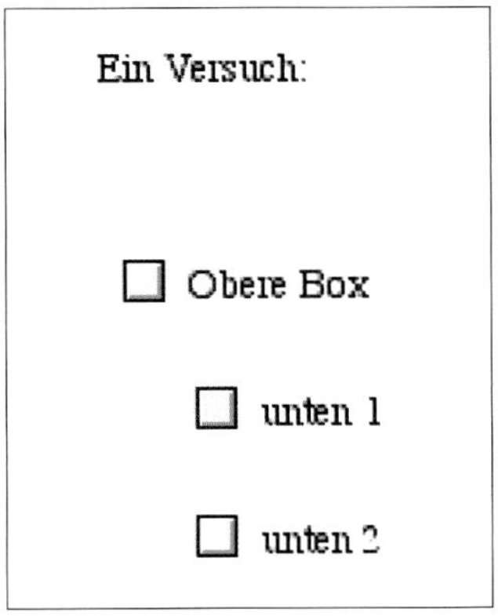

◀ **Abbildung 100**
Beispiel eines Checkboxenformulars mit Hierarchie. Die Einrückungen wurden mit geschützten Leerzeichen (⇧ + Strg + [ ] bzw. ⇧ + ⌘ + [ ]) erzeugt.

Beispiel-Code für das <optgroup>-Tag:

```
<form>
<select name="auswahl">

<optgroup label="Obst">
<option value="banane">Bananen</option>
<option value="apfel">Äpfel</option>
<option value="kirsche">Kirschen</option>
</optgroup>

<optgroup label="Fleisch">
<option value="rind">Rind</option>
<option value="schaf">Schaf</option>
<option value="huhn">Huhn</option>
</optgroup>

<optgroup label="Gemuese">
<option value="erbse">Erbsen</option>
<option value="bohne">Bohnen</option>
<option
value="kartoffel">kartoffeln</option>
</optgroup>

 </select>
</form>
```

Aufpeppen lassen sich Formulare mitunter auch dadurch, dass man dem User ein wenig Arbeit abnimmt. Als Beispiel nehmen wir den Fall eines mit Checkboxen konstruierten Formulars, das aus einem Hauptpunkt (obere Box) und zwei Unterpunkten (unten 1 und unten 2) besteht (Abb. 100).

Nun soll das Formular so konstruiert werden, dass bei Aktivierung der oberen Box die beiden Unterpunkte automatisch auf »gecheckt« gestellt werden. Das kann zum Beispiel dann praktisch sein, wenn der obere Punkt einen Sammelbegriff darstellt.

Dies kann man mit dem Verhalten EIGENSCHAFTEN ÄNDERN erreichen.

Konstruktion eines Checkboxenformulars

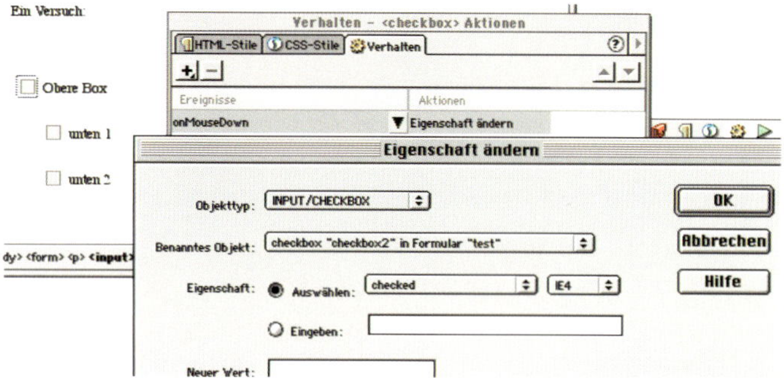

Abbildung 101 ▲
Zuordnung einer Eigenschaftsänderung

1. Checkbox auswählen

Die obere Checkbox auswählen und über das Verhalten-Fenster Eigenschaft ändern *aufrufen. Dort den Objekttyp* Input/Checkbox *aussuchen. Als benanntes Objekt wird die erste eingerückte Checkbox gewählt, die hiermit auf »checked« gestellt wird.*

2. Eigenschaftsänderungen zuordnen

Noch einmal der oberen Box Eigenschaft ändern *zuordnen. Dieselben Einstellungen wie zuvor verwenden, jedoch die andere Checkbox wählen.*

```
<form method="post" action="" name="test">
  <p>
    <input type="checkbox" name="checkbox" value="oben"
onMouseDown="MM_changeProp('checkbox2','','checked','',
'INPUT/CHECKBOX');MM_changeProp('checkbox3','','checked','',
'INPUT/CHECKBOX')">
  Obere Box</p>
```

Abbildung 102 ▲
Zu löschende Code-Passagen

3. Fehlerhaften Code entfernen

Das Skript funktioniert jetzt noch nicht, sondern bedarf noch einer kleinen manuellen Korrektur weil Dreamweaver etwas fehlerhaften Code einwebt. Daher in die Codeansicht wechseln und in den Funktionsaufrufen (`MM-changeProp`) die Zeichenfolgen `,'','INPUT/CHECKBOX'` löschen.

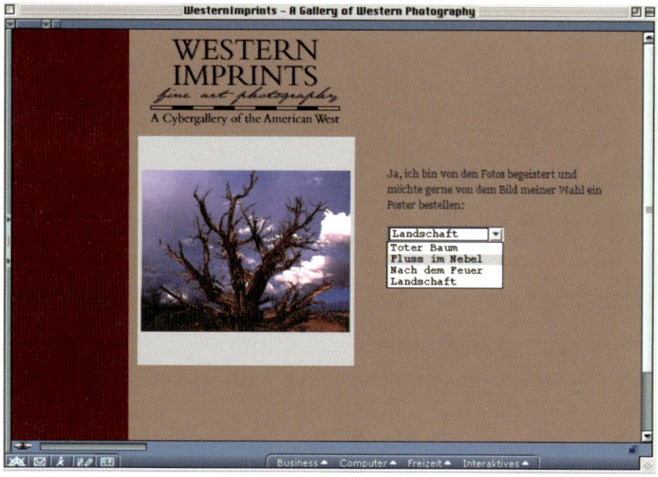

Abbildung 103 ▲
So sieht das Formular mit dynamischer Bildanzeige aus.

Doch vielleicht soll dem Auge etwas mehr geboten werden?

Als letztes Beispiel zeigen wir, wie ein Formular mit einer dynamischen Bildanzeige verknüpft werden kann (Abb. 103). Je nach ausgewähltem Menüpunkt wird ein entsprechendes Bild angezeigt.

Das komplette Beispiel liegt auf der CD im Verzeichnis »formdemo« vor.

Formular mit einer dynamischen Bildanzeige verknüpfen

1. Verzeichnis anlegen

Wir legen ein Verzeichnis an, in welchem die Unterverzeichnisse img *und* css *abgelegt werden. In css kopieren wir unser schon häufig verwendetes wi.css-Stylesheet, in img sowohl ein spacer.gif als auch das Western Imprints-Logo.*

Zusätzlich werden dort vier Bildmotive abgelegt (bild1.jpg bis bild4.jpg), die auf eine maximale Breite von 250 Pixel und eine maximale Höhe von 250 Pixel skaliert wurden.

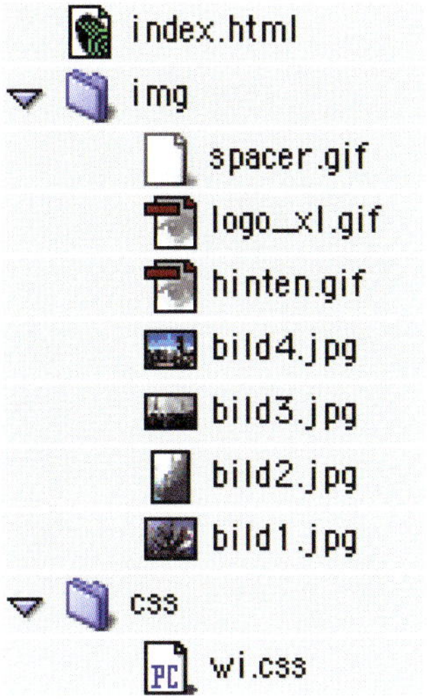

◀ Abbildung 104
So sollte das Beispielverzeichnis strukturiert sein.

2. Neues Dokument und Layouttabelle anlegen

Dann legen wir ein neues Dreamweaver-Dokument (das im Verzeichnis als index.html abgespeichert wurde) an, verknüpfen es mit dem Stylesheet und legen eine Layouttabelle an, wie sie in der Abbildung zu sehen ist. Oben setzen wir das Logo ein. Der großen quadratischen Zelle geben wir eine graue Hintergrundfarbe.

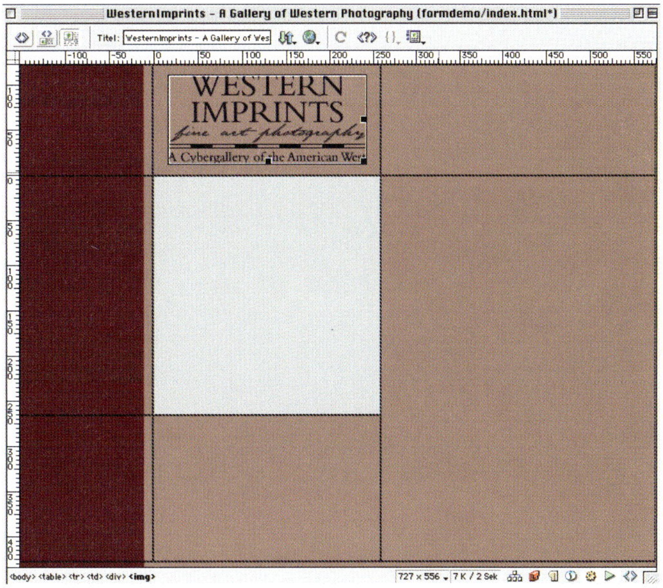

▲ Abbildung 105
Das Grundlayout des Formulardokuments

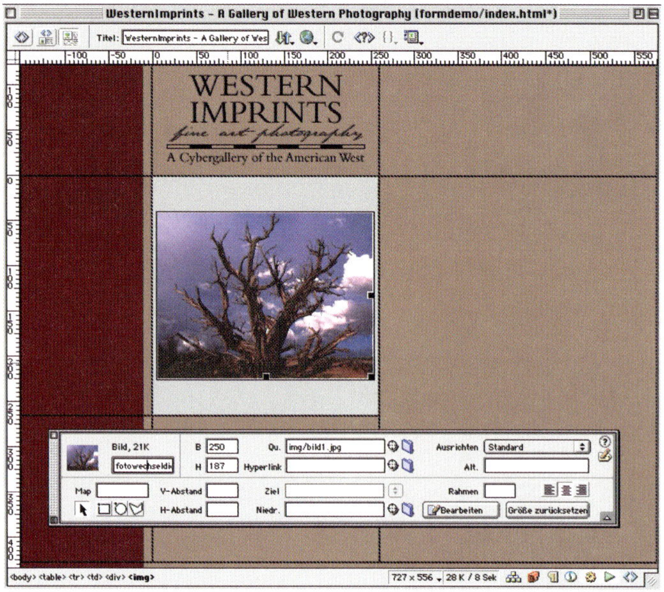

Abbildung 106 ▲
Bild einfügen

3. Bild einfügen

In die graue Zelle wird nun das erste Bild (bild1.jpg) eingefügt. Das Bild bekommt den Namen »fotowechseldich«.

◀ Abbildung 107
Popup-Menü einfügen

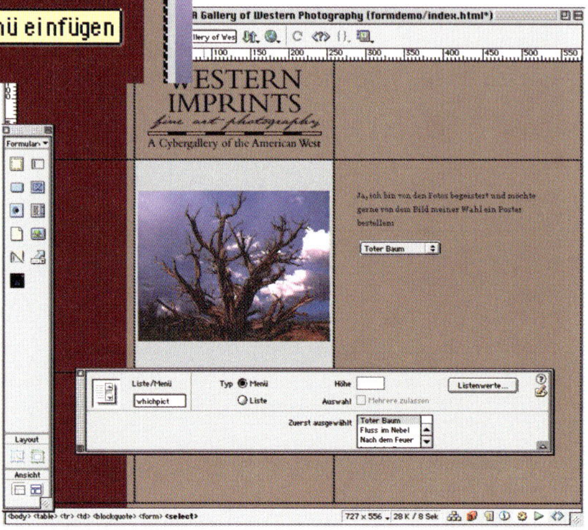

Abbildung 108 ▲
Das eingefügte Popup-Menü

4. Popup-Menü einfügen

In die Zelle rechts davon geben wir einen werbewirksamen Text ein, sowie – und nun wird es interessant – ein Popup-Menü ein (Abb. 107). Dreamweaver setzt dazu freundlicherweise (und nach Rückfrage) ein <form>-Tag drum herum.

Das Menü wird WHICHPICT genannt (Abb. 108). Dann werden dem Popup vier Werte zugeordnet (Abb. 109).

Elementbezeichnung	***Wert***
Toter Baum	*Bild1*
Fluss im Nebel	*Bild2*
Nach dem Feuer	*Bild3*
Landschaft	*Bild4*

5. *Wechselscript einfügen*

Nun wird in die Codeansicht gewechselt und hinter `<select name="whichpict"` *ein kleines Skript gesetzt, das als* `wechselscript.txt` *auf der CD zu finden ist (Abb. 110).*

```
onChange="if(document.images){document.images
['fotowechseldich'].src = 'img/' +
this.options[this.selectedIndex].
value.toLowerCase() + '.jpg'}"
```

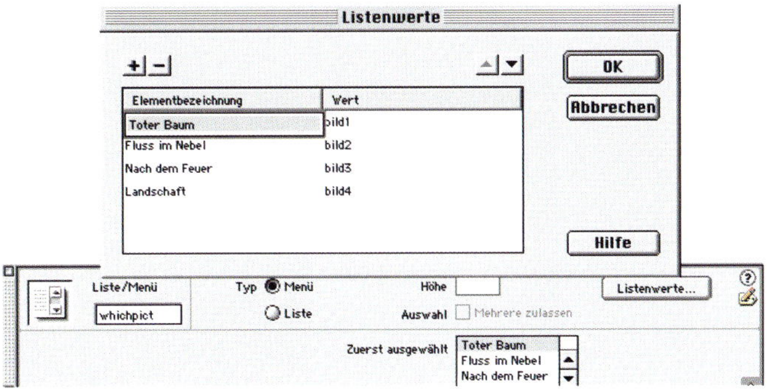

▲ Abbildung 109
Zuordnung von Werten

▲ Abbildung 110
Einfügen des Wechselskripts per COPY/PASTE in der Codeansicht

6. *Formular testen*

Das Formular ist nun fertig. Sichern Sie es und testen Sie es im Browser.

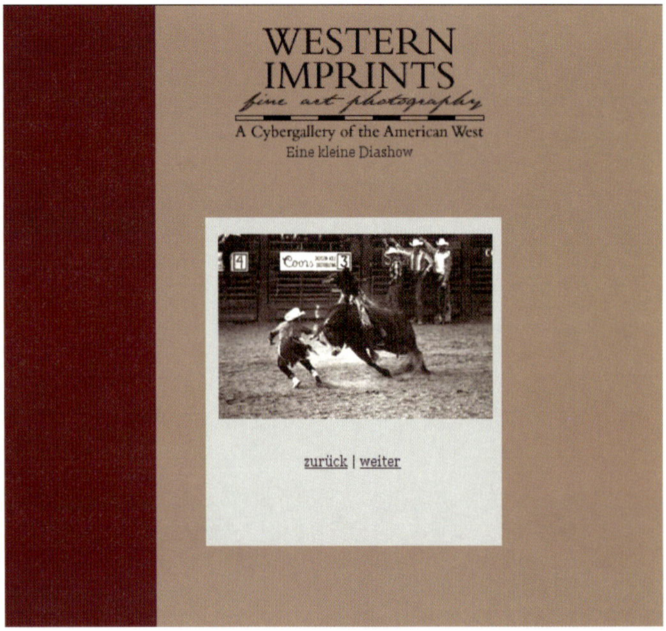

◄ **Abbildung 111**
So wird die fertige Diashow (man könnte sie auch Galerie nennen) aussehen.

Erstellung einer interaktiven Diashow
In unserem Buch zu Dreamweaver 3 stellten wir eine Methode zum Bau einer kleinen Diashow vor, die den Aufruf eines exakt skalierten Fensters voraussetzte (analog zur bereits vorgestellten Zeitleistenanimation). Dieses zusätzliche Öffnen eines Fensters ist ein wenig umständlich und wird auch nicht von jedem User freundlich aufgenommen. Mit etwas Ebenenartistik geht es schneller.

Was hier als Diashow bezeichnet wird, lässt sich beliebig für solche Fenster verwenden, in denen Inhalte portioniert dargeboten werden (Abb. 111).

Die Planung: Zunächst wird wieder ein Dokument im Western Imprints-Stil angelegt. Dort werden an exakt gleicher Position so viele Ebenen gesetzt wie Bilder gezeigt werden sollen. Zu den Bildern werden in jede Ebene die Links `"Weiter"` und `"Zurück"` gesetzt, die auf das jeweils nachfolgende bzw. vorangestellte Bild verweisen. Aufgerufen wird über diese Links keine URL, sondern das uns bereits vertraute EBENEN EIN-/AUSBLENDEN-Verhalten.

Zur Vorbereitung legen wir sechs Bilder unseres Western-Fotoarchivs in einem Verzeichnis img an. Die Bilder sind auf dieselbe Breite (250 Pixel) gerechnet worden (leichte Höhenunterschiede werden in diesem Beispiel beim Klicken die Links ein wenig springen lassen – wir nehmen dies hier in Kauf) und tragen die Bezeichnungen 01.jpg bis 06.jpg. Sie finden diese Bilder auch im Quellformate-Verzeichnis der DHTML-Beispielübung auf der CD.

So erstellen Sie die interaktive Diashow

1. Neues Dokument anlegen

Legen Sie in Dreamweaver ein neues Dokument an und speichern Sie es als dia.html in einer Ebene mit dem img-Verzeichnis ab. Zusätzlich kopieren Sie dorthin eine Ausgabe des Stylesheet-Verzeichnisses css. In img sollte noch die Hintergrundgrafik (hinten.gif) und das Logo von Western Imprints (logo_xl.gif) kopiert werden. Wenn das Dokument den uns vertrauten Anblick erlangt hat, setzen wir unter das Logo in einer Ebene einen kurzen Text und wiederum daran eine 270 Pixel breite und 290 Pixel hohe Ebene, der wir (zur Veranschaulichung) eine graue Hintergundfarbe zuweisen. Die Ebene nennen wir Bild1.

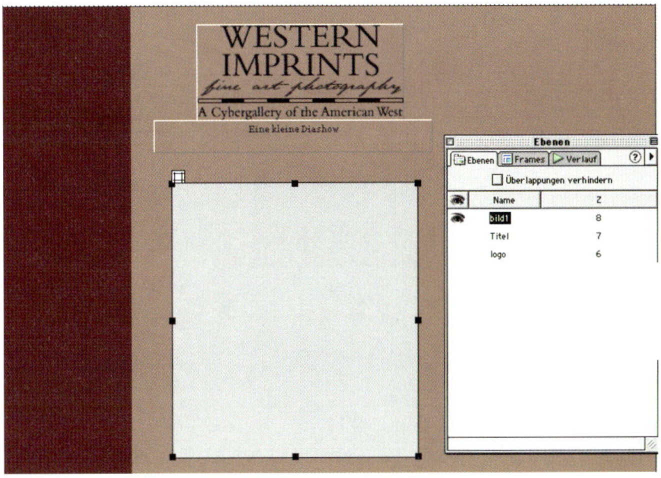

▲ Abbildung 112
Der erste Schritt zur Diashow

2. Erstes Bild einfügen

In diese Ebene fügen wir nun das erste Bild ein. Es wird zentriert eingesetzt mit einem Vertikalabstand von 15 Pixeln.

Eine Zeile drunter fügen wir »Weiter« ein (weil's das erste Bild ist, geht es hier nicht zurück).

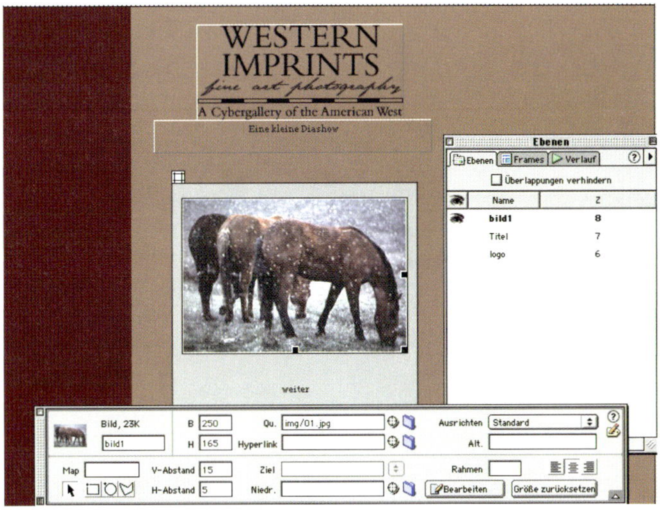

▲ Abbildung 113
Das erste Bild ist eingefügt.

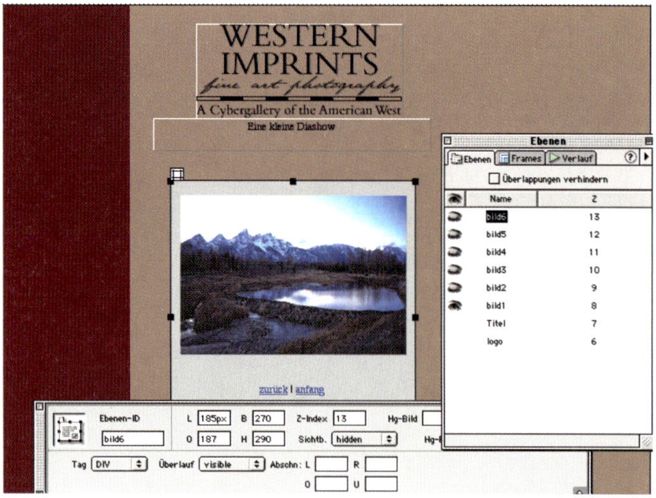

Abbildung 114 ▲
Alle Ebenen sind hier gesetzt.

3. Weitere Ebenen anlegen

Nun werden nacheinander fünf weitere Ebenen angelegt, die genau die gleichen Dimensionierungen und Positionen wie diese erste Bildebene haben. Sie werden mit Bild2 bis Bild6 bezeichnet. In die Ebenen kommen die ihnen zugedachten Bilder; unter die Bilder wird jeweils die Zeile »Zurück« bzw. »Weiter« geschrieben (Abb. 114).

4. Sichtbarkeit der Ebenen einstellen

Anschließend setzen wir die Sichtbarkeit der Ebenen Bild2 bis Bild6 auf ausgeblendet gestellt. In die Ebene Bild6 schreiben wir statt »Weiter« »Anfang«.

Abbildung 115 ▶
Leere Links auf die Navigation

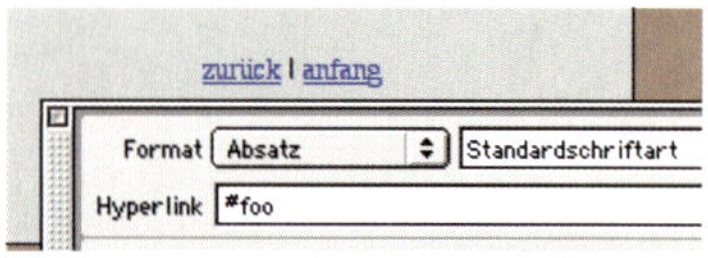

5. Funktionslose Links einfügen

Nun gehen wir alle Ebenen durch Anklicken in der Ebenenpalette noch einmal kurz durch und versehen die diversen »Zurücks« und »Weiters« mit funktionslosen Links (im Beispiel #foo, gerne aber auch javascript:;).

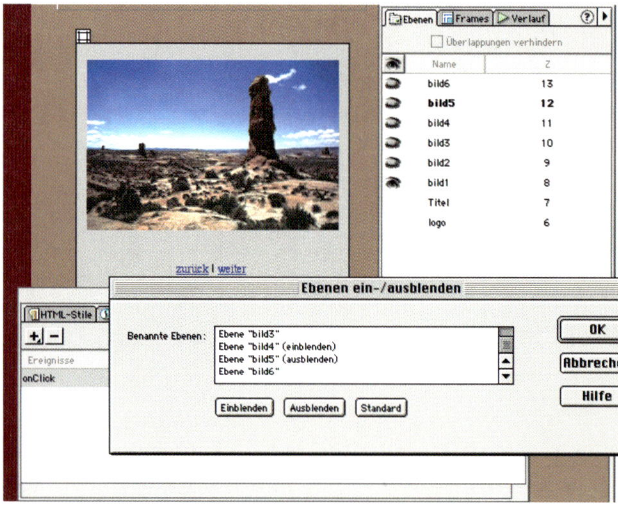

Abbildung 116 ▲
Ebenen ein-/ausblenden-Verhalten auf die Links setzen

6. Verhalten zuweisen

Nun folgt der letzte Schritt: Jedem Link wird – auf das ONCLICK-Ereignis hin – die AKTION EBENEN EIN-/AUSBLENDEN zugewiesen. »Zurück«-Links erhalten das Kommando, die aktuelle Ebene (sagen wir mal bildn) auszublenden und die vorangegangene Ebene (demnach Bild(n-1)) sichtbar zu setzen. Die »Weiter«-Links (bzw. »Anfang« in Ebene Bild6) sollen ebenfalls die aktuelle Ebene ausblenden lassen (Bild(n)) jedoch die nächste Ebene einblenden (Bild(n+1)).

7. Ergebnis testen

Die Diaschau ist fertig und kann per F12 im Primärbrowser getestet werden.

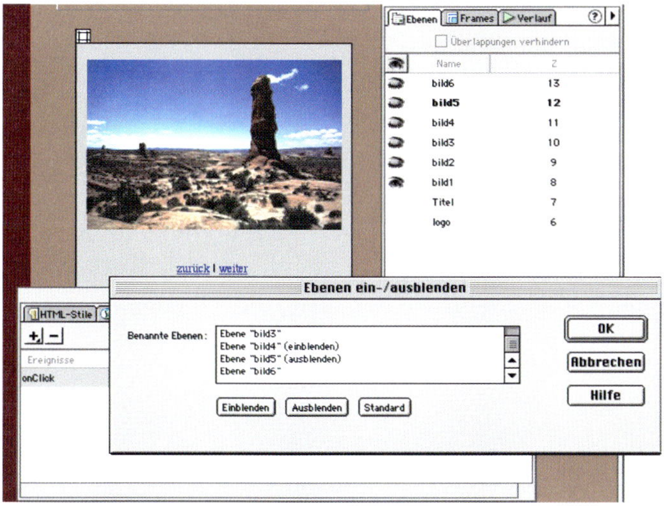

▲ Abbildung 117
Ebenen ein-/ausblenden-Verhalten auf die Links setzen

DHTML-Seiten abwärtskompatibel gestalten

Nun haben Sie also eine Site mit wundervollen DHTML-Effekten und PlugIn-Formaten gestaltet, ins Web gestellt und warten auf das Lob Ihres Kunden. Dummerweise surft aber der wichtigste Kunde Ihres Kunden mit einer uralten AOL-Version (welche, das ist nicht mehr feststellbar) und sieht statt der sich dynamisch aufbauenden Site nur das wirre Durcheinander eines zusammengebrochenen Layouts.

Was tun? Dreamweaver bietet für diesen Fall eine schnelle Erleichterung durch den Befehl DATEI • KONVERTIEREN • 3.0 BROWSERKOMPATIBEL. Durch diesen Filter werden alle Ebenen in Tabellen verwandelt und als zusätzliche Option auch alle Stylesheets in die HTML-Äquivalente übersetzt, wobei zuvor alle überlappenden Ebenen entfernt worden sein müssen (Abb. 117). Zunächst scheint dieser Ansatz sehr sinnvoll zu sein, spart er dem Webentwickler doch die Erstellung einer zusätzlichen Version zur Bedienung alter Browser. Bedingt durch die freie Positionierung der Elemente mit DHTML entstehen durch die Konvertierung aber oftmals Tabellen, deren Quelltext nicht mehr entzifferbar ist. Dies ist kein Mangel in Dreamweaver, sondern liegt eher in der Natur der Sache begründet: Das Programm versucht durch eine Vielzahl einzelner Tabellenzellen das vorhandene Layout möglichst pixelgetreu nachzubilden. Dies ist nur möglich, wenn sich die verwendeten Zellen vielfach über mehrere Reihen oder Spalten erstrecken. Zusätzlich müssen zum Strecken dieser Zellen eine Vielzahl von Leer-GIFs verwendet werden, damit das Layout in Netscape nicht vollends zusammenbricht. Dreamweaver fügt diese Leer-GIFs automatisch ein und generiert auch eine Datei namens transparent.gif im Verzeichnis der konvertierten Seite.

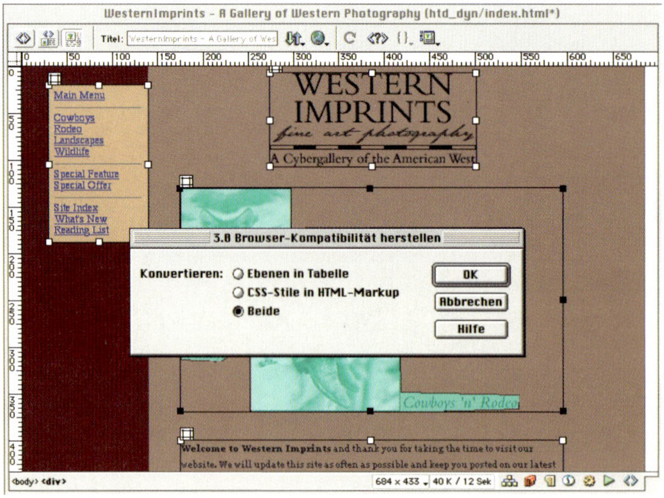

◂ **Abbildung 118**
Simple DHTML-Seite mit vier Ebenen vor der Konvertierung

Wie Sie in Abbildung 118 sehen können, eignet sich das Resultat der Konvertierung nicht unbedingt zur weiteren Pflege. Auch die Dateigröße reduziert sich in der Regel nicht, sondern bleibt wegen der Vielzahl der Tabellenzellen nahezu gleich, wächst mitunter sogar an. Daher sollten Sie in einem solchen Fall ernsthaft überlegen, ob es nicht geschickter wäre, die Seite kurzerhand neu zu erstellen.

Konvertierung

Dreamweaver entfernt bei der Konvertierung nicht unbedingt sämtlichen JavaScript-Code, der von nicht mehr benötigten Verhalten stammt. Daher sollten Sie nach der Konvertierung die nötigen Aufräumarbeiten im Verhaltensfenster vornehmen, indem Sie wie in unserem Beispiel die Bilder der Navigation auswählen und die dazugehörigen Verhalten löschen.

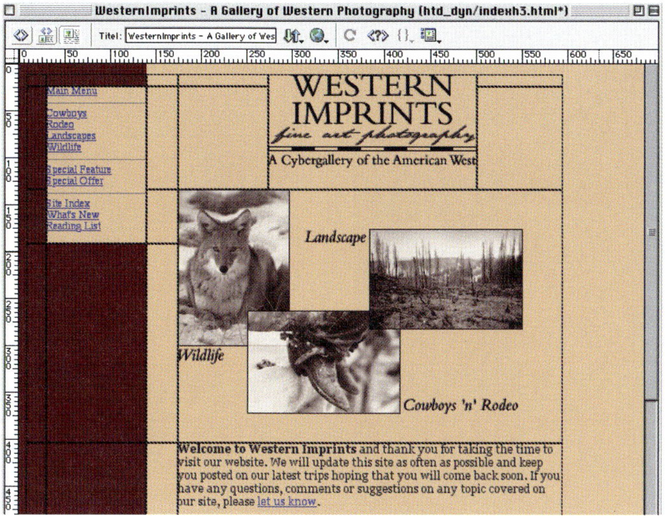

◀ **Abbildung 119**
Durch die Konvertierung zu einer 3.0-Browser-kompatiblen Variante entstehen mitunter riesige Tabellenkonstrukte. Die Hintergrundgrafik muss übrigens – sofern sie per Stylesheet gesetzt wurde – nochmal »per Hand« über die Seiteneigenschaften nachgesetzt werden.

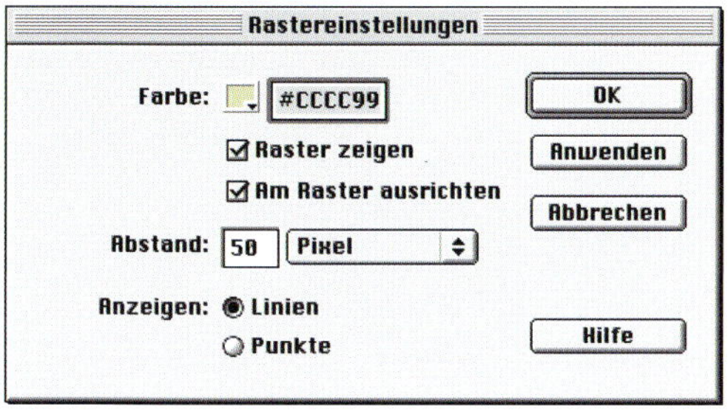

◀ **Abbildung 120**
Rastereinstellungen

Das Raster – warum Sie dieses sparsam einsetzen sollten

Wahrscheinlich als Verbeugung vor dem Konkurrenzprodukt Adobe Golive, das diese Raster als Erstes einführte, bietet Dreamweaver die Option, ein Gitternetz über den Befehl Ansicht • Raster • Zeigen (Strg bzw. ⌘ + Alt + ⇧ + G) einzublenden. Zusammen mit den Linealen (Strg bzw. ⌘ + Alt + ⇧ + R) ist dieses Raster als Orientierungshilfe gedacht, um Layouts pixelgenau an vorgegebenen Rastern entlang umsetzen zu können. Über die Option Ansicht • Raster • Einrasten an können Sie festlegen, ob Elemente wie Ebenen, die Sie auf einer Seite platzieren, an diesem Gitterraster ausgerichtet werden sollen. Bei aktivierter Option können Sie über den Dialog Ansicht • Raster • Einstellungen festlegen, in welchen Schritten Elemente, die Sie frei positionieren (also z.B. Ebenen), in das Gitter einrasten sollen (Abb. 120).

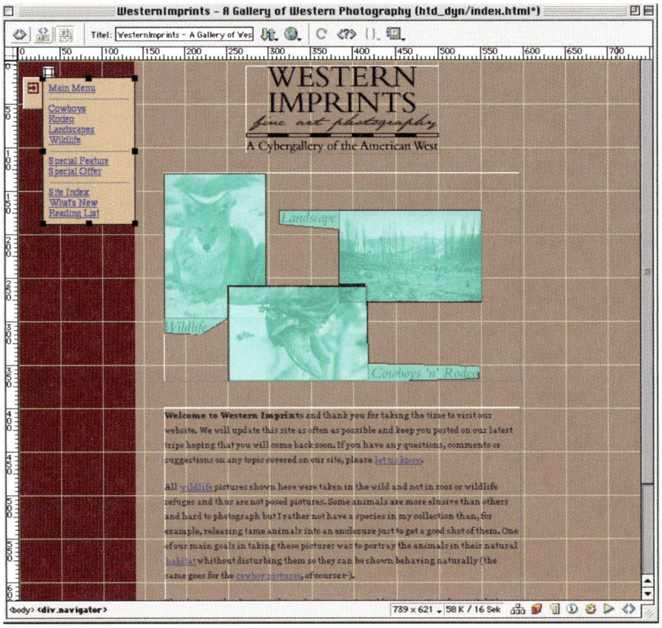

◀ Abbildung 121
Ansicht mit Raster

Wenn Sie bei der Erstellung einer DHTML-Seite schon wissen, dass diese später auch zu Tabellen konvertiert werden soll, sollten Sie Ihr Layout konsequent an den Linien des Gitternetzes ausrichten (Abb. 121). Hierdurch können Sie eine Menge unnötiger leerer Tabellenzellen einsparen, die lediglich der freien Positionierung außerhalb eines Rasters dienen.

Grundsätzlich bleibt aber zu bemerken, dass starre Vorgaben wie Raster eigentlich aus den Printmedien kommen und für das Web denkbar ungeeignet sind. Die Annahme, dass sich Elemente so positionieren lassen, dass sie auf allen Browsern identisch aussehen, stimmt insofern nicht, als dass man als Webentwickler keinerlei Aussagen über die tatsächliche Darstellung der Site im Browser des Betrachters machen kann.

HTML ist trotz aller Möglichkeiten von CSS und »Dirty Tricks« nach wie vor nur ein Vorschlag, wie eine Seite formatiert werden sollte, die letzte Entscheidung fällt der User durch seine persönlichen Einstellungen. Die Darstellung in der Entwicklungsumgebung ist also immer nur ein Annäherungswert.

Effektive Arbeitstechniken

In diesem Kapitel erhalten Sie Tipps und Tricks zu den wichtigsten Techniken, die Ihnen das Arbeiten mit Dreamweaver stark erleichtern und die Produktivität damit steigern.

Arbeiten mit der Elemente-Verwaltung – Vorlagen, Bibliotheken und andere Bausteine einer Site

Sie kennen den automatischen Import von Elementen bereits existierender Sites schon aus den Anleitungen im Frameset-Kapitel, wo diese bei der Umstellung auf Frames benutzt wurden, um nicht alle Inhalte neu erstellen zu müssen. Die dort verwendete Elementepalette ist eine der wichtigsten Neuerungen in Dreamweaver 4 und eine schier unglaubliche Arbeitserleichterungen, fasst sie doch nicht nur die vorher getrennten Paletten zu Vorlagen und Bibliotheken zusammen, sondern gibt auch nie gekannten Überblick über restlos alle Elemente, die in der aktuell geladenen Website zu finden sind. Die Farben, die Dreamweaver beim Anlegen der Site findet, werden hier genauso aufgelistet wie alle enthaltenen Bilder, Skripte, PlugIn-Formate wie Flash, Director-Shockwaves, QuickTime-Movies und externe Links.

Immer der erste Schritt: Sites definieren
Um all diese Elemente verwalten zu können, braucht Dreamweaver zunächst von Ihnen einige grundlegende Informationen über die Site, ihre Struktur und ihren Aufbewahrungsort auf Ihrer Festplatte sowie später auf dem Server. Wenn Sie mehr als nur eine einzelne Seite bearbeiten wollen, ist es also unbedingt notwendig, dass Sie zunächst einmal die Website, um die es geht, definieren.

Die Erläuterung der einzelnen Einstellungsmöglichkeiten erübrigt sich hier fast schon, zumal Macromedia diesen bereits eine Funktionsbeschreibung spendiert hat. Sie sollten lediglich darauf achten, dass die Checkbox Cache aktivieren immer angehakt ist (Abb. 1). In diesem Cache speichert Dreamweaver den Speicherort der Dateien und verwaltet damit Informationen wie die interne Verlinkung der Seiten einer Site. Dies ist um ein Vielfaches schneller, als bei Änderungen immer die komplette Site von der Platte zu lesen, um z.B. zu kontrollieren, ob das Verschieben einer Datei Auswirkungen auf Links hat, die auf ebendiese Datei zeigen.

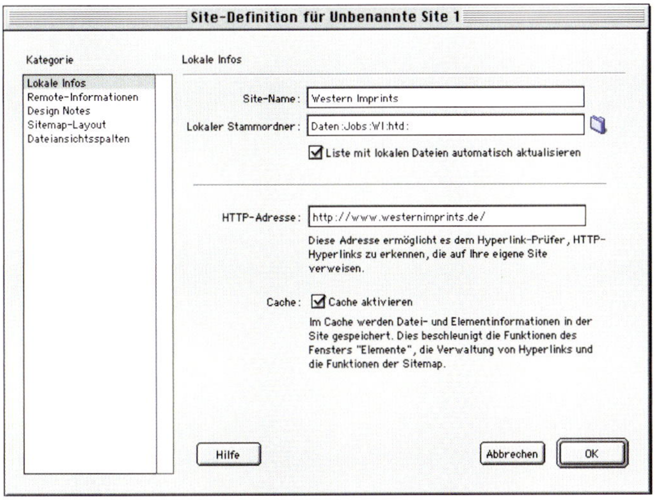

◂ **Abbildung 1**
Site-Definition:
Lokale Infos

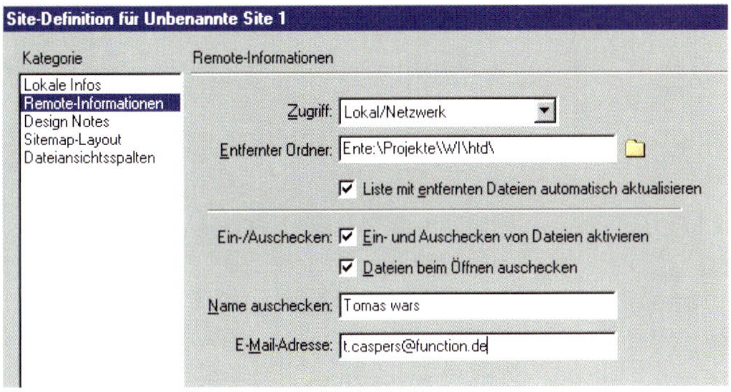

◂ **Abbildung 2**
Site-Definition:
Remote-Informationen

Im Popup ZUGRIFF haben Sie mehrere Auswahlmöglichkeiten, wobei KEINE sicher die unwahrscheinlichste ist – schließlich soll ja jede Site irgendwann einmal veröffentlicht werden. Interessanter ist hier schon die Möglichkeit, einen Server anzugeben, der in Ihrem Lokalen Netzwerk hängt. Dies kann ein beliebiges Servervolume oder auch ein lokal auf Ihrem Rechner installierter Webserver sein (Abb. 2).

Mit der Version 4 unterstützt Dreamweaver nun auch die beiden verbreiteten Versionskontrollen von Visual Source Safe und WebDAV (hierzu später mehr). Mit welchem System Sie auch immer arbeiten, sie sollten (sofern Sie in einer Arbeitsgruppe arbeiten) immer Ihren Benutzernamen und Ihre E-Mail-Adresse angeben. Diese Daten werden im Site-Fenster neben Dateien angezeigt, die von einem Benutzer bearbeitet werden, sodass hierüber eine eindeutige Identifizierung und Benachrichtigung möglich ist.

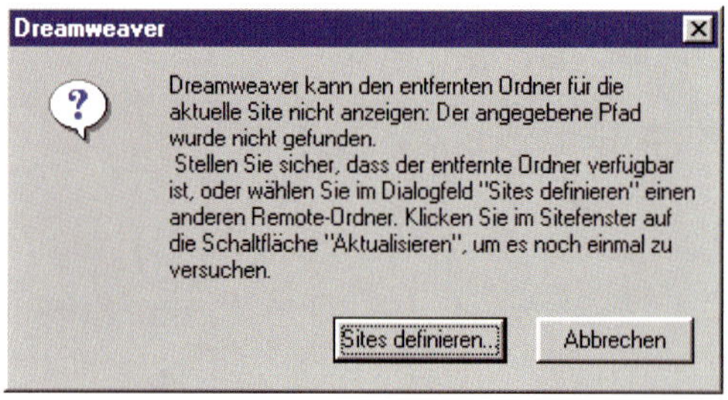

▲ Abbildung 3
Dreamweaver findet das angegebene Verzeichnis auf dem Server nicht.

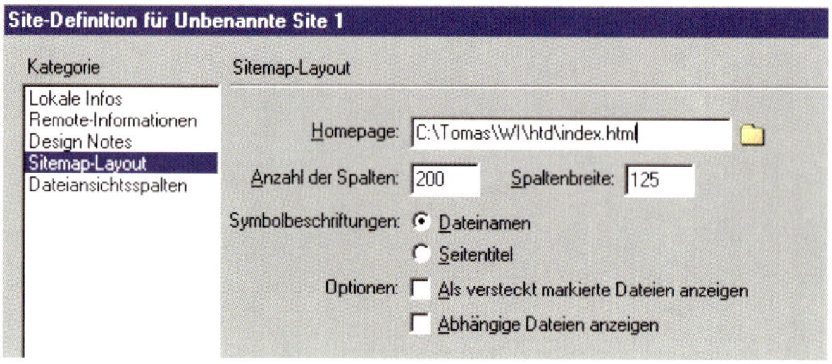

▲ Abbildung 4
Site-Definition: Sitemap-Layout

Falls Sie während Ihrer Arbeit irgendwann einmal mit der in Abb. 3 zu sehenden Fehlermeldung konfrontiert werden, heißt dies nicht unbedingt, dass Sie gleich die komplette Site neu definieren müssen. Übersetzt heißt diese Meldung lediglich, dass Dreamweaver den in den Remote-Infos angegebenen Ordner auf dem Server nicht finden kann.

- Handelt es sich um einen NT-Server, so sollten Sie Ihren Systemadministrator bitten nachzuschauen, ob dieser stehen geblieben ist.

Leere Spalten verstecken

Wenn Sie Spalten deaktivieren, sollten Sie diese mit den Pfeiltasten in der oberen rechten Ecke des Dialogs bis ganz an das Ende der Liste befördern. Ansonsten würden diese Spalten als leere Spalten lediglich ohne Spaltentitel, aber in alter Breite im Sitefenster angezeigt und dort nur Platz wegnehmen. Aber bis zur Version 5 bleibt dem Entwicklerteam von Macromedia ja noch genug Zeit, diesen (kosmetischen) Fehler zu beheben.

- Handelt es sich um einen Mac- oder Linux-Server, sollten Sie überprüfen, ob der Server überhaupt auf Ihrem Rechner gemountet ist.
- Wenn dem so ist, sollten Sie überprüfen, ob das Verzeichnis, das in Ihren Sitedefinitionen auf dem Server angegeben ist, verschoben wurde.

Erst wenn diese Fehlerquellen ausgeschlossen wurden, sollten Sie in der Site-Definition nachsehen, ob dort alles korrekt angegeben ist.

Ob Sie die Einstellungen für Design Notes vornehmen wollen, hängt natürlich davon ab, ob Sie diese als Kommunikationsmittel oder zumindest doch als Merkzettel überhaupt nutzen. Mehr hierzu später in diesem Kapitel.

Die Einstellungen für das Sitemap-Layout (Abb. 4) sind insofern wichtig, als dass Sie hier die Startseite Ihrer Site angeben können. Sie müssen dies nicht unbedingt machen, jedoch fragt Sie Dreamweaver dann, ob es eine Datei index.html anlegen soll, da die Sitemap im Site-Fenster immer von dieser ausgeht (Abb. 5).

Abbildung 5 ▶
Eigene Dateiansichtsspalten definieren

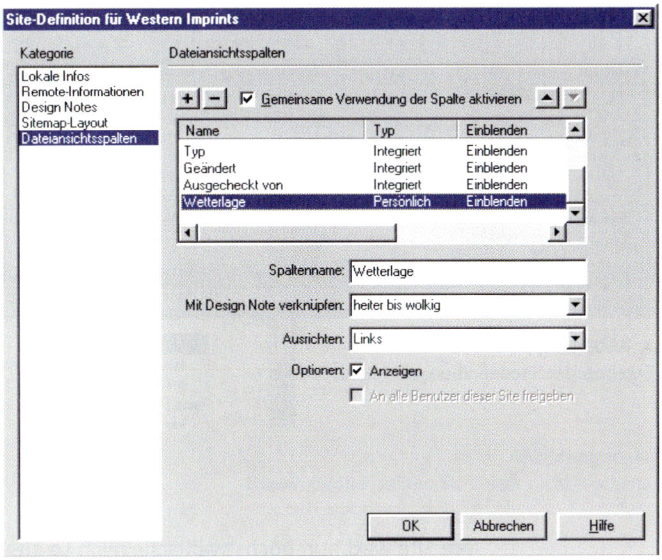

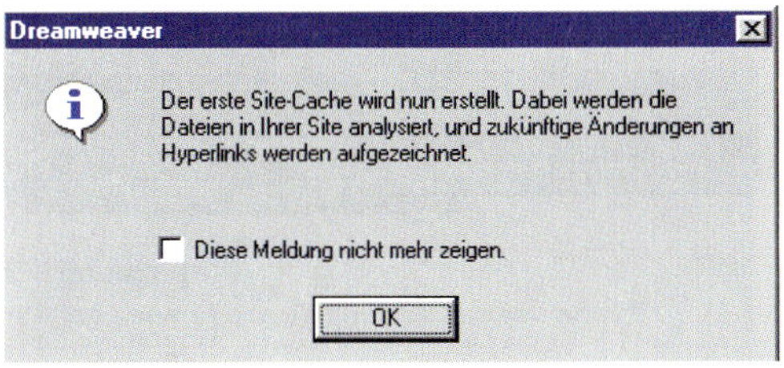

▲ Abbildung 6
Diesen Dialog dürfen Sie beruhigt deaktivieren.

Sie sollten diesen Dialog verneinen, da wir in diesem Abschnitt später eine Site importieren werden und eine bereits vorhandene Datei index.html mit der hinzuzufügenden kollidieren würde.

In diesem Dialogfeld können Sie die vorhandenen Spalten in der Listenansicht des Site-Fensters nach Belieben umsortieren, deaktivieren oder neue hinzufügen. Diese neuen Spalten können zum Beispiel Informationen über den Status eines Dokuments (early alpha, final beta usw.) enthalten und sind auch in Arbeitsgruppen von Nutzen, da sie sich mittels Design Notes mit viel detaillierteren Informationen zu Status oder Arbeitsablauf verknüpfen lassen.

Sie haben nun die Site komplett konfiguriert und können die Site-Definition beenden. Den nun folgenden Warnhinweis können Sie getrost mit der Checkbox deaktivieren, da die Verwendung des Site-Caches immer eine gute Idee ist, zumal der Dialog einem auch durch die äußerst begrenzte Auswahl der Buttons keine andere Wahl lässt (Abb. 6).

Wenn Sie in Ihrer späteren Arbeit mit Dreamweaver öfter mal Dateien nicht über das Site-Fenster hinzufügen oder löschen, sondern per Finder bzw. Explorer, so sollten Sie hin und wieder den Befehl SITECACHE NEU ERSTELLEN aus dem Menü SITE ausführen, da dieser schon mal gerne aus dem Tritt gerät.

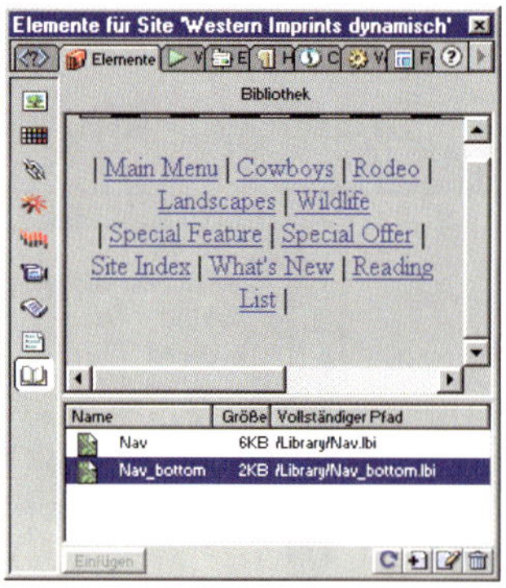

Abb. 11 ▶ Importierte Bibliothek

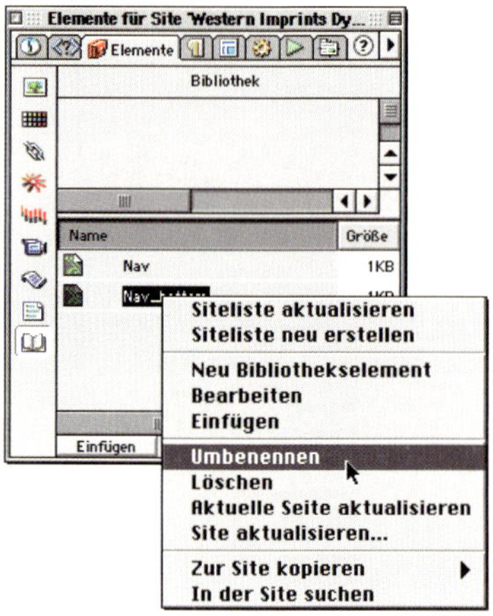

Abb. 12 ▶ Kontextmenü Bibliothek

Betrachten Sie die Bibliothek einfach als Lagerhalle, in der Sie häufig benutzte Elemente einer Website lagern und bei Bedarf in Ihre laufende Produktion einfügen können. Diese Bibliothekselemente bestehen im Gegensatz zu den später noch zu behandelnden Vorlagen **nie aus kompletten Seiten** (also alles zwischen <html> und </html>), sondern immer nur aus Codefragmenten beliebiger Länge. Allen Bibliothekselementen ist gemein, dass diese nie über einen <head> wie eine HTML-Seite verfügen, in ihnen also auch keine Skripte, Links zu externen Stylesheets und Ähnlichem enthalten sein können. Diese Elemente können jedoch alle Inhalte sein, die in eine HTML-Seite eingebettet sind, also Texte, Bilder, Tabellen, Java-Applets und PlugIn-Formate wie Flash, Shockwave oder QuickTime-Filme.

Die Idee hinter Bibliotheken ist ähnlich wie die Programmierern bekannte Objektorientierung (inklusive der Problematik, dass sich Fehler mitvererben :-{). Sie bedeutet, dass standardisierte Inhalte und Funktionen nicht bei jeder Verwendung neu geschrieben werden müssen, sondern dass lediglich ein zentral gelagertes Objekt referenziert wird. Anders als bei der objektorientierten Programmierung oder den Server-Side Includes wird aber beim Einfügen von Bibliotheksobjekten in Dreamweaver nicht nur ein Verweis auf das Original gesetzt, sondern eine Kopie oder Instanz des Originals in das aktuelle Dokument eingefügt. Das Programm hält aber die Verbindung zum Original aufrecht, indem es um die eingebettete Kopie des Bibliotheksobjekts einen Kommentar mit Hinweisen auf dessen Speicherplatz legt.

Die zentrale Verwaltung dieser Objekte erfolgt in Dreamweaver über die Kategorie Bibliothek (F11) in der Elementepalette, die auch über das bekannte Kontextmenü (Abb. 12) alle wichtigen Funktionen zum Arbeiten mit dessen Inhalten bereitstellt.

Neue Bibliothekselemente erstellen

Die einfachste Art, ein neues Bibliotheksobjekt zu erstellen, ist, ein beliebiges Element des aktiven Dokuments zu aktivieren und dann über das Kontextmenü des Bibliotheksfensters den Befehl Neu Bibliothekselement (sic!) auszuwählen oder, noch einfacher, ⌘ bzw. Strg + ⇧ + B zu drücken. Dreamweaver erstellt

◂ Abbildung 13
Neues Bibliothekselement erstellen

daraufhin ein neues Bibliotheksobjekt, indem es eine Kopie der Auswahl in eine Textdatei im Verzeichnis Library der aktiven Site schreibt. Eingebettete Inhalte wie Grafiken und Applets werden aber nicht erneut erstellt, sie bleiben an ihrem ursprünglichen Speicherplatz. Lediglich der Code, der sie aufruft, wird in das Bibliotheksobjekt geschrieben.

Sie können Bibliotheksobjekte auch direkt ohne den Umweg über eine weitere HTML-Seite erstellen, indem Sie im Bibliotheksfenster den Button NEU BIBLIOTHEKSELEMENT (Abb. 12, ❶) klicken und diese neue unbenannte Datei durch Doppelklick öffnen. Dreamweaver öffnet nun eine Datei mit dem Namen Unbenannt.lbi – lassen Sie sich nicht durch die Endung .lbi irritieren, diese steht für Library Item, aber dahinter verbirgt sich ganz gewöhnlicher HTML-Code. Diese Seite können Sie nun so bearbeiten, wie Sie es von der normalen Arbeit in Dreamweaver gewohnt sind. Lediglich die Seiteneigenschaften sind gesperrt, da diese sich ja immer auf eine ganze Seite beziehen, Sie in den Bibliotheksobjekten aber immer nur Bestandteile einer Seite bearbeiten. Wenn Sie eine Vorlage für eine ganze

Ein Bug, der Einblicke auf grundlegende konzeptionelle Fehler im Programm gewährt

Wenn Sie wie wir öfter schon versucht haben, Kontextmenüs oder Popups zu betätigen, und nichts funktionierte, lag dies höchstwahrscheinlich daran, dass keine Seite der aktuellen Site geöffnet war. Viele Funktionen in Dreamweaver sind nur zugänglich, wenn mindestens ein Dokument geöffnet ist, auch wenn die Aktion ursächlich nichts mit dem geöffneten Dokument zu tun hat und auch keine Auswirkungen auf dieses haben wird, wie die Erstellung eines neuen Bibliothekselements. Dies gilt nicht nur im Zusammenhang mit der Elementepalette, sondern auch für zahlreiche andere Funktionen im gesamten Programm.

Seite erstellen möchten, d.h. inklusive aller Werte für Hintergrundfarbe und -bilder, lesen Sie bitte den nächsten Abschnitt über Vorlagen.

Die in Ihre Seiten eingebetteten Bibliothekselemente können Sie auch direkt aus diesen Seiten heraus öffnen und editieren. Sie brauchen hierzu nur irgendwo in das farbig markierte Element (Abb. 15) doppelklicken, und Dreamweaver öffnet das Original. Sie können Bibliothekselemente auch wieder per Rückschritt- oder Entfernentaste von Seiten löschen, ohne dass diese Aktion das Original berührt.

Keine Regel ohne Ausnahme – JavaScript und Bibliothekselemente

Eine große Ausnahme in der Arbeit mit Bibliothekselementen bilden Inhalte, die mit JavaScript-Code aus der Verhaltenpalette verknüpft sind. Da JavaScript-Code im `<head>` eines HTML-Dokumentes steht (jedenfalls meistens), Bibliothekselemente aber nur tatsächlich sichtbare Seiteninhalte umfassen können (also alles, was zwischen `<body>` und `</body>` steht), sichert Dreamweaver die nötigen Skripte nicht mit in die Bibliotheken. Anhand der Funktionsaufrufe (`onMouseOut="MM_swapImgRestore()"`) merkt Dreamweaver beim Einsetzen eines solchen Bibliothekselements zwar, welche Skripte in den `<head>` des Dokuments gehören, und schreibt diese auch an die entsprechende Stelle. Die Bibliothekselemente und die dazugehörigen Skripte (wie zum Beispiel Rollovers) sind aber in der .lbi-Datei in Ermangelung eines `<head>` nicht mehr direkt editierbar, wenn Sie diese über das Bibliotheksfenster zu öffnen versuchen. Wenn Sie trotzdem ein Bibliothekselement mit dazugehörigem JavaScript-Code editieren müssen, hilft nur noch, das Programm auszutricksen. Gehen Sie dazu wie folgt vor:

Bibliothekselement mit JavaScript-Code editieren

1. *Bibliothekselement einfügen*
Erstellen Sie eine neue leere Seite, und fügen Sie in diese das Bibliothekselement ein. Dreamweaver schreibt nun das Objekt in den <body> des Dokuments und die dazugehörigen JavaScripte in den <head>.

2. *Verknüpfung lösen*
Lösen Sie die Verknüpfung der Kopie zum Bibliothekselement, indem Sie in der Eigenschaftenpalette auf den Button Vom Original trennen *klicken (Abb. 14).*

3. *Ereignisse und Aktionen ändern*
*Führen Sie alle nötigen Änderungen an dem Element durch, indem Sie z.B. über das Verhaltensweisenfenster (*F8*) die Ereignisse und Aktionen ändern.*

4. *Ursprüngliches Bibliothekselement merken*
Gehen Sie nun zum Bibliotheksfenster zurück und merken sich den Namen des ursprünglichen Bibliothekselements. Am besten notieren Sie sich den Namen in einer separaten Datei, da auch die korrekte Schreibweise inklusive Groß-/Kleinschreibung wichtig ist.

5. *Haben Sie sich den Namen auch wirklich irgendwo aufgeschrieben?*

6. *Ursprüngliches Bibliothekselement löschen*
Löschen Sie das ursprüngliche Bibliothekselement, indem Sie aus dem Kontextmenü Löschen *wählen.*

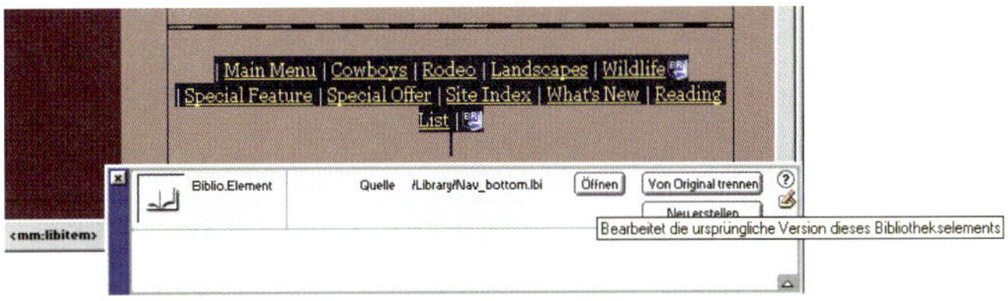

▲ **Abbildung 14**
Farbig markiertes Bibliothekselement in einer Seite

7. *Neues Bibliothekselement anlegen*
Nun können Sie aus der geänderten Datei ein neues Bibliothekselement erstellen, indem Sie im Dokumentenfenster alle dazugehörigen Elemente aktivieren und im Bibliotheksfenster ein neues Bibliothekselement anlegen (s.o.).

8. *Bibliothekselement benennen*
Benennen Sie dieses neue Bibliothekselement exakt so wie das ursprüngliche Element.

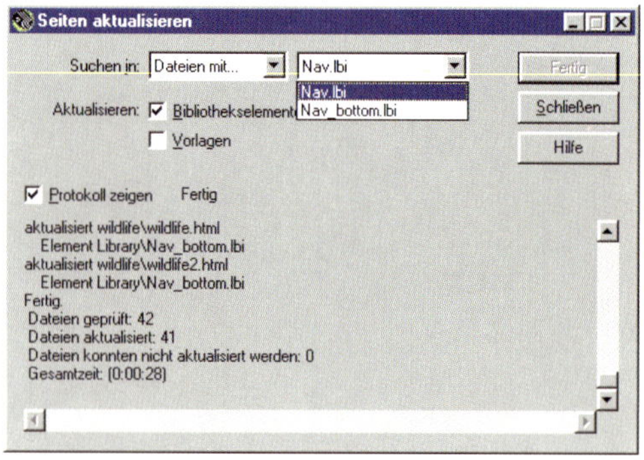

▲ Abbildung 15
Seiten aktualisieren, die bestimmte Elemente enthalten

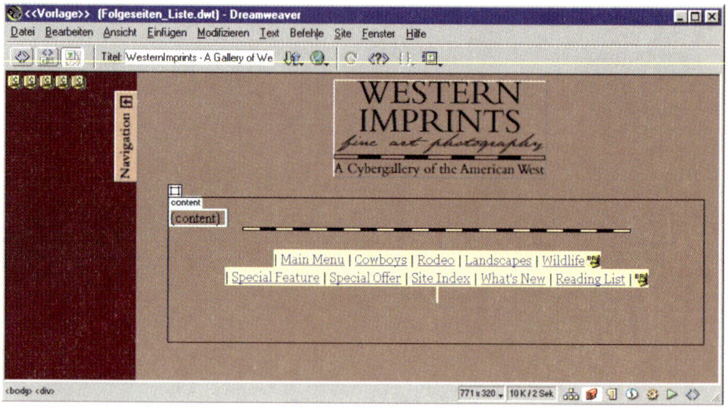

▲ Abbildung 16
Vorlage in Dreamweaver

Instanzen von Bibliothekselementen aktualisieren

Um alle Dateien, die dieses Element benutzen, zu aktualisieren, wählen Sie aus dem Menü Modifizieren • Bibliothek den Befehl Seiten aktualisieren. In der darauf folgenden Dialogbox können Sie auswählen, welches Bibliothekselement oder genauer welche seiner Instanzen, also deren Vorkommen in der Website, Sie aktualisieren wollen.

Falls Sie irrtümlich Inhalte eines Bibliothekselements geändert haben und dies rückgängig machen wollen, können Sie hierzu den Button Neu erstellen in der Eigenschaftenpalette benutzen. Wenn Sie die geänderten Bibliothekselemente noch nicht auf die gesamte Site angewendet haben, stehen die Chancen nicht schlecht, dass sich irgendwo noch eine Kopie des ursprünglichen Elements findet. Markieren Sie dieses Element, und klicken Sie dann auf den Button Neu erstellen (Abb. 14), um die Änderungen durch das Original zu ersetzen. Falls Sie das bereits geänderte Element schon auf die gesamte Site angewendet haben, bleibt Ihnen noch die Hoffnung, dass Sie regelmäßige Backups von Ihrer Arbeit erstellt haben.

Früher Feierabend durch Vorlagen

Die weitaus meisten Websites im Netz basieren im Grunde genommen auf einem oder wenigen einheitlichen, standardisierten Layouts, von denen die meisten Folgeseiten abgeleitet sind. Die Zeiten, in denen man sich den Luxus leisten konnte, jede einzelne Seite von Hand zu setzen, sind schon lange vorbei. Daher sollten Sie bereits das Layout einer Website so auslegen, dass dieses möglichst modular aufgebaut ist. Modular heißt hier, dass immer wiederkehrende Elemente sich in den fertigen Seiten auch immer in gleicher Form an gleicher Stelle wiederfinden sollten. Diese Überlegungen sollten Sie anstellen, noch bevor die erste Seite erstellt wird, idealerweise bereits in dem Programm, in dem das Layout der Site gestaltet wird, also z. B. in Photoshop.

Dieses Prinzip bedeutet natürlich nicht, dass alle Seiten hinterher uniform aussehen. Im Gegenteil, Sie können weiterhin jedem Unterbereich Ihrer Site eine eigenständige Gestaltung zuweisen und verlieren trotzdem

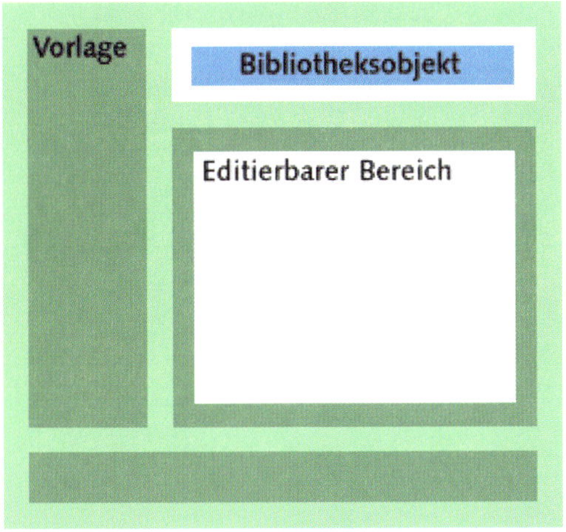

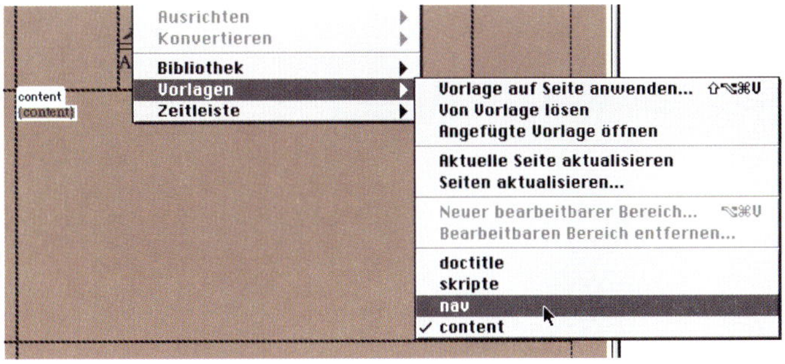

Abbildung 18 ▲
Editierbare Bereiche

◄ Abbildung 17
Eine Seite, die auf einer Vorlage basiert

nicht die Flexibilität des vorlagenbasierten Arbeitens. Dreamweaver gestattet es nämlich, auch Bibliothekselemente in Vorlagen einzubetten. Dadurch können Sie zum Beispiel ein gemeinsames Grundgerüst aller Seiten erstellen und als Vorlage definieren (Abb. 16), die Gestaltung der davon abgeleiteten Seiten wird jedoch durch variierende Bibliothekselemente verändert.

Fallbeispiel 1
Angenommen, Ihre Site besteht aus immer wiederkehrenden Elementen wie Logo, Navigation und Fußzeile. Lediglich der Inhaltsblock ändert sich auf jeder Seite, die Kopfzeile hingegen definiert durch ihre Gestaltung den jeweiligen Unterbereich der Website. In diesem Fall können Sie eine Vorlage erstellen, in der die feststehenden Inhalte bereits verankert sind. Um eine Vorlage anzulegen, können Sie in Dreamweaver eine herkömmliche HTML-Seite erstellen, welche die unveränderlichen Elemente der Site enthält. Diese Seite brauchen Sie nun nur noch mit DATEI • ALS VORLAGE SPEICHERN zu sichern. Dreamweaver verwaltet alle Vorlagen der jeweils aktiven Site (SITE • SITE ÖFFNEN) in der Vorlagenpalette (FENSTER • VORLAGEN ODER BESSER [⌘] bzw. [Strg] + [F11]).

In der Abbildung 17 sehen Sie eine Seite, die auf einer solchen Vorlage basiert. Grün markiert sind die Bereiche, die aus der Vorlage übernommen werden. Lediglich im editierbaren Bereich (weiß) sind nun Änderungen möglich, zum Beispiel durch das Hinzufügen von Bildern und Text. Zusätzlich sehen Sie das Bibliothekselement (Abb. 17, blau markiert) für die Kopfzeile, das in einen editierbaren Bereich eingefügt wurde. Wenn Sie nun auf Grundlage dieser Vorlagen eine Website erstellen wollen, brauchen Sie nur DATEI • NEU VON VORLAGE zu wählen und erhalten einen Dialog mit der Frage, welche Vorlage benutzt werden soll. Dreamweaver erstellt daraufhin eine neue HTML-Seite, die zunächst eine exakte Kopie der Vorlage ist, in die Sie nun Ihre Inhalte einfügen können.

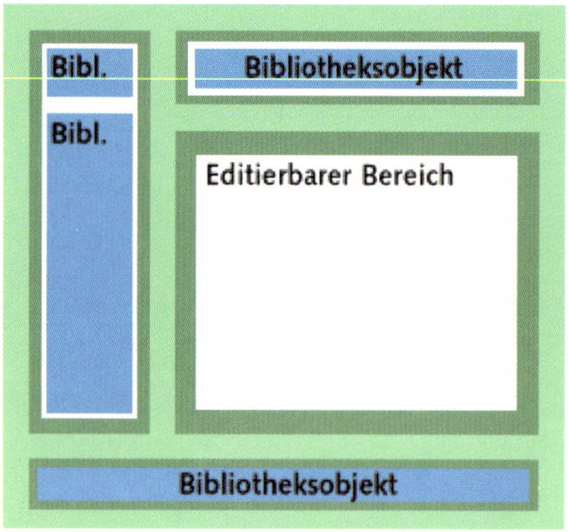

Abb. 19 ▶
Bibliotheksobjekte in Vorlagen

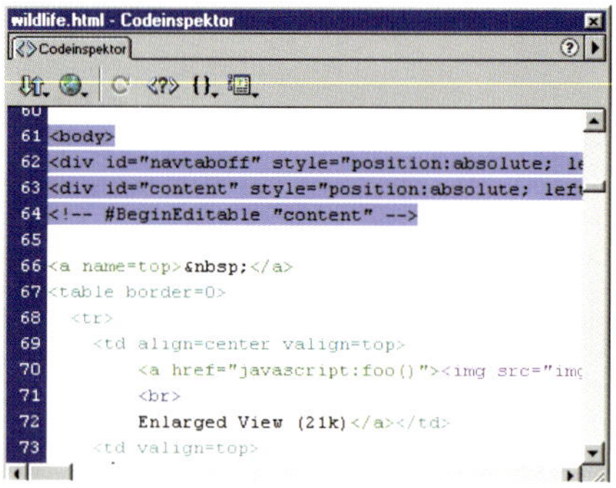

▲ **Abbildung 20**
Farbige Darstellung der gesperrten Bereiche

Fallbeispiel 2

Eine weitere denkbare Variante wäre, wenn Ihre Site in mehrere Unterbereiche unterteilt wäre, die alle eine eigenständige Gestaltung erhalten sollen. Lediglich die Positionierung der Elemente und grundlegende Variablen wie Hintergrund- und Textfarbe sind konstant. Hier bietet sich an, mit mehreren Templates zu arbeiten, die jeweils für einen bestimmten Unterbereich der Site zuständig sind. In diesem Fall müssen Sie zunächst mehrere gleichartige Vorlagen anlegen, die nur die wichtigsten Parameter für eine Seite setzen und alle Inhalte durch editierbare Bereiche offen halten (Abb. 18).

Eingebettete Bibliothekselemente editieren

In Vorlagen eingebettete Bibliothekselemente lassen sich nicht mehr direkt aus den abgeleiteten Dokumenten heraus öffnen, da sie nicht in einem editierbaren Bereich liegen. Um ein solches Bibliothekselement zu ändern, müssen Sie den Umweg über die eigentliche Vorlage gehen oder das Objekt selbst über die Kategorie Bibliothek der Elementepalette direkt öffnen.

In unserem Beispiel (Abb. 19) sehen Sie die Inhalte der Vorlage (grün). In jede Tabelle der Vorlage wurde hier über Ändern • Vorlage • Neuer bearbeitbarer Bereich ein Platzhalter eingesetzt (weiß), in den später die Inhalte eingefügt werden. Zusätzlich ist in den Vorlagen bereits ein Bibliothekselement (blau, ohne weißen Rahmen) für die Fußzeile eingesetzt. Hintergrund dieses Umwegs ist, dass wir eine Site mit mehreren Vorlagen haben, die jedoch alle dieselbe Fußzeile enthalten. Sollten nun Änderungen an der Fußzeile nötig sein, brauchen Sie hierdurch nicht alle Vorlagen einzeln zu ändern, sondern lediglich das eine Bibliothekselement. Dreamweaver übernimmt diese Änderungen auch in die Vorlagen.

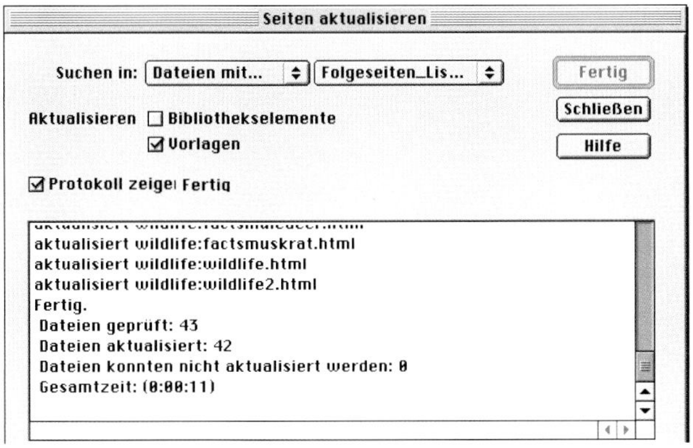

▲ Abbildung 21
Dialog zur Aktualisierung von Seiten

Änderungen an Vorlagen

Zusätzlich zur einfachen Wartung bieten Vorlagen noch einige entscheidende Vorteile: So können Sie in Arbeitsgruppen verhindern, dass unberechtigte Benutzer am Gerüst einer Seite herum spielen, da Dreamweaver auch im HTML-Fenster Änderungen an nicht editierbaren Bereichen nicht zulässt. Wenn Sie über das Menü ANSICHT die Option UNSICHTBARE ELEMENTE aktivieren, stellt Dreamweaver die gesperrten Bereiche im HTML-Fenster farbig hinterlegt dar (Abb. 20). Nur in dem normal dargestellten Bereich können nun noch Änderungen vorgenommen werden.

Wenn Sie Änderungen an Vorlagen vornehmen möchten, können Sie diese aus dem Sitefenster öffnen. Alternativ zur Vorlagen-Kategorie der Elementepalette (F11) finden Sie die Vorlagen auch im Verzeichnis der Site in der jeweiligen Oberfläche Ihres Betriebssystems, also Mac Finder oder Windows Explorer. Dreamweaver speichert die Vorlagen als namedervorlage.dwt in einem eigenen Verzeichnis /Templates/ innerhalb der jeweiligen Site ab. Diese Vorlagen können Sie nun wie herkömmliche HTML-Dokumente bearbeiten. Auf ein Verschieben innerhalb der Site sollten Sie aber verzichten, da sonst der Kontakt zwischen den Vorlagen und den darauf basierenden Seiten abreißt.

Nachdem Sie Änderungen an Seiten vorgenommen haben und diese speichern, fragt Dreamweaver, ob Sie diese Änderungen auf alle Seiten anwenden wollen, die von dieser Vorlage abhängen. Sie müssen diesen Dialog nicht unbedingt bejahen. Wenn Sie noch weitere Änderungen vornehmen und die Site erst zu einem späteren Zeitpunkt auf den aktuellen Stand bringen wollen, können Sie die Aktualisierung auch über das Menü MODIFIZIEREN • VORLAGEN • SEITEN AKTUALISIEREN ausführen (Abb. 21).

Tipps und Tricks mit Vorlagen

Automatische CSS-Formatierungen durch geschickt aufgebaute Vorlagen

Mit der Übertragung der äußeren Hülle auf eine gesamte Site sind Vorlagen aber noch lange nicht am Ende ihrer Fähigkeiten. So richtig effektiv werden Vorlagen erst, wenn man vor der Erstellung der Site ein wenig Energie in die Überlegung steckt, wo und vor allem in welcher Form später Inhalte präsentiert werden sollen. Denkbar wäre zum Beispiel ein Katalog, in dem Hunderte Seiten mit gleichartigen Produkten präsentiert werden sollen. Zu allen Produkten gehören immer dieselben Daten wie Abbildung, Bemaßung, technische Daten, Preislisten usw. In einem solchen Fall kann man mit geschicktem Einsatz von Vorlagen, editierbaren Bereichen und Cascading Style Sheets schon einen großen Teil der Arbeit vorwegnehmen.

Der Trick an der Sache ist, dass bei den Vorlagen für die Katalogseiten die Elemente wie `<div>`, `<h4>`, `<p>` usw. bereits mit den entsprechenden CSS-Klassen versehen werden und dann im nicht-editierbaren Bereich liegen. Fügt man nun in die editierbaren Bereiche Inhalte ein, so sind diese gleich formatiert (Abb. 22). Entsprechend vorbereitete Vorlagen sind auch der ideale Input für Redaktionssysteme, die sich dann nur noch um die Verwaltung der Inhalte kümmern müssen.

Die Erstellung einer solchen Vorlage geht ansonsten wie üblich:

Gleichzeitige Aktualisierung von Bibliotheken und Vorlagen

Wenn Sie in Vorlagen eingebettete Bibliothekselemente ändern, sollten Sie zuerst nur alle Vorlagedateien aktualisieren und danach den Befehl ein zweites Mal ausführen. Ansonsten kann es passieren, dass dieses Update nicht vollständig ausgeführt wird, da unter Umständen Vorlagen als Letztes aktualisiert werden und so diese Änderungen nicht mehr weiter reichen können.

Erstellen von Vorlagen

1. Datei als Vorlage speichern

Speichern Sie eine Datei mit den nötigsten Informationen als Vorlage.

2. Gerüst erstellen

Erstellen Sie nun das Gerüst der Seite, also Tabellen, Ebenen usw.

3. Formatierungen mit Styles einfügen

In die Tabellenzellen bzw. Ebenen fügen Sie nun die nötigen Formatierungen wie <p></p> oder <h4></h4> ein und versehen diese mit den entsprechenden Styles (also <h4 class= "produktname">).

4. Editierbare Bereiche einfügen

Innerhalb dieser Formatierungsanweisungen fügen Sie nun die entsprechenden editierbaren Bereiche ein und benennen diese entsprechend ihrer Funktion. Dateien, die auf dieser Vorlage basieren, sind hiermit automatisch entsprechend der Cascading Style Sheets formatiert (Abb. 22).

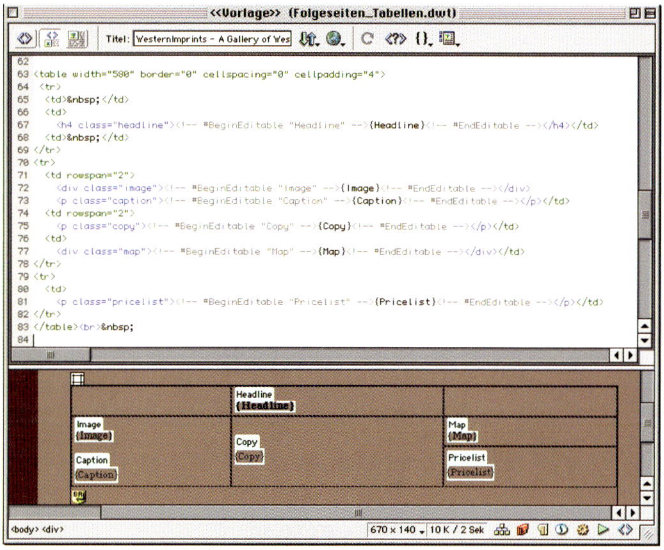

▲ Abbildung 22
Automatische Zuweisung von Styles in Vorlagen

Meta-Inhalte, Stylesheets und Vorlagen

Da Bibliothekselemente nur Code-Bruchstücke und damit keinen <head> enthalten, können dort auch keine anderen Inhalte abgelegt werden, die üblicherweise in diesen Bereich einer HTML-Seite gehören. Dazu gehören eingebettete Stylesheets (<style>... </style>) und Meta-Informationen zu dem Dokument. Hier bleibt als eine der Möglichkeiten der Umweg über Vorlagen. Da Meta-Tags und auch eingebettete Stylesheets aber von Dokument zu Dokument variieren können, ist dies die schlechtere Lösung. Sie müssten hierbei immer die Verknüpfung vom Dokument zur Vorlage lösen, wenn Sie diese Bereiche ändern wollen.

Mit einigen rudimentären HTML-Kenntnissen und ein wenig Handarbeit im Codeinspektor lässt sich aber auch hier ein Workaround schaffen:

Vorlagen und Meta-Tags

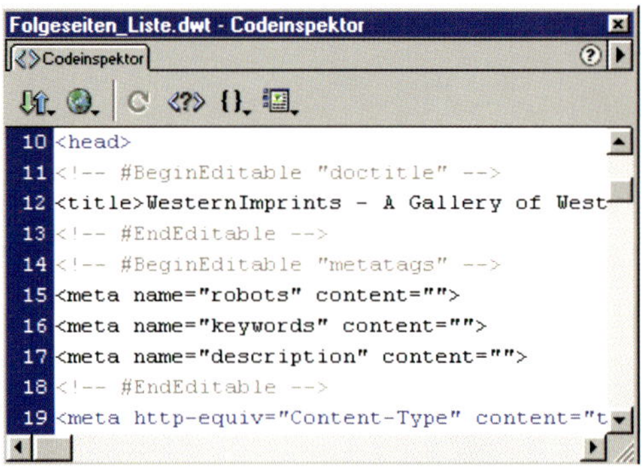

Abbildung 23 ▲
Einfügen von editierbaren Meta-Informationen in Vorlagen

1. Vorlage öffnen

Öffnen Sie die Vorlage, in die Sie Meta-Inhalte oder Stylesheets einfügen wollen, und gehen Sie in den Codeinspektor (F10) oder öffnen Sie die Datei mit einem Texteditor (Abb. 23).

2. Kommentare einfügen

Fügen Sie nach dem <title> des Dokuments die folgenden Kommentare ein:

```
<!-- #BeginEditable "MetaContent" -->
<!-- #EndEditable -->
```

3. Meta-Tags einfügen

Zwischen diese beiden Kommentare können Sie nun Ihre Meta-Tags einfügen. Mehr zu Meta-Tags, ihrer Verwendung und ihrer Syntax finden Sie im Abschnitt zu Suchmaschinen.

4. Schritte 1 bis 3 wiederholen

Wenn Sie in Ihrer Site Stylesheets verwenden, wiederholen Sie die Schritte 1–3 und legen einen eigenen editierbaren Bereich für die Styles an.

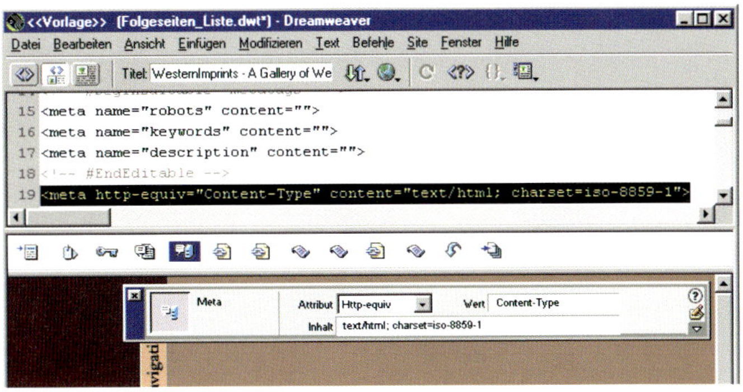

Abbildung 24 ▶
Setzen der verschiedenen Meta-Inhalte

Alle Seiten, die auf dieser Vorlage basieren, haben nun im Kopf die entsprechenden Meta-Tags als editierbare Felder. Sie können diese Meta-Informationen im Dokumentenfenster anzeigen lassen, indem Sie aus dem Menü Ansicht den Befehl Head-Inhalt wählen. Sie sehen nun über dem Dokument eine Reihe Icons, welche die verschiedenen Meta-Tags symbolisieren. Durch Klick auf diese lassen sich die dazugehörigen Angaben in der Eigenschaftenpalette machen (Abb. 24). Wenn Sie im Dokumentenfenster die Optionen zum Anzeigen der unsichtbaren Elemente aktiviert haben, zeigt Dreamweaver um die Tags im Head, die innerhalb eines editierbaren Bereichs liegen, ein farbiges Kästchen an, um diese hervorzuheben. Eine Übersicht der möglichen Icons für <head>-Inhalte finden Sie in nebenstehender Tabelle.

Icons für den Head-Bereich

Dokumenttitel (title)	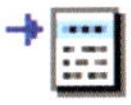
Meta Name (z.B. robots)	
Meta Schlüsselwörter (keywords)	
Meta Beschreibung (description)	
Meta HTTP-equiv	
Meta Aktualisieren (refresh)	
Hyperlink (link rel/rev)	
Basis (base href)	
Skript (script)	
Kommentar (<!-- -->)	

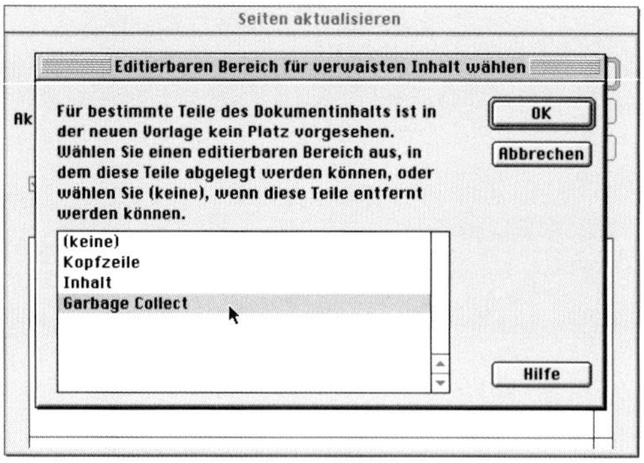

◄ Abbildung 25
Verwaiste Inhalte in andere editierbare Bereiche umstellen

Verwaiste Inhalte

Wenn Sie Elemente mit editierbaren Bereichen aus Ihren Vorlagen entfernen, in denen Sie in auf diesen Vorlagen basierenden Dateien schon Inhalte eingefügt haben, fallen ein paar zusätzliche Bearbeitungsschritte an. Glücklicherweise löscht Dreamweaver diese Inhalte nicht einfach ohne Nachfrage, sondern meldet während der Aktualisierung, dass Inhalte gefunden wurden, die nun nicht mehr zugeordnet werden können. Das Programm bietet in derselben Dialogbox an, die nun verwaisten Inhalte in andere editierbare Bereiche umzustellen (Abb. 25). Damit Sie nicht in die missliche Lage kommen, Inhalte in Bereiche verschieben zu müssen, aus denen Sie diese nur schwer entfernen können, sollten Sie sich angewöhnen, am Ende jeder Vorlage einen eigenen Bereich für solche Fälle einzufügen. So sehen Sie bei der leider nötigen manuellen Nachbearbeitung gleich, welche Inhalte neu zugeordnet oder gelöscht werden können.

Vorlagen und JavaScript

Ein weiterer Mangel am Konzept Vorlagen-basierter Seiten ist, dass man keinen JavaScript-Code einfügen kann, ohne die Seiten vorher von ihrer Vorlage zu trennen. Grund dafür ist, dass auch JavaScripte im <head> eines Dokuments stehen sollten, damit sie beim Laden der Seite von Anfang an ausführbar sind. Dummerweise ist der <head> einer auf Vorlagen basierenden Seite ein gesperrter Bereich, und selbst Dreamweaver kann und darf dort eigentlich keine Skripte ablegen. Mit einem kleinen Workaround gelingt es aber trotzdem, das Programm auszutricksen:

Sie können sich das Prinzip zunutze machen, dass Dreamweaver beim Updaten von Seiten nichts überschreibt, was innerhalb der Kommentare `<!-- #BeginEditable "name" -->` und `<!-- #EndEditable -->` steht. Fügen Sie einfach im HTML-Fenster einen solchen Kommentar von Hand ein und zwischen diese Kommentare die Tags `<script language="JavaScript"> </script>`. Nun können Sie nach Herzenslust Verhaltensweisen einfügen;

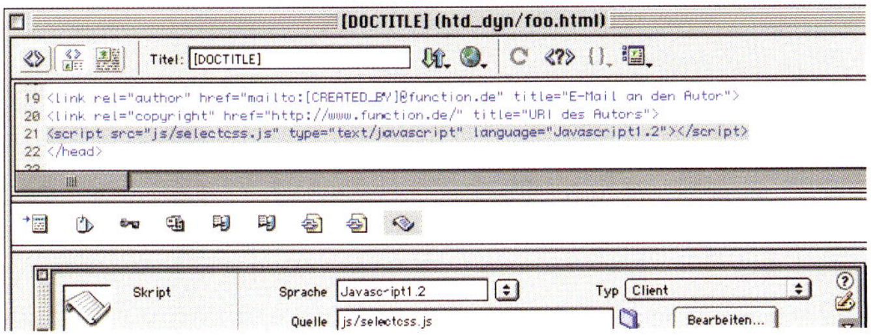

◀ **Abbildung 26**
Anzeige im Head-Bereich des Dokumentenfensters

Dreamweaver wird diese auch bei einer Aktualisierung nicht antasten.

```
<html>
<!-- #BeginTemplate
"/Templates/template.dwt" -->
<head>
<!-- #BeginEditable "doctitle" -->
<title>Untitled Document</title>
<!-- #EndEditable -->
<!-- #BeginEditable "JavaScript" -->
<script language="JavaScript">
<!--
function foo() {
}
//-->
</script>
<!-- #EndEditable -->
</head>
```

Externe JavaScripte

Noch eleganter können Sie dieses Problem umgehen, indem Sie konsequent externe JavaScript-Dateien für häufig benutzte Funktionen verwenden. In diesem Fall können Sie den Aufruf der JavaScript-Datei bereits in die Vorlage einfügen, dieser wird dann in alle folgenden Seiten eingefügt. Der hierfür benötigte Code muss in den <head> der Vorlagen eingefügt werden:

```
<script language="JavaScript"
src="/js/selectcss.js"
type="text/javascript"></script>
```

Dreamweaver zeigt den so verlinkten Skript auch im Head-Bereich des Dokumentenfensters an (Abb. 26). Leider arbeitet die Funktion BEARBEITEN in der Eigenschaftenpalette nur für in das Dokument selbst manuell eingefügte Skripte. Bei externen Skripten bleibt das Fenster BEARBEITEN gähnend leer, sodass man bei Änderungen auf einen externen Texteditor angewiesen ist.

Pfadangabe bei externem JavaScipt
Wenn Ihre Dokumente auf verschiedenen Ebenen liegen, d.h. auch in Unterverzeichnissen der Site, sollten Sie solche externen JavaScript-Dateien immer mit absoluten Pfaden oder zumindest relativ zum Site-Root einbinden. Da der Aufruf der JavaScript-Datei wie oben beschrieben in einem editierbaren Bereich liegt, kann Dreamweaver den Pfad nicht mehr anpassen, falls dieser sich durch ein Verschieben der Datei ändert.

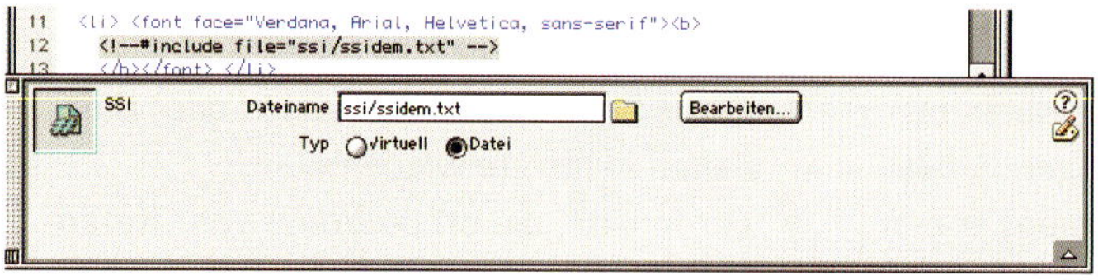

◀ **Abbildung 28**
Die Datei(File)-Methode

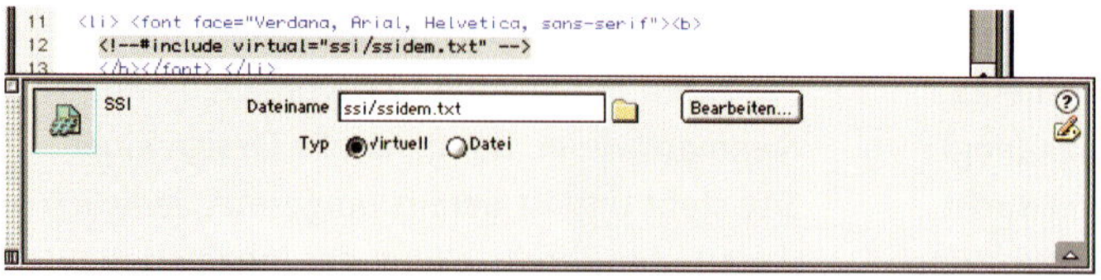

◀ **Abbildung 29**
Die Virtuell(virtual)-Methode

Die Website kann nun »in aller Ruhe« fertig gestellt und auf den Server gespielt werden. Wenn die endgültigen Texte eingetroffen sind, müssen diese nur mit den entsprechenden Namen versehen und in das Verzeichnis »ssi« überspielt werden, um die Blindtexte zu ersetzen.

Eine alternative Anwendung sind auf allen Seiten wiederkehrende Elemente, z.B. Adressen oder andere Kopf- bzw. Fußelemente von Webseiten. Diese können – auch bereits HTML-kodiert – als SSIs eingesetzt werden. Sollte sich die Adresse ändern, muss diese lediglich im Textfile geändert werden – alle Seiten werden fortan die neue Adresse darstellen.

Und wie macht man's mit Dreamweaver?
Dreamweaver bietet zwei Include-Methoden an, `Datei` (Abb. 28) und `Virtuell` (Abb. 29), die mit leicht unterschiedlicher Syntax verbunden sind (`<--!#include file="filename" -->` und `<--!#include virtual="pfad/filename" -->`.

Es ist zu empfehlen, daß Sie sich vor Beginn der Arbeit mit SSIs informieren, unter welchem Webserver Ihre Seiten später aktiv sein werden. Zwei Fragen, rechtzeitig an Ihren Webadministator gerichtet, können Ihnen späteren Streß und Ärger vermeiden helfen:

Welcher Webserver ist installiert?

Werden alle Dokumente vom Server auf SSIs geprüft oder nur solche, die auf .shtml (oder .shtm oder (seltener Fall) .inc) enden?

Die Virtuell-Methode – die Standardeinstellung in Dreamweaver – harmoniert besonders gut mit dem Apache Webserver. Die Date-Methode hingegen ist bei Apache konfigurationsabhängig. Datei ist hingegen beim Arbeiten mit dem Microsoft IIS-Server zu bevorzugen. Der IIS-Server verfügt über die etwas lästige Einschränkung, daß zur Verwendung der File-Methode sich die Include-Datei im selben Verzeichnis wie die aufrufende HTML- bzw. SHTML-Datei befinden sollte. Der Aufruf sollte also ohne Pfad erfolgen. Wenn die Include-Datei in einem anderen Verzeichnis liegt (wie oben empfohlen), so sollte die Virtuell-Methode eingesetzt werden.

So fügen Sie ein Server-Side Include ein

1. *Wählen Sie Einfügen • Server-Side Include, oder klicken Sie in der Tafel Allgemein der Objektpalette auf die Schaltfläche Server-Side Include einfügen (Abb. 30).*

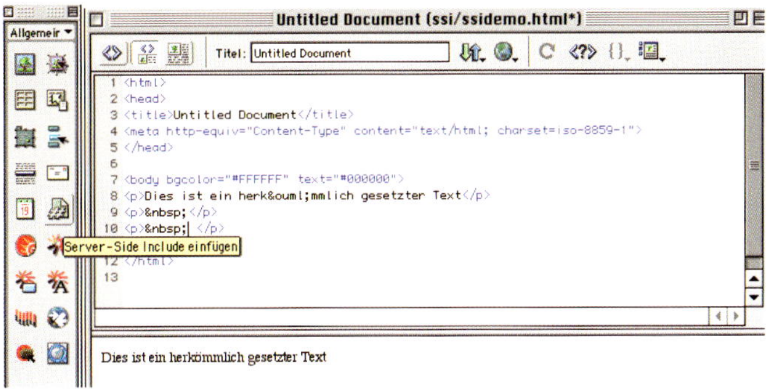

▲ Abbildung 30
Server-Side Include in der Objektpalette auswählen

2. *Geben Sie im angezeigten Dialogfeld den Pfad der Datei ein, die Sie einschließen möchten, oder klicken Sie auf das Ordnersymbol, um die Datei zu suchen und auszuwählen. Wählen Sie, ob der Pfad auf das Server-Side Include relativ zum Dokument oder relativ zum Stammverzeichnis (Platsrot! (Können Sie etwa kein Niederländisch?)) angelegt werden soll. Klicken Sie dann auf OK.*

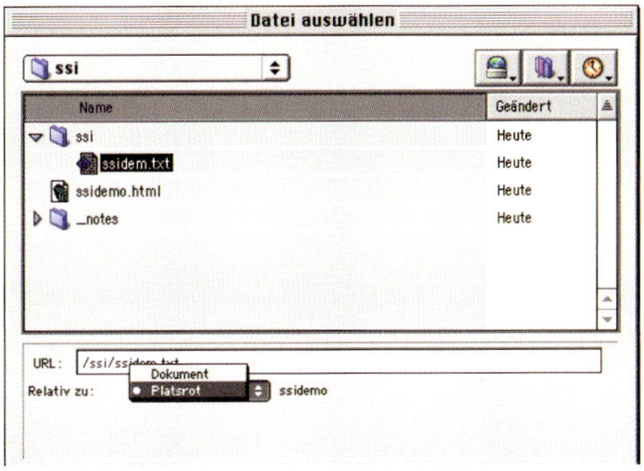

▲ Abbildung 31
Mit Platsrot hat Macromedia einen weiteren Eintrag im Stilblütenverzeichnis geschaffen.

Server-Side Includes werden wie Bibliothekselemente als Ganzes im Dokumentenfenster ausgewählt. Der in einem Server-Side Include enthaltene HTML-Quellcode wird aber im Gegensatz zu Bibliothekselementen nicht im HTML-Quell-Inspector angezeigt. Statt dessen wird die tatsächliche Serveranweisung angezeigt. Wenn Sie den mit der eingeschlossenen Datei verknüpften Inhalt bearbeiten möchten, müssen Sie diese Datei öffnen.

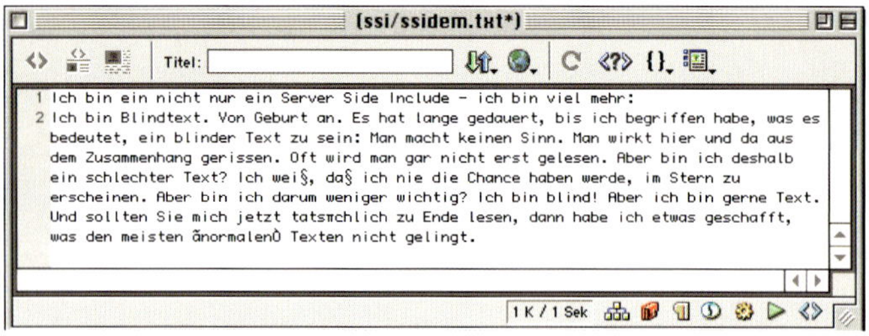

Abbildung 32 ▲
Bearbeiten einer SSI-Datei im Editorfenster.

So bearbeiten Sie ein Server-Side Include

1. *Wählen Sie das Server-Side Include entweder im Dokumentenfenster oder im HTML-Fenster aus, und klicken Sie dann in der* Eigenschaftenpalette *auf* Bearbeiten. *Die eingeschlossene Datei wird in einem neuen Dokumentenfenster geöffnet.*

2. *Bearbeiten und speichern Sie die Datei. Die Änderungen werden sofort im aktuellen Dokument wiedergegeben sowie in allen Dokumenten, die Sie anschließend öffnen und die diese Datei enthalten.*

Achtung Baustelle!
Aus einer in Dreamweaver 3 ausgereiften und runden Funktion wurde in Dreamweaver 4 wieder eine Baustelle. Mehr oder weniger häufig und mehr oder weniger willkürlich wird der Anwender mit unverständlichen Fehlermeldungen beglückt. Zum Beispiel wird oft das Öffnen der SSI-Datei zwecks weiterer Bearbeitung mit der schwach klingenden Begründung »nicht gefunden« verweigert. Andere Fehler sind schlicht unverständlich (Abb. 33).

Abbildung 33 ▶
Spaß mit Dreamweaver und SSIs; manchmal will er einfach nicht.

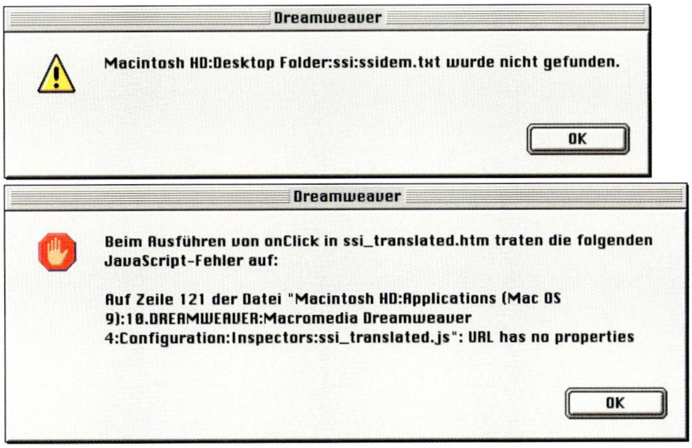

Server-Side Includes sind bei lokaler Betrachtung der HTML-Datei im Webbrowser in Ermangelung eines Webservers nicht sichtbar. Dreamweaver verarbeitet jedoch die Anweisungen und zeigt die Inhalte der Includes mit an, wenn die Vorschaufunktion von Dreamweaver genutzt (F12) wird. Dreamweaver baut die verknüpften Inhalte mit Hilfe proprietärer Tags temporär in die Datei ein, die er zur Vorschau an den Browser schickt. Auf diese Weise wird das Verhalten des nicht vorhandenen Servers simuliert.

Originalcode:

```
<!--#include file="ssi/ssi.txt" -->
```

Code für die Browservorschau:

```
<MM:BeginLock translatorClass="MM_SSI"
type="ssi_include" depFiles="Macintosh
HD:Desktop Folder:ssi:ssi:ssidem.txt"
orig="%3C!--#include
virtual=%22ssi/ssidem.txt%22 --%3E" >
Das ist ein Beispieltext
<MM:EndLock>
```

Weiterführende Links zum Thema:
http://www.useforesite.com/tut_ssi.shtml
http://mkruse.netexpress.net/info/ssi/

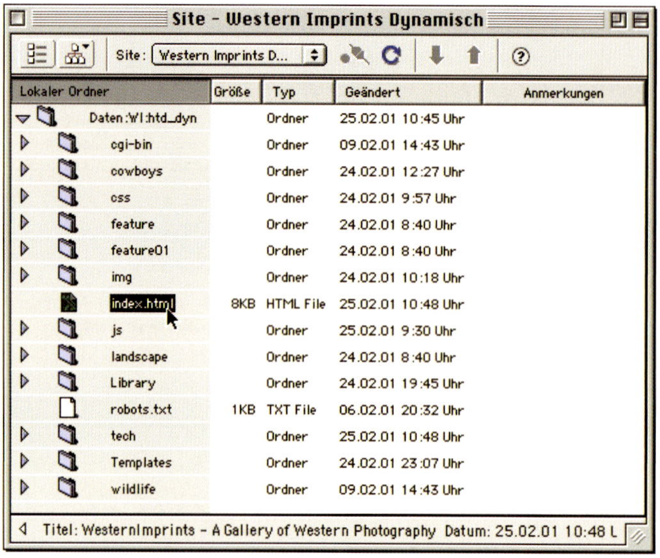

◂ Abbildung 34
Site-Fenster

Site-Management lokal

Eine Website ist natürlich erst dann komplett, wenn sie auch auf einem Server veröffentlicht wird. Für die Pflege dieses Datenbestandes sind bei der manuellen Erstellung einer Site mit reinen Texteditoren noch mehrere andere Tools vonnöten, z.B. ein Site-Management-Tool wie das von Adobe nicht weiter gepflegte SiteMill und FTP-Clients zum Transferieren der Daten wie Transmit oder Fetch (Mac) bzw. WS_FTP oder AbsoluteFTP (Windows). Dreamweaver bringt hier stressgeplagten Autoren eine Erleichterung, indem es eine Vielzahl an Tools in sich vereinigt, mit denen die Überprüfung, Pflege und Veröffentlichung von Websites weitgehend automatisiert werden kann.

Dateien der Site
Das zentrale Werkzeug zum Site-Management öffnen Sie mit Fenster • Dateien der Site oder über Site • Site öffnen... In diesem Fenster (Abb. 35) sehen Sie zunächst eine Ansicht mit der Verzeichnisstruktur der Site, wie Sie auf Ihrer Festplatte liegt (Mac Finder bzw. Windows Explorer). Dieses Fenster dient dazu, Dateien zu verschieben, neue Verzeichnisse oder Dateien anzulegen oder die Überprüfungshilfen von Dreamweaver zu nutzen. Die dazu nötigen Befehle finden sich allesamt unter dem Menüpunkt Site, effektiver ist aber die Bearbeitung mit den Möglichkeiten des Kontextmenüs (Abb. 35), über das Sie dieselben Befehle ausführen können.

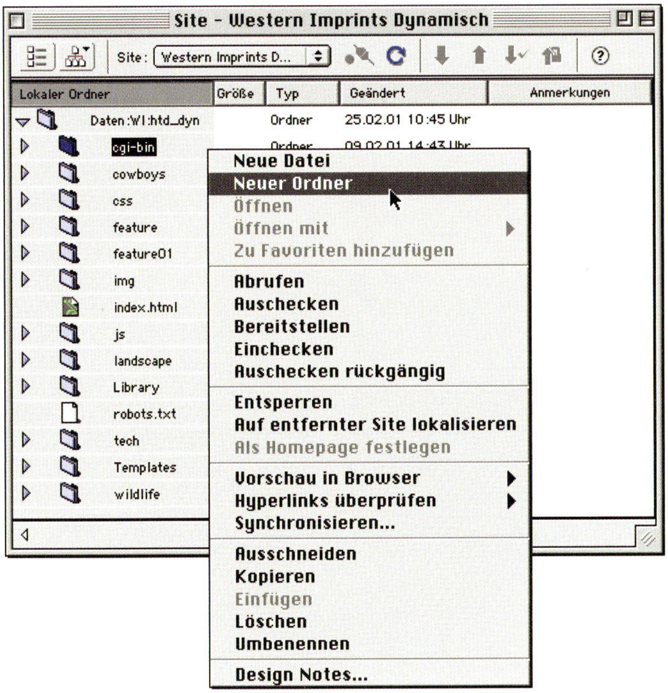

◀ Abbildung 35
Site-Fenster mit Kontextmenü

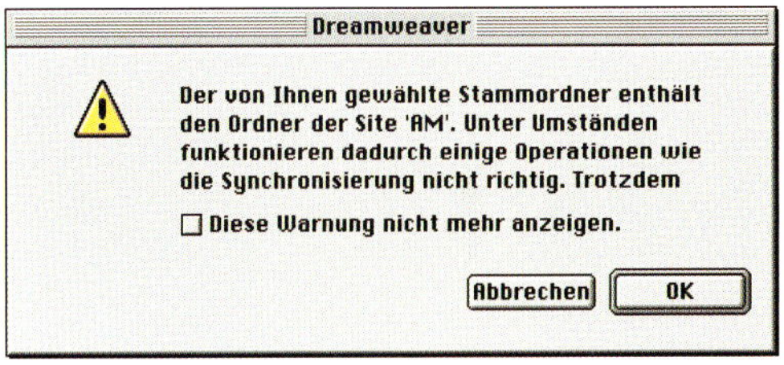

▲ Abbildung 36
Site doppelt definiert – trotzdem was?

Neue Site anlegen
Falls Sie beim ersten Aufruf ein leeres Fenster vorfinden, so liegt das daran, dass Sie noch keine Site definiert haben. Wählen Sie hierfür aus dem Menü SITE • NEUE SITE... und geben Ihrer Site einen Namen und einen Stammordner. Dieser Stammordner wird später das oberste Verzeichnis Ihrer Site auf dem Webserver sein. Daher sollte in diesem auch die Homepage liegen, die später beim Aufruf Ihrer Internetpräsenz als Erstes angezeigt wird. Üblicherweise werden diese Seiten **index.html** oder **index.htm** benannt. Diese Seite legen Sie im Dialog unter SITEMAP-LAYOUT • HOMEPAGE fest.

Sie sollten es vermeiden, zwei unterschiedliche Sites zu definieren, die beide auf dasselbe Verzeichnis verweisen. In einem solchen Fall würde die automatische Aktualisierung der einen Site bedeuten, das die andere ebenfalls verändert wird, was sicher nicht immer wünschenswert ist (Abb. 36).

Falls Sie Design Notes benutzen wollen, so sollten Sie deren Verwendung unter DESIGN NOTES aktivieren. Die Design Notes werden, obwohl sie im selben Verzeichnis liegen, nicht im Site-Fenster angezeigt. Sie können diese aber aufrufen, indem Sie eine Datei aktivieren und aus dem Kontextmenü dieses Fensters (Strg + Klick bzw. rechte Maustaste) den Eintrag DESIGN NOTES... (Abb. 35) wählen.

Abbildung 37 ▸
Site-Map

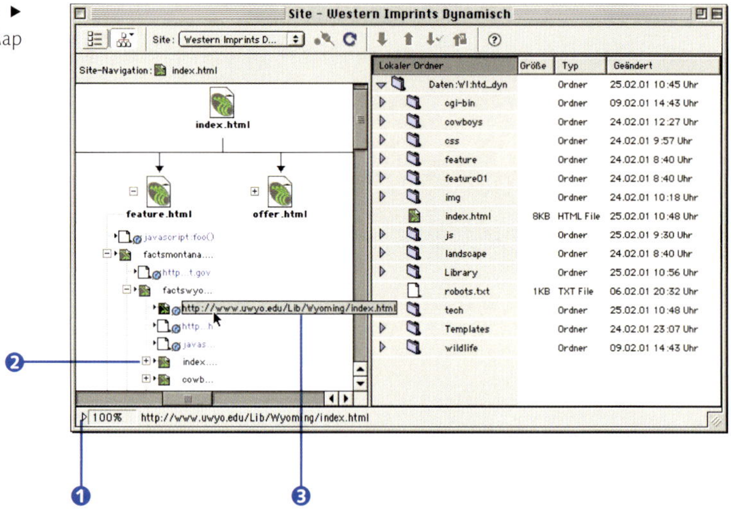

Einige Funktionen dieses Fensters betreffen hauptsächlich das Site-Management auf dem zur Site gehörenden entfernten Server und werden im nächsten Abschnitt »Site-Management auf dem Server« separat behandelt.

Site-Map

Die zweite Art der Darstellung einer Sitestruktur sehen Sie, wenn Sie aus dem Menü Site den Befehl Site-Map wählen. In diesem Zusatzfenster, das Sie auch im Site-Fenster durch Klick auf das kleine Dreieck ❶ öffnen und schließen können, sehen Sie eine grafische Ansicht Ihrer Dateien in Form eines Strukturbaumes oder Flussdiagramms, der bzw. das die Verknüpfung der einzelnen Seiten untereinander darstellt. Diese Ansicht lässt sich nur aktivieren, wenn Sie für Ihre Site bereits eine Homepage festgelegt haben, da der Baum von dieser ausgehen muss.

Neben den einzelnen Dokumenten in dieser Site-Map befindet sich dort ein kleines Plus-Icon ❷ nach Windows Explorer-Art, mit dem Sie die weiteren Abhängigkeiten und Verknüpfungen für diese Seite anzeigen lassen können. Dies können in diese HTML-Seite eingebettete Formate wie Bilder oder Flash-Dateien sein (die an ihren unterschiedlichen Icons erkennbar sind – siehe Tabelle »Medientypen im Site-Fenster« in diesem Abschnitt) oder – wie in unserem Beispiel – alle Frames eines Framesets. Die einzelnen Frames lassen sich mit eigenen Plus-Icons weiter auflösen, um alle anderen Images, Hyperlinks und eingebetteten Formate anzuzeigen. Die verknüpften Inhalte und Hyperlinks werden zunächst nur mit ihren Dateinamen angezeigt. Wenn Sie aber mit der Maus über einen solchen Namen fahren, wird daraufhin der gesamte relative Pfad in einem Tooltip angezeigt ❸.

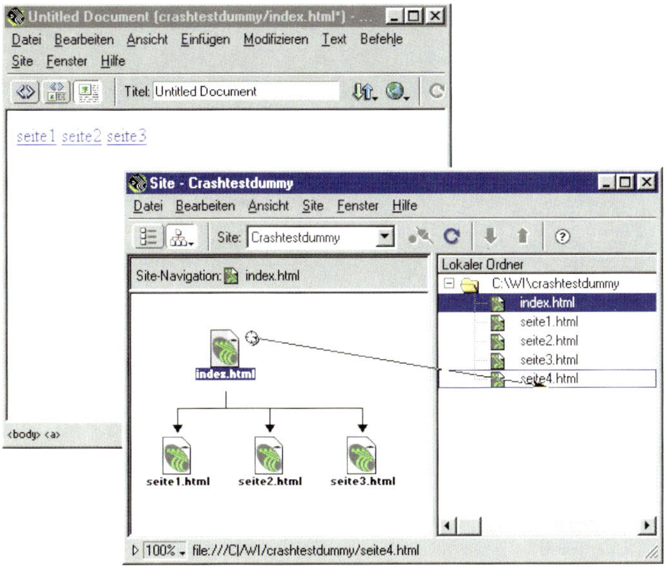

◄ Abbildung 38
Schneller Aufbau einer Site-Struktur mit der Site-Map

Rapid Prototyping mit der Site-Map

Wenn Sie nun eine Datei in dieser Struktur auswählen, erscheint rechts daneben ein rundes Icon (Abb. 38). Mit diesem Werkzeug lassen sich neue Hyperlinks von einem Dokument zu anderen Dokumenten in der Site-Map oder im Verzeichnisbaum im rechten Teil des Fensters anlegen. Hierzu klicken und ziehen Sie das Icon zum gewünschten Zieldokument und lassen es über diesem wieder los. Im Ausgangsdokument wird nun ein Hyperlink zum Zieldokument gesetzt.

Sie können das Ausgangsdokument durch Doppelklick auf sein Icon öffnen und den Link, den Dreamweaver am Ende der Seite eingefügt hat, nach Belieben editieren, mit Text versehen und innerhalb des Dokuments verschieben. In der täglichen Arbeit werden Sie diese Funktion nicht allzu oft einsetzen, da es weit weniger mühsame Wege für das Setzen von Hyperlinks gibt. Diese Funktion hat sich aber beim Prototyping bewährt, wenn es darum geht, schnell eine Verzeichnisstruktur aufzubauen und die Dateien miteinander zu verknüpfen, um die Navigationswege innerhalb der Datenstruktur einer Site zu testen.

Abbildung 39 ▶
Liste mit fehlerhaften internen Hyperlinks

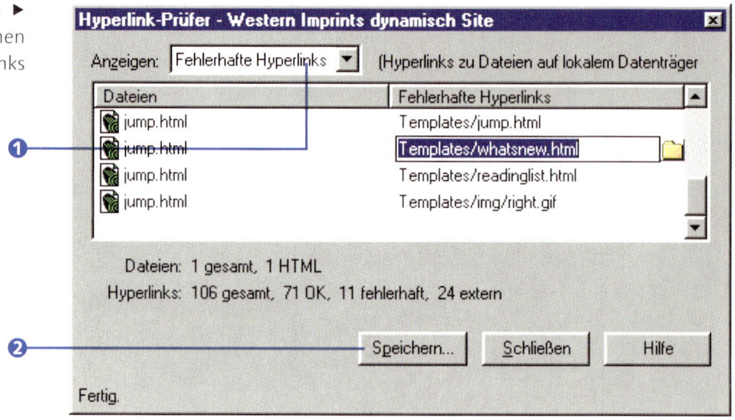

Medientypen im Site-Fenster
Im Verzeichnisbaum der Site-Map werden die unterschiedlichen Medienformate und Linkarten durch verschiedene Icons gekennzeichnet, die in nebenstehender Tabelle aufgelistet sind. Eine Kenntnis dieser Icons ist besonders hilfreich, wenn der Verzeichnisbaum statt der Dateinamen die Titel anzeigt (SITES • SITES DEFINIEREN • BEARBEITEN • SITE-MAP-LAYOUT • SYMBOLBESCHRIFTUNGEN • SEITENTITEL). Neben der Unterscheidung durch Icons kennzeichnet Dreamweaver verschiedene Inhalte auch farblich, so werden externe Hyperlinks zu anderen Servern oder E-Mail-Adressen blau dargestellt. Rot gekennzeichnete Dateien zeigen verwaiste Links, deren Zieladresse von Dreamweaver nicht gefunden wurde.

Medientypen im Site-Fenster

HTML-Datei	
URL oder E-Mail-Adresse	
Grafikdatei (GIF, JPEG, PNG)	
Cascading Style Sheet (CSS)	
Flash-Datei aus Macromedia Flash	

Hyperlink-Prüfer – Fehlerhafte Hyperlinks aufspüren und beseitigen
Um verwaiste Dateien oder fehlerhafte Links aufzuspüren und zu korrigieren, gibt es in Dreamweaver den Befehl HYPERLINKS AUF DER GANZEN SITE PRÜFEN im Menü SITE (Strg bzw. ⌘ + F8). Falls Sie nur die Links der gerade geöffneten Seite überprüfen wollen, so geschieht dies über DATEI • LINKS ÜBERPRÜFEN (⇧ + F8). Im ersten Fall können Sie im folgenden Dialog über ein Popup ❶) wählen, ob Sie auf fehlerhafte Hyperlinks testen möchten oder ob Dreamweaver verwaiste Dateien aufspüren soll. Danach können Sie in der Trefferliste die fehlerhaften Dateien auswählen und durch Doppelklick auf den Dateinamen öffnen. Dreamweaver markiert dann in diesen Dateien die entsprechenden Codepassagen, sodass Sie nicht noch erst nach den Fehlern suchen müssen.

Abbildung 40 ▶
Anzeige der verwaisten Dateien

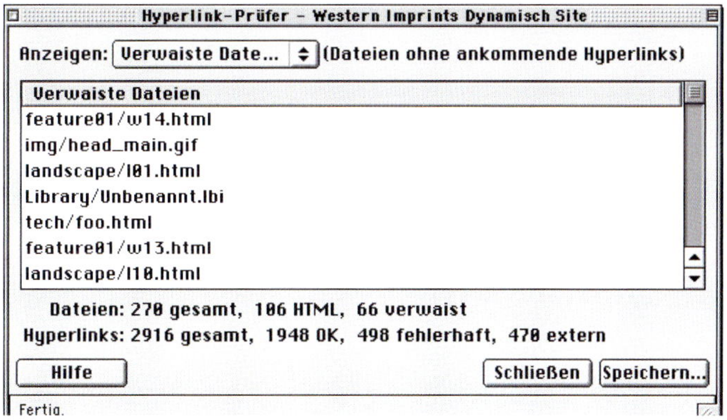

Noch einfacher ist es, die Fehler im Hyperlink-Prüfer zu markieren und durch Klick auf das dann erscheinende Ordnersymbol und die darauf folgende Dialogbox die korrekte Verweisadresse auszuwählen. Dreamweaver löscht diese korrigierten Fehler daraufhin aus der Liste. Sie können die geänderten Links auch manuell eingeben; Dreamweaver erkennt auch hierbei, ob die eingegebene Adresse korrekt ist und lässt gegebenenfalls den Fehler als solchen in der Liste stehen. Falls die fehlerhaften Links mehrfach in der geprüften Site vorkommen, bietet Dreamweaver Ihnen an, diese ebenfalls zu korrigieren.

Für den Fall, dass ein und derselbe Fehler immer wieder auf verschiedenen Seiten auftritt, können Sie diesen durch den Befehl Hyperlink für die ganze Site ändern im Menü Site global für Ihre gesamte Site ändern und damit korrigieren.

Falls Sie die gefundenen Fehler nicht sofort beheben wollen, speichert Dreamweaver die gefundenen Fehler auf Wunsch in eine Textdatei ❷ – ein hilfreiches Feature auch zum Beispiel zu Dokumentationszwecken in der Debugging-Phase einer Siteproduktion.

Hyperlink-Prüfer – Verwaiste Dateien

Ein Feature, das zwar keinen direkten Einfluss auf die Lauffähigkeit Ihrer Websites haben wird, aber trotzdem hilfreich sein kann, ist das Aufspüren verwaister Dateien. Wenn Sie aus dem Popup Anzeigen diese Option auswählen, zeigt Dreamweaver eine Liste mit Dateien ohne ankommende Links, also solchen Dateien in Ihrer Site, die von keiner anderen Seite verlinkt sind und wahrscheinlich nicht mehr benötigt werden (Abb. 40). Sie können diese Dateien zwar durch Doppelklick in die Liste öffnen, leider bietet Dreamweaver aber keine Funktion, diese dann von hier aus auch zu löschen. Dazu müssen Sie in das Site-Fenster oder ins Betriebssystem wechseln und diese Dateien manuell entfernen.

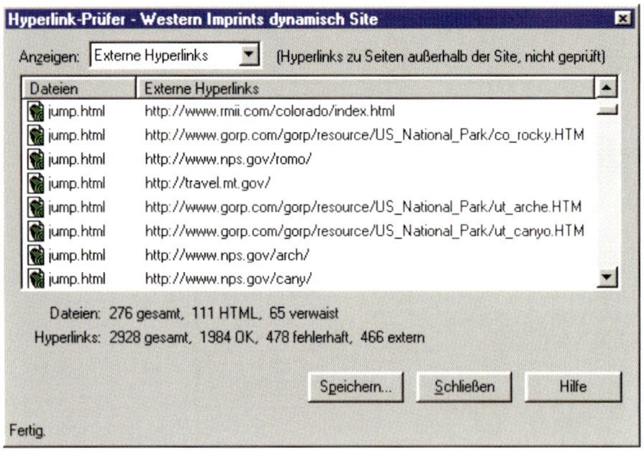

▲ Abbildung 41
Liste mit externen Hyperlinks

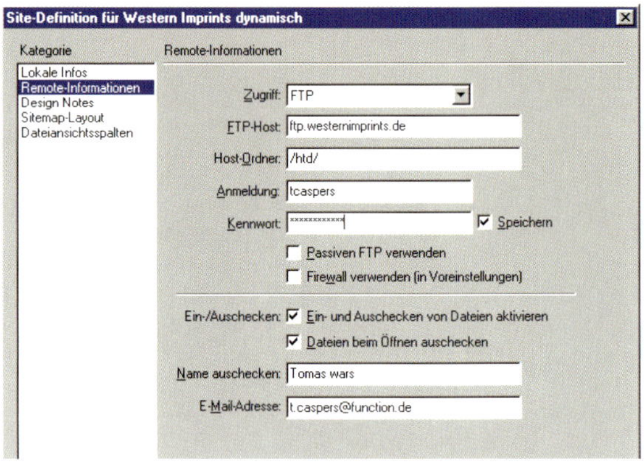

Abbildung 42 ▲
Eingabe der Parameter für den Zugriff auf den Server

Hyperlink-Prüfer – Externe Hyperlinks

Zusätzlich erstellt Dreamweaver eine Liste der externen Hyperlinks, die auf fremde Server verweisen (Abb. 41). Diese Links können aber aus dem Programm heraus nicht überprüft werden, dazu müssen Sie nach wie vor auf einen Browser oder eine hierauf spezialisierte Software zurückgreifen. Diese Liste können Sie als Textdatei (tab-separated Values) speichern, um sie in andere Anwendungen, z.B. automatische Linkchecker, zu importieren.

FTP-Zugang einrichten

Bei FTP-Zugang sollten Sie nur den Domainnamen ohne das vorangestellte Protokoll (`http://` oder `ftp://`) eingeben, da sonst die Einwahl zum Server nicht funktioniert, also nicht `ftp://ftp. westernimprints.de/` oder nur `westernimprints.de`, sondern Servername.Domainname.Top-Level-Domain, also `ftp.westernimprints.de` oder `www.westernimprints.de`.

Site-Management auf dem Server

Einrichtung des Zugangs

Nachdem Sie nun alle falsch gesetzten Links korrigiert haben, wird es Zeit, die Website auf dem Server zu veröffentlichen. Falls Sie in den Voreinstellungen Ihrer Site noch nicht die Daten für den Zugriff auf den Server angegeben haben, müssen Sie dies spätestens jetzt tun, um Daten ins Web stellen zu können. Dreamweaver merkt sich die Zugangsdaten individuell für jede Site in der Site-Definition, die Sie über SITE • SITES DEFINIEREN oder über das Site-Auswahl-Popup im Site-Fenster erreichen können. Hier geben Sie die Art Ihres Serverzugangs an (in den weitaus meisten Fällen wird dies FTP sein), das Verzeichnis auf dem Server, wo Ihre Site liegen soll, und Ihre individuellen Daten wie Benutzername und Passwort (Abb. 42).

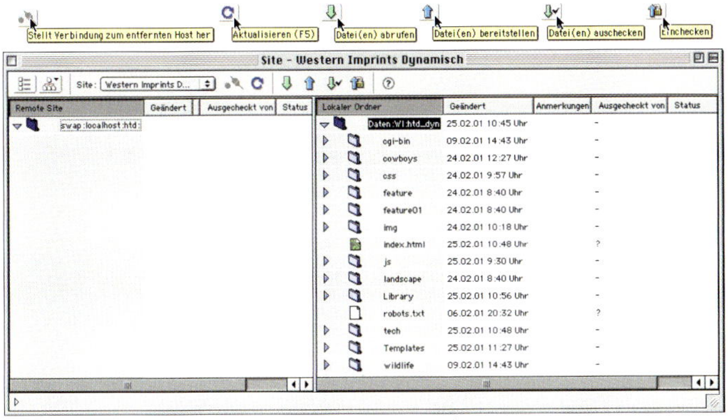

◀ **Abbildung 43**
Site-Fenster zum Abgleich der Website mit dem Server

Übertragung der Daten per File Transfer Protocol (FTP)

Nachdem diese Angaben gemacht sind, können Sie nun eine Verbindung zum Server herstellen, indem Sie im Site-Fenster den Button Stellt Verbindung zum entfernten Host her klicken (Abb. 43). Im linken Teil des Fensters (dort, wo im Offline-Betrieb die zuvor besprochene Site-Map war) sehen Sie nun Ihr Zielverzeichnis auf dem Webserver. Um Dateien von Ihrer lokalen Festplatte auf den Webserver zu überspielen, gibt es mehrere Möglichkeiten:

- Aktivieren Sie im lokalen Ordner im rechten Bereich des Fensters die Dateien, die Sie auf dem Server veröffentlichen möchten, ziehen diese nach links und legen sie am gewünschten Ort in der entfernten Site ab. Daraufhin werden die Daten zum Server kopiert.
- Aktivieren Sie im lokalen Ordner im rechten Bereich des Fensters Ihre Dateien, und klicken Sie auf den Button Datei(en) bereitstellen (Abb. 43).
- Aktivieren Sie im lokalen Ordner Ihre Dateien und wählen aus dem Kontextmenü (Strg-Klick bzw. rechte Maustaste) den Befehl Bereitstellen.

Wenn Sie Dateien mit eingebetteten Inhalten wie Frames, Grafiken oder PlugIn-Formaten wie Flash überspielen wollen, fragt Dreamweaver, ob auch die dazugehörigen Dateien mit überspielt werden sollen (Abb. 44), und legt gegebenenfalls die nötigen Unterverzeichnisse an.

Site-Fenster

In den Voreinstellungen können Sie auch definieren, dass die lokale Site immer links und die Kopie auf dem Server immer rechts angezeigt werden soll. Daher kann sich das Aussehen Ihres Fensters von den Abbildungen hier unterscheiden.

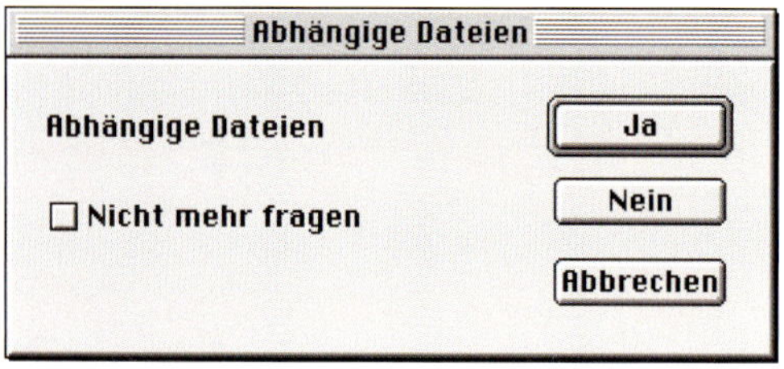

▲ Abbildung 44
Abfrage zu abhängigen Dateien

▲ Abbildung 45
Statuszeile der Datenübertragung

Während der Übertragung gibt Dreamweaver die ausgeführten Aktionen in der Statuszeile des Fensters aus, sodass Sie stets verfolgen können, was das Programm gerade macht. Sie können eine Übertragung auch abbrechen, indem Sie auf das rote Icon in Form eines Stoppschildes klicken (Abb. 45).

Der umgekehrte Weg

In die andere Richtung funktioniert der Transfer genauso wie oben beschrieben, nur eben andersherum. Wenn Sie Dateien vom Server ziehen wollen, stehen Ihnen dieselben Wege offen wie beim Upload auf den Server. Sie sollten jedoch vermeiden, auf dem Server Dateien umzubenennen, ohne dies auch in Ihrer lokalen Kopie der Site zu tun. Dreamweaver lässt zwar diese Änderungen zu, ist aber nicht in der Lage, die auf diese Datei zeigenden Hyperlinks zu ändern, da diese Funktionen nur lokal arbeiten. Wenn Sie also Dateien umbenennen müssen, sollten Sie dies immer in Ihrer lokalen Kopie machen und diese dann mit dem Server synchronisieren.

Den dazugehörigen Befehl finden Sie unter SITE • SYCHRONISIEREN. In der folgenden Dialogbox können Sie auswählen, ob Sie geänderte Dateien vom Server ziehen wollen oder auf den Server aufspielen wollen.

Aktualisieren-Button

Wenn Sie im Site-Fenster AKTUALISIEREN auswählen (Abb. 43), dann wird lediglich das Site-Fenster neu eingelesen, nicht aber Dateien miteinander abgeglichen.

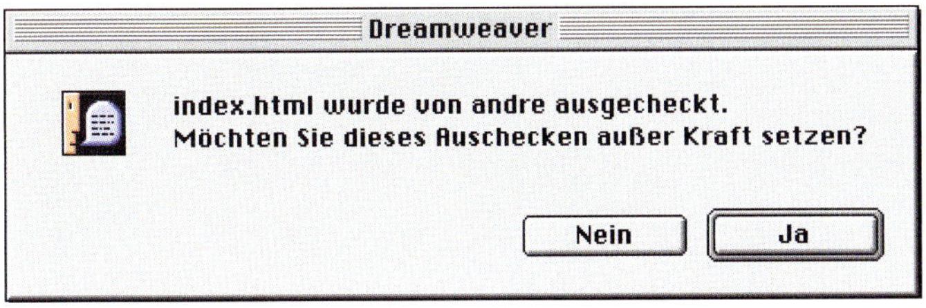

▲ Abbildung 46
Wenn Sie hier öfter mal Ja drücken, werden Sie viele neue Freunde gewinnen.

Teamarbeit mit Dreamweaver organisieren

Eine Warnung vorneweg: Wenn Sie die Möglichkeit haben, auf andere Kontrollsysteme wie WebDAV, CVS oder VisualSourceSafe zurückzugreifen, sollten Sie dringend die Finger von den entsprechenden Funktionen in Dreamweaver lassen und besser diese Systeme benutzen. Die Funktionen zur Kooperation in Teams, die Dreamweaver bereitstellt, zeichneten sich noch nie durch besonders intuitive Bedienung aus. Das Problem zieht sich von der absolut unprofessionellen Übersetzung des gesamten Programms über mangelndes Feedback zu Status und Aktionen bis hin zu Funktionen, die geeignet sind, ein gesamtes Projekt mit einem Knopfdruck zunichte zu machen.

Ein Beispiel: Der in Abb. 46 gezeigte Dialog ist ein Warnhinweis beim Versuch, eine von einem Kollegen ausgecheckte Datei zu öffnen. Übersetzt heißt der Text: »Wollen Sie großzügig über die Tatsache hinwegsehen, dass die Datei bereits von einem Kollegen ausgecheckt ist, diese selber öffnen und damit die Arbeit eines Tages plattschreiben?« Erschwerend kommt hinzu, dass der Default-Button, der per ↵ ausgelöst wird, ausgerechnet auch noch der Ja-Button ist, wodurch die Wahrscheinlichkeit noch stark erhöht wird, dass nun das komplette Versionschaos in Ihrem Team ausbricht.

Eigentlich müsste das Kapitel über Zusammenarbeit in Teams mit Dreamweaver-Unterstützung an dieser Stelle abrupt enden. Für die ganz Mutigen unter unseren Lesern wollen wir aber doch noch kurz auf die Workflow-Kontrolle in Dreamweaver eingehen. Trotzdem bleibt die Warnung bestehen, besser ein ausgereifteres System wie CVS oder WebDAV zu benutzen, das – neben der Integration von VisualSourceSafe-Datenbanken – seit der Version 4 von Dreamweaver auch unterstützt wird.

◄ You have been warned!

Ein- und Auschecken von Dateien

Mit dieser Funktion können Sie Dateien zur Bearbeitung vom Server auf Ihre Festplatte kopieren und diese gleichzeitig auf dem Server als »In Bearbeitung« kennzeichnen. Um Dateien auszuchecken, wählen Sie beim Transfer

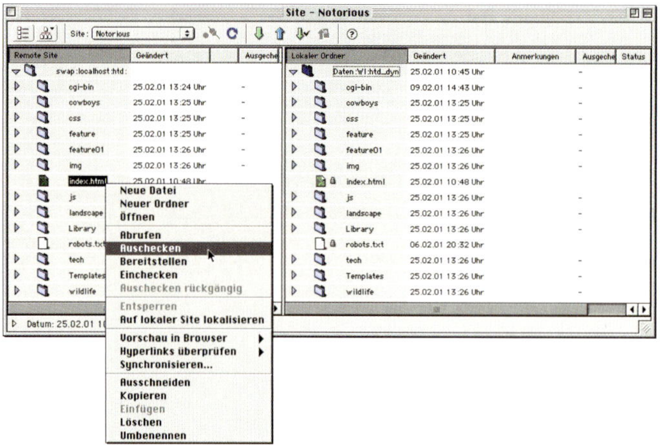

◀ Abbildung 47
Ein- und Auschecken von Dateien

vom Server einfach statt ABRUFEN den Befehl AUSCHECKEN (entweder per Button oder Kontextmenü). Dreamweaver markiert daraufhin die Dateien für alle Zugriffsberechtigten sichtbar als ausgecheckt. Sie sehen bei Dateien, die Sie selber ausgecheckt haben, ein grünes Häkchen neben der Datei. Bei Dateien, die von Ihren Kollegen ausgecheckt wurden ist dieses Häkchen rot. Zusätzlich wird in einer Spalte des Verzeichnisses der Name desjenigen angezeigt, der die Dateien ausgecheckt hat (Abb. 47).

.LCK-Dateien auf Ihrem Server

Falls Sie einen separaten FTP-Client benutzen, werden Sie sich wahrscheinlich über Dateien mit der Endung .LCK auf dem Server wundern. Diese Dateien nutzt Dreamweaver, um sich zu merken, wer welche Dateien wann ausgecheckt hat, und zeigt diese nicht im Site-Fenster an. Sie sollten sie also nicht löschen, Dreamweaver erledigt das automatisch, sobald eine Datei wieder eingecheckt wird.

Neu hinzugekommen in der aktuellen Version ist die Möglichkeit, den Teammitgliedern, die Dateien ausgecheckt haben, eine E-Mail zu schreiben. Durch einfachen Klick (Doppelklick öffnet nach wie vor die Datei) auf den Namen wird der Standard-E-Mail-Client des jeweiligen Betriebssystems geöffnet und einer neuen Mail der Name des Adressaten übergeben. Wenn Sie diese Funktion nutzen wollen, ist es wichtig, dass alle Teammitglieder Ihre E-Mail-Adresse in der jeweiligen lokalen Site-Definition angeben.

Wenn Sie die fertig bearbeiteten Dateien nun wieder auf den Server überspielen wollen, brauchen Sie diese nur im lokalen Fenster zu aktivieren und durch den Befehl EINCHECKEN (Button in der Kopfleiste des Site-Fensters oder Kontextmenüs) wieder auf den Server zu transferieren. Die soeben eingecheckten Dateien werden von Dreamweaver in ihrer lokalen Kopie der Site als gesperrt angezeigt ❶, da sie ja auf dem Server nun wieder für alle Kollegen verfügbar sind. Wenn Sie erneut Ände-

Abbildung 49 ▶
Kontextmenü Site-Management

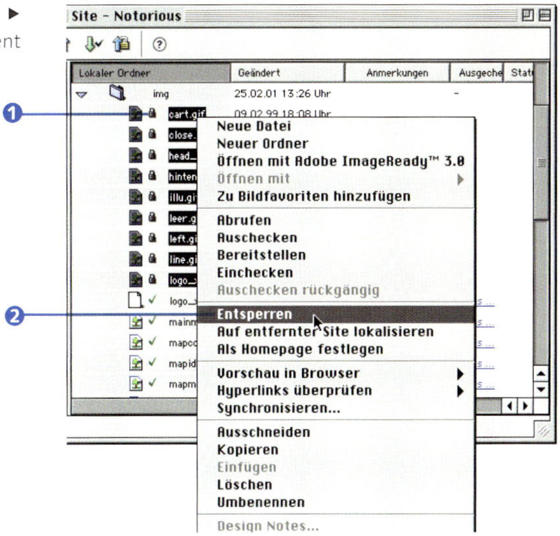

HTML-Datei selbst ausgecheckt	
HTML-Datei von Dritten ausgecheckt	
HTML-Datei (gesperrt, weil eingecheckt)	

▲ Abbildung 48
Icons des Site-Management-Fensters im Online-Betrieb

rungen vornehmen wollen, können Sie diese Dateien über das Kontextmenü wieder entsperren ❷, nur besteht dann die Gefahr, dass eine andere Person ebenso an den Dateien auf dem Server arbeitet.

Um unnötige Doppelarbeiten oder das ungewollte Überschreiben von Dateien zu verhindern, sollten Sie und alle mit der Site befassten Kollegen grundsätzlich die Site-Management-Funktionen von Dreamweaver benutzen und Seiten immer auf dem Server ein- bzw. auschecken statt lokal zu entsperren. Dies schließt nicht aus, dass zum Editieren nicht auch andere Tools benutzt werden können, nur das Überspielen auf den Server sollte mitsamt Ein- und Auschecken über Dreamweaver erfolgen. Die einzige Ausnahme bildet hier Telnet – wenn ein Dokument direkt per Telnet editiert worden ist, gibt es für Dreamweaver keine Möglichkeit, alle an der Erstellung der Site Beteiligten über diese Änderungen zu informieren und die lokalen Kopien zu aktualisieren. Daher sollten Sie – wenn möglich – auf den Einsatz von Telnet verzichten.

Finger weg von Telnet

Telnet ist eine Anwendung aus der Unix-Welt, mit der Sie sich in einen Server einloggen (vorausgesetzt natürlich der Serveradministrator hat Ihnen die Berechtigung erteilt und Sie als User eingerichtet) und dann über ein Kommandozeilen-Interface Aktionen auf diesem Server ausführen können. Je nach Zugangsprivilegien verhält sich der Computer so, als wäre es Ihrer und als säßen Sie direkt davor, d.h., Sie können diesen Server natürlich auch per Telnet »abschießen«. Wenn Sie nun mit vi oder EMACS direkt auf dem Server Dateien ändern, gelangt diese Information nicht in die Site-Verwaltung von Dreamweaver und Chaos ist vorprogrammiert.

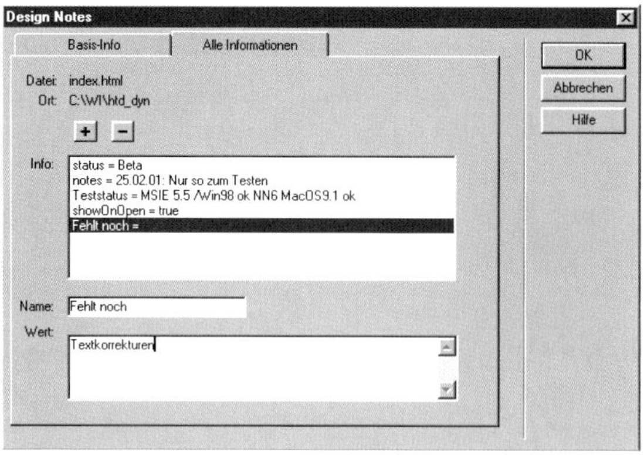

◀ **Abbildung 50**
Design Notes – Anmerkungen eintragen

Kommunikation via Design Notes

In den Anfangstagen des Webs war die Erstellung auch einer für damalige Verhältnisse großen kommerziellen Website noch durchaus von einem einzelnen Entwickler zu bewältigen. Die Gestaltung und Umsetzung immer komplexerer Websites verlangt aber mittlerweile nach den unterschiedlichsten Spezialisten, die Hand in Hand an den verschiedensten Teilaspekten arbeiten – eine undankbare Aufgabe, wenn man die Kommunikation innerhalb eines solchen Teams ohne die geeigneten Tools aufrechterhalten muss. Dreamweaver bringt hier mit den Design Notes eine wertvolle Hilfe, mit denen die einzelnen Mitglieder eines Teams Notizen an Dokumente anheften können, um z. B. den Status eines Dokuments zu kennzeichnen, Fehler und Lücken aufzuzeigen oder Arbeitsanweisungen zu geben.

Um Design Notes benutzen zu können, müssen Sie unter SITE • SITE DEFINIEREN • BEARBEITEN • DESIGN NOTES die Verwaltung von Design Notes aktivieren.

Danach können Sie über das Menü DATEI • DESIGN NOTES... einen Dialog aufrufen (Abb. 50), in dem Sie Ihre Anmerkungen eintragen können. Im zweiten Reiter ALLE INFORMATIONEN lassen sich beliebige und frei benennbare Anmerkungen hinzufügen, indem Sie auf den Plus-Button klicken und im Textfeld NAME die Anmerkung benennen. Nun können Sie im Textfeld WERT Ihre Anmerkungen eintragen.

Dreamweaver speichert die Design Notes als XML-Datei in einem neuen Unterverzeichnis /_notes/ im selben Verzeichnis wie die Datei, auf die sich die Anmerkungen beziehen. Die Benennung richtet sich nach dem Namen dieser Datei plus dem Suffix .mno. Wenn Sie Ihre Notizen mit anderen Mitarbeitern austauschen wollen, stellen Sie sicher, dass diese auch Zugriff auf dieses Verzeichnis haben, indem Sie es zum Beispiel mit auf den Server kopieren. Hierzu müssen Sie in der Site-Definition die Checkbox DESIGN NOTES FÜR GEMEINSAME NUTZUNG BEREITSTELLEN aktivieren, Dreamweaver erledigt den Rest automatisch beim nächsten Abgleich mit dem Server.

Abbildung 51 ▶
Berichtswesen: alle Dateien mit dem Status beta melden

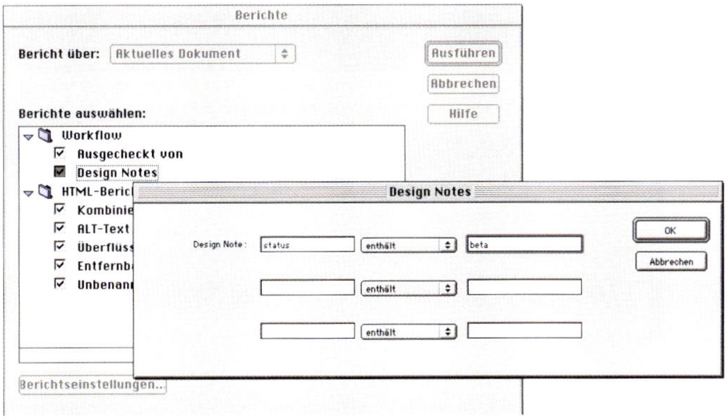

Berichte

Neu in Dreamweaver 4 ist die Möglichkeit, sich über den gesamten Workflow und den aktuellen Status eines Projektes Übersicht zu verschaffen. Die ab Werk mitgelieferten Berichte zum Stand und der Qualität des Codes sind allerdings noch etwas mager. Hier bleibt die Hoffnung, dass ein Entwickler sich der Thematik annimmt und weitere Berichtsarten entwickelt. Häufiges Vorbeischauen bei http:/ www.macromedia.com/de/exchange/ dreamweaver/ empfiehlt sich also auch hier.

Bei den Berichten zum Workflow sieht das schon etwas besser aus, da man hier sogar die selbst definierten Design Notes und deren Werte abfragen kann. Aktivieren Sie hierzu die Option Design Notes und klicken auf den Button Berichtseinstellungen... In der folgenden Dialogbox (Abb. 51) können Sie nun den Namen der Design Note (z.B. status) und den Wert, den Sie suchen (z.B. beta) eintragen. Der daraufhin erstellte Bericht bezieht sich folgerichtig nur auf Dateien, denen der Status beta zugewiesen wurde. Eine andere Variante wäre zum Beispiel, nur nach Dateien zu suchen, die von einem bestimmten Benutzer ausge-

Benutzung von Design Notes

- Falls eine Datei, auf die sich eine Design Note bezieht, über das Site-Fenster von Dreamweaver gelöscht wird, entfernt das Programm auch die Design Note wieder. Falls eine solche Datei außerhalb von Dreamweaver gelöscht wird, können Sie über Site • Sites definieren • Design Notes • Entfernen die verwaisten Design Notes löschen lassen.
- Design Notes lassen sich übrigens nicht nur für komplette HTML-Dateien anlegen, sondern auch für eingebettete Inhalte wie Bilder und Grafiken oder PlugIn-Formate wie Flash oder QuickTime. Aktivieren Sie hierzu einfach die eingebettete Datei und wählen aus dem Kontextmenü (Strg-Klick bzw. rechte Maustaste) die Option Design Notes...
- Wenn Sie Design Notes für Vorlagen definieren, werden diese nicht von Dateien übernommen, die auf diesen Vorlagen basieren.

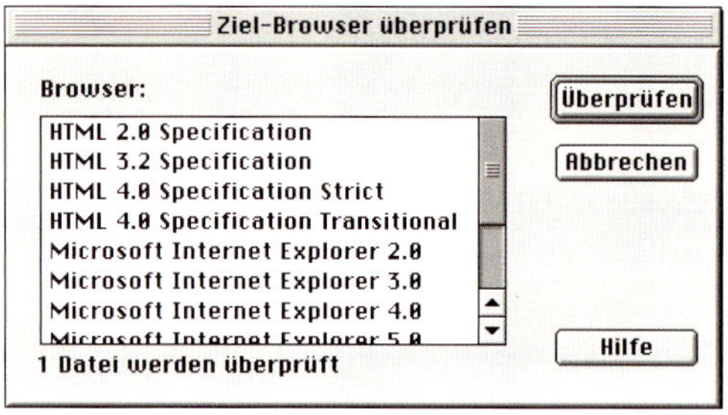

▲ Abbildung 53
Dialog zur Ziel-Browser-Überprüfung

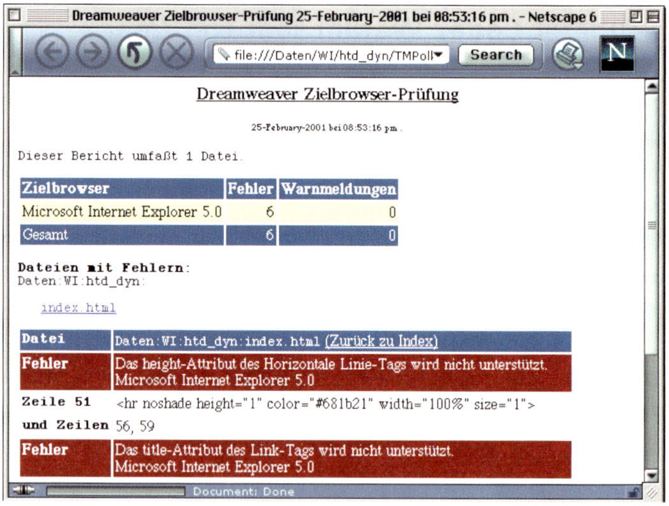

▲ Abbildung 54
Ergebnis der Ziel-Browser-Prüfung

Ziel-Browser-Überprüfung

- Mit ⇧-Klick können Sie gleichzeitig mehrere Browser zur Überprüfung auswählen.
- Die Profile dieser Browser finden Sie unter Dreamweaver/Configuration/BrowserProfiles/. Da dies reine Textdokumente sind, können auch eigene Profile von weiteren Browsern hinzugefügt werden.
- Indem Sie im Site-Fenster die Dateien auswählen und dann aus dem Kontextmenü den Befehl ZIEL-BROWSER ÜBERPRÜFEN wählen, können Sie nicht nur einzelne Seiten, sondern auch mehrere Seiten auf ihre Kompatibilität prüfen.
- Wenn Sie ganze Sites überprüfen wollen, reicht es, wenn Sie im Site-Fenster das oberste Ordnersymbol mit dem Pfad Ihrer Site anklicken und dann den Befehl auslösen.

Das Resultat dieser Überprüfung stellt Dreamweaver als HTML-Datei in Ihrem Standardbrowser dar (Abb. 54). Üblicherweise findet Dreamweaver hier keine groben Fehler mehr, da das Programm diese ja erst gar nicht zulässt oder automatisch korrigiert. Die hier aufgelisteten Fehler sind eher syntaktischer Natur und würden in verschiedenen Browsern zu geringen Darstellungsfehlern führen.

Validatoren von Drittanbietern

Leider ist diese Fehlerliste nicht immer korrekt; Dreamweaver listet hier auch Funktionen auf, die von Browsern sehr wohl unterstützt werden. Zudem kann das Programm nur erkennen, welche Tags von welchen Browsern unterstützt werden, nicht aber, welche Tags und Attribute durch die verschiedenen HTML-Versionen zwingend vorgeschrieben sind.

So beschwerte sich das Programm in unseren Tests nie über fehlende `alt`-Texte in `img`-Tags, obwohl diese in HTML4-Seiten zum Pflichtprogramm gehören (die getesteten Dokumente wiesen sich per DTD als HTML4 Transitional aus). Hier muss man dann wieder auf die bereits erwähnten Berichte zurückgreifen, die diesen Fehler bemerken.

Auf Grund dieser Mängel sollten Sie Ihren Code zumindest stichprobenartig durch dritte Prüfprogramme, so genannte Validatoren, auf Korrektheit überprüfen lassen. Die beiden mitgelieferten Editoren BBEdit und HomeSite bringen ihre eigenen Syntaxchecker mit, die sich durch ausgesprochene Pedanterie auszeichnen. Diese beiden Tools gehören zu den wenigen verfügbaren, die den Code tatsächlich gegen die zu Beginn des HTML-Dokuments deklarierte DTD überprüfen.

Formatierung des Quelltextes

Sauberer Code heißt aber auch immer saubere Formatierung. Wenn eine Seite eine Zeit lang mit einem visuellen Editor bearbeitet wird – und da macht Dreamweaver keine Ausnahme – wird der Code zunehmend unübersichtlicher. Diese Mängel in der Formatierung haben zunächst zwar keine unmittelbare Aus-

Links zu Validatoren

URL	Name	Kurzbeschreibung
http://validator.w3.org/	W3C HTML Validation Service	Der Validator des W3C – nicht unbedingt verständlicher Output, aber dafür kann er in verschiedenen Modi (pedantisch, nachlässiger) benutzt werden.
http://arealvalidator.com/	A Real Validator	Shareware-Validator unter Windows
http://www.htmlhelp.com/tools/validator/	WDG HTML Validator	Die Online-Version des Real Validator
http://www.w3.org/People/Raggett/tidy/	HTML TIDY	Hausputz-Werkzeug für verschiedene Plattformen von Dave Raggett, einem der Autoren der HTML-Spezifikationen
http://www.delorie.com/web/wpbcv.html	Web Page Backward Compatibility Viewer	Pendant der ZIEL-BROWSER ÜBERPRÜFEN-Funktion von Dreamweaver
http://www.delorie.com/web/purify.html	Web Page Purifier	Schreibt HTML-Code radikal nach den Standards HTML 2 und 3.2 um. Sinnvoll, wenn man eine abgespeckte Variante einer bereits vorhandenen Site erstellen will.
http://www.cast.org/bobby/	Bobby	Pflichtprogramm für jeden Webdesigner, der seine Seiten auf Bedienkomfort überprüfen will
http://www.linkalarm.com/	LinkAlarm	Kostenpflichtiger Dienst zur Überprüfung von Links
http://www.netmechanic.com/	NetMechanic	Linkchecker und HTML-Prüfer, der die Resultate per E-Mail verschickt
http://www.tali.com/	HTML PowerTools	Shareware-Windows-Anwendung mit konfigurierbarem Validator und Linkchecker
http://www.tetranetsoftware.com/	Linkbot	Linkchecker und Site-Management-Tool unter Windows
http://websitegarage.netscape.com/	Web Site Garage	Von Netcape übernommenes Tool mit einer Vielzahl an Überprüfungs- und Wartungsoptionen

Abb. 55 ▶ Beispiele für Änderungen in SourceFormat.txt

Ursache

```
<html break="1,1,1,1">
<head break="1,1,1,1">
<title break="1,0,0,1">
<body break="2,1,1,1">
<h2 break="2,1,0,1">
<p break="2,1,0,1">
```

Wirkung

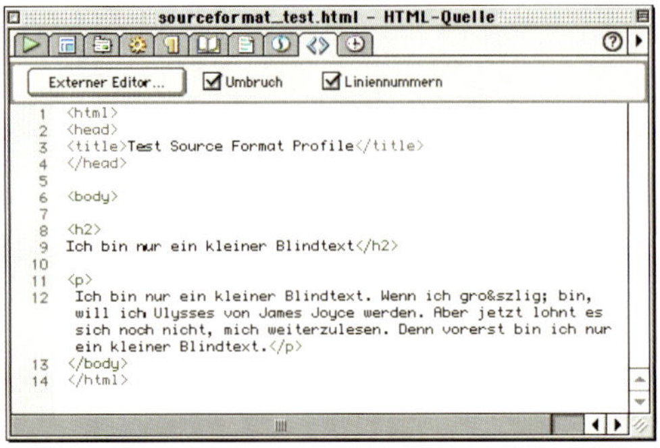

Ursache

```
<html break="1,1,1,1">
<head break="1,1,1,1">
<title break="1,0,0,1">
<body break="1,1,1,1">
<h2 break="2,0,0,1">
<p break="2,0,0,1" indent igroup="2">
```

Wirkung

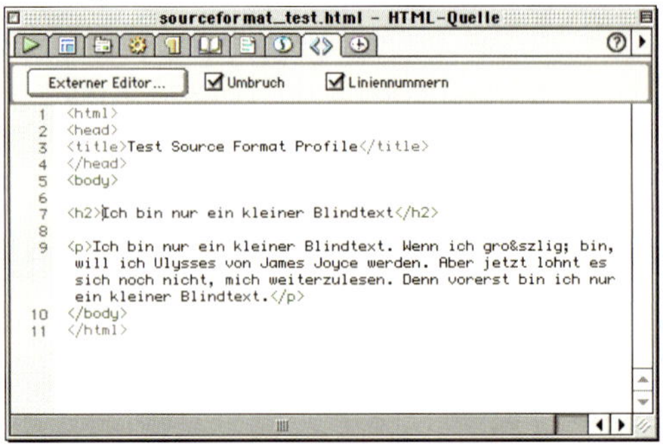

wirkung auf die Darstellung in Dreamweaver oder einem Browser. Sie erschweren aber die Nachbearbeitung der Seite in Texteditoren, da der Code nicht nach bestimmten Regeln umbricht, eingerückt ist und dadurch nicht unbedingt lesbarer wird. Zudem zählen bei der Dateigröße nicht nur die Tags und Inhalte, auch übertriebene Einrückungen – und die zu allem Überfluss noch mit Leerzeichen statt mit Tabulatoren – fallen ins Gewicht.

Daher sollten Sie als letzten Schritt vor der Veröffentlichung von Seiten die Formatierung des Codes von Dreamweaver bereinigen lassen. Hierzu dient der Befehl QUELLENFORMATIERUNG ÜBERNEHMEN im Menü BEFEHLE. Sie sehen keine weitere Dialogbox mit Einstellungsmöglichkeiten, sondern Dreamweaver übernimmt einfach die in der Steuerdatei unter Dreamweaver/Configuration/SourceFormat.txt angegebenen Formatierungsvorschriften. Sie können diese Textdatei mit jedem beliebigen Texteditor öffnen und diese Vorschriften nach Belieben ändern. Die Dokumentation in Dreamweaver zu diesem Thema ist eher mager ausgefallen, daher hier die Regeln, nach denen diese Vorschriften aufgebaut sind, und ein paar Beispiele (Abb. 55):

- `<Tag break="Anzahl der Umbrüche vor dem Tag (Ziffern wie 0,1,2,...), unmittelbar danach, unmittelbar vor dem End-Tag, nach dem End-Tag">`
- indent bedeutet, dass Inhalte des betreffenden Tags (und das können dann auch andere Tags mit ihren Inhalten sein) eingerückt werden.
- igroup (Indent Group) gibt an, wie weit eingerückt werden soll. Hier können Sie Werte von 1-8 eingeben, die tatsächliche Anzahl der Leerschritte oder Tabs richtet sich nach den Voreinstellungen unter BEARBEITEN • EINSTELLUNGEN • HTML-FORMAT.

Abbildung 56 ▶
Auswahl der Dreamweaver-Quellenformatierung in BBEdit

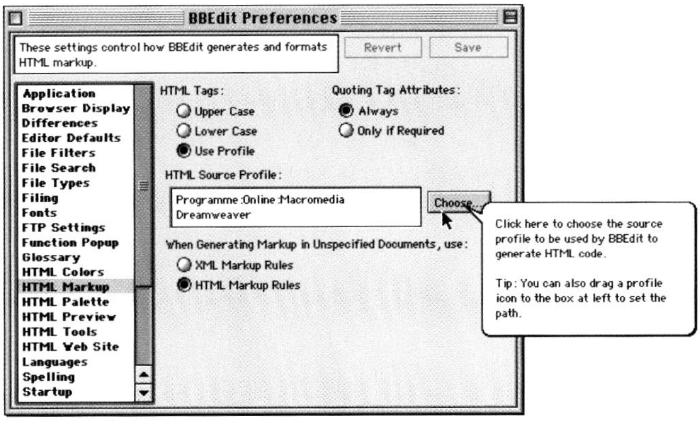

- `noformat` gibt an, dass dieses Tag samt seiner Inhalte nie umformatiert werden soll – besonders wichtig bei den proprietären Tags mancher Application Server.
- Wenn Sie möchten, dass bestimmte Tags z.B. statt der voreingestellten Kleinbuchstaben immer in Großbuchstaben geschrieben werden sollen, können Sie dies über `namecase="TAGNAME"` oder `namecase="tagname"` bestimmen.

Da Dreamweaver diese Angaben wie immer in einer externen Textdatei abspeichert, können Sie diese mit anderen Nutzern austauschen oder auch für verschiedene Projekte eigene Formatierungsvorschriften anlegen und diese bei Bedarf austauschen. Sie können diese Quellenformatierung auch in externen Editoren wie BBEdit benutzen (Abb. 56).

Ladezeitoptimierung

Bessere Performance durch sauberen Code

Sauberer Code bringt durch die Vermeidung von Redundanzen und unnötigen Leerzeichen auch eine bessere Performance sowohl für den Server als auch für den Anwender.

Auch wenn es nicht offensichtlich ist, aber auch Leerzeichen und Tabulatoren brauchen Speicherplatz (nämlich je ein Byte), das heißt, bei einer Site mit sehr weiten Einrückungen und vielen unnötigen Leerzeilen und -zeichen kommen schnell einige Kilobyte zusammen, die eingespart werden könnten. Gerade bei häufig abgefragten Websites, wo der Server in kurzer Zeit sehr viele Dateien ins WWW bringen muss, macht sich dieser unnötige Ballast schnell in der allgemeinen Geschwindigkeit bemerkbar. Dazu gehört auch die Bandbreite auf dem Weg zum Benutzer, die ja üblicherweise zu knapp ausgelegt ist, und auch der Aufbau der Seiten im Browser.

Ein klassischer Kandidat für Bandbreitenverschwendung sind vielfach verschachtelte <font>-Tags, wie sie von vielen Editoren – wie FrontPage – erzeugt werden. Die beiden fol-

Abbildung 57 ▶
Der Idealzustand

genden Codeschnipsel haben beide die gleiche Auswirkung auf die Darstellung des Wortes »foo«, aber das erste Beispiel

```
<font face="EspySans, Verdana, sans-serif"
size="3" color="#333333">foo</font>
```

belegt 78 Byte, während das zweite Beispiel

```
<font face="EspySans, Verdana, sans-
serif"><font size="3"><font
color="#333333">foo</font></font></font>
```

immerhin 105 Byte Speicherplatz benötigt. Insbesondere wenn Sie Seiten aus anderen Editoren wie FrontPage übernehmen, sollten Sie mit BEFEHLE • HTML OPTIMIEREN diese Tags von Dreamweaver zusammenfassen lassen (Abb. 57). Weitere Optionen dieses Befehls sind die Löschung von Kommentaren und leeren Tags ohne erkennbare Inhalte oder Funktion. Beachten Sie aber, dass Dreamweaver, wenn Sie die Option HTML-KOMMENTARE, DREAMWEAVER aktivieren, auch alle Verknüpfungen zu eingebetteten Bibliotheksobjekten und Vorlagen kappt, da diese in Kommentaren verwaltet werden (`<!-- #BeginLibraryItem "/Library/Newsblock.lbi" -->`).

Schnelleres Laden durch Ändern der Ebenenreihenfolge

Gerade unsere letzte Beispiel-Site aus dem DHTML-Kapitel ist ein gutes Exempel dafür, wie man durch Umstellungen im Quellcode die wahrgenommene Ladezeit beeinflussen kann. Im Gegensatz zu Tabellen hat die Reihenfolge der Ebenen im Quellcode nichts mit deren Position auf dem Bildschirm zu tun. Durch eine simple Änderung der Reihenfolge der Ebenen im Quelltext können Sie also bestimmen, welche Elemente einer Seite zuerst geladen und damit zuerst angezeigt werden sollen. Dreamweaver unterstützt diesen Arbeitsgang dadurch, dass die Platzhalter für Ebenen im Dokumentenfenster anfass- und verschiebbar sind.

Änderung der Ebenenreihenfolge

1. Platzhalter sichtbar machen

Falls die Platzhalter nicht sichtbar sind, wählen Sie aus dem Popup Ansichtsoptionen • Visuelle Hilfsmittel • Unsichtbare Elemente ❶.

In der oberen linken Ecke des Dokumentenfensters werden nun die kleinen gelben Platzhalter für die Ebenen angezeigt.

2. Reihenfolge festlegen

Suchen Sie nun die Ebenen, die als Erstes angezeigt werden sollen und ziehen Sie diese nach ganz links ❷. *Ebenen, die beim Benutzer voraussichtlich nicht im sichtbaren Bereich liegen werden, wie in unserem Beispiel die Fußzeile, schieben Sie nach ganz rechts.*

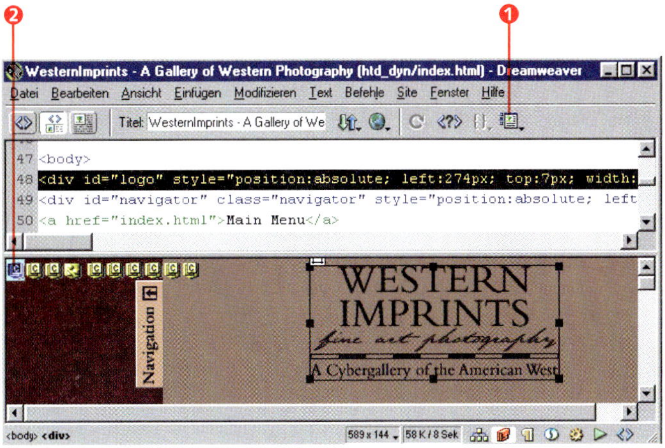

◂ Abbildung 58
Platzhalter für Ebenen verschieben

Grafikoptimierung

Fast noch wichtiger als die Optimierung des Quellcodes ist die Optimierung der Grafiken für die Performance einer Site. Die bereits besprochene sehr elegante Schnittstelle zu Macromedia Fireworks erweist sich auch hier wieder als Segen für den stressgeplagten Webentwickler. Vorausgesetzt, Sie haben die Originaldateien noch vorrätig und so abgelegt, dass Fireworks diese auch automatisch zuordnen kann, können sie bis unmittelbar vor Veröffentlichung einer Site noch das letzte Quäntchen Dateigröße aus Ihren Grafiken herausholen.

Welche Dateiformate sich für welche Arten von grafischen Elementen eignen, richtet sich nach wie vor nach denselben Regeln: Halbtonbilder, d.h. Fotos oder Grafiken mit Verläufen, lassen sich am besten als JPEG ins Web stellen; für flächige Grafiken mit nur wenigen Farben bietet das GIF-Format den besten Kompromiss zwischen Dateigröße und Bildqualität. Aber spätestens wenn es darum geht, nicht rechtwinklige Bilder (also Freisteller) mit Halbtönen ins Web zu stellen, fangen die Kompromisse an. Das JPEG-Format kennt keine Transparenzen, PNG mit seinen Alphakanälen wird nach wie vor nur unzureichend von den Browsern unterstützt und GIF geht nur bis zu einer Farbtiefe von 8 Bit (256 Farben max.).

◂◂ Unterschiedliche Arten von grafischen Elementen = unterschiedliche Kompressionsmethoden = unterschiedliche Ergebnisse

In Abbildung 59 sehen Sie eine Grafik aus unserer Beispielsite, die verdeutlichen soll, in welchem amerikanischen Bundesstaat das jeweilige Foto geschossen wurde. Die Grafik ist auf den Seitenhintergrund geglättet und in den Bereichen, wo dieser »durchscheint«, folgerichtig transparent. Hier bleibt also nur das GIF-Format übrig. Die Grafik ohne Transparenzen als JPEG zu speichern ist als Möglichkeit ausgeschieden, da es bei der JPEG-Kompression zwangsläufig auch immer zu Farbverschiebungen kommt, das Bild also durch die

Abbildung 59 ▶
Auch aufwändige GIFs lassen sich auf ein verträgliches Maß reduzieren.

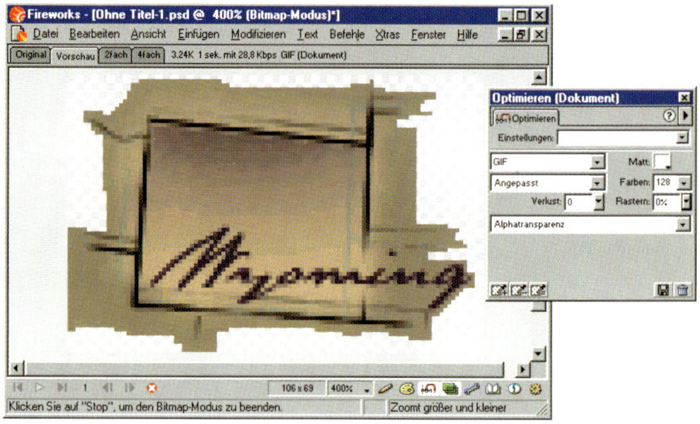

deutlich sichtbaren Farbunterschiede zwischen Hintergrund und Grafik seinen freigestellten Charakter verlieren würde.

Innerhalb des Bundesstaates findet sich aber ein Verlauf, der zu allem Überfluss auch nicht vertikal von oben nach unten verläuft, sondern leicht schräg und unregelmäßig im Bild sitzt. Für diese Aufgaben ist das GIF-Format eigentlich denkbar ungeeignet, da man für die saubere Darstellung von solchen Verläufen eigentlich schon mehr Farben braucht, als das Dateiformat zulässt. Hier wäre man bei oberflächlicher Betrachtung versucht, während der Optimierung in einem Bildverarbeitungsprogramm wie ImageReady oder Fireworks einfach das Dithering hinzuzuschalten, um die fehlenden Farben zu simulieren. Unglücklicherweise wird die Dateigröße aber durch verstärktes Dithering erheblich erhöht, da der GIF-Kompressionsalgorithmus kaum noch nebeneinander liegende gleiche Farben findet, die verlustfrei zusammengefasst werden können.

In herkömmlichen Bildverarbeitungen hilft hier nur noch, die Anzahl der Farben auf das Maximum zu stellen und Dithering komplett zu unterbinden. Der Ansatz bei dieser Methode ist, dass weitere Einträge in der dem Dokument angehängten Farbpalette (z.B. 256 statt 128) weniger Speicherplatz brauchen als eine komplett gerditherte Grafik. Um diese Notlösung überflüssig zu machen, wurde mit Adobe ImageReady die so genannte gewichtete Optimierung eingeführt: Über Alphakanäle können Sie sowohl bei JPEG als auch GIF sowie 8 Bit-PNGs steuern, welche Bildbereiche wie optimiert werden sollen. Bei GIFs bedeutet das unterschiedlich starkes Dithering in verschiedenen Bildbereichen, bei JPEG bedeutet dies unterschiedlich starke Kompression in einem Bild.

Weitere Informationen zu Grafikformaten im Web, deren richtigen Einsatz und Optimierung finden Sie auf Joe Gillespies Site »Web Page Design for Designers« unter http://www.wpdfd.com/.

Suchmaschinen

Die möglichst gute Vorbereitung einer Site wird mehr und mehr zu einem Spezialistenjob, der vielleicht eines Tages ein eigenes Berufsbild ergibt. Solange sollte sich jeder, der mit der Veröffentlichung von Sites betraut ist, mit den Mechanismen der Suchmaschinen zumindest ansatzweise befasst haben. Eine gute Platzierung möglichst weit oben in den Trefferlisten der Suchmaschinen hängt immer weniger von geschickt gewählten Meta-Tags ab, sondern fängt bereits bei der Konzeption einer Website an. Die Zeiten, in denen man Suchmaschinen durch Keyword-Spamming (eine Technik, bei der wahllos Suchbegriffe in den entsprechenden Meta-Tag eingesetzt wurden, die nichts mit dem Seiteninhalt zu tun haben, sondern lediglich eine höhere Trefferquote garantieren sollen) und so genannte Brückenseiten in die Irre führen konnte, sind glücklicherweise vorbei. Suchmaschinen wie Google, die durch die Bank hochqualitative Treffer zurückliefern, bewerten ausschließlich die textlichen Inhalte einer Seite und deren Relevanz zum Suchbegriff.

Um also auch in Zukunft ein gutes Ergebnis in den Suchmaschinen zu haben, sollte man sich bereits während der Konzeption einer Site vor Augen halten, dass wir es nach wie vor mit einem Textmedium zu tun haben. Sites, die ausschließlich auf Grafiken, Flash und Ähnliches setzen, werden also auch in Zukunft nicht in den Trefferlisten der Suchmaschinen auftauchen.

Ein besonderes Kapitel sind Suchmaschinen und deren Verhalten in Zusammenhang mit Frames. Nicht nur das Design und die Verwaltung von Framesites gestaltet sich anders als bei Sites ohne Frames, auch der Umgang mit Suchmaschinen ist unterschiedlich zu handhaben. Erstens wollen Sie zwar erreichen, dass Ihr Werk von Suchmaschinen gefunden und mit hoher Relevanz indiziert wird. Zweitens wollen Sie jedoch verhindern, dass Surfer auf Grund der Indizierung einzelner Frames Ihre Site quasi durch den Hintereingang betreten, sprich: einzelne Frames losgelöst vom Frameset-Layout öffnen.

Anders ausgedrückt: Sie möchten, dass die Suchmaschinen ausschließlich auf die Indexseite verweisen. Da wir an dieser Stelle nicht in die Tiefe der Suchmaschinentheorie und -praxis eindringen wollen, stellen wir Ihnen hier nur das Basisrezept zur Verfügung. Andere haben sich damit sehr viel ausführlicher auseinander gesetzt, z.B. der Autor der Suchfibel (http://www.suchfibel.de/), Stefan Karzauninkat. Um im Umgang mit Suchmaschinen auf dem Laufenden zu bleiben, ist auch die Suchmaschinen-Toolbox (http://www.kso. co.uk/) von Klaus Schallhorn zu empfehlen, die auch die Möglichkeit bietet, einen stets erhellenden Newsletter zu abonnieren.

Vorbereitung des Codes

Titel: Geben Sie Ihrer Site einen Titel, der möglichst noch einige weitere Stichworte zum Inhalt der Site liefert. Beispiel:

```
<title>Western Imprints - die Fotogalerie
mit Bildern aus Wyoming, Colorado,
Montana</title>
```

Die weitere Codevorbereitung besteht im Wesentlichen im Verwenden einiger Meta-Tags, die den Suchmaschinen ihre Arbeit erleichtern und zu einer höheren Trefferquote

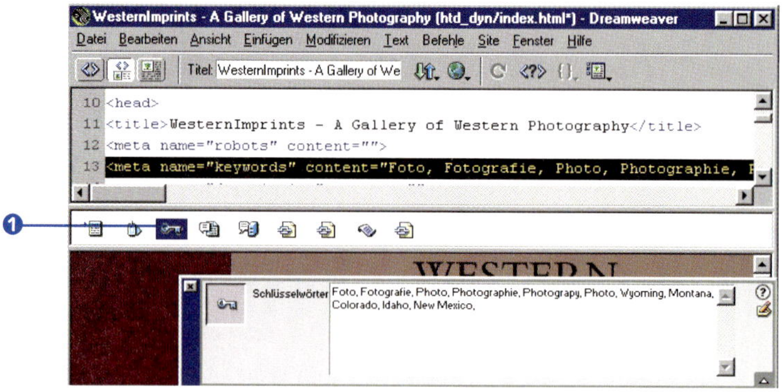

▲ **Abbildung 60**
Anzeige der eingebetteten Meta-Tags

führen. Einige der wichtigsten führen wir hier auf, andere können Sie experimentell einsetzen. Setzen Sie alle diese Meta-Tags im Kopfteil des Dokuments ein, also zwischen <head> und </head>. Dreamweaver erledigt dies natürlich auch wieder per Knopfdruck durch die Befehle Einfügen • Head-Tags • Schlüsselwörter bzw. Beschreibung.

Im Fall von Frames müssen Sie dazu zunächst das äußere Frameset im Dokumentenfenster durch Klicken auf den äußeren Frame-Rahmen aktivieren. Falls dieser nicht angezeigt wird, sollten Sie die entsprechende Option unter Ansicht • Visuelle Hilfsmittel • Frame-Rahmen aktivieren.

Sie können die in eine Seite eingebetteten Meta-Tags anzeigen lassen, indem Sie aus dem Ansicht-Menü den Eintrag Head-Inhalt (Strg bzw. ⌘ + ⇧ + W) wählen. Im Dokumentenfenster öffnet sich daraufhin ein weiterer Bereich (Abb. 60), in dem alle bisher vorhandenen Meta-Tags aufgelistet werden. Durch Aktivierung der einzelnen Icons können Sie den Inhalt der Meta-Tags über die Eigenschaftenpalette editieren ❶. Eine Auflistung finden Sie weiter vorne in diesem Kapitel.

Meta-Tag: Description

Syntax:

```
<meta name="description" content="An dieser
Stelle fügen Sie zwei bis drei kurze Sätze
ein, die Ihre Site und die Inhalte möglichst
treffend beschreiben">
```

Als Daumenregel sollte die Anzahl der Zeichen einen Wert von 200–250 nicht überschreiten. Üblicherweise ist es dieser Text, den Sie in den Suchergebnissen der verschiedenen Suchdienstleister angezeigt bekommen.

Meta-Tag: Keywords

Syntax:

```
<meta name="keywords" content="Schlagwort1,
Schlagwort2, ..., SchlagwortX, kurze Phrase">
```

◀ **Abbildung 61**
Liste der in Dreamweaver verfügbaren Dokumentkodierungen

Die Keywords (Schlagworte) sind das Feld, in dem einige Robots und Spider ganz besonders intensiv grasen. Die Mengenbegrenzung liegt bei etwa 1.000 Zeichen. Sites mit zu vielen Keywords werden von manchen Suchmaschinen als Spammer angesehen und von der Indizierung ausgeschlossen.

Meta-Tag für Content Type

Dieses Tag wird von Dreamweaver automatisch gesetzt und definiert den von der Site verwendeten Zeichensatz, den Sie unter Seiteneigenschaften (⌘ bzw. Strg + J) einstellen können (Abb. 61).

Meta-Tag für Robots

Bei herkömmlichen Sites, also Sites ohne Frames, sollten Sie die Suchmaschinen-Roboter ausdrücklich einladen, die aktuelle Seite wie auch den von dort aus verlinkten Content zu indizieren, indem Sie diesen Meta-Tag wie folgt schreiben:

```
<meta name="robots" content="index, all,
follow">
```

Auf einer Website mit Frames ist dieses Verhalten natürlich nicht unbedingt erwünscht. Hier sollte die Verwendung so aussehen:

```
<meta name="robots" content="index,
nofollow">
```

Der Robot wird hier ausdrücklich aufgefordert, diese Seite zu indizieren, den in ihr verwendeten Links aber nicht zu folgen. So wird sichergestellt, dass nur die Seiten indiziert werden, die ein komplettes Frameset enthalten.

Vorbereitung der Site

Legen Sie mit einem Texteditor (z.B. mit BBEdit oder HomeSite) eine Datei robots.txt an. In die Datei schreiben Sie:

```
User-agent:*
Disallow:/cgi-bin/
Disallow:/weiteres Verzeichnis/
```

Mit der Zeile `User-agent:*` haben Sie erreicht, dass alle Suchmaschinen angesprochen werden, die Ihre Site besuchen. Mit der Zeile `Disallow...` verbieten Sie diesen Suchmaschinen den Blick auf ausgewählte Verzeichnisse. Insgesamt schreiben Sie also für jedes Verzeichnis und jedes File, das von den Suchmaschinen und anderen Robots nicht indiziert werden soll, eine mit `Disallow` beginnende Zeile.

Um bestimmte Robots oder User Agents komplett am Betreten und damit am Indizieren der Site zu hindern, können Sie diese auch explizit ausschließen:

```
User-agent: Teleport*
User-agent: Webwhacker
User-agent: WebDevil
User-agent: Webzip
User-agent: Net Attache
User-agent: SiteSnagger
User-agent: WX_mail
User-agent: EmailCollector
User-agent: WhoWhere
User-agent: Roverbot
User-agent: ActiveAgent
User-agent: EmailSiphon
Disallow: /
```

Wie Sie an den Namen der User Agents schon erkennen können, handelt es sich hier teilweise um Robots, die nichts anderes im Sinn haben, als Sites nach verwertbaren E-Mail-Adressen abzugrasen (EmailCollector). Die Motivation dürfte jedem klar sein, der schon einmal Spam, also unaufgefordert zugesandte Werbung, erhalten hat. Andere Robots wie WebDevil dienen dazu, komplette Websites aus dem Netz zu ziehen und auf die Platte des Anwenders zu speichern.

Ob sich die User Agents unbedingt an das Robots Exclusion Protocol halten, sei gerade im Falle der Spammer dahingestellt, aber der Versuch, sich diese fernzuhalten, kann ja nicht schaden.

Link Relations

Nicht direkt mit den Suchmaschinen haben die so genannten Link Relations zu tun, die aber wie die Meta-Tags ebenso im Head des Dokumentes stehen (können). Mit diesen Tags geben Sie einer Seite zusätzliche Informationen zu ihrer Position innerhalb einer Websites mit auf den Weg und können auf unkomplizierte Art Besuchern mit Browsern, welche die Link Relations unterstützen, einen zusätzlichen Komfort bieten. Mögliche, für den täglichen Gebrauch interessant Werte für `<link rel=` wären zum Beispiel:

link rel=" "	href=" "	Bedeutung (auch als title=" " zu verwenden)
index	URL	Stichwortverzeichnis
start	URL	Beginn eines Bereichs /einer Site
next	URL	Nächste Seite (z.B. in einem Rundgang)
prev	URL	Vorige Seite (z.B. in einem Rundgang)
help	URL	Hilfeseite
alternate	URL	Alternative Ausgabeformat (z.B. Text-only)
glossary	URL	Glossar
copyright	URL	Urheberrechtsvermerk

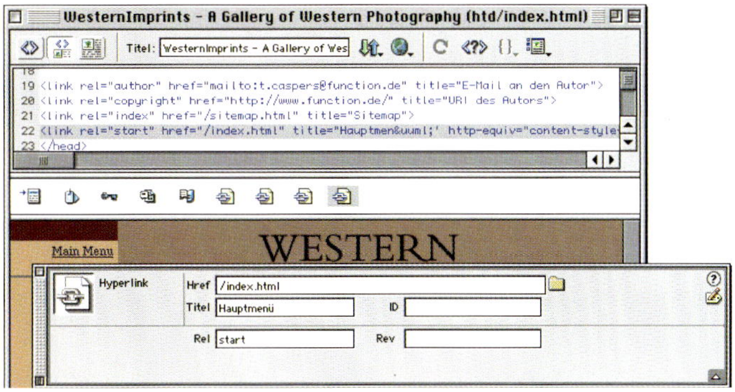

Abbildung 62 ▶ Eine kleine Auswahl möglicher Link Relations

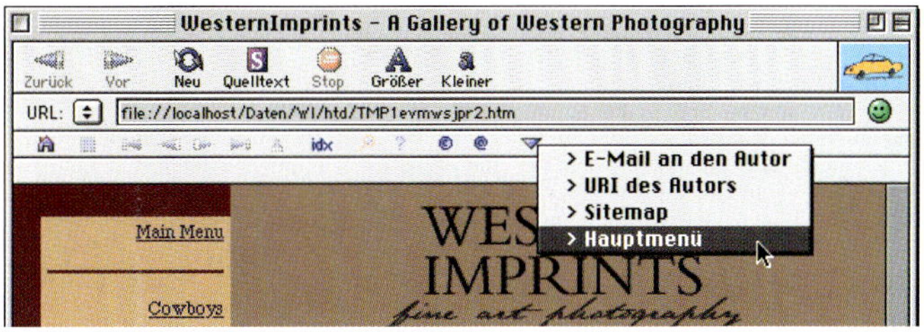

Abbildung 63 ▶ Das Ergebnis in iCab

Behindertengerechtes Webdesign?

Sie werden Sich jetzt wahrscheinlich fragen, was behindertengerechtes Webdesign in einem Buch über einen WYSIWYG-Editor zu suchen hat. Behindertengerecht sind doch diese blindenkompatiblen Seiten mit schwarzem Text auf grauem Grund, oder? Dass dem nicht so sein muss, dass behindertengerechte Seiten auch für den Normalsurfer ansprechend sein können, ist gar nicht so schwer umzusetzen. Man muss sich als Webentwickler nur einiger grundlegender Stolpersteine bewusst sein, um mit geringen Mitteln schon ein Höchstmaß an Zugänglichkeit für alle Besucher zu garantieren.

Tatsächlich treffen viele der notwendigen Einschränkungen im Design einer Website sowohl auf behinderte wie auch auf nichtbehinderte Besucher zu: Ob ein sehender Besucher eine Website mit einem uralten Textbrowser über eine langsame Modemverbindung betrachtet oder ob sich ein Blinder die Seiten mit dem neuesten Browser und einer fetten Standleitung vorlesen lässt, ist irrelevant. Alle sollten Zugang zu den Inhalten finden, ohne behindert zu werden. Menschen mit bestimmten Behinderungen sind in der Art ihres Umgangs mit einer Website durchaus mit unerfahrenen nichtbehinderten Computerbenutzern zu vergleichen, die mit komplexen Navigationsoptionen nicht zurechtkommen und sich in komplexen Datengebilden verloren fühlen.

So ist die Benutzergruppe mit den zurzeit am schnellsten steigenden Zahlen die der Senioren, die durchaus dieselben Schwierigkeiten wie Sehbehinderte haben, mikroskopisch kleine Navigationselemente überhaupt zu finden, geschweige denn zu bedienen.

Alle Besucher einer Website haben unterschiedliche Fähigkeiten und Teilbegabungen und auch zum großen Teil temporäre oder ständige Unzulänglichkeiten in verschiedenen Bereichen. Diese Philosophie geht davon aus, dass es keinen Durchschnittsbenutzer gibt. Der Durchschnitt ist lediglich das arithmetische Mittel, aber es gibt unter den Anwendern niemanden, der diesem theoretischen Ideal tatsächlich entspricht. Betrachten Sie Ihre Website wie einen Klettverschluss für einen Schuh – mit einem Klettverschluss können motorisch Behinderte so schnell ihre Schuhe schnüren, wie sie es mit Schnürsenkeln nie gekonnt hätten. Aber auch für Nichtbehinderte ist die Aufgabe dadurch um einiges leichter und bequemer geworden. Im richtigen Kontext bewusst eingesetzt ist dieser Klettverschluss sogar in der Lage, ein bestimmtes Image (z.B. sportlich) zu transportieren.

Ein wenig Hintergrundwissen über die verschiedenen Arten von Behinderungen hilft, die gröbsten Schnitzer bereits in der ersten Designphase einer Website zu verhindern.

Verschiedene Arten von Behinderungen

Ziel bei der gestalterischen und technischen Umsetzung einer Website muss es sein, einer Vielzahl von Besuchern und deren speziellen Bedürfnissen gerecht zu werden. Mögliche Behinderungstypen, die es zu berücksichtigen gilt, sind:

- Körperbehinderungen
- Sehbehinderungen
- Kognitive Behinderungen
- Hörbehinderungen

Unterschiedliche Formen der Behinderungen verursachen auch unterschiedliche Probleme bei der Nutzung von Online-Angeboten. So können Navigationselemente, die absolut blindengerecht sind (d.h. nur Text), bei Besuchern mit kognitiven Behinderungen (eingeschränkte Lernfähigkeit, Legasthenie) eher kontraproduktiv sein, da diese eventuell nicht genügend differenzierbar sind.

Der Wunsch nach einer möglichst kompakten Navigation wiederum behindert Menschen mit motorischen Behinderungen im Zugang, insbesondere wenn diese Schwierigkeiten mit der Mausbedienung oder der Hand-Auge-Koordination haben. Auch scheitern sprachbehinderte User oft an der Spracheingabequalität von Text-to-Speech-Systemen. Webdesign ist daher immer auch ein Kompromiss, wenn man nicht für jeden Behinderungstyp einen separaten, speziell aufbereiteten Inhalt bereithalten will.

Körperbehinderungen

Zur Erleichterung der Navigation sollten Sie ausreichend große Navigationselemente einsetzen, die mit alternativen Eingabemedien (Joystick oder Kopfmaus statt normaler Maus) auch bei ungenauer Platzierung bedient werden können. Auch sollte auf möglichst kurze Mauswege geachtet werden, um diesen Benutzern eine schnelle Navigation zu ermöglichen, wobei jedoch ausreichend Platz zwischen den einzelnen Elementen vorhanden sein soll, falls das Eingabemedium nicht präzise positioniert werden kann. Der Text sollte hier, wie auch im eigentlichen Fließtext, so gewählt werden, dass ausreichend lange Links möglich sind (also nicht »hier klicken«, sondern über mehrere sinnbildende Worte hinweg). Die Bezeichnungen sollten zudem so formuliert werden, dass sie auch außerhalb des Kontextes für diejenigen Browser, die strukturelle Navigation ermöglichen (iCab, Internet Explorer), noch sinnvoll erscheinen und interpretierbar sind.

In Aneinanderreihungen von Links sollten diese nie unmittelbar neben- oder untereinander stehen, sondern immer mit Satzzeichen o.Ä. getrennt sein (nicht Link1 Link2 sondern Link 1 | Link 2; dies gilt nicht nur für Text zwischen den <a>-Tags, sondern auch für `alt`- und `title`-Attribute). Zur schnellen Orientierung in langen Seiten sollten zusätzlich am Seitenanfang und -ende Links zum jeweils gegenüberliegenden Ende (Up/Down) gesetzt werden. Auch sollten Sie Funktionen vermeiden, die von motorisch Behinderten einen Mehrfachtastendruck verlangen. Als Beispiel ist hier der Klammeraffe (@) in E-Mail-Adressen zu nennen, der zwischen den Feldern für Benutzer- und Domainname vorgegeben werden kann.

Sehbehinderungen

Wie bei allen Behinderungen gibt es auch hier unterschiedliche Grade verschiedenster Behinderungen, die es zu berücksichtigen gilt. Im Einzelnen sind dies:

1. **Blindheit (völlige oder teilweise)**

Sehbehinderte sind zum größten Teil auf alternative Ausgabemedien wie Vorlesesoftware oder kostspielige Braille-Zeilen angewiesen. Diese Geräte bergen ihre eigenen systemimmanenten Beschränkungen, die bei einer behindertengerechten Gestaltung berücksichtigt werden müssen. So scheitern Vorlesesysteme, die auf einem Webbrowser aufsetzen, an mehrspaltigem Satz. Dieses Problem betrifft nicht nur den eigentlichen Textinhalt. Auch neben dem Text stehende Navigationselemente werden beim Vorlesen von der Software in den Text eingebaut, da diese nicht den Quellcode, sondern die fertig gerenderte Seite zeilenweise interpretiert. Daraus ergibt sich, dass die übergeordnete Navigation von den Inhalten der Seiten horizontal getrennt, d.h. übereinander, dargestellt werden sollte.

Die Navigation sollte zudem nicht ausschließlich aus Grafiken bestehen, sondern zusätzlich aus Textlinks, die auch für Sehende ansprechend gestaltet sind. Als Grafiken abgelegte Navigationselemente haben eine Vielzahl von Nachteilen, sowohl für Sehbehinderte als auch für Sehende: So sind sie nicht skalierbar, wenn der Besucher eine andere Schrifttype und -größe als vom Gestalter vorgesehen eingestellt hat. Zudem sind Suchmaschinen in ihrer Interpretation einer Website durchaus mit Blinden zu vergleichen, da auch diese nichts mit den Grafiken anzufangen wissen, diese also überlesen und nicht indizieren.

Auch wenn dies typografisch nicht unbedingt korrekt ist, so sollten Titel, Überschriften

Abbildung 64 ▸
So können »behindertengerechte« Seiten auch aussehen.

oder Listen trotzdem immer mit Satzzeichen beendet werden. Tests mit Vorlesesoftware haben gezeigt, dass diese sonst das Ende der Überschrift nicht erkennt und sie zusammen mit dem nachfolgenden Text vorliest. Wenn illustrative Grafiken und Fotos eingesetzt werden, so werden diese mit einem sinnvollen, erklärenden Text im `alt`-Attribut versehen (Abb. 65). Dieser Text, der von den Sprachsynthesizern gelesen wird, sollte aber nicht nur die Grafik in kurzer Form erklären, sondern auch deren Funktion benennen (d.h. mit »Verweis auf...« oder »Link auf...« beginnen). Der HTML4-Standard hat für das `<img>`-Tag das `longdesc`-Attribut eingeführt, das auf eine solche beschreibende Datei verweist. Als weitere Hilfe für Sehbehinderte, die eine Vorlesesoftware benutzen, können in Zukunft so genannte Aural Style Sheets eingesetzt werden, sobald diese unterstützt werden.

- **Fehlsichtigkeiten (extrem weit-/kurzsichtig)**
  Auch hier finden wir wieder ein weites Feld möglicher Behinderungstypen. Um dieser Benutzergruppe gerecht zu werden, sollten eine Internetpräsenz kontrastreich gestaltet und Farben gleicher Helligkeit nebeneinander vermieden werden. Ebenso ist es wichtig, dass das gesamte Angebot skalierbar ist. Relative Größenangaben haben für diese Benutzer den Vorteil, dass diese Angaben immer relativ zur Voreinstellung des Benutzers sind. Das heißt, es sollten keine starr vorgegebenen Schriftgrade und Schrifttypen benutzt werden, sodass der Besucher diese seinen individuellen Bedürfnissen anpassen kann.
- **Farbfehlsichtigkeiten**
  Hier unterscheidet man hauptsächlich zwischen grün-insensitiven Dichromaten und rot-insensitiven Dichromaten, allgemein

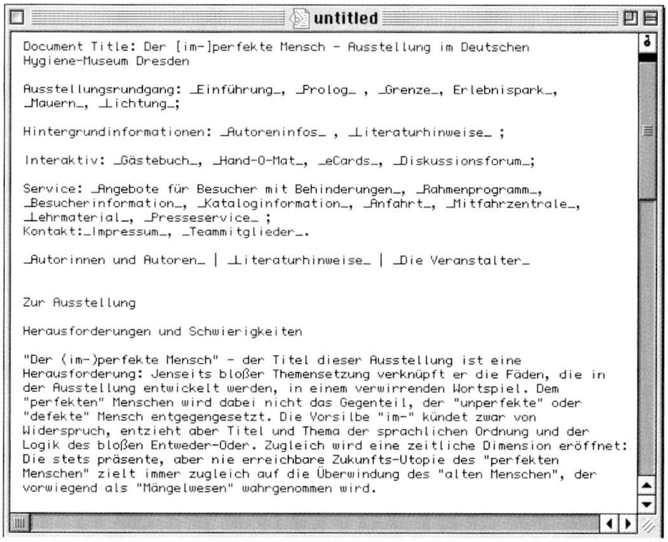

◄ Abbildung 65
Eine Seite der selben Site, diesmal in der Text-Only-Voransicht von BBEdit – dies entspricht dem, was ein Textbrowser wie Lynx wiedergeben würde.

unter Rot-Grün-Verwechsler bekannt.
Die verschiedenen Farbfehlsichtigkeiten sind so konträr zueinander, dass eine alleinige Anpassung an einen Typ der Farbfehlsichtigkeit einen anderen Typ komplett ausschließen kann (je nach Typ sieht der Benutzer z.B. Rot entweder als Gelb oder als Schwarz). Eine Lösung wird also auch in diesem Fall immer ein Kompromiss sein.
Einige allgemeine Regeln lassen sich dennoch aufstellen: So sollte nie reines Rot, Grün, Braun, Grau oder Violett neben oder auf reinem Rot, Grün, Braun, Grau oder Violett benutzt werden. Besser sollten Kombinationen aus Blau, Gelb, Schwarz und Weiß eingesetzt werden, da diese Kombinationen mit höherer Wahrscheinlichkeit nicht verwechselt werden. Auch sollten z.B. in Diagrammen neben Farbflächen zusätzlich Muster zur Kennzeichnung eingesetzt werden.

Kognitive Behinderungen (Verständnis, Lernen, Merkfähigkeit, Analphabeten)
Besuchern mit Lernschwächen wird die Navigation erleichtert, indem Navigationselemente auf allen Seiten immer an den gleichen Stellen positioniert werden und somit in ihrer Funktion vorhersagbar sind. An bestimmten Stellen können außerdem ganz bewusst Redundanzen eingebaut werden: So sollte sich insbesondere bei langen Seiten die Navigation zumindest teilweise am Seitenende wiederholen. Für kognitiv behinderte Benutzer gibt es alternative Navigationsmöglichkeiten mittels Icons, die für manche Gruppen (Legasthenie usw.) verständlicher sind als eine reine textbasierte Navigation. Als weiteres Mittel zur Orientierung sollten Sie verschiedene Bereiche der Internetpräsenz farblich unterschiedlich kennzeichnen, um zu verdeutlichen, wo sich der Besucher innerhalb der Datenstruktur befindet.

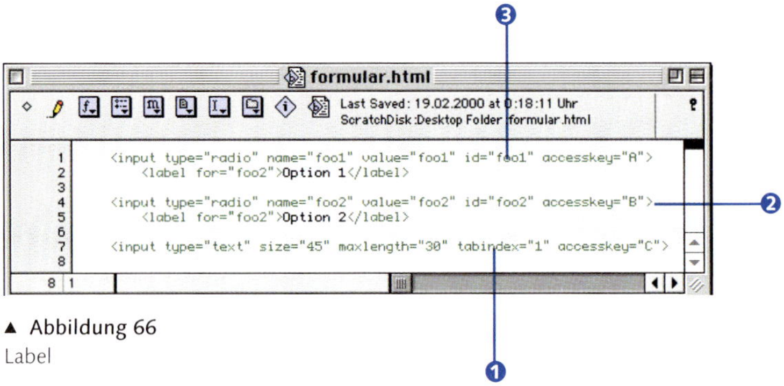

▲ **Abbildung 66**
Label

Ein ähnliches Mittel zur Erleichterung der Orientierung ist die Anzeige des aktuellen Pfades nicht in Form der aktuellen URL, sondern als (klickbarer) Pfad, der die Position des aktuellen Dokuments innerhalb der Struktur anzeigt (veloweb.de -> Service -> Tuning). Als alternative Form der Navigation kann den Besuchern auch ein komplettes Inhaltsverzeichnis (Site-Map) in Listenform angeboten werden, das bei Einsatz einer Datenbanklösung auch automatisch von dieser generiert wird.

Formulare sollten nicht nur in einer Online-Version, sondern auch in einer Textversion (.pdf oder .txt) zum Ausdrucken hinterlegt werden; zusätzlich sollte die Möglichkeit angeboten werden, direkt mit dem Anbieter in Kontakt zu treten, falls der Besucher nicht in der Lage ist, das Formular auszufüllen. Hierzu genügt die Nennung einer Telefonnummer oder E-Mail-Adresse.

Bei komplexen Formularen kann zusätzlich die Möglichkeit genutzt werden, alternativ zur Maus auch mit der Tabulatortaste (<tabindex>, ❶ oder mit einfachem Tastendruck (per <accesskey> definierter Anfangsbuchstabe, ❷ zu navigieren. HTML4 bietet zudem die Möglichkeit, die Labels von Formularfeldern klickbar zu gestalten. Musste man in älteren Browsern noch immer genau den Button oder die Checkbox treffen, so genügt in neueren Browsern – wie dem Internet Explorer ab 4 oder dem iCab auf dem Macintosh – der Klick auf das per id zugeordnete Label ❸.

Hörbehinderte

Diese Gruppe hat mit einem textbasierten Medium wie dem WWW die wenigsten Probleme, trotzdem sollte darauf geachtet werden, dass eventuelle Audiofiles mit zusätzlichen Textmitschriften hinterlegt werden.

Technische Umsetzung

Im Allgemeinen lässt sich sagen, dass eine Website mit sauberem HTML-Code, der sich an die vom W3C vorgegebenen Standards hält und die Möglichkeiten von HTML4 und CSS ausnutzt, bereits zu einem erheblichen Teil behindertengerecht ist, sofern der Autor diese Standards nicht durch unsaubere Tricks ausnutzt. Dieser Ansatz bedingt streng strukturelles Markup, das weitestgehend auf fest kodierte Präsentation verzichtet (also z. B. `<em>` statt `<i>`, `<strong>` statt `<b>` usw., Verzicht auf `<font face="foo" size="n">` zur Festlegung des Zeichensatzes und Schriftgrades). Unter http://www.cast.org/bobby/ finden Sie einen Validator, der Ihre Seiten auf behindertengerechte Umsetzung überprüft und auch gleich Verbesserungsvorschläge macht.

Testen, Testen, Testen

Der beste Weg, größtmöglichen Zugang für alle Besucher zu garantieren, ist die laufende Überprüfung der Site bereits während der ersten Designphase. Hierzu sollten Sie in einem möglichst frühen Stadium einen Prototyp erstellen, anhand dessen Anwender aus den verschiedenen Zielgruppen bei der Bewältigung von Aufgaben (Navigation, Erreichen von Informationen) beobachtet werden. Die hieraus gewonnenen Erkenntnisse können dann noch frühzeitig in das endgültige Design einfließen und garantieren somit maximale Zugänglichkeit und Benutzbarkeit.

Weiterführende Links

- http://www.w3.org/WAI/
- http://www.aktion-mensch.de/webdesign/
- http://www.cast.org/bobby/

Jenseits von Dreamweaver

Die Hintergründe des Web

Dies hat zwar auf den ersten Blick nicht viel mit Dreamweaver als Programm zu tun, ist aber für die Webentwicklung als solche interessant. Dreamweaver ist ein professionelles Tool, und zur Professionalität gehört auch, ein Hintergrundwissen um die Entstehung und Zukunft des Webs und die dazugehörigen Standards zu haben.

Einführung in die grundlegenden Standards

Was ist das W3C?

DAS **WORLD WIDE WEB CONSORTIUM** (W3C) IST ein internationales Konsortium unter der Leitung von Tim Berners-Lee, dem Erfinder des WWW. 1994 gegründet, hat das W3C mittlerweile mehr als 330 Mitgliedsfirmen und -organisationen, darunter AOL, Netscape, Apple, Adobe, Macromedia, Sun, Microsoft sowie viele andere Hard- und Softwarehersteller, Provider und Universitäten. Das Konsortium hat seinen Sitz an drei Universitäten: dem MIT in den USA, INRIA in Europa und der Keio University in Japan.

Was macht das W3C eigentlich?

Das W3C entwickelt und empfiehlt die Spezifikationen, die den Unterbau für die Gestaltung von Webpages legen. Diese Empfehlungen werden von spezialisierten Arbeitsgruppen erarbeitet, die sich aus Mitgliedern des W3C und eingeladenen Experten zusammensetzen. Die Mitglieder des W3C und dessen Direktor bestätigen die Vorschläge der Arbeitsgruppen, die damit in den Rang von De-facto-Standards erhoben werden. Weitere Informationen zu diesem Prozess sind auf der W3C-Website zu finden.

Was sind die W3C-Standards?

1. **HTML 3.2**
   HyperText Markup Language Version 3.2 ist ein mittlerweile obsoleter Standard, der historisch gesehen nur eine Festschreibung dessen war, was die damals aktuellen Browser sowieso schon konnten. **HTML 3.2** führte viele Elemente ein, die rein präsentierenden Charakter hatten (<font>) und damit über den eigentlichen Grundgedanken von HTML hinausgingen, nämlich Dokumente lediglich zu strukturieren.
2. **HTML 4.0**
   HTML4 oder genauer HTML 4.01 ist die aktuelle Version der Seitenbeschreibungssprache des Webs, die mittlerweile nach Empfehlung des W3C ausschließlich genutzt werden sollte, um Textdokumente zu strukturieren. Browser interpretieren diese Dokumente und stellen die Inhalte und deren Struktur in ihrer medienspezifischen Art dar. HTML4 gibt es in drei Geschmacksrichtungen: Transitional, Strict und Frameset. Mit der Hilfe von Cascading Style Sheets (CSS) kann der Autor zudem festlegen, wie die strukturierenden Elemente von HTML4 dargestellt werden, und damit über die Voreinstellungen der Browser hinausgehen.
3. **XML 1.0**
   eXtensible Markup Language
   XML ist wie HTML eine weitere Seitenbeschreibungssprache, aber im Gegensatz zu dieser kennt XML kein festes Repertoire an Elementen (Tags). XML lässt dem Autor die Freiheit, seine eigenen Elemente zu definieren oder von Dritten vorgefertigte zu verwenden. Die Sprache erlaubt es sogar, verschiedene Sätze von Elementen innerhalb eines Dokuments zu verwenden, indem die XML Namespaces benutzt werden.

   Verschiedene Anwendungen von XML sind bereits offizielle Empfehlungen des W3C, wie zum Beispiel MathML oder die als Nachfolger von HTML gehandelte eXtensible HyperText Markup Language (XHTML). Andere sind zum Zeitpunkt dieser Veröffentlichung noch so genannte »Working Drafts«.

   XML verwendet ebenso wie HTML Formatvorlagen wie CSS oder XSL (Working Draft), um das Aussehen von Inhalten für verschiedene Ausgabemedien wie Computermonitore, Sprachausgabe usw. zu definieren.

   XML ist weitaus flexibler als HTML, primär wegen der Möglichkeit, eigene Elemente und Strukturen zu definieren. Diese Fähigkeit macht es zu einem idealen Format, um große Mengen an Daten zu organisieren – einer der Gründe, warum es schon weite Verbreitung bei Suchmaschinen und Datenbanken findet.

CSS – Cascading Style Sheets

Die Cascading Style Sheets (**CSS**) genannten Formatvorlagen sind ein System, um das Aussehen von HTML- oder XML-Dokumenten zu beeinflussen, indem bestimmten Elementen eine Formatierung zugewiesen wird, sei es global oder für einzelne Instanzen. Mit der Einführung von CSS empfiehlt das W3C, dass Features, die in HTML das Aussehen einer Seite hartverdrahtet festlegen, nicht mehr verwendet und statt dessen durch Style Sheets festgelegt werden.

DOM 1 – Document Object Model

Das Document Object Model (**DOM**) Level 1 ist ein Application Programming Interface (API), um mit Webseiten zu interagieren. Dieses DOM erlaubt es, eine Skriptsprache wie ECMAScript (vulgo JavaScript) einzusetzen und damit einzelne Elemente einer Seite, deren

Struktur und Aussehen zu beeinflussen. Dieser Standard wird es in Zukunft vereinfachen, Seiten in **dynamischem HTML** (DHTML) zu programmieren, die auf allen Browsern, die das DOM unterstützen, gleich gut funktionieren.

Zukünftige Standards

Der für die Zukunft wichtigste Standard des W3C ist sicher **XHTML** (eine Neuformulierung von HTML 4.0 innerhalb der Regeln von XML). Ein weiterer wichtiger Standards wird **XSL** (eXtensible Stylesheet Language) sein. XSL ist eine Sprache, um Formatvorlagen in XML zu definieren.

Was ist die ECMA?

Die European Computer Manufacturers Association (ECMA) ist eine Organisation mit Sitz in Genf, die 1961 gegründet wurde, um Standards für die europäische Computerindustrie zu erstellen.

Was sind ECMA-Standards?

1. **ECMAScript (im Volksmund auch als JavaScript bekannt)**
   ECMAScript ist eine standardisierte Skriptsprache, die größtenteils auf JavaScript von Netscape und JScript von Microsoft basiert. Die zurzeit gültige Spezifikation ist der ECMA-Standard ECMA-262, ECMAScript Language Specification.
2. **Platform-Independent Computing Environments (Standardisierung von Java)**
   Im Juni 1999 wurde ein neues Komitee gegründet, das Java standardisieren soll. Die zukünftige Spezifikation wird von der ISO als internationaler Standard festgelegt.

Webhistorie

Die Geschichte des Internets

1876	Erfindung des Telefons durch Alexander Graham Bell
1957	Eisenhower gründet die Advanced Research Projects Agency (ARPA) als Reaktion auf den Start des Sputnik.
1965	Das Wort »Hypertext« wird von Ted Nelson erfunden.
1969	ARPANet des U.S. Department of Defense (Packet-switching Network)
1971	Zwei Dutzend Behörden und Entwickler tummeln sich im Netz.
1973	Erste internationale Verbindung UK-USA und NOR-USA
1974	TCP (Transmission Control Protocol) wird am CERN (»Centre Europeén pour la Recherche Nucléaire«) veröffentlicht.
1976	Am 1. April wird Apple Computer gegründet.
1977	Mehr als 100 Hosts
1979	Das Usenet startet.
1979	Erstes MUD (Multiuser Dungeon)
1981	BITNET (Because It's Time NETwork) startet.
1981	Der erste IBM-PC erscheint.
1982	Das NCP, Network Control Protocol, wird durch TCP/IP ersetzt.
1982	EUnet (European UNIX Network) wird von EUUG gegründet.
1983	ARPANet teilt sich in ARPANet und MILNET.
1983	EARN (European Academic and Research Network) wird in Verbindung zum BITNET aufgebaut.
1984	Das Domain-Name-System (DNS) wird vorgestellt.
1984	Mehr als 1 000 Hosts
1984	Macromind, einer der beiden Vorläufer von Macromedia, wird gegründet.
1985	Microsoft Windows 1.0 erblickt das Licht der Welt.
1986	Erste publizierte Sicherheitsverletzung im ARPANet (Clifford Stoll: »The Cuckoo's Egg«)
1986	5 000 Hosts, 241 Newsgroups
1987	28 000 Hosts
1987	Erste kommerzielle Angebote
1988	Erste automatisierte Sicherheitsverletzung durch einen WORM (Morris Worm, legte immerhin 10% der an das Netz angeschlossenen Computer lahm.)
1988	Der Internet Relay Chat (IRC) wird vorgestellt.
1989	Aus dem ARPANet wird offiziell das Internet mit mittlerweile 100 000 Anwendern.
1989	Steve Jobs gründet NeXT Inc.
1989	Mehr als 100 000 Hosts
1990	Das ARPANet wird abgeschaltet.
1990	300 000 Hosts und 1 000 Newsgroups
1990	Erster WWW-Server/-Client unter NeXTStep am CERN
1991	Einbruch von australischen Hackern in das NASA-Ames Research Center
1991	Das World Wide Web (WWW) wird am CERN Ende 1991 von Tim Berners-Lee vorgestellt. Erste HTML-Implementation.
1992	Mehr als 1 Mio. Hosts, 4 000 Newsgroups
1993	Ab April wird am NCSA der erste grafische Browser Mosaic entwickelt. Einer der Programmierer ist Marc Andreessen, der spätere Mitgründer von Netscape.
1993	Im November wird Version 1.0 des Mosaic-Browsers veröffentlicht.
1993	Mehr als 2 Mio. Hosts und 600 WWW-Sites
1994	Mitte des Jahres wird HTML 2.0 verabschiedet.
1994	Im November wird die Firma Netscape gegründet.
1994	Im Dezember wird das World Wide Web Consortium (W3C) ins Leben gerufen.
1994	Im selben Monat bringt Netscape den Navigator 1.0 heraus.
1994	Mehr als 3 Mio. Hosts, über 10 000 WWW-Sites und mehr als 10 000 Newsgroups
1995	Ein 16-jähriger Hacker mit Namen »Datastream« dringt in den Pentagon-Rechner ein.
1995	Im März veröffentlicht das W3C einen Entwurf zu HTML 3.

1995	Microsoft bringt im August einen eigenen Browser. Der Internet Explorer 1.0 beruht wie der Navigator auf NCSA Mosaic, wird aber im Gegensatz zu dem Netscape-Browser kostenlos abgegeben.
1995	6,5 Mio. Hosts, 100 000 WWW-Sites
1995	Im April startet RealAudio.
1995	Am 23. Mai stellt Sun offiziell Java vor.
1995	Der im September erscheinende Navigator 2.0 bringt einen E-Mail- und Newsclient und zusätzlich in der Gold-Version einen HTML-Editor zum Erstellen von Webseiten.
1996	Microsoft steigt im großen Stil in den Internet-Markt ein. Der Internet Explorer 2.0 erscheint.
1996	12,8 Mio. Hosts und 0,5 Mio. WWW-Sites
1996	Mit 38 Millionen Nutzern (von denen nur die wenigsten die Lizenzgebühren bezahlt haben) wird der Navigator zur meistverwendeten PC-Anwendung aller Zeiten.
1996	Im August erscheinen fast zeitgleich die 3er-Versionen des Navigators und des Internet Explorers.
1997	Im Januar wird HTML 3.2 verabschiedet.
1997	Microsoft veröffentlicht im Oktober den Internet Explorer 4.0 zum Download und koppelt den Browser eng an das Betriebssystem Windows 98. Dies ist später Gegenstand eines Gerichtsverfahrens wegen Missbrauchs der marktbeherrschenden Stellung zur Ausschaltung von Konkurrenz.
1997	Im Juli wird HTML 4.0 vorgestellt.
1997	Im Dezember wird der HTML 4.0-Standard verabschiedet.
1997	19,5 Mio. Hosts, 1 Mio. WWW-Sites und 71 618 Newsgroups
1998	10. Februar: Der XML 1.0-Standard wird durch das W3C verabschiedet.
1998	300 Mio. WWW-Seiten mit einem täglichen Zuwachs um 1,5 Mio. Seiten. 50 % des gesamten Internet-Traffics konzentrieren sich auf 900 Sites.
1999	Im Herbst wird die Schwelle von einer Million registrierter Domains in Deutschland überschritten. Nur ein Jahr später ist man dank fallender Preise bereits bei drei Millionen .de-Domains.
2000–2001	Die Browserhersteller haben endlich ein Einsehen und veröffentlichen Browser, die sich an die W3C-Standards halten und diese korrekt umsetzen. Den Anfang macht Microsoft mit der Veröffentlichung des Internet Explorers 5 für den Macintosh, dem ersten Browser, der HTML4 und CSS1 komplett und vor allem korrekt umsetzt. Netscape braucht da schon ein bisschen länger und geht erst zur Jahreswende 00/01 mit dem Navigator 6 an den Start. Ob dieser Browser jemals die Verbreitung seiner Vorläufer erreichen wird, ist anhand einer Download-Größe von knapp 28 MB, einer ungenügenden Stabilität und einer schneckenhaften Performance mehr als fraglich.

Browsergeschichte

Die Geschichte des Netscape Browsers

1.0B1	Oktober 1994	Erste Beta der Version 1	
1.0	Dezember 1994	Final Release der Version 1.0	HTML 2.0
1.1	April 1995	Final Release der Version 1.1	
1.2	Juli 1995	Final Release der Version 1.2	
2.0	März 1996	Final Release der Version 2.0	Table, Java
3.0B1	April 1996	Erste Beta (»Atlas«) der Version 3	LiveScript
3.0-3.04	Aug. 1996 – Okt. 1997	Final Release der Version 3.0	JavaScript 1.0
4.0B1	Dezember 1996	Erste Beta der 4.0 (Communicator)	Layer, CSS 1 (rudimentär)
4.0-4.08	Juni 1997 – Nov. 1998	Final Release des Communicators	HTML4 (nicht vollständig)
4.5-4.51	Okt. 1998 – März 1999	Final Release 4.5	
	November1998	Übernahme von Netscape durch AOL	
5.x	März 1998	Offenlegung des Navigator-Sourcecodes	
5.x	Herbst 1998 bis heute	Mozilla Project	HTML4 & CSS 1 vollständig, CSS 2 teilweise, XML, XSL
6.0	November 2000	Erste Final des 4er-Nachfolgers unter dem Label Netscape	HTML4 & CSS 1 vollständig, CSS 2 teilweise, XML, XSL
alle	1999 – 2001	Der Marktanteil von Netscape fällt dramatisch, je nach Messung auf unter 20%	

»The most important thing for the Web is stay ahead of Microsoft.« (Steve Jobs, Gründer und Retter von Apple)

Die Geschichte des Internet Explorers

1.0	August 1995	Final Release der Version 1.0	
2.0B1	Oktober 1995	Erste Beta der Version 2	Table-Tag
2.0	November 1995	Final Release der Version 2.0	
3.0B1	Mai 1996	Erste Beta der Version 3	VB & Java (fehlerhaft)
3.0B2	Juli 1996	Zweite Beta der Version 3	CSS (rudimentär)
3.0	August 1996	Final Release der Version 3.0	JScript
3.01	Oktober 1996	Final Release der Version 3.1	
4.0B1	April 1997	Erste Beta der Version 4.0	HTML4 (nicht vollständig)
4.0	Oktober 1997	Final Release der Version 4.0	
4.01	November 1997	Final Release der Version 4.0	
4.5	Dezember 1998	Final Release der Version 4.5 (nur Macintosh)	
5.0B1	Juni 1998	Erste Beta der Version 5.0	
5.0B2	November 1998	Zweite Beta der Version 5.0	CSS 1 fast vollständig, CSS 2 teilweise
5.0	März 1999	Version 5.0 Final Release (nur Windows)	XML (fehlerhaft), XSL
5.0	März 2000	Version 5.0 Final Release (nur Macintosh, die Version 5.5 für Windows bleibt nach wie vor weit hinter den den Möglichkeiten des Mac-Pendants zurück)	HTML4 & CSS1 komplett

»An Internet browser is a trivial piece of software. There are at least 30 companies that have written very credible Internet browsers, so that's nothing.« (Bill Gates)

Für weitergehende Informationen zur Geschichte der Browser besuchen Sie: www.w3history.org

HTML4-Tags: Kurzreferenz

Top-Level-Elemente	
html	Anfang eines HTML-Dokuments
head	Kopfbereich
body	Dokumentenkörper
frameset	Definition eines Framesets
Head-Elemente	
base	Basisadresse eines Dokuments
link	Relation zu anderen Dokumenten
meta	Meta-Daten (beschreiben das Dokument)
script	Clientseitiges Skript
style	Eingebettete Styles
title	Titel des Dokuments
Generische Block-Level-Elemente	
address	Adressangaben
blockquote	Größeres Zitat
center	Zentriert
del	Entfernter Text
div	Generischer Container
h1-6	Überschriften
ins	Hinzugefügter Text
isindex	Eingabeaufforderung
noscript	Alternative Inhalte für Browser ohne Script-Unterstützung
p	Textabsatz
pre	Vorformatierter Text (Browser übernimmt Formatierung des Sourcecodes)
Listen	
dir	Directory List
dl	Definitionsliste
dt	Zu definierender Begriff
dd	Definition des Begriffs
li	Listenobjekt
menu	Menüliste
ol	Geordnete Liste (1,2,3, ... a,b,c, ...)
ul	Ungeordnete Liste (Bullits)
Tabellen	
table	Tabelle
caption	Tabellenunterschrift
colgroup	Gruppe von Spalten
col	Spalte
thead	Tabellenkopf
tfoot	Tabellenfuß
tbody	Tabellenkörper
tr	Tabellenreihe
td	Tabellenzelle
th	Zelle des Tabellenkopfs
Formulare	
form	Formular
button	Schaltfläche
fieldset	Gruppe von Formularelementen
legend	Überschrift der fieldset-Gruppe
input	Eingabefeld
label	Etikett des Eingabefeldes
select	Auswahlmenü (Popup/Pulldown)
optgroup	Gruppe von Auswahlmenüs
option	Optionen eines Auswahlmenüs
textarea	Texteingabefeld
Inline-Elemente	
a	Anker (Verweis oder Ziel)
applet	Java Applet
br	Zeilenumbruch
font	Zeichensatz-Deklarationen
iframe	Inline-Frame
img	Grafiken
map	Image-Map
area	Feld einer Image-Map
object	Einbetten eines PlugIn-Formats
param	Parameter für object
q	Kurzes Zitat
script	Clientseitiges Skript
span	Generischer Inline-Container
sub	Tiefgestellt
sup	Hochgestellt
Phrasenelemente	
abbr	Abkürzung (also Abk.)
acronym	Abkürzung (Akronym/Initialwort, also WWW)
cite	Zitat

code	Quellcode
dfn	Definierter Begriff
em	Betonung (üblicherweise kursiv dargestellt)
kbd	Tastatureingabe
samp	Beispielausgabe
strong	Starke Betonung (üblicherweise fett dargestellt)
var	Variable
Schriftstile	
b	Fetter Text
big	Großer Text
i	Kursiver Text
small	Kleiner Text
strike	Durchgestrichener Text
tt	Dicktengleicher Text
u	Unterstrichener Text
Frames	
frameset	Definition eines Framesets
frame	Definition eines Frames
noframes	Inhalt für nicht-framefähige Browser

(Quelle: W3C)

Browserarchive

Zu einer gelungenen Website gehört auch immer, dass diese auf möglichst vielen verschiedenen Browsern funktioniert. Bei aktuellen Techniken wie Ebenen oder PlugIn-Formaten brauchen Sie sich keine Hoffnung zu machen, diese auf etwas anderem als den jeweils aktuellen Versionen zum Laufen zu überreden. Bei statischen Seiten, die weitestgehend auf dekoratives Beiwerk verzichten, lohnt sich aber doch schon mal der Blick in die Vergangenheit, da Sie nicht davon ausgehen können, dass Ihre Besucher immer den allerneuesten Browser installiert haben.

Gerade in großen Unternehmen ist oft die Installation der Browser-Software durch die EDV-Abteilung vorgeschrieben, und diese hinkt erfahrungsgemäß immer mindestens eine Versionsnummer hinterher. Daher hier eine kleine Liste mit Links zu den Browserherstellern, die oftmals noch alte Versionen zum Download anbieten:

Netscape Navigator

http://home.netscape.com/browsers/index.html

Die Einstiegsseite zum Download der jeweils aktuellen Version des Netscape Navigators. Falls Sie eine spezielle Release-Nummer oder eine alte Version des Browsers in einer bestimmten Sprache benötigen, können Sie den FTP-Server auch direkt durchwühlen: ftp://ftp.netscape.com/.

Mozilla

http://www.mozilla.org/

Für ganz Mutige, welche die Vorab-Version des Navigator 4-Nachfolgers Mozilla ausprobieren wollen. Das Entwicklerteam von Mozilla, dessen Code angelehnt an das Open-Source-Prinzip frei verfügbar ist, stellt in regelmäßigen Abständen als Milestones deklarierte Alpha-Versionen ins Netz. Bevor Sie eine solche Software installieren, sollten Sie sich aber im Klaren darüber sein, dass es sich um eine Vorschau auf das Endergebnis handelt, die noch nicht unbedingt stabil läuft. Spätestens nach dem dritten Absturz wird dann auch deutlich, warum es mehr als fragwürdig ist, dass Netscape die Arbeit dieser freien Entwickler jetzt schon mit dem Navigator 6 als finale Version verkaufen will.

Microsoft Internet Explorer

http://www.microsoft.com/ie/

Hier sind die Versionen 3-5.5 des Internet Explorers erhältlich. Falls Sie vorhaben, sowohl den Internet Explorer 3 als auch neuere Versionen unter Windows zu installieren, sollten Sie zuerst die 16-Bit-Version des 3er installieren und danach die aktuellere Version 4 oder 5. Die 32-Bit-Version der neueren Microsoft-Browser überschreibt nämlich Bestandteile (DLLs) des 32-Bit-Internet Explorers der 3er-Versionen, der danach nicht mehr so recht funktionieren will.

iCab

http://www.icab.de/

Endlich mal ein Browser, der nicht alles kann, aber dafür das, was er kann, wenigstens richtig. Dieser Browser alleine wäre schon Grund genug, sich einen Macintosh zuzulegen – es ist zurzeit neben der Mac-Version des MSIE 5 der einzige, der den kompletten HTML4-Standard vollständig und korrekt umsetzen kann, und wird dadurch zur idealen Referenzplattform. Die bei Drucklegung aktuelle Preview-Version

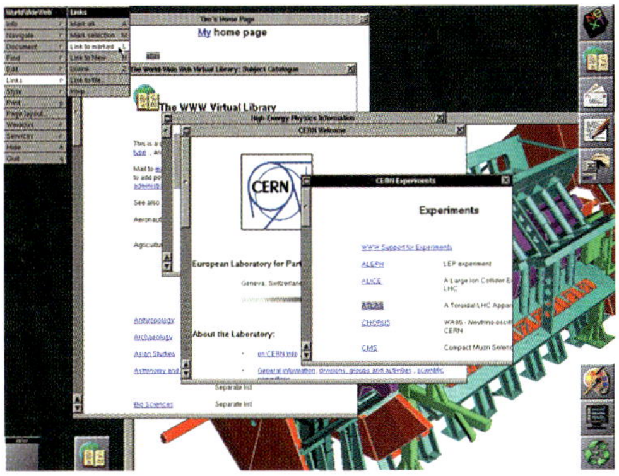

◄ Abbildung 1
Tim Berners-Lees Desktop mit der zweiten Version seines Webbrowsers

2.4 beherrscht größtenteils JavaScript1.1, das W3C DOM Level 1 wird bisher nur teilweise unterstützt.

Opera

http://www.opera.com/

Das skandinavische Entwicklerteam hat mittlerweile den Versuch aufgegeben, gegen die großen Browser anzutreten und trotzdem Geld dafür zu nehmen. Seit neuestem gibt es diesen Browser in einer werbefinanzierten Form, bei dem keine Lizenzgebühren mehr fällig werden, der Benutzer aber mit einem nervenden Werbefenster belästigt wird. Das Interface ist nach wie vor grenzwertig, aber der Browser bietet ein paar sehr interessante Features: So können Sie Frames abschalten und damit den `<noframes>`-Inhalt Ihrer Seite testen und die CSS-Unterstützung ist nahezu komplett. Wir schlagen wegen des etwas ausgefallenen Finanzierungsmodells vor, dass Sie Ihre eigenen Schlüsse ziehen.

AOL

http://webmaster.info.aol.com/

Obwohl AOL mittlerweile Netscape übernommen hat, wird mit der AOL-Software immer noch eine angepasste Version des MSIE ausgeliefert. Älteren Versionen lag der Internet Explorer mit all seinen Fehlern und noch ein paar zusätzlich eingebauten zu Grunde. Gerade im Hinblick auf die schiere Marktmacht von AOL und die Massen von AOL-Kunden lohnt sich der Blick auf diese Seiten. Hier finden Sie Informationen zur Unterstützung der HTML-Tags durch die verschiedenen Versionen der Zugangssoftware.

WebTV

http://developer.webtv.net/

Zum Glück ist Europa bisher von dieser Art des Webzugangs weitestgehend verschont geblieben, obwohl sich die Unterhaltungselektronik-Industrie redlich bemüht, ihre so genannten Set-Top-Boxen unters surfende Volk zu bringen. Wenn Sie aber wissen wollen, wie Microsofts Version eines Webzugangs aussieht, können Sie sich bei WebTV einen Simulator laden.

Lynx

http://lynx.browser.org/

Lynx ist ein Textbrowser aus der Unix-Welt, der mittlerweile auf alle großen Plattformen portiert wurde. Da dieser natürlich keine Bilder wiedergibt und auch viel Ballast aus HTML ignoriert, können Sie hier ideal die logische Struktur Ihrer Dokumente überprüfen. Lynx ist auch der ideale Browser, wenn Sie zum Beispiel Ihre Seiten auf blindengerechte Umsetzung überprüfen wollen, da er in etwa das anzeigt, was eine Vorlesesoftware ausgeben würde.

NCSA Mosaic

http://www.ncsa.uiuc.edu/SDG/Software/Mosaic/

Mosaic ist einer der originalen Browser der Websteinzeit. Einer der Mitentwickler dieses Schätzchens war Marc Andreessen, der später die Firma Netscape gründete. Auch der Microsoft Internet Explorer basierte zunächst durch den Aufkauf von Spyglass Mosaic auf diesem Browser – streng genommen haben also die beiden großen Browser gemeinsame Vorfahren.

Antiquitäten und Exoten

http://browsers.evolt.org/

Diese Site listet so ziemlich jeden Browser auf, der jemals geschrieben wurde. Als besonderes Bonbon gibt es hier auch den Ur-Browser WorldWideWeb/Nexus von 1990, geschrieben von Tim Berners-Lee am CERN (Abb. 1). Bereits dieser Browser kannte das Konzept von Formatvorlagen, man konnte über das Style-Menü bestimmen, wie ein Dokument gerendert werden sollte. Zusätzlich zu den damals schon verbreiteten Protokollen ftp: und news: beherrschte dieser Browser als Erster auch http:.

XML

Seit geraumer Zeit spukt der Begriff XML als Nachfolger von HTML durch das Web und die Regale der einschlägigen Computerbuchhandlungen. XML ist die Abkürzung für eXtensible Markup Language. Aber anders als HTML ist XML keine Sprache, in der man mal eben ein Dokument mit vorgeschriebenen Tags setzen kann, sondern eine Anleitung, mit der man Markup-Sprachen definieren kann – eine Metasprache.

Heute wird für Dokumente, die in einem bestimmten XML-Dialekt erstellt wurden, ein maßgeschneiderter Browser benötigt. Geplant ist aber, dass (vermutlich in ferner Zukunft) den schon an anderer Stelle erwähnten DTDs die ihnen gebührende Bedeutung zukommt. Der **Surfvorgang** würde dann so aussehen, dass der Browser nach Eingabe der URL das Dokument lädt und anhand der am Anfang des Dokuments stehenden DTD prüft, ob er den verwendeten XML-Dialekt kennt. Wenn nicht, wird die in der Referenz genannte DTD-Datei geladen. Der Browser ist nun im Stande, das Dokument zu interpretieren und dem verwendeten Ausgabemedium entsprechend darzustellen.

Gegenwärtig sind die DTDs jedoch mit den Browsern (Netscape und Microsoft) fest verdrahtet. Obgleich wir in diesem Buch versuchen, die Kultur der DTD-Referenzierung zu fördern, so müssen wir zugeben, dass dies im aktuellen WWW-Gebrauch keinen Unterschied macht.

Da XML keine definierte Sprache wie HTML ist, kann Dreamweaver auch keine XML-Tags setzen. Die müssten für einen bestimmten XML-Dialekt zunächst (mühsam) mithilfe des Dreamweaver-eigenen JavaScript APIs einprogrammiert werden. Dreamweaver kommt dem XML-Verwender jedoch auf halbem Wege entgegen, da er Tags unangetastet lässt, die er nicht kennt.

Dreamweaver ist selbst zu einem guten Teil in XML erstellt worden. Zum Beispiel werden sämtliche Menüs in einem XML-Dokument erfasst, das sich im Verzeichnis Dreamweaver 3/Configuration/Menus/Menus.xml befindet. (Sie können das Dokument mit einem beliebigen Texteditor öffnen, sollten aber jegliche Änderungen am Inhalt meiden.)

Ansonsten wird XML zurzeit hauptsächlich genutzt, um große Mengen von Texten strukturiert abzulegen, sodass diese z.B. von einem Redaktionssystem verarbeitet werden können.

XHTML – Warum schon wieder eine neue Sprache?

Obwohl es bisher kaum einen Browser gibt, der die W3C-Spezifikationen zu HTML4 komplett und vor allem korrekt unterstützt, gibt es noch einen weiteren Standard in der Warteschleife: XHTML, seit Januar 2000 offizielle Empfehlung des W3C. Zurzeit ein viel diskutiertes Thema unter Entwicklern, wird diese Sprache als Nachfolger von HTML gehandelt und räumt mit einigen Grundübeln der Millionen von nicht standardisierten Seiten auf.

Die meisten Seiten im Web sind nach wie vor lediglich für die Betrachtung mit den bekannten grafischen Browsern auf relativ großen Computermonitoren ausgelegt. Der Megatrend der nächsten Jahre wird aber sein, das Web vom Computer zu lösen und unterschiedlichste Zugangsformen zu schaffen. Ob man den Schätzungen des W3C, dass im Jahre 2002 75 Prozent aller Zugriffe auf das WWW durch alternative Ausgabemedien stattfinden, Glauben schenkt oder nicht, der Trend ist klar: Ihre Webseiten werden in Zukunft auch in Autos, auf Handys oder auf dem schon sprichwörtlichen Kühlschrank ausgegeben werden. Daher wird es für Webautoren auch immer wichtiger, Seiten ins Netz zu stellen, die Inhalt und Verpackung strikt voneinander trennen.

HTML4 war als ein Schritt in diese Richtung gedacht. Dieser Standard birgt aber immer noch zu viel Ballast in sich, der eine wirkliche Portabilität der Seiten erschwert, er könnte durchaus kompakter sein. Die heutigen Browser schleppen viel zu viel überflüssigen Code mit sich herum, dessen einziger Sinn es ist, nachlässig gestaltete Seiten, die sich an keinen Standard halten oder proprietäres Markup verwenden, nicht zusammenbrechen zu lassen. Der Web-Toaster der Zukunft wird aber sicher nicht genug Arbeitsspeicher haben, um einen 20 Megabyte großen Browser handhaben zu können, und diese nötigen, schlankeren Browser brauchen auch entsprechend schlanke Seiten.

Im vorigen Abschnitt haben wir eine kleine Einführung in XML gegeben. Diese Sprache ist hervorragend dazu geeignet, große Mengen an Informationen aus den unterschiedlichsten Quellen ins WWW zu bringen. Sie ist aber auf Grund ihrer Komplexität (DTDs, rigide Syntax) kaum für den durchschnittlichen Anwender geeignet, der nur seine wenigen Seiten zugänglicher und kompatibler machen will. Daher hat das W3C den Standard HTML4 dahingehend überarbeitet, dass dieser nun konform zu den strengeren Regeln von XML ist, den Anwender aber nicht mit deren Komplexität verschreckt. In XHTML geschriebene Seiten sind also sowohl gültige HTML- als auch gültige XML-Dokumente, was die Migration der bestehenden Daten enorm vereinfacht.

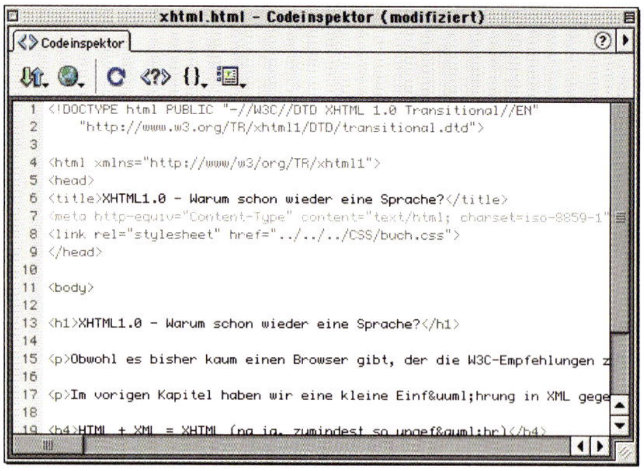

▲ **Abbildung 4**
XHTML-Quellcode

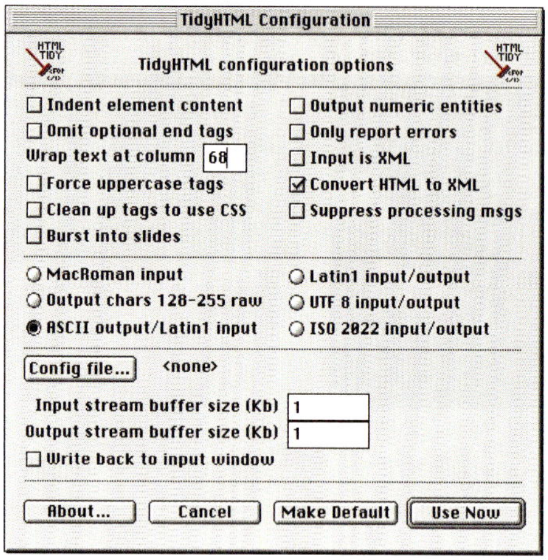

◀ **Abbildung 5**
TidyHTML-Tool

Konvertierung von HTML nach XHTML

Leider gibt es in Dreamweaver (noch?) keine Voreinstellung, die dies automatisch erledigt, da Dreamweaver XHTML nicht direkt unterstützt. Aber hier hilft die Roundtrip-HTML-Eigenschaft von HTML, die manuell eingefügten Code nicht antastet. Daher können Sie diese abschließenden Slashes per Hand mit dem Quick Tag Editor einfügen. Bei komplexen Seiten oder ganzen Websites würde sich aber sicher niemand die Mühe machen und alle `<br>` oder `<img>` von Hand ändern. Deshalb sollten Sie hier auf Tools von Drittanbietern zurückgreifen, die dies automatisch erledigen.

Für das der Mac-Version beiliegende BBEdit gibt es das BBTidy-PlugIn, das auf dem großartigen Programm Tidy von Dave Raggett, einem der Mitentwickler von HTML, beruht (Abb. 5). Wenn Sie hier die Option Convert HTML to XML wählen, erstellt das PlugIn aus Ihrem ursprünglichen HTML-Code eine neue Datei, die sich strikt an die Vorgaben von XHTML hält.

TidyHTML-Tool

Das Tool hat sich übrigens auch bestens bewährt, um komplette Websites aus obskuren Quellen zu bereinigen und damit auf den Import in Dreamweaver vorzubereiten. Da das Programm, wie alles, was das W3C herausbringt, Open Source ist, gibt es mittlerweile für fast jede Plattform eine Version zum kostenlosen Download. Die Homepage des Programms sowie Links auf die verschiedenen Versionen finden Sie unter http://www.w3.org/People/Raggett/tidy.

JavaScript, CSS und XHTML

Falls Sie in Ihren Dokumenten JavaScript-Code oder Stylesheets verwenden, müssen Sie diese vor einem XHTML-konformen Browser verstecken, damit dieser zum Beispiel Zeichen wie < nicht als Anfang eines Tags interpretiert. Zusätzlich zu den Kommentarzeichen <!-- -->, die Dreamweaver in JavaScripte und Stylesheets schreibt, um zu verhindern, dass ältere Browser deren Inhalte als Text darstellen, müssen diese mit `<! [CDATA[ ... ]]>` eingefasst werden.

```
<script language=javascript type="text/
javascript">
<!--
<![CDATA[
  function mausAus() {
        window.status="ausdiemaus";
        return true;
        }
]]>
// -->
</script>
```

Diese Regel gilt natürlich nicht für externen JavaScripte-Code oder externe Stylesheets, die Sie aus einem HTML-Dokument heraus aufrufen. Diese können Sie nach wie vor mit den bekannten Tags `<script language="JavaScript" src="myScript.js"></script>` bzw. `<link href= "myStyle.css" type="text/css" media="screen" />` einbetten, ohne diese als `<! [CDATA[` vor dem Browser zu verstecken. Lediglich den abschließenden Slash sollten Sie auch hier einfügen, da es hierzu keine passenden End-Tags gibt.

Die XHTML-DTD

Ein XHTML-Dokument ist erst dann komplett, wenn es sich als solches auch über eine Document Type Definition (DTD) zu erkennen gibt. Eine DTD ist eine Definition dessen, welche Elemente, Attribute und Werte in einer Sprache legale Syntax sind und welche nicht. Die auf XML basierende XHTML-DTD ist in ihrer Anwendung restriktiver als das HTML-Pendant, da XML in solchen Dingen restriktiver ist als SGML, auf dem HTML basiert. Daher ist die DTD zwingend vorgeschrieben. Wie HTML 4 gibt es auch zu XHTML drei Geschmacksichtungen: XHTML Strict, XHTML Transitional und XHTML Frameset. Die erste Variante ist nur interessant, wenn Sie in Ihren Dokumenten komplett auf Tabellen und <font>-Tags verzichten und jegliche Gestaltung ausschließlich über Stylesheets regeln, und ist deswegen hier nur von akademischem Interesse. Die zweite DTD (Transitional) entspricht, bis auf die oben genannten Unterschiede, in weiten Teilen der DTD von HTML4 Transitional, und die dritte Variante enthält die Struktur eines Frame-Dokuments.

```
<!DOCTYPE html PUBLIC "-
//W3C//DTD XHTML 1.0 Transitional//EN"
  "http://www.w3.org/TR/xhtml1/DTD/
transitional.dtd">
<!DOCTYPE html PUBLIC "-
//W3C//DTD XHTML 1.0 Frameset//EN"
  "http://www.w3.org/TR/xhtml1/DTD/
frameset.dtd">
<!DOCTYPE html PUBLIC "-
//W3C//DTD XHTML 1.0 Strict//EN"
  "http://www.w3.org/TR/xhtml1/DTD/
strict.dtd">
```

Der XHTML-Namespace

Namespaces sind ein Überbleibsel von XML, die in dieser Sprache dazu dienen, verschiedene Sätze von Tags und deren Attributen definieren zu können. So kann in XML zum Beispiel ein Tag definiert werden, das nicht nur Aussagen über die Rolle des Inhalts innerhalb der logischen Struktur eines Dokuments macht,

Weiterführende Literatur zu XHTML

Die XHTML 1.0-Spezifikation des W3C:
http://www.w3.org/TR/xhtml1/
als PDF-Dokument:
http://www.w3.org/TR/xhtml1/xhtml1.pdf

sondern weit darüber hinausgeht. Anwendungszwecke sind zum Beispiel E-Commerce-Anwendungen, deren Dokumente in sich bereits die nötige Logik tragen, um von Datenbanken weiter verarbeitet zu werden.

```
<buch regal="obenlinks">foo</buch>
```

In XHTML ist es nicht möglich, verschiedene Namespaces zu definieren, sondern man ist als Autor auf die eine zentrale Datei beim W3C angewiesen, die über ein neues Attribut des `<html>`-Tags (`xmlns="URL"`) aufgerufen wird:

```
<html xmlns="http://www/w3/org/TR/xhtml1">
```

Dieser Mechanismus bedingt, dass vor dem eröffnenden `<html>`-Tag kein weiteres Markup stehen darf, da dieses ja erst durch den Namespace definiert wird. Die einzige Ausnahme sind die oben aufgeführten DTDs, die vor das `<html>`-Tag gehören.

WML – das Web im Handy

Viele Trends und neue Technologien sind in der kurzen Zeit des Web-Booms gekommen und wieder gegangen, man denke nur an den Hype um das Push-Konzept vor einigen Jahren. Aber nur wenige dieser Trends hatten das Potenzial, das Web, wie wir es kennen, so grundlegend zu verändern, wie es mit WML möglich ist. Zwei explodierende Märkte, die beide für sich genommen schon unsere gesamte Kommunikation verändert haben, werden mit dieser neuen Sprache zusammengeführt: der ungebrochene Boom der Mobiltelefonie einerseits und das sich mittlerweile als Massenmedium etablierende World Wide Web mit seiner Infrastruktur und den Abermillionen von Seiten andererseits.

Mittlerweile gibt es eine Vielzahl von Seiten, die diese Technologie nutzen und durch die Art ihrer Inhalte geradezu prädestiniert für diesen Einsatzzweck sind, wie die Fahrplanauskunft der Deutschen Bahn unter http://wap.hafas.de/index.html.

Warum nicht einfach HTML?

Ganz einfach: HTML ist zu komplex. HTML wurde und wird klassischerweise für die Auszeichnung von größeren Textmengen gebraucht, Textmengen, die auf den kleinen Displays von Mobiltelefonen nicht oder nur umständlich darstell- und lesbar sind. Nicht nur weil es kaum vorstellbar ist, dass jemand mit einem siebenzeiligen Display lange Traktate lesen möchte, sondern auch, weil die dazu benötigten Verbindungskosten horrend wären, ist eine Sprache nötig, die wesentliche Informationen in kompakter Form bereitstellen kann. Daher haben die im WAP-Forum (http://www.wapforum.org/) zusammengeschlossenen Handy-Hersteller und Netzbetreiber eine neue Sprache namens WML – Wireless Markup Language – spezifiziert und dazu gleich auch noch das passende Übertragungsprotokoll (WAP – Wireless Application Protocol) entwickelt.

Obwohl der Trend bei Handys zu größeren Displays oder sogar zu eingebauten Organizern (Nokia Communicator) mit Farbdisplays geht, so sind doch die Übertragungsraten immer noch der eigentliche Flaschenhals beim mobilen Surfen, da die Infrastruktur größtenteils nur Datenraten von 9600 bps zulässt (also weniger als ein Sechstel von ISDN). Ob sich WML als die Standardsprache für UMTS-Anwendungen durchsetzen wird, ist nicht geklärt, alleine schon deswegen, weil nicht klar, ist ob und wann UMTS in bezahlbarer Form überhaupt an den Start gehen wird. Auch wenn die Seiten nicht auf dem Handy selbst dargestellt werden, sondern dieses lediglich als mobiles Modem genutzt wird, um zum Beispiel auf dem Palm V und einem WAP-Browser (z.B. von Ericsson) Inhalte anzuzeigen, quälen sich die Daten doch eher langsam durch die (nicht vorhandene) Leitung. Zudem ist nicht damit zu rechnen, dass die Ausgabegeräte über ein Übermaß an Rechenpower und Arbeitsspeicher verfügen. Aus diesen Gründen haben die Entwickler WML einen sehr begrenzten Sprachschatz mit nur wenigen Auszeichnungsmöglichkeiten gegeben, der es ermöglicht, sehr schlanke Browser mit geringem Ressourcenverbrauch zu schreiben – etwas, was mit künstlich aufgeblähten HTML-Konstrukten nicht möglich wäre.

Wo liegen die Unterschiede zu HTML?

- HTML ist eigentlich eine ausgesprochen »dumme« Sprache. So ziemlich der einzige Event, den HTML kennt, ist der Klick auf einen Link, um eine andere URL aufzurufen. Um normale Webseiten mit der nötigen Funktionalität für komplexere Anwendungen auszustatten, sind zusätzliche Skriptsprachen wie JavaScript oder VBScript nötig. WML hingegen beinhaltet mit WML ein eigenes schlankes Event-Modell und mit WMLScript eine eigene, an JavaScript angelehnte Skriptsprache.
- HTML und das dazugehörige Übertragungsprotokoll HTTP sind für TCP/IP-Netzwerke ausgelegt und bieten durch den Overhead dieser Protokolle zu wenig »Nutzlast« für die tatsächlichen Daten. WML und das Protokoll WAP hingegen sind für die Übertragung bei geringen Bandbreiten ausgelegt.
- WML stellt eine Vielzahl an Zusatzfunktionen für die mobile Datenkommunikation bereit, die HTML nie beherrschen wird. So können mit WML Schnittstellen zu Funktionen des mobilen Clients wie Adressbuch, Smart Cards oder das Versenden von SMS-Nachrichten definiert werden.
- WML wird im Gegensatz zu HTML nicht im Klartext versandt, sondern vom Server in Bytecode übersetzt (kompiliert). Dadurch sinken zum einen die Dateigröße und damit die Anforderungen an die Bandbreite, zum anderen ist es möglich, schlankere Browser auf den mobilen Geräten einzusetzen, da diese kompilierten Code schneller darstellen können, als dies klassische Webbrowser tun.

Wie sieht WML aus?

WML basiert wie eigentlich alle aktuellen Sprachentwicklungen im Web auf XML, daher wird Ihnen die Syntax schon bekannt vorkommen, wenn Sie bereits das Kapitel über XHTML gelesen haben. Durch diese Verwandtschaft ist WML besonders gut dazu geeignet, von XML-basierten Content Management-Systemen automatisch erzeugt zu werden.

Die Informationen einer WML-Seite, Deck genannt, sind in so genannte Cards organisiert. Am besten stellen Sie sich vor, die WML-Seite wäre ein Kartenspiel (Deck = englisch für Kartenstapel), und die einzelnen Karten (Cards) wären die »Behälter« für die Inhalte. Diese Inhalte können wiederum Texte, Bilder, Formularfelder oder Buttons sein. Lesern, die schon etwas länger einen Mac benutzen, wird dieses Konzept noch von HyperCard bekannt sein. Der mobile Browser ruft nun die WML-Seite auf und legt sie in seinem Arbeitsspeicher ab.

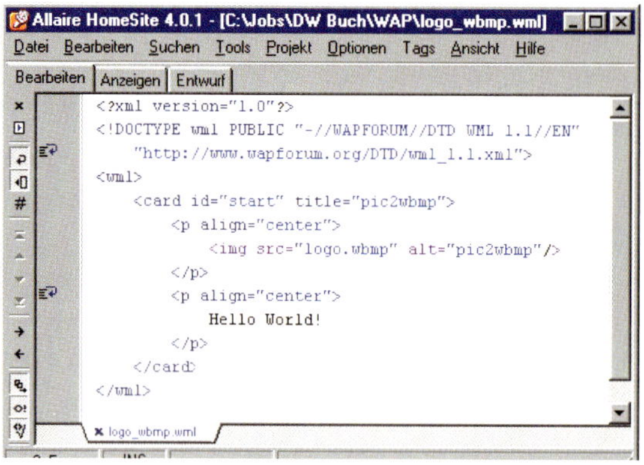

◀ Abbildung 6
WML-Code

Dargestellt wird immer nur eine Card, die per ID = »maximal acht Zeichen« eine einmalige Kennung erhält.

Sobald die Seite komplett übertragen ist, kann die Verbindung zum Server beendet werden, und der Betrachter kann mit den Funktionen seines Geräts zwischen den einzelnen Karten wechseln.

Die Syntax von WML

Eine saubere WML-Seite bedingt zunächst die Informationen im Header, die zu jeder Seite nach den Regeln von XML gehören. Die erste Zeile kennzeichnet das Dokument als XML-Derivat, die darauf folgende Deklaration weist auf die DTD hin, welche die Sprachkonventionen von WML enthält (Abb. 6).

```
<?xml version="1.0"?>
<!DOCTYPE wml PUBLIC "-
//WAPFORUM//DTD WML 1.1//EN"
  "http://www.wapforum.org/DTD/wml_1.1.xml">
```

Jede WML-Seite fängt mit einem einleitenden `<wml>` an und wird mit `</wml>` wieder beendet. Auch die anderen Sprachelemente müssen immer korrekt geschlossen sein, d.h., Textabschnitte mit `<p>` müssen auch mit `</p>` beendet werden. Ähnlich wie bei dem bereits bekannten XHTML müssen auch Elemente wie `<img>`, die kein End-Tag besitzen, innerhalb des Tags beendet werden, also `<img src="foo.wmbp" />`. Eine einfache WML-Seite sähe demnach wie folgt aus:

```
<wml>
<card id="foo">
<p>Hello World!</p>
</card>
</wml>
```

Der Rest der Sprache lehnt sich, innerhalb der Regeln von XML, stark an XHTML an. So sind nicht nur Textauszeichnungen mit `<b>` für fett und `<i>` für kursiv möglich, sondern auch Tabellen (mit der Ausnahme, dass verschachtelte Tabellen nicht erlaubt sind). Das Font-Element fehlt glücklicherweise, da Mobiltelefone ja auch nur einen Zeichensatz kennen. Wie auch

Abbildung 7 ▶
WBMP-Konvertierung in Macromedia Fireworks

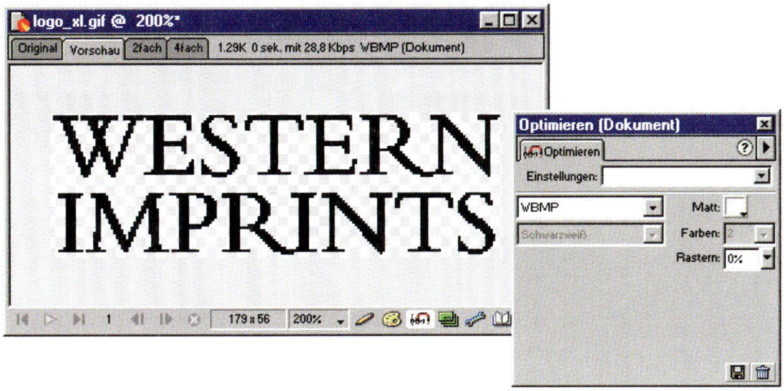

bei XHTML ist die Kleinschreibung für die Sprachelemente zwingend vorgeschrieben. WML bringt aber auch eine Reihe eigener Sprachelemente mit, die sich syntaktisch von anderen Sprachen unterscheiden. Um zum Beispiel zwischen den Karten eines Decks zu springen oder um ein anderes Deck aufzurufen, benötigen Sie das Element <a>, das Sie bereits aus HTML kennen sollten:

```
<a href="http://wml.westernimprints.de"> </a>
```

ruft ein neues Dokument (Deck) auf, während

```
<a href="#ID der Karte" />
```

auf eine Karte im selben Dokument verweist (#ID).

Bilder? Bilder!
Selbst auf Displays, die nur zwei Farben kennen, lassen sich Grafiken darstellen, wenn auch natürlich nicht in der von Computermonitoren gewohnten Qualität. Das WAP-Protokoll kennt hierfür ein eigenes Bildformat, das Wireless Bitmap – WBMP, in dem die Grafiken auf dem Server abgelegt sein müssen, um von WAP-Handys dargestellt zu werden. Es gibt mittlerweile einige Konverter, die für Sie die Arbeit erledigen, die Grafiken in das richtige Format zu bringen. Für Windows und Macintosh gibt es unter http://www.gingco.de/wap/ ein handlich kleines Programm, das zwar nicht allzu viel Komfort bietet. Aber dieser ist für die bloße Konvertierung auch nicht nötig, wenn Sie bereits nötige Vorarbeiten (Konvertieren zu 1 Bit und eventuelles Dithern) in einem Bildverarbeitungsprogramm wie Photoshop oder Fireworks geleistet haben. Deutlich mehr Optionen bietet hier der Grafikkonverter (http://www.lemkesoft.de/) für den Mac, der ab Version 3.7.2 auch in das WBMP-Format umwandelt. Der immense Vorteil des Grafikkonverters, der eigentlich in keiner Werkzeugkiste eines Webentwicklers fehlen sollte, ist die Unmenge an Ausgangsformaten (mehr als 100), die das Programm verarbeiten kann. Aber auch Macromedia hat nachgezogen und Fireworks die Unterstützung des WBMP-Formates spendiert (Abb. 7).

Abbildung 8 ▶ Simulation eines Nokia 7110 mit WinWAP

Die Einbindung der Grafiken geschieht auf dieselbe Weise wie in XHTML. Beachten Sie bei der Erstellung der Grafiken, dass diese nur eine maximale Höhe und Breite von 255 Pixel haben dürfen.

```
<img src="logo.wbmp" alt="WesternImprints" />
```

Muss der Server entsprechend vorbereitet sein?

Zu Ihrer Beruhigung: Sie brauchen keine spezialisierte Serversoftware oder gar neue Hardware, um Ihre WML-Seiten unter die mobilen Surfer zu bringen. Sie müssen lediglich Ihren Serveradministrator bitten, die entsprechenden MIME-Types im Server einzutragen. Für WML-Dateien mit dem Suffix .wml ist dies `text/vnd.wap.wml`, für WBMP-Grafiken mit dem Suffix .wmbp ist dies `image/vnd.img.wbmp`.

Und was ist mit Dreamweaver?

Das Gleiche wie bei XHTML: Dreamweaver unterstützt WML nicht direkt, da das Programm zwar XML im- und exportieren, aber nicht erzeugen kann. Die einzige Abhilfe ist auch hier, sauberes Markup ohne unnötigen Ballast zu schreiben, d.h. klar strukturierte Dokumente, die auch gültiges HTML4 darstellen würden, und den nötigen zusätzlichen Code von Hand einzufügen.

Falls Sie nach der Lektüre dieser kleinen Einführung Lust verspüren, selber einmal WML-Seiten zu schreiben, aber nicht über das passende Handy zum Betrachten verfügen, unter http://www.slobtrot.com/winwap/ finden Sie einen Browser, der WML unter Windows darstellen kann und die Ausgabe auf verschiedenen Handys von Nokia und Ericsson simuliert (Abb. 8).

Die gesamte Syntax von WML würde den Rahmen (und den Sinn) dieses Buches sprengen, daher in der nebenstehenden Tabelle einige Links, falls Sie dieses Thema noch weiter vertiefen wollen:

WAP-Forum	http://www.wapforum.org/
Nokia-Entwicklerforum	http://www.forum.nokia.com/developers/wap/wap.html
Ericsson-Entwicklerforum	http://www.ericsson.com/wap/developer/
Allgemeine Informationen zu WAP	http://www.wap-de.de/
Deutsches WAP-Forum	http://www.wap-forum.in-x.de/
WAP-Browser für Windows	http://www.slobtrot.com/winwap/

Die Standardfonts der gängigsten Betriebssysteme

Apple Macintosh System 7/8/9

Fontfamilie	Schnitt
Times	R, B, BI, I
Courier	R, B, BI, I
Helvetica	R, B, BI, I
Symbol	R
Chicago	R
New York	R, B, BI, I
Geneva	R
Monaco	R
Palatino	R, B, BI, I
Charcoal (neu in Mac OS 8)	R

Windows

1. Fonts unter Windows 3.1

Fontfamilie	Schnitt
Arial	R, B, BI, I
Courier New	R, B, BI, I
Symbol	R
Times New Roman	R, B, BI, I
Wingdings	R

2. Fonts unter Windows 95

Fontfamilie	Schnitt
Arial	R, B, BI, I
Comic Sans MS	R
Courier New	R, B, BI, I
Marlett	R
Symbol	R
Times New Roman	R, B, BI, I
Wingdings	R

3. Fonts unter Windows 98 Second Edition

Fontfamilie	Schnitt
Abadi MT Condensed Light	CL
Arial	R, B, BI, I
Arial Black	BI
Book Antiqua	R, B, BI, I
Calisto MT	R
Century Gothic	R, B, BI, I
Comic Sans MS	R, B
Copperplate Gothic	L, B
Courier New	R, B, BI, I
Impact	R
Lucida Console	R
Lucida Handwriting Italic	I
Lucida Sans Italic	I
Lucida Sans Unicode	R
Marlett	R
News Gothic MT	R, B, I
OCR A Extended	R
Symbol	R
Tahoma	R, B
Times New Roman	R, B, BI, I
Verdana	R, B, BI, I
Webdings	R
Westminster	R
Wingdings	R

4. Fonts unter Windows NT Workstation 4.0 Servicepack 5

Fontfamilie	Schnitt
Arial	R, B, BI, I
Courier New	R, B, BI, I
Lucida Console	R
Lucida Sans Unicode	R
Symbol	R
Times New Roman	R, B, BI, I
Webdings	R

Fonts aus Internet Explorer 4 & 5 (Windows) bzw. 4 & 4.5 (Mac)

Fontfamilie	Schnitt
Andale Mono	R
Arial	R, B, BI, I
Arial Black	BI
Comic Sans MS	R, B
Georgia	R, B, BI, I
Impact	R
Trebuchet MS	R, B, BI, I
Verdana	R, B, BI, I
Webdings	R

Z11 PostScript Fonts

Fontname	Hersteller
Charter BT Roman	Bitstream
Charter BT Italic	Bitstream
Charter BT Bold	Bitstream
Charter BT Bold Italic	Bitstream
Utopia Regular	Adobe
Utopia Italic	Adobe
Utopia Bold	Adobe
Utopia Bold Italic	Adobe
URW Antiqua T Regular Condensed	URW
URW Grotesk T Bold	URW

Fonts unter UNIX/XFree

UNIX/XFree Bitmap-Fonts

Fontname
charter
clean
courier
fixed
helvetica
lucida
lucidabright
lucidatypewriter
new century schoolbook
symbol
terminal
times
utopia

»Named Colors« nach Farbton

Farbe	Farbname	RGB	Hexadezimal
	LightPink	255,182,193	#FFB6C1
	Pink	255,192,203	#FFC0CB
	Crimson	220,20,60	#DC143C
	LavenderBlush	255,240,245	#FFF0F5
	PaleVioletRed	219,112,147	#DB7093
	HotPink	255,105,180	#FF69B4
	DeepPink	255,20,147	#FF1493
	MediumVioletRed	199,21,133	#C71585
	Orchid	218,112,214	#DA70D6
	Thistle	216,191,216	#D8BFD8
	Plum	221,160,221	#DDA0DD
	Violet	238,130,238	#EE82EE
	Magenta	255,0,255	#FF00FF
	Fuchsia	255,0,255	#FF00FF
	DarkMagenta	139,0,139	#8B008B
	Purple	128,0,128	#800080
	MediumOrchid	186,85,211	#BA55D3
	DarkViolet	148,0,211	#9400D3
	DarkOrchid	153,50,204	#9932CC
	Indigo	75,0,130	#4B0082
	BlueViolet	138,43,226	#8A2BE2
	MediumPurple	147,112,219	#9370DB
	MediumSlateBlue	123,104,238	#7B68EE
	SlateBlue	106,90,205	#6A5ACD
	DarkSlateBlue	72,61,139	#483D8B
	Lavender	230,230,250	#E6E6FA
	GhostWhite	248,248,255	#F8F8FF
	Blue	0,0,255	#0000FF
	MediumBlue	0,0,205	#0000CD
	MidnightBlue	25,25,112	#191970
	DarkBlue	0,0,139	#00008B
	Navy	0,0,128	#000080
	RoyalBlue	65,105,225	#4169E1
	CornflowerBlue	100,149,237	#6495ED

Farbe	Farbname	RGB	Hexadezimal
	LightSteelBlue	176,196,222	#B0C4DE
	LightSlateGray	119,136,153	#778899
	SlateGray	112,128,144	#708090
	DodgerBlue	30,144,255	#1E90FF
	AliceBlue	240,248,255	#F0F8FF
	SteelBlue	70,130,180	#4682B4
	LightSkyBlue	135,206,250	#87CEFA
	SkyBlue	135,206,235	#87CEEB
	DeepSkyBlue	0,191,255	#00BFFF
	LightBlue	173,216,230	#ADD8E6
	PowderBlue	176,224,230	#B0E0E6
	CadetBlue	95,158,160	#5F9EA0
	Azure	240,255,255	#F0FFFF
	LightCyan	224,255,255	#E0FFFF
	PaleTurquoise	175,238,238	#AFEEEE
	Cyan	0,255,255	#00FFFF
	Aqua	0,255,255	#00FFFF
	DarkTurquoise	0,206,209	#00CED1
	DarkSlateGray	47,79,79	#2F4F4F
	DarkCyan	0,139,139	#008B8B
	Teal	0,128,128	#008080
	MediumTurquoise	72,209,204	#48D1CC
	LightSeaGreen	32,178,170	#20B2AA
	Turquoise	64,224,208	#40E0D0
	Aquamarine	127,255,212	#7FFFD4
	MediumAquamarine	102,205,170	#66CDAA
	MediumSpringGreen	0,250,154	#00FA9A
	MintCream	245,255,250	#F5FFFA
	SpringGreen	0,255,127	#00FF7F
	MediumSeaGreen	60,179,113	#3CB371
	SeaGreen	46,139,87	#2E8B57
	Honeydew	240,255,240	#F0FFF0
	LightGreen	144,238,144	#90EE90
	PaleGreen	152,251,152	#98FB98
	DarkSeaGreen	143,188,143	#8FBC8F
	LimeGreen	50,205,50	#32CD32

Farbe	Farbname	RGB	Hexadezimal
	Lime	0,255,0	#00FF00
	ForestGreen	34,139,34	#228B22
	Green	0,128,0	#008000
	DarkGreen	0,100,0	#006400
	Chartreuse	127,255,0	#7FFF00
	LawnGreen	124,252,0	#7CFC00
	GreenYellow	173,255,47	#ADFF2F
	DarkOliveGreen	85,107,47	#556B2F
	YellowGreen	154,205,50	#9ACD32
	OliveDrab	107,142,35	#6B8E23
	Beige	245,245,220	#F5F5DC
	LightGoldenrodYellow	250,250,210	#FAFAD2
	Ivory	255,255,240	#FFFFF0
	LightYellow	255,255,224	#FFFFE0
	Yellow	255,255,0	#FFFF00
	Olive	128,128,0	#808000
	DarkKhaki	189,183,107	#BDB76B
	LemonChiffon	255,250,205	#FFFACD
	PaleGoldenrod	238,232,170	#EEE8AA
	Khaki	240,230,140	#F0E68C
	Gold	255,215,0	#FFD700
	Cornsilk	255,248,220	#FFF8DC
	Goldenrod	218,165,32	#DAA520
	DarkGoldenrod	184,134,11	#B8860B
	FloralWhite	255,250,240	#FFFAF0
	OldLace	253,245,230	#FDF5E6
	Wheat	245,222,179	#F5DEB3
	Moccasin	255,228,181	#FFE4B5
	Orange	255,165,0	#FFA500
	PapayaWhip	255,239,213	#FFEFD5
	BlanchedAlmond	255,235,205	#FFEBCD
	NavajoWhite	255,222,173	#FFDEAD
	AntiqueWhite	250,235,215	#FAEBD7
	Tan	210,180,140	#D2B48C
	BurlyWood	222,184,135	#DEB887
	Bisque	255,228,196	#FFE4C4

Farbe	Farbname	RGB	Hexadezimal
	DarkOrange	255,140,0	#FF8C00
	Linen	250,240,230	#FAF0E6
	Peru	205,133,63	#CD853F
	PeachPuff	255,218,185	#FFDAB9
	SandyBrown	244,164,96	#F4A460
	Chocolate	210,105,30	#D2691E
	SaddleBrown	139,69,19	#8B4513
	Seashell	255,245,238	#FFF5EE
	Sienna	160,82,45	#A0522D
	LightSalmon	255,160,122	#FFA07A
	Coral	255,127,80	#FF7F50
	OrangeRed	255,69,0	#FF4500
	DarkSalmon	233,150,122	#E9967A
	Tomato	255,99,71	#FF6347
	MistyRose	255,228,225	#FFE4E1
	Salmon	250,128,114	#FA8072
	Snow	255,250,250	#FFFAFA
	LightCoral	240,128,128	#F08080
	RosyBrown	188,143,143	#BC8F8F
	IndianRed	205,92,92	#CD5C5C
	Red	255,0,0	#FF0000
	Brown	165,42,42	#A52A2A
	FireBrick	178,34,34	#B22222
	DarkRed	139,0,0	#8B0000
	Maroon	128,0,0	#800000
	White	255,255,255	#FFFFFF
	WhiteSmoke	245,245,245	#F5F5F5
	Gainsboro	220,220,220	#DCDCDC
	LightGrey	211,211,211	#D3D3D3
	Silver	192,192,192	#C0C0C0
	DarkGray	169,169,169	#A9A9A9
	Gray	128,128,128	#808080
	DimGray	105,105,105	#696969
	Black	0,0,0	#000000

»Named Colors« nach Helligkeit

Farbe	Farbname	RGB	Hexadezimal
	White	255,255,255	#FFFFFF
	WhiteSmoke	245,245,245	#F5F5F5
	Snow	255,250,250	#FFFAFA
	MistyRose	255,228,225	#FFE4E1
	Seashell	255,245,238	#FFF5EE
	Linen	250,240,230	#FAF0E6
	AntiqueWhite	250,235,215	#FAEBD7
	BlanchedAlmond	255,235,205	#FFEBCD
	PapayaWhip	255,239,213	#FFEFD5
	OldLace	253,245,230	#FDF5E6
	FloralWhite	255,250,240	#FFFAF0
	Cornsilk	255,248,220	#FFF8DC
	LemonChiffon	255,250,205	#FFFACD
	Beige	245,245,220	#F5F5DC
	LightGoldenrodYellow	250,250,210	#FAFAD2
	Ivory	255,255,240	#FFFFF0
	LightYellow	255,255,224	#FFFFE0
	Honeydew	240,255,240	#F0FFF0
	MintCream	245,255,250	#F5FFFA
	Azure	240,255,255	#F0FFFF
	LightCyan	224,255,255	#E0FFFF
	AliceBlue	240,248,255	#F0F8FF
	Lavender	230,230,250	#E6E6FA
	GhostWhite	248,248,255	#F8F8FF
	LavenderBlush	255,240,245	#FFF0F5
	Gainsboro	220,220,220	#DCDCDC
	LightGrey	211,211,211	#D3D3D3
	PeachPuff	255,218,185	#FFDAB9
	Bisque	255,228,196	#FFE4C4
	NavajoWhite	255,222,173	#FFDEAD
	Moccasin	255,228,181	#FFE4B5
	Wheat	245,222,179	#F5DEB3
	PaleGoldenrod	238,232,170	#EEE8AA
	PaleTurquoise	175,238,238	#AFEEEE

Farbe	Farbname	RGB	Hexadezimal
	Pink	255,192,203	#FFC0CB
	LightPink	255,182,193	#FFB6C1
	Silver	192,192,192	#C0C0C0
	LightCoral	240,128,128	#F08080
	Salmon	250,128,114	#FA8072
	LightSalmon	255,160,122	#FFA07A
	BurlyWood	222,184,135	#DEB887
	Khaki	240,230,140	#F0E68C
	LightGreen	144,238,144	#90EE90
	PaleGreen	152,251,152	#98FB98
	Aquamarine	127,255,212	#7FFFD4
	PowderBlue	176,224,230	#B0E0E6
	LightBlue	173,216,230	#ADD8E6
	SkyBlue	135,206,235	#87CEEB
	LightSkyBlue	135,206,250	#87CEFA
	LightSteelBlue	176,196,222	#B0C4DE
	Thistle	216,191,216	#D8BFD8
	Plum	221,160,221	#DDA0DD
	Violet	238,130,238	#EE82EE
	HotPink	255,105,180	#FF69B4
	DarkGray	169,169,169	#A9A9A9
	RosyBrown	188,143,143	#BC8F8F
	Tomato	255,99,71	#FF6347
	DarkSalmon	233,150,122	#E9967A
	Coral	255,127,80	#FF7F50
	SandyBrown	244,164,96	#F4A460
	Tan	210,180,140	#D2B48C
	DarkSeaGreen	143,188,143	#8FBC8F
	MediumAquamarine	102,205,170	#66CDAA
	CornflowerBlue	100,149,237	#6495ED
	MediumSlateBlue	123,104,238	#7B68EE
	MediumPurple	147,112,219	#9370DB
	Orchid	218,112,214	#DA70D6
	PaleVioletRed	219,112,147	#DB7093
	Gray	128,128,128	#808080
	IndianRed	205,92,92	#CD5C5C

Farbe	Farbname	RGB	Hexadezimal
	Red	255,0,0	#FF0000
	OrangeRed	255,69,0	#FF4500
	Peru	205,133,63	#CD853F
	DarkOrange	255,140,0	#FF8C00
	Orange	255,165,0	#FFA500
	Gold	255,215,0	#FFD700
	DarkKhaki	189,183,107	#BDB76B
	Yellow	255,255,0	#FFFF00
	YellowGreen	154,205,50	#9ACD32
	GreenYellow	173,255,47	#ADFF2F
	Chartreuse	127,255,0	#7FFF00
	LimeGreen	50,205,50	#32CD32
	Lime	0,255,0	#00FF00
	SpringGreen	0,255,127	#00FF7F
	Turquoise	64,224,208	#40E0D0
	MediumTurquoise	72,209,204	#48D1CC
	Cyan	0,255,255	#00FFFF
	Aqua	0,255,255	#00FFFF
	CadetBlue	95,158,160	#5F9EA0
	DeepSkyBlue	0,191,255	#00BFFF
	DodgerBlue	30,144,255	#1E90FF
	LightSlateGray	119,136,153	#778899
	SlateGray	112,128,144	#708090
	RoyalBlue	65,105,225	#4169E1
	Blue	0,0,255	#0000FF
	SlateBlue	106,90,205	#6A5ACD
	BlueViolet	138,43,226	#8A2BE2
	MediumOrchid	186,85,211	#BA55D3
	Magenta	255,0,255	#FF00FF
	Fuchsia	255,0,255	#FF00FF
	DeepPink	255,20,147	#FF1493
	DimGray	105,105,105	#696969
	Brown	165,42,42	#A52A2A
	FireBrick	178,34,34	#B22222
	Sienna	160,82,45	#A0522D
	Chocolate	210,105,30	#D2691E

Farbe	Farbname	RGB	Hexadezimal
	Goldenrod	218,165,32	#DAA520
	LawnGreen	124,252,0	#7CFC00
	MediumSeaGreen	60,179,113	#3CB371
	MediumSpringGreen	0,250,154	#00FA9A
	LightSeaGreen	32,178,170	#20B2AA
	DarkTurquoise	0,206,209	#00CED1
	SteelBlue	70,130,180	#4682B4
	MediumBlue	0,0,205	#0000CD
	DarkOrchid	153,50,204	#9932CC
	DarkViolet	148,0,211	#9400D3
	MediumVioletRed	199,21,133	#C71585
	Crimson	220,20,60	#DC143C
	SaddleBrown	139,69,19	#8B4513
	DarkGoldenrod	184,134,11	#B8860B
	OliveDrab	107,142,35	#6B8E23
	DarkOliveGreen	85,107,47	#556B2F
	ForestGreen	34,139,34	#228B22
	SeaGreen	46,139,87	#2E8B57
	DarkSlateBlue	72,61,139	#483D8B
	DarkRed	139,0,0	#8B0000
	Maroon	128,0,0	#800000
	Olive	128,128,0	#808000
	Green	0,128,0	#008000
	DarkSlateGray	47,79,79	#2F4F4F
	DarkCyan	0,139,139	#008B8B
	Teal	0,128,128	#008080
	MidnightBlue	25,25,112	#191970
	DarkBlue	0,0,139	#00008B
	Navy	0,0,128	#000080
	Indigo	75,0,130	#4B0082
	DarkMagenta	139,0,139	#8B008B
	Purple	128,0,128	#800080
	DarkGreen	0,100,0	#006400
	Black	0,0,0	#000000

Die Standard-Tastaturbelegung in Dreamweaver 4

Datei	
Neu ⌘ + N	
Neu von Vorlage	
Öffnen...	⌘ + O
Öffnen in Frame...	⌘ + ⇧ + O
Schließen	⌘ + W
Speichern	⌘ + S
Speichern unter...	⌘ + ⇧ + S
Als Vorlage speichern...	
Alle Frames speichern	
Wiederherstellen	
Importieren	
XML in Vorlage importieren...	
Word-HTML importieren...	
Tabellendaten importieren...	
Exportieren	
Bearbeitbare Bereiche als XML exportieren...	
CSS-Stile exportieren...	
Tabellen exportieren	
Konvertieren	
3.0 Browser-kompatibel...	
Vorschau in Browser	
Browserliste bearbeiten...	
Debug im Browser	
Browserliste bearbeiten...	
Links überprüfen	⇧ + F8
Zielbrowser überprüfen...	
Design Notes...	
Bearbeiten	
Rückgängig	⌘ + Z, ⌥ + ←
Wiederherstellen	⌘ + Y, ⌘ + ⇧ + Z
Ausschneiden	⌘ + X, ⇧ + Entf
Kopieren	⌘ + C, ⌘ + Einfg
Einfügen	⌘ + V, ⇧ + Einfg
Löschen	
HTML kopieren	⌘ + ⇧ + C
HTML einfügen	⌘ + ⇧ + V
Alles markieren	⌘ + A

Übergeordneten Tag auswählen	⌘ + ⇧ + <
Untergeordnetes Objekt auswählen	⌘ + ⇧ + >
Suchen und ersetzen...	⌘ + F, ⌘ + H
Neu suchen	⌘ + G
Code einrücken	⌘ +]
Code ausrücken	⌘ + [
Fehlende Klammern einfügen	⌘ + '
Haltepunkt ein/aus	⌘ + ⌥ + B
Alle Haltepunkte entfernen	
Externen Editor starten	⌘ + E
Voreinstellungen...	⌘ + U, ⌘ + U
Tastaturkurzbefehle...	
Ansicht	
Code	
Entwurf	
Code und Entwurf	
Ansichten wechseln	⌥ + ⇥
Entwurfsansicht aktualisieren	F5
Entwurfsansicht oben	
Head-Inhalt	⌘ + ⇧ + W
Tabellenansicht	
Standardansicht	⌘ + ⇧ + F6
Layoutansicht	⌘ + F6
Tabulatoren für Layouttabelle anzeigen	
Visuelle Hilfsmittel	
Alles ausblenden	⌘ + ⇧ + I
Tabellenrahmen	
Ebenenrahmen	
Frame-Rahmen	
Imagemaps	
Unsichtbare Elemente	
Codeansichtsoptionen	
Umbruch	
Zeilennummern	
Ungültigen HTML-Code hervorheben	
Syntaxfarbcodierung	
Automatischer Einzug	
Lineale	
Zeigen	⌘ + ⌥ + R
Ursprung zurücksetzen	

Pixel	
Zoll	
Zentimeter	
Raster	
Raster anzeigen	⌘ + ⌥ + G
Am Raster ausrichten	⌘ + ⌥ + ⇧ + G
Raster bearbeiten...	
Tracing-Bild	
Zeigen	
An Auswahl ausrichten	
Position einstellen...	
Position zurücksetzen	
Laden...	
Plug-Ins	
Wiedergeben	⌘ + ⌥ + P
Stoppen	⌘ + ⌥ + X
Alle wiedergeben	⌘ + ⌥ + ⇧ + P
Alle stoppen	⌘ + ⌥ + ⇧ + X
Fenster einblenden	F4
Symbolleiste	⌘ + ⇧ + T
Einfügen	
Bild	⌘ + ⌥ + I
Interaktive Bilder	
Rollover-Bild	
Navigationsleiste	
Flash-Schaltfläche	
Flash-Text	
Fireworks-HTML	
Medien	
Flash	⌘ + ⌥ + F
Shockwave	⌘ + ⌥ + D
Generator	
Applet	
Plug-In	
ActiveX	
Tabelle	⌘ + ⌥ + T
Ebene	
Frames	
Links	
Rechts	

Oben	
Unten	
Links und oben	
Links oben	
Oben links	
Aufteilen	
Formular	
Formularobjekte	
Textfeld	
Schaltfläche	
Kontrollkästchen	
Optionsschalter	
Liste/Menü	
Dateifeld	
Bildfeld	
Verstecktes Feld	
Sprungmenü	
Server-Side Include	
E-Mail-Verknüpfung	
Datum	
Tabellendaten	
Horizontale Linie	
Unsichtbare Tags	
Benannter Ankerpunkt	⌘ + ⌥ + A
Skript	
Kommentar	
Head-Tags	
Meta	
Schlüsselwörter	
Beschreibung	
Aktualisieren	
Basis	
Verknüpfung	
Sonderzeichen	
Zeilenumbruch	⇧ + ↵
Geschütztes Leerzeichen	⌘ + ⇧ + Leertaste
Copyright	
Eingetragenes Warenzeichen	
Brit. Pfund	
Yen	

Euro	
Linkes Anführungszeichen	
Rechtes Anführungszeichen	
Langer Gedankenstrich	
Weitere	
Mehr Objekte...	
Modifizieren	
Seiteneigenschaften...	⌘ + J
Auswahleigenschaften	⌘ + ⇧ + J
Quick Tag Editor	⌘ + T
Hyperlink erstellen...	⌘ + L
Hyperlink entfernen	⌘ + ⇧ + L
Verknüpfte Seite öffnen...	
Ziel verknüpfen	
Standardziel	
Einstellen...	
Tabelle	
Tabelle auswählen	⌘ + A
Zellen verbinden	⌘ + ⌥ + M
Zelle teilen...	⌘ + ⌥ + S
Zeile einfügen	⌘ + M
Spalte einfügen	⌘ + ⇧ + A
Zeilen oder Spalten einfügen...	
Zeile löschen	⌘ + ⇧ + M
Spalte löschen	⌘ + ⇧ + -
Zeilenraum vergrößern	
Spaltenraum vergrößern	⌘ + ⇧ +]
Zeilenraum verkleinern	
Spaltenraum verkleinern	⌘ + ⇧ + [
Zellhöhen löschen	
Zellbreiten löschen	
Breite in Pixel konvertieren	
Breite in Prozent konvertieren	
Frameset	
NoFrames-Inhalt bearbeiten	
Frame links teilen	
Frame rechts teilen	
Frame oben teilen	
Frame unten teilen	
Navigationsleiste	

Anordnen	
In Vordergrund stellen	
In Hintergrund stellen	
Ebenenüberlappungen verhindern	
Ausrichten	
Links	⌘ + ⇧ + 1
Rechts	⌘ + ⇧ + 3
Oben	⌘ + ⇧ + 4
Unten	⌘ + ⇧ + 6
Auf gleiche Breite einstellen	⌘ + ⇧ + 7
Auf gleiche Höhe einstellen	⌘ + ⇧ + 9
Konvertieren	
Tabellen in Ebenen...	
Ebenen in Tabelle...	
Bibliothek	
Objekt in Bibliothek einfügen	⌘ + ⇧ + B
Aktuelle Seite aktualisieren	
Seiten aktualisieren...	
Vorlagen	
Vorlage auf Seite anwenden...	
Von Vorlage lösen	
Angefügte Vorlage öffnen	
Aktuelle Seite aktualisieren	
Seiten aktualisieren...	
Neuer bearbeitbarer Bereich...	⌘ + ⌥ + V
Bearbeitbaren Bereich entfernen...	
Zeitleiste	
Objekt in Zeitleiste einfügen	⌘ + ⌥ + ⇧ + T
Verhalten in Zeitleiste einfügen	
Pfad der Ebene aufzeichnen	
Schlüsselbild hinzufügen	F6
Schlüsselbild entfernen	⇧ + F6
Objekt ändern...	
Objekt entfernen	
Verhalten entfernen	
Bild hinzufügen	
Bild entfernen	
Zeitleiste hinzufügen	
Zeitleiste entfernen	
Zeitleiste umbenennen...	

Text	
Einzug ⌘ + ⌥ +]	
Negativeinzug	⌘ + ⌥ + [
Absatzformat	
Keine	⌘ + 0
Absatz	⌘ + ⇧ + P
Überschrift 1	⌘ + 1
Überschrift 2	⌘ + 2
Überschrift 3	⌘ + 3
Überschrift 4	⌘ + 4
Überschrift 5	⌘ + 5
Überschrift 6	⌘ + 6
Vorformatierter Text	
Ausrichten	
Links	⌘ + ⌥ + ⇧ + L
Zentrieren	⌘ + ⌥ + ⇧ + C
Rechts	⌘ + ⌥ + ⇧ + R
Liste	
Keine	
Ungeordnete Liste	
Geordnete Liste	
Definitionsliste	
Eigenschaften...	
Schrift	
Schriftenliste bearbeiten...	
Stil	
Fett	⌘ + B
Kursiv	⌘ + I
Unterstrichen	
Durchgestrichen	
Teletyp	
Hervorhebung	
Starke Hervorhebung	
Code	
Variable	
Muster	
Tastatur	
Zitat	
Definition	

HTML-Stile	
Neuer Stil...	
CSS-Stile	
Neuer Stil...	
Stylesheet bearbeiten...	⌘ + ⇧ + E
Stylesheet anfügen...	
CSS-Stile exportieren...	
Größe	
Standard	
1	
2	
3	
4	
5	
6	
7	
Größe ändern	
+ 1	
+ 2	
+ 3	
+ 4	
-1	
-2	
-3	
Farbe...	
Rechtschreibung prüfen	⇧ + F7
Befehle	
Aufzeichnung starten	⌘ + ⇧ + X
Aufgezeichneten Befehl abspielen	⌘ + P
Befehlsliste bearbeiten	
Mehr Befehle...	
Erweiterungen verwalten...	
Quellenformatierung übernehmen	
HTML optimieren...	
Word-HTML optimieren...	
Netscape-Resize Fix hinzufügen/entfernen...	
Bild in Fireworks optimieren...	
Webfotoalbum erstellen......	
Farbschema einstellen...	

Tabelle formatieren...	
Tabellen sortieren...	
Site	
Neue Site...	
Site öffnen	
Sites definieren...	
Sites definieren...	
Verbinden	
Aktualisieren	
Ansicht der Site Dateien	
Neue Datei	⌘ + ⇧ + N
Neuer Ordner	⌘ + ⌥ + ⇧ + N
Aktualisieren (lokal)	⇧ + F5
Aktualisieren (entfernt)	⌥ + F5
Ausgecheckte Dateien auswählen	
Neuere auswählen (lokal)	
Neuere auswählen (entfernt)	
Dateiansichtspalten...	
Ansicht Sitemap	
Als Stammordner anzeigen	⌘ + ⇧ + R
Verknüpfen mit neuer Datei...	⌘ + ⇧ + N
Verknüpfen mit bestehender Datei...	⌘ + ⇧ + K
Hyperlink ändern...	⌘ + L
Hyperlink entfernen	⌘ + ⇧ + L
Hyperlink einblenden/ausblenden	⌘ + ⇧ + Y
Quelle des Hyperlinks öffnen	
Neue Homepage...	
Als Homepage festlegen	
Sitemap speichern	
Sitemap als Bild speichern	
Sitemap als JPEG speichern	
Als versteckt markierte Dateien anzeigen	
Abhängige Dateien anzeigen	
Seitentitel anzeigen	⌘ + ⇧ + T
Layout...	
Aktualisieren (lokal)	⇧ + F5
Abrufen	⌘ + ⇧ + D
Auschecken	⌘ + ⌥ + ⇧ + D
Bereitstellen	⌘ + ⇧ + U
Einchecken	⌘ + ⌥ + ⇧ + U

Auschecken rückgängig	
Öffnen	⌘ + ⌥ + ⇧ + 0
Umbenennen	
Entsperren	
Lokalisieren (lokale Site)	
Lokalisieren (entfernte Site)	
Berichte...	
Hyperlinks auf der ganzen Site prüfen	⌘ + F8
Hyperlink für ganze Site ändern...	
Synchronisieren...	
Sitecache neu erstellen	
FTP-Protokoll	
QuickInfo	
Fenster	
Objekte	⌘ + F2
Eigenschaften	⌘ + F3
Launcher	
Dateien der Site	F8
Sitemap	⌥ + F8
Elemente	F11
Verhalten	⇧ + F3
Codeinspektor	F10
CSS-Stile	⇧ + F11
Frames	⇧ + F2
Verlauf	⇧ + F10
HTML-Stile	⌘ + F11
Ebenen	F2
Bibliothek	
Referenz	⌘ + ⇧ + F1
Vorlagen	
Zeitleisten	⇧ + F9
Fenster anordnen	
Fenster einblenden	F4
Alles minimieren	⇧ + F4
Alle wiederherstellen	⌥ + ⇧ + F4
Hilfe	
Willkommen	
Dreamweaver verwenden	F1
Referenz	⇧ + F1
Neue Funktionen	

Tour	
Lektionen	
Dreamweaver Exchange	
Erweiterungen verwalten…	
Dreamweaver Support-Zentrum	
Macromedia Online-Foren	
Dreamweaver erweitern	
Erweiterungen erstellen und abschicken	
Dreamweaver registrieren	
Über Dreamweaver	
Codebearbeitung	
Übergeordnetes Tag auswählen	⌘ + ⇧ + <
Klammern ausgleichen	⌘ + '
Alles auswählen	⌘ + A
Kopieren	⌘ + C
Suchen und ersetzen	⌘ + F
Weitersuchen	⌘ + G
Einfügen	⌘ + V
Ausschneiden	⌘ + X
Wiederherstellen	⌘ + Y
Rückgängig	⌘ + Z
Zum Dokument wechseln	⌥ + ⇥
Haltepunkt ein/aus	⌘ + ⌥ + B
Wort links löschen	⌘ + ←
Wort rechts löschen	⌘ + Entf
Vorherige Zeile auswählen	⇧ + ⇧
Nächste Zeile auswählen	⇧ + ⇩
Zeichen links auswählen	⇧ + ←
Zeichen rechts auswählen	⇧ + →
Zur vorherigen Seite verschieben	Bild⇧
Zur nächsten Seite verschieben	Bild⇩
Bis zur vorherigen Seite auswählen	⇧ + Bild⇧
Bis zur nächsten Seite auswählen	⇧ + Bild⇩
Wort nach links verschieben	⌘ + ←
Wort nach rechts verschieben	⌘ + →
Wort links auswählen	⌘ + ⇧ + ←
Wort rechts auswählen	⌘ + ⇧ + →
An Zeilenanfang verschieben	Pos1
An Zeilenende verschieben	Ende
Bis zum Zeilenanfang auswählen	⇧ + Pos1

Bis zum Zeilenende auswählen	⇧ + Ende
An Dateianfang verschieben	⌘ + Pos1
An Dateiende verschieben	⌘ + Ende
Bis zum Dateianfang auswählen	⌘ + ⇧ + Pos1
Bis zum Dateiende auswählen	⌘ + ⇧ + Ende
An Seitenanfang verschieben	
An Seitenende verschieben	
Bis zum Seitenanfang auswählen	
Bis zum Seitenende auswählen	
Bildlauf um eine Zeile nach oben	
Bildlauf um eine Zeile nach unten	
Bildlauf um eine Seite nach oben	
Bildlauf um eine Seite nach unten	
Bildlauf an Dateianfang	
Bildlauf an Dateiende	
Dokumentbearbeitung	
Anwendung beenden	⌥ + F4
Zum nächsten Wort gehen	⌘ + →
Zum vorherigen Wort gehen	⌘ + ←
Zum vorherigen Absatz gehen	⌘ + ↑
Zum nächsten Absatz gehen	⌘ + ↓
Bis zum nächsten Wort auswählen	⌘ + ⇧ + →
Aus vorherigem Wort auswählen	⌘ + ⇧ + ←
Aus vorherigem Absatz auswählen	⌘ + ⇧ + ↑
Bis zum nächsten Absatz auswählen	⌘ + ⇧ + ↓
Tabellenaktualisierung verzögern	⌘ + ␣
Neu im gleichen Fenster	⌘ + ⇧ + N
Vorschau im Primärbrowser	F12
Vorschau im Sekundärbrowser	⇧ + F12
Debug im Primärbrowser	⌥ + F12
Debug im Sekundärbrowser	⌘ + ⌥ + F12
Absatz beenden	⌘ + ↵
FTP abbrechen	⌘ + .
Aktualisieren	F5

Dreamweaver-Links

- **http://www.dreamweaver.com/** bzw. **http://www.macromedia.com/software/dreamweaver/**
  Das Epizentrum für Dreamweaver
- **http://www.macromedia.com/support/dreamweaver/**
  Technischer Support
- **http://www.macromedia.com/support/dreamweaver/dev_index.html**
  Die zentrale Anlaufstelle für ernsthafte Entwickler
- **http://www.macromedia.com/software/dreamweaver/trial/main.cgi**
  30-Tage-Testversion von Dreamweaver
- **http://www.dhtmlzone.com/index.html**
  Macromedia Dynamic HTML Zone

Es folgt eine Liste verschiedener Entwickler, die sich zur Aufgabe gemacht haben, die Dreamweaver-Gemeinde mit ihren selbst geschriebenen Erweiterungen zu versorgen. Alle Erweiterungen hier aufzuzählen würde den Rahmen des Buches ganz gewiss sprengen, aber auch wegen der Aktualität lohnt es sich sicher, öfter mal bei diesen Sites vorbeizuschauen.

- **http://www.yaromat.com/**
  Jaro von Flocken
- **http://www.massimocorner.com/**
  Massimo Foti
- **http://www.arrakis.es/~andrewc/downloads/dream.htm**
  Andrew Castle
- **http://people.netscape.com/andreww/dreamweaver/**
  Andrew Woolridge
- **http://nirvana.media3.net/**
  Eddie Traversa

Die schönsten Bugs in Dreamweaver 4

Kein Buch zu einer Software ist komplett, wenn es nicht wenigstens ein paar Bugs auflistet. Es gibt keine absolut fehlerfreie Software (außer natürlich TeX), aber im Handbuch zur Software werden Sie selbstverständlich vergebens nach diesen Fehlern suchen.

Zuerst die gute Nachricht: Das Programm ist im Vergleich zu den Vorgängerversionen nochmals etwas stabiler geworden. War die Version 3 schon ein gewaltiger Fortschritt gegenüber den Versionen 2 und 1.0, über die wir hier den Mantel des Vergessens ausbreiten wollen, so läuft Dreamweaver in der aktuellen Fassung insgesamt sehr rund. Und damit zur schlechten Nachricht: Die Fehler, die jetzt noch im Programm sind, lassen teilweise auf grundlegende konzeptionelle Mängel schließen.

Aber lassen wir zunächst doch einige Abbildungen von Fehlern, die uns in der täglichen Arbeit mit dem Programm begegnet sind, ohne weitere Erläuterung für sich stehen.

Während die nachfolgenden Dialoge lediglich für Erheiterung sorgen, gibt es auch einige Fehler im Programm, welche die betroffenen Funktionen unbrauchbar erscheinen lassen.

Ohne Worte

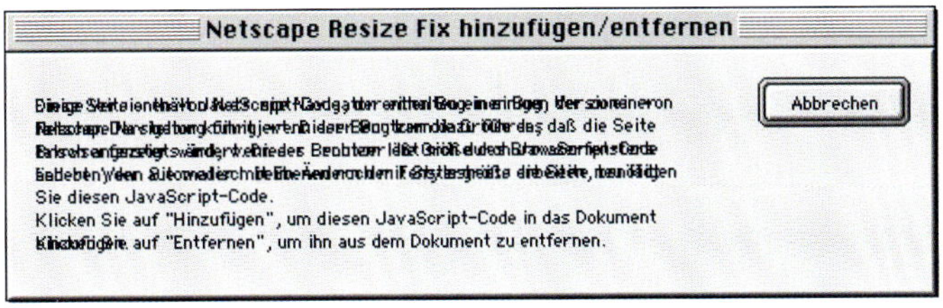

◀ **Abbildung 1**
Was abbrechen?

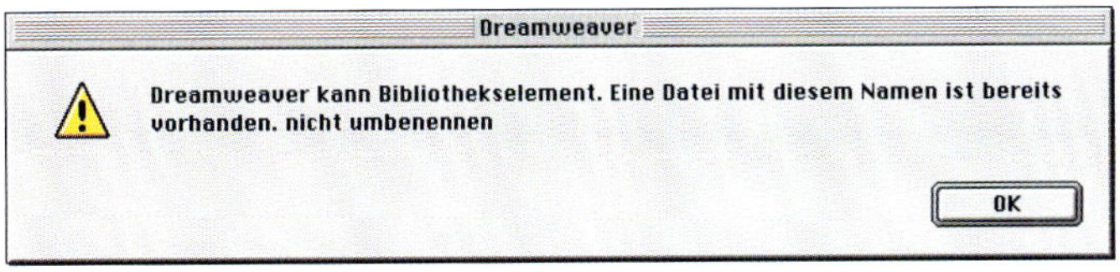

◀ **Abbildung 2**
Ok

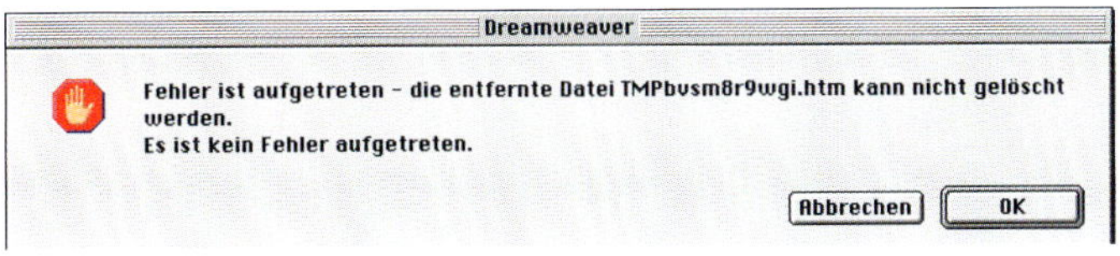

◀ **Abbildung 3**
Da sind wir aber beruhigt!

Wenig intuitives Sitemanagement in Arbeitsgruppen

»Da stimmt doch irgendwas nicht« ist ein Satz, der einem öfters d1urch den Kopf geht, wenn man mit mehreren Entwicklern und dem Sitemanagement von Dreamweaver arbeitet.

Die Dateiliste liefert bisweilen bizarre Anmutungen. Die Sortierung scheint willkürlich: neue Dateien werden in alphabetisch sortierten Listen hinten angestellt, die vermeintlich verloren gegangene Datei 43.html findet man plötzlich zwischen 13.html und 14.html, obwohl das Sortierkriterium NAME ausgewählt ist.

Im Unterschied zu Dreamweaver 3 erlaubt die aktuelle Version das Überschreiben ausgecheckter Dateien Dritter. Um das Chaos zu komplettieren kann man im Dialog AUSGECHECKTE DATEI ÜBERSCHREIBEN mittels CHECKBOX DIESE WARNUNG NICHT MEHR ANZEIGEN LASSEN. Um diese Einstellung rückgängig zu machen, kann man nur noch die Preferences löschen, die mit dieser Funktion überschriebenen Dateien bleiben aber auf Nimmerwiedersehen verloren.

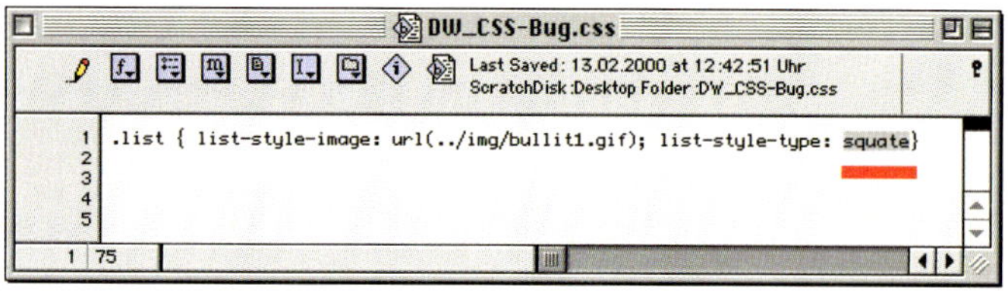

Abbildung 4 ▲
Bug in der CSS-Syntax im Quelltext

Abbildung 5 ▶
Bug in der CSS-Syntax im Dialog Stylesheet bearbeiten

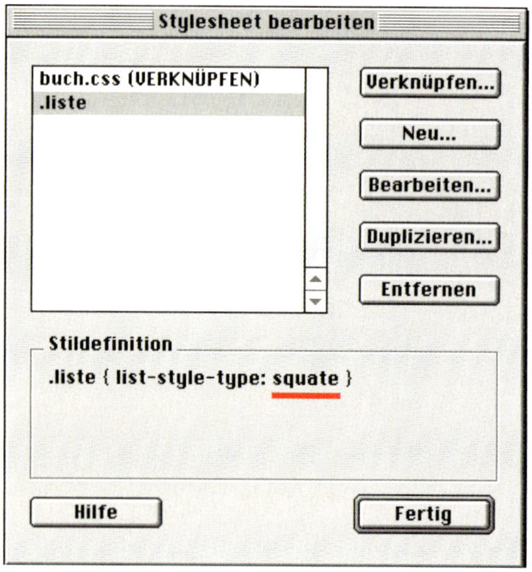

Noch eine Warnung: wenn Sie im Site-Fenster Dateien löschen (z.B. per Kontextmenü), so werden diese wirklich **von der Platte gelöscht**, und nicht wie man meinen könnte, in den Papierkorb des jeweiligen Betriebssystems verschoben.

Fehler in der CSS-Syntax von Dreamweaver 4

In der uns vorliegenden Dreamweaver-Version (deutsche Final 4.0 Build 1048) findet sich ein Fehler, den wir an dieser Stelle schon im Buch zur Version 3 verzeichnet hatten: wenn Sie als Listentyp Quadrat wählen, schreibt das Programm die Deklaration wie folgt: `.klasse {list-style-type: squate}` (Abb. 4. und 5).

Richtig wäre hier `.klasse {list-style-type: square}`. Wenn Sie diesen Stil benutzen wollen, bleibt Ihnen nichts anderes übrig, als dies mit einem externen Texteditor zu korrigieren. Leider liegt dieser Fehler nicht in einer der externen Steuerdateien von Dreamweaver, so dass Sie ihn auch nicht im Programm selber beheben können. Vielleicht erbarmt sich Macromedia zur 5er-Version dieses Fehlers und behebt ihn endlich.

Leider wird dem unwissenden Anwender durch diesen Fehler die Möglichkeit genommen, Listen abweichend von der Standarddarstellung zu formatieren. Erschwert wird dies noch dadurch, dass Netscape in der Version 4.x die Alternative `list-style-image`, Sie dachten es sich wahrscheinlich schon, nicht unterstützt.

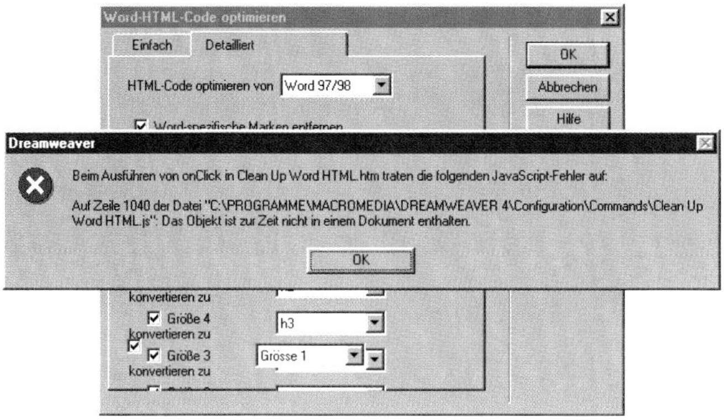

◄ Abbildung 6
Häufige Fehlermeldung beim Aufräumen von Word-HTML

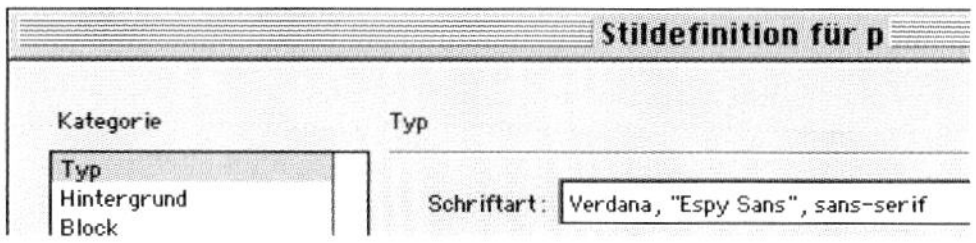

▲ Abbildung 7
Gemeint ist Zeichensatz oder Schriftart.

Probleme beim Aufräumen von Word-HTML

Die Bereinigungsfunktionen von Dreamweaver sind sicher eine enorme Zeitersparnis und tragen auch dazu bei, bessere Endprodukte zu erstellen. Gerade in diesem Bereich ist aber noch einiges an Nachbesserung seitens der Programmentwickler nötig, damit Dreamweaver besser mit dem (zugegebenermaßen unterirdischen) Output von Word zurecht kommt. So dauert in der WORD-HTML OPTIMIEREN-Dialogbox das Umschalten zwischen den Reitern auch auf einem nagelneuen Power Macintosh G4 mit satt RAM bis zu zehn Sekunden, auf langsameren Rechnern kann man hier erstmal eine Kaffepause einlegen. Bei sehr komplexen Word-HTML-Dokumenten verweigert sich das Programm des Öfteren und quittierte den Dienst mit folgender Fehlermeldung (Abb. 6). Die hinter der Fehlermeldung liegende Dialogbox weist übrigens im unteren Bereich einen weiteren Fehler auf.

Grenzwertige Übersetzung

Die Übersetzung des Programms ist nach wie vor leider teilweise unbrauchbar. Man darf den Übersetzern sicher zu Gute halten, dass diese oft nur Listen mit Worten von den Entwicklern bekommen und diese dann komplett, ohne den Kontext zu kennen, übersetzen müssen. Nichts desto trotz hätten einer Qualitätskontrolle doch der eine oder andere dicke Klops auffallen müssen. Bei dieser Art ein Programm über Tabellen von Wörtern zu lokalisieren treten immer wieder typische Fehler wie in Abb. 7 auf: in der englischen Fassung steht hier TYPE, was übersetzt sowohl **Zeichensatz** als auch **Typ** heißen kann. Leider hat sich hier der Übersetzer für die falsche Option entschieden.

Wie auch in den Vorgängerversionen finden sich Dialoge in Schwedisch, Deutsch/Englisch gemischt und so weiter.

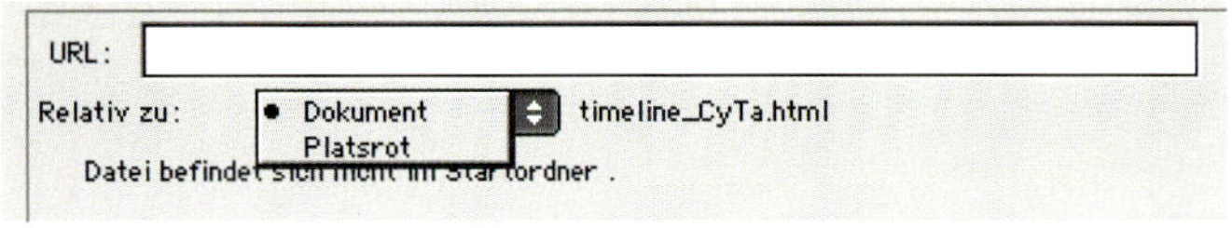

▲ Abbildung 8
Was ist bitte ein Platsrot?

Abbildung 9 ▲
Jo, dude!

◄ Abbildung 10
Eine Fehlermeldung, die eigentlich keine ist.

Fehlermeldungen, die keine sind

Noch ein Fehler, der sich aus der Vorgängerversion in die aktuelle herübergerettet hat: mit `vertical-align` können Sie zum Beispiel Text hochstellen (ähnlich dem Tag sup) oder Elemente relativ zu anderen ausrichten. Zulässige Werte finden Sie in der Liste im Abschnitt »Textformatierungen mit CSS«. Eine gängige Maßeinheit ist auch die Angabe in Prozenten, entweder mit Plus oder Minus oder als einfache Prozentangabe. Die so formatierten Elemente errechnen in diesem Fall ihre Größe aus dem umgebenden Element. Dreamweaver beantwortet jegliche Eingabe in dieses Feld mit einer Fehlermeldung, schreibt den erzeugten Code aber dann doch in das Dokument, wenn Sie mit Ja bestätigen. Und auch hier gibt es den üblichen Fehler in Netscape Navigator: Dieser Browser unterstützt, wie könnte es auch anders sein, in der Version 4.x nicht die Eigenschaft `vertical-align`.

Falscher Window Focus auf dem Macintosh

Ein Fehler, der besonders auf dem Mac zu viel unnützer Herumklickerei führt: wenn man zwischen Dreamweaver und anderen geöffneten Anwendungen hin- und herschaltet, gibt Dreamweaver den Window Focus, also die Information über darüber, welches das aktuelle oberste Fenster ist, nicht frei und drängt sich selber weiterhin in den Vordergrund. Dieses Symptom tritt zum Beispiel auf, wenn man eine Seite aus Dreamweaver heraus mit der Browservorschau F12 in einen Browser lädt und dieses Browserfenster wieder schließt. Über die Titelleiste weist sich das dahinterliegende Dreamweaver-Dokument als das vorderste aus, obwohl das Betriebssystem und alle anderen Programme anderer Ansicht sind (Abb. 9). Dies führt oftmals dazu, dass man sich als Anwender in fremden Menüleisten bewegt und die Befehle, die man sucht, nicht

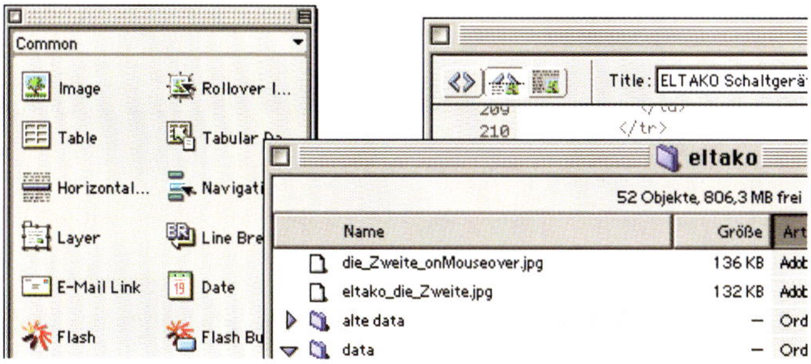

▲ Abbildung 11
Ein Novum auf dem Mac: mehrere Fenster aus verschiedenen Anwendungen gleichzeitig im Vordergrund

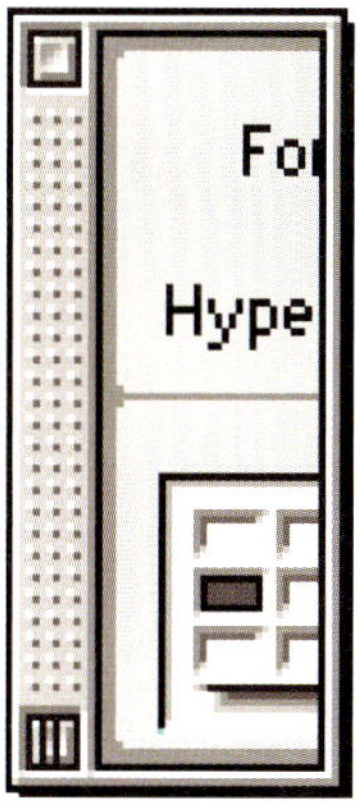

▲ Abbildung 12
Beschränkte Auswahlmöglichkeiten in der Eigenschaften-Palette

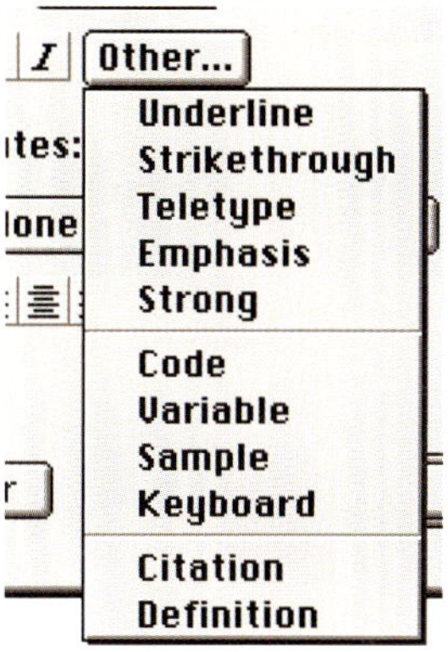

Abbildung 13 ▶
Falsches Interface-Element

vorfindet. Der selbe Fehler tritt übrigens auch auf, wenn man per [Strg] + [E] zu einem externen Editor wie BBEdit wechselt.

Bug in der Eigenschaften-Palette

Der nächste Fehler scheint offensichtlich auch nur Mac-User zu plagen. Des öfteren kommt es vor, dass die Eigenschaften-Palette nach dem Minimieren und anschließendem Maximieren über die entsprechende Box unten links nicht mehr komplett ausfährt. Hier hilft nur noch, das Programm neu zu starten, da das Ergebnis sonst wie in Abb. 12 aussieht und bleibt.

Falsche Interface-Elemente

Und noch ein (zugegeben kosmetischer Fehler), der noch aus den Vorversionen stammt: Popups werden auf keiner Plattform üblicherweise über eine Schaltfläche geöffnet, Dreamweaver versucht es in der HTML-Stile-Palette trotzdem.

Index

G

H

I

J

K

L

M

N

O

P